河南省社会科学规划项目"中原作家群资料整理"研究成果

本成果出版得到淮河文明研究中心资助

邵丽、乔叶、计文君研究

中原作家群研究资料丛刊
程光炜　吴圣刚　主编

邵丽、乔叶、计文君研究

李群 编著

河南大学出版社
HENAN UNIVERSITY PRESS

图书在版编目(CIP)数据

邵丽、乔叶、计文君研究 / 李群编著. — 郑州：河南大学出版社，2015.2
（中原作家群研究资料丛刊）
ISBN 978－7－5649－1900－9

Ⅰ.①邵⋯ Ⅱ.①李⋯ Ⅲ.①邵丽－文学研究 ②乔叶－文学研究 ③计文君－文学研究 Ⅳ.①I206.7

中国版本图书馆 CIP 数据核字（2015）第 042026 号

出 版 人	张云鹏
出版统筹	侯若愚
责任编辑	甘慧君
责任校对	舒慧敏
封面设计	侯一言

出　　版	河南大学出版社
地　　址	郑州市郑东新区商务外环中华大厦2401室
电　　话	0371－60993151（人文社科出版分社）
	0371－86059753
网　　址	www.hupress.com
排　　版	郑州市诚丰印刷有限公司
印　　刷	河南省瑞光印务股份有限公司
版　　次	2015年4月第1版
印　　次	2015年4月第1次印刷
开　　本	710mm×1000mm　1/16
印　　张	24.5
字　　数	453 千字
定　　价	73.50 元

本书如有印装质量问题，请与河南大学出版社营销部联系调换。

编选说明

从最初动议到确定方案，再到最后完成，这套"中原作家群研究资料丛刊"历时一年有余。因为，它绝不仅仅是已有研究成果的简单整合。首先，编著者必须通读该作家的所有作品，包括文学作品、散文随笔、演讲报告、文艺批评等等，形成对作家作品的感性认识和理性判断，这是编选作家研究资料的基础和前提。然后收集研究资料，要求尽可能全面详尽，网络、期刊、报纸、杂志、著作、作家本人及其亲友、故交等各种途径、各种渠道，越全面越好。最耗时、最费力、最艰苦的工作是资料的分类、甄别和遴选，它体现了编著者的眼光、立场、态度和学养，决定了研究资料的分量和品质。典型性、历史性、多元性是我们选文的基本原则，力求覆盖作家不同时段、不同类型、不同风格的作品，兼顾专家批评和新锐批评，体现不同时期的文学生态和文化场域。总之，整个过程没有捷径可走，全是笨功夫、苦功夫。尽管如此，其疏漏之处肯定不少，恳请专家学者批评指正。

本研究资料共分四大部分，即作家"自述·访谈·印象记"、"研究论文选辑"、"作品年表"、"研究资料索引"。"研究论文选辑"以时间为线索，以"问题"为中心，先总论、后分论，同一"问题"相对集中，体现逻辑性和层次感，并努力体现作家作品研究的历史进程。对入选的文章，为了出版方便，作统一技术处理，删减了摘要、关键词，注释一律改为脚注，除对一些明显的文字和标点符号的疏误作订正外，其他方面包括注释的不完整、不规范，词语使用的不当等，则依旧保持原貌。"作品年表"部分按时间顺序排列整理收录，截止时间为2014年7月。只列入作品的首发、首印，作品的再版、转载不列入年表，海外翻译版本尽可能列入年表。期刊、著作均按年、月排序，报纸具体到日期。重要散文、发表的重要演讲等列入作品年表，但作家编辑的书目、研究资料等均不列入。"研究资料索引"包括单篇学术论文索引、学位论文索引、研究专著索引三部分，截止时间同样为2014年7月，均按刊发/出版时间先后顺序编排。

需要特别说明的是，由于各种原因，编委会没能与选用论文的作者一一联系，丛书出版后，将赠书一本，以表歉意和谢意！且本书用于学术研究而非商业目的，想学界前辈、同人亦能理解支持。在此真诚致谢！如需稿费，请与编委会联系。

编委会
2014.10.31

总　序

程光炜　吴圣刚

新时期以来,中国当代文学呈现为多样、多态发展的趋势。在当代文学的版图中,"文学豫军"或"中原作家群"早已成为中国当代文学的重要现象和重要构成。之所以称之为"文学豫军"或"中原作家群",是因为它呈现出群体性,是一个集合的概念。但是,这绝不意味着这个群体中的个体是孱弱的,没有独立呈现的分量。相反,正是一个个有分量的个体组成了一个有广泛影响的作家群体:姚雪垠、叶楠、白桦、李准、张一弓、南丁、田中禾、张宇、郑彦英、李佩甫、二月河、周同宾、刘震云、阎连科、周大新、刘庆邦、李洱、柳建伟、孙方友、墨白、邵丽、乔叶、计文君等等,每位作家都有不凡的创作业绩,每个人都有自己的独特之处,都是文学中的"这一个"。

地处中原的河南,在当代中国政治、经济版图上不是核心地带,但在历史、文化地理图上却是积淀深厚的重镇。这里也在接受全球化的荡涤,也在搭载现代化的快车,但这里与中国当下的经济前沿存在着距离,呈现着现代化的滞后性。因此,河南在时代的节奏中存在着"时间差"。这使得中州大地在现代化的浪潮中还氤氲着农业文明、历史文化的气息,也使得中原儿女在这种相对的"慢节奏"中对历史、现实和文化进行思考,精神和灵魂回归这片土地,并以中原文化的思维方式进行着多种表达。走进历史,走进中原文化,是豫籍作家的共同选择。无论是身居河南的作家还是移居他乡的作家,他们的灵魂仍然栖居在家乡故土,并用他们敏感的触角细腻地联系和感受着中原文化,中原文化是他们精神发生的原点,河南历史和家乡生活是他们创作的源泉。对于这些河南作家来说,似乎只有这片故土和其中的点点滴滴才能够激活创作的灵性。正如阎连科所说:"我家住在一个镇子上,那是一个很大的村庄。那个村庄是我写作取之不尽的生活源泉、情感源泉、想象的源泉。一句话,是我写作的一切的灵感之源。那个镇子奇妙无比,任何现实中的一件事情都可能是荒诞的、合理的。"① 正是在这种表达中,作家们完成了自己的一部部皇皇巨著,成就了当代河南文学的气象大观。

---

① 阎连科:《我的现实,我的主义》,http://v.book.ifeng.com/book/ts/7332.htm。

"中原作家群"不仅是河南的文学现象,也是全国的文学现象;产生于中原大地的河南文学,早已超越了这一区域空间。无论是二月河、李佩甫的作品红遍全国、传播域外,还是刘震云、阎连科、周大新、李洱的作品的海外影响,都说明豫籍作家的作品是全国性的,也具有世界性的分量。这足以构成河南自己的文学史。关于河南文学和"中原作家群"研究,近十年来,随着作家作品的动态性呈现,更多表现为个案化的文学研究,而当代河南文学的整体性、系统性研究则不够。这一方面与河南的经济实力及其对文化提升、带动能力的不足有关,另一方面也与学界、文学界对河南文学在当下中国文化地理学上的地位认识不足有关,特别是与本土学界的研究、推介的成绩有关。弥补这一不足,是一项浩繁的工作,但起步必须从基础开始。

资料整理无疑是学术研究中最基础性的工作。学术界目前关于河南作家的研究资料,主要是上世纪80年代出版的《李准研究资料》《姚雪垠研究资料》等有限的几种。相关研究主要体现在两个方面:一是关于"文学豫军"、"中原作家群"的正当性和合理性的阐述,这方面的研究成果主要有孙荪的《文学豫军论》等,该文系统性地评述了"文学豫军"的由来、构成及文化特征。二是"中原作家群"形成的历史文化原因以及具体作家作品的研究。刘增杰主编的《精神中原》以论文集的形式综合了学界对于中原作家群整体把握和作家研究的成果;张鸿声主编的《河南文学史·当代卷》则是系统描述当代河南文学发展的第一部史著;梁鸿的《"外省笔记":20世纪河南文学》以"外省"的视角考察河南文学,从文化的角度寻觅和审视河南文学;何弘的《超越还是重复——中原文学论稿》试图对"中原作家群"或中原文学作出一个整体性的描述。这些研究对于解说一种文学现象的发生、发展是必要的,但都是初步的,特别是对"中原作家群"形成的历史文化原因和整体性特征的研究,远未形成对"中原作家群"完整的、核心的解说,更没有评估、揭示出"中原作家群"的应有价值。因此,就需要有人真正深入下去,沉入到纷繁的资料中去,耐心、细密地梳理,把那些能够反映和体现作家创作实绩、作品价值和当代河南文学整体面貌的资料整理出来,形成完整、系统的当代河南文学的资料体系,为文学史的生成奠定坚实的基础。

信阳师范学院文学院的一些老师近年来致力于河南文学研究,逐渐形成了自己的方向和领域,引起了学界的关注。作为一所本土的有长期人文积淀的高校,研究河南文学、推动河南文学发展是应有的责任。2013年起,文学院整合文艺学、现当代文学和写作学等学科的十几位教授、博士组成研究团队,集中开展当代河南文学研究。这个团队以博士为主,中青年结合,队伍整齐,潜力很大。他们首先从资料整理开始,扎扎实实开展研究工作。第一辑选取"中原作家群"中影响最大的15位作家,经过近一年的努力,整理出《白桦研究》(陶广学讲师,扬州大学博士)、《张一弓研究》(吕东亮副教授,武汉大学博士)、《田中禾研究》(徐洪军讲师,上海大学博士)、《张宇研究》(杨文臣讲师,山东大学博士)、《李佩甫研究》(樊会芹讲师,江苏师范大学硕士)、《二月河研究》(吴圣刚教授)、《刘震云研究》(禹权恒讲师,武汉大学博士)、《阎连科研究》(方志红副教授,四川大学博士)、《周大新研究》(沈文慧教授,华中师范大学博士)、《刘庆邦研究》(杜昆讲师,南京师范大学博士)、《李洱研究》(王雨海教授)、《墨白研究》(杨文臣讲师,山东大学博士)、《邵丽、乔叶、计文君研究》(李群副教授,河南大学硕士)等13卷,资料选编力求翔实、准确、有代表性。第一辑告罄之后还会启动第二辑,甚至第三辑,目标是把"中原作家群"主要作家的资料完整、系统地拓展出来,真正为当代河南文学的深化研究做些基础性的工作。

由于编选者的眼界、学识、水平有限,疏漏、不足,甚至差错定然存在,敬请学界批评指正。

目 录

1　编选说明
1　程光炜　吴圣刚　总序

综论

3　刘海燕　河南青年女作家论
10　吕晓洁　论1990年代以来河南籍女作家的小说创作

邵丽研究

自述·访谈

19　邵　丽　三代人
21　邵　丽　无言以对
23　邵　丽　离现实近一点还是远一点
25　姜广平　邵　丽　"当作家真是太难了"
30　苗梅玲　邵　丽　对话：在云之上，以及其他——邵丽访谈
36　邵　丽　记　者　用阳光的心态写官场小说
39　刘先琴　邵　丽　生活质量取决于自我感受——访作家邵丽

研究论文选辑

43　孟繁华　世风世相、女性与家国——评邵丽的小说创作
52　何　弘　因为理解 所以悲悯——邵丽小说简评
54　王　干　以人为本的小说
58　吕东亮　寻找表述生命存在的方式——论邵丽的小说创作
69　刘宏志　小说中的"轻"与"重"——以邵丽的挂职系列小说为例
79　刘海燕　以不同的目光面对第一手现实
85　周文慧　身份认同的尴尬与缺失——评邵丽的《明惠的圣诞》
90　任　动　"底层文学"创作病象的超越——论《明惠的圣诞》的多层意蕴
96　吴圣刚　生活体验与文学叙事的距离——关于《糖果儿》文本的解析

105　鱼　禾　《玉碎》:你只有一种活法

作品年表

111　邵丽作品年表

研究资料索引

117　邵丽研究资料索引

乔叶研究

自述·访谈

123　乔　叶　我的文学自传
126　乔　叶　小说是一个广袤的世界
128　乔　叶　文学,我相信
131　乔　叶　沙砾或小蟹——创作杂谈
137　乔　叶　周大新　梁　鸿　拆迁深处的人性真相——银川书博会《拆楼记》对话实录
144　王　琪　乔　叶　乔叶:写作者存在的意义在路上
153　张滢莹　乔　叶　乔叶:我们的许多问题都有源可寻

研究论文选辑

159　郜元宝　从"寓言"到"传奇"——致乔叶
170　李遇春　乔叶小说创作论
184　任　瑜　乔叶小说中的世俗心和悲悯心
191　翟文铖　穿越苦难的阴霾——关于乔叶笔下的"底层叙事"
199　潘　磊　底层女性的生存与精神——论乔叶的底层叙事
204　徐红芹　乔叶小说中的耻感意识
211　付艳霞　安稳的小叙事——评乔叶的小说
215　张喜田　怀旧气息的氤氲——论乔叶小说的转向
221　张　明　杨红旗　论乔叶小说的女性伦理构建
227　王文霞　女性与男性之间的碰撞与和谐——乔叶小说女性叙事中两性关系分析
233　孔会侠　让苦难芬芳,使隐秘明朗——论乔叶的小说创作
240　梁　鸿　"后文革"时代的忏悔与生活——读《认罪书》

246 吕东亮　历史照进现实后的罪与罚——论乔叶的《认罪书》
253 王春林　残酷历史呈现与深度人性拷问——评乔叶长篇小说《认罪书》

作品年表

269 乔叶作品年表

研究资料索引

285 乔叶研究资料索引

计文君研究

自述·访谈

295 计文君　千足虫之舞
298 计文君　"七〇后"的尴尬与可能
301 计文君　虚构的魅力，梦的力量
303 计文君　经验的容器
305 计文君　张元珂　面向内心的写作

研究论文选辑

317 孙先科　计文君论
329 张维阳　孟繁华　冲突、选择与守成——计文君小说世界中的三重风景
337 刘　涛　"红"范儿作家计文君
341 杜　昆　现代人乡愁的三重奏——论计文君的小说创作
350 郭　艳　计文君："脱域"而去与回望内心
355 何向阳　愿得一心人　白头不相离
357 樊会芹　人生万事的"隔"与"渡"——论计文君《天河》的主题隐喻义

作品年表

365 计文君作品年表

研究资料索引

371 计文君研究资料索引

373 编后记

综论

河南青年女作家论

刘海燕

一、我们写作的文化环境

如果说河南作家有共同的东西,那就是中原区域代表着中国典型的现实,无论是历史的还是当下的,譬如,李準《黄河东流去》中所写的黄泛区难民的生活,"一部中原人民的苦难历史,一曲中华民族的大悲歌"①;李佩甫《羊的门》所写的乡土社会的权力,中国文化腐烂的根部;青年作家傅爱毛《嫁死》所写的困苦的底层人对于矿难的复杂态度……河南作家的血脉与中国社会转型期土地的命运、权力话语等离得更近。他们总想表达现实,寻找"意义"。因此,河南作家多倾向于宏大叙事,有承担时代风云的意识,作品显得厚重、大气。

的确,河南文学在每个历史阶段的繁荣,都因占据了"现实主义"的风头,把准了"现实主义"的脉搏,出现了"现实主义"的力作。20世纪90年代,评论界断言的"文学豫军"占据中国文坛的半壁江山,也多是指写乡土经验和乡土命运的作家。

"乡土"、"苦难"、"现实主义",这些属于过往时代的词语,却是双刃剑,在一定程度上成就着一批又一批的河南作家,又以传统文化强大的同构力伤害着河南作家。

因此,这也是河南作家的不幸。因为他一扎笔,就被现实秩序所缠绕,与沿海及内陆省份相比,河南被官场话语和乡土命运裹得更紧一些。这种农业时代的话语氛围,淹溺着作家的敏感,甚至很性情化的作家在人生的某一阶段也失去了免疫力。如上世纪80年代初以《犯人李铜钟的故事》出场的张一弓,到六十多岁后才开始第二次艺术生命,中间这么多年,作为作家的张一弓去了哪里?2002年在他的长篇小说《远去的驿站》研讨会上,他流出了感慨的泪水。这个出身于文化世家,富于浪漫气质,也很有艺术才华的作家,本来应该持续成就大气象。如今,他一个人在简单的住所里,把日常清理得只剩下写作,退休

---

① 孙荪:《大悲歌中的民族灵魂——读〈黄河东流去〉》,李準,《黄河东流去》,北京出版社,1997年。

以后方能沉入写作之境,这个被社会生活损耗了的作家,这个真正的作家,和孙荪《风中之树》中写的河南籍作家李準有某些类似,昭示了这片现实的土地具有怎样的同构力。

随着一批批青年作家的跃起,河南文学的表情已经发生了很不简单的变化。这里,主要论及几位青年女小说家。如果说,20世纪八九十年代,河南小说界那些响亮的名字,张一弓、二月河、田中禾、李佩甫、张宇、郑彦英、杨东明、墨白、李洱,都是男作家,他们大多属于乡土叙事或宏大叙事,那么近十年来,邵丽、傅爱毛、乔叶、计文君,这几位女作家的出现,明显拓展了河南文学表情的另一维——心理化、细腻化、都市化。

在成长的过程中,在命运中,她们和现实主义无可躲避地发生着关联,她们都寻找"意义",写作气质里有种中原女子特有的端庄,她们也很会写情爱故事,但绝不会是私人化写作的那种,寻找意义的笔锋让她们无心盘桓在感官叙事层面,这使她们的叙事有种清爽旷达的指向;需要说明的是,"现实主义"在她们的创作里,已经成了隐身衣,是"意义"的支撑,她们用现代生活的元素,表达着"现实主义"的人道关怀。与20世纪50年代及60年代初出生的河南男作家明显不同,她们扎笔于个体生命,而不是乡土社会或者历史文化的命运,她们的笔触能够迅速而细致地深入到当代情感生活的腹地,这使她们的创作表情显得柔和而现代。虽然她们在出道前也都是在河南成长、读书、生活,但地域文化对于她们只是潜影响,而不是直接的或者标志性的影响,这是时代的差异,也是性别的差异,更是个体的差异所致。

二、个体的光

邵丽:沿现实之根,表达人的精神焦虑或精神成长史

2004年初,邵丽的第一部长篇小说《我的生活质量》出版,可以说,这是邵丽韶华时期的代表作,也是她立足于文坛的成名作。这部作品之所以在当时引起广泛关注,评论家何弘分析道:"它深刻地触及到当下中国社会问题的根本症结和人们精神世界根本的痛点,传达出社会转型中传统与现代的冲突给人带来的失落感、失重感及由此带给人们的身份焦虑。她以悲悯的情怀写出了中国这个古老农业大国的现代化进程中人们内心的煎熬和挣扎,表现与此相关的生存奋斗和人性尊严。这也成为邵丽小说的基本主题。"①

---

① 何弘:《因为理解 所以悲悯》,《文艺报》2007年11月13日。

邵丽笔下的官场人物,更为鲜活,更具多面性,甚至他的痛苦和焦虑要多出普通人的数倍,这样的人物在读者心中唤起的不再是单一的情感,而是难言的疼痛。多少中国人跻身官场,用邵丽的话讲就是:"他们享受成功的果实,但也在尽自己的能力脚踏实地地为社会做贡献。"平时,大众只是看到他们享受成功的果实,看不到另外的一面,更看不到他们内心的焦虑种种。邵丽的小说,让读者看到了官场生活中的光与影,让人不得不思考我们的生活质量,这一多么纠缠多么复杂的社会文化难题。

从题材上看,这个时期的邵丽在河南文学的传统里关注现实,表达现实。但是细读邵丽的作品,会发现邵丽所面向的不止于现实命运,她更要表达我们的精神命运、我们的生活质量。有了这样的面向,邵丽的小说就克服了同类题材与现实平行的"太现实"的现象,而有了向上飞升的空间。譬如,邵丽在《我的生活质量》中不断地回溯王祈隆这个人物的成长史,他怎么样成了今天的他,他的成功,他现实生活中的某个抉择以及他的心理障碍,是怎么到来的?

也就是说,邵丽很关注人物的精神成长史、命运成长史。

在邵丽的一些中短篇中,如《明惠的圣诞》、《马兰花的等待》,写的是进城打工以改变身份和命运的女子的故事,所谓"弱势群体"。可以说,这也是近年来文学界的主流题材。但邵丽写得从容淡定,不像一些"打工文学"带着社会层面的激愤和情绪,在她这里,命运可不只是外部环境的改变,内心要找到根,找到类同感和归属感,内心要有尊严感,才算改变了命运。

邵丽在写人物的内心与命运时,总能于微妙处写出变数,不像男作家那样爱写大起大落的故事,靠刺眼的情节带动,邵丽小说里一些人物的变化,是漫长的岁月培养的,是生活际遇云集于内心发酵成的。

近两年,邵丽的写作不断出现变化,也显得更加从容,更有底气。如《河边的钟子》(《作家》2011年第1期),这个短篇留给我的印象,是一个似有似无道不明的故事,就像我们每天或者一生的生活。小说开始,邵丽也表达了类似的意思:"像一幅油画,远远地看,色彩斑斓,而到近处看,又无非是些色块的堆积罢了,更有些地方,几近于无。当然那不是留白,而是生活的痕迹在那里轻巧地划过去了,不管它的苍白之下裹挟着什么。他们(钟子的一家)的一生,像大多数中国人一样,平淡无奇,历尽坎坷,随着时代而起伏不定。"可以看出,邵丽对于生活和写作的理解,在向着更真实处迈进,于无声无形处写出大具体来,这真要看一个作家虚构和叙事的本领,还有她的潜心。

在女作家中,邵丽属于全面的那种,近几年,邵丽的内心磨炼出非常的力量,让我暗惊和感动,她拥有和承担的是比众人更多也更重的东西。还是杜尚的那句名言"你的生活就是你的代表作",社会生活输入的元气,上苍给予的明亮,自身的修炼,使邵丽的作品有种阳光的气息。

傅爱毛:从最低处写活着的沸腾感

读傅爱毛的小说《天堂门》,在内心默默地惊叹:爱毛的小说已经写到了这个地步!

那是决绝的狠,把一个生命抛到尘世的最底,甚至已经过了底,在阴阳之边界了。但傅爱毛非常怜惜这个最底端的生命,给她起了一个端庄自然又美质的名字——端木玉。从尘世的眼睛看,端木玉这个女人不仅是上帝的败笔——丑得一塌糊涂,她还执拗地荒唐地以"美"为职业,企图逆转自然命运。在我们的现实面前,尤其是在以表象亮丽为首要的美容业面前,当然是碰壁。在活人的世界找不到美容职业,她就去了死人的世界——到殡仪馆当美容师。从此这个女人不仅丑,而且染了晦气,活人的世界不仅是拒绝她,而且是逃避她了,就像逃避瘟疫一样。

也就是说,端木玉最深的不幸,还不是她的丑,虽然那是诱因,而是她和现实潜规则的抗争。来自生命根底的那种执拗,那种向美而去的心性,使她被关在了活生生的现实世界门外。

作者如果没有足够的心劲是不会这样写的,也不敢这样写,这太是一种挑战了!让这个被尘世拒绝掉的生命带着烈焰般的渴望,企图抓住另一个、另一些生命,触摸到活着的温热感觉,让她一点点地升起来,那是领悟了此生此世的爱,是对活着的绝对珍惜,带着她飞升。这个女人她真的是穿越了尘世的最冷寂,步入"天堂门"……

《天堂门》的感人和力量均在于此。沉得彻底,升得有力!

从这篇小说以及傅爱毛近年来的其他作品,如《北京媳妇》、《桃花劫》、《嫁死》等,可以看出,傅爱毛是一个有着厚实生活的原创型作家,她以对生命的深度体验取胜。如《嫁死》,写的是矿区卑微人物的苦涩生活,以及漫长的苦涩生活里一点点地生长出的温暖人性。可以说,这部作品和《天堂门》尤其代表傅爱毛的写作风格,写底层人的生活,写出他们复杂性的贫瘠,以及他们如何像岩壁上的草,要狠狠地抓住此生,要生到极致,用傅爱毛的话讲,就是"痛得有多深、爱得有多炽,飞得就会有多远"。傅爱毛最终是要写活着的沸腾感,这是傅爱毛的小说最人性、最感人的地方,也因此拨响了尘世情感中那些幽深的弦。这是靠技术或者别的方式所不可能达到的。

一个作家的心性比他的作品更重要,因为,心性是作品的天空和土地。一个作家,并不只是坐在桌前才写作,那是看得见的写作,写作在一个人的一生中,在心智中,在黑暗中,一直在进行。写底层人的生活,写活着的沸腾感,寻找精神家园,以及回归土地的情结,在这些维度上,傅爱毛的小说延续并更新着河南作家的精神血脉。

乔叶的小说,为什么众多读者喜欢

乔叶曾是散文界的"青春美文作家",2001年以后才转写小说,时间不长,但不断地引起业内人士的关注和广大读者的追踪,小说不断被转载、连载,排行榜首,屡获奖项等等,属于70后作家中人气很盛的那种。几年前,在一个私人场合,我问《莽原》主编李静宜,为什么那么多读者喜欢读乔叶的小说?她说"因为好读"。当时我还没有聚心读过乔叶的小说,后来读了她的部分作品,也被她的文字狠狠抓住,有落泪之感。因为我们在当代小说中看到了太多俗不可堪的生活,权力与欲望支配下的人生,以及粗糙的表达,乔叶的小说,很自然地写情感花朵的徐徐绽放,让读者感知万物之上有一束束温煦的光。

曾为"青春美文作家"的乔叶,在中原大地上成长的乔叶,不会像曾在广州生活的女作家盛可以,以粗暴的力量、尖锐的语言,写到比男作家更张狂、野性的程度。乔叶很有控制,她让人心中的那个类似潘多拉的魔盒——渴求新异的欲望,在显微镜下一点点地打开,她用柔得不能再柔、细得不能再细的笔触,写开启的过程,充分满足了现代读者的情感欲求。乔叶的叙事又是很有力的,不是尖锐,是利索、清澈、彻底。

她表达的那些难以言状的情感经验,本来很难扯清的,但乔叶有着惊人的对于情感生活的分析与决断力,她能在最乱处扯清界限,亮出本质。

乔叶小说里的人物也具有古典的控制力,就像她一部小说的名字《像天堂在放小小的焰火》,只是放把"小小的"焰火,不至于熊熊燃烧毁灭现有的人生秩序。这也是情商较高的都市人情感生活的潜规则。因此,可以说,乔叶的小说既有现代的浪漫的成分,也有古典的现实的成分,这些不同的情感趋向,在她的小说人物身上,调和到切当的程度,属于很中国化的情感经验。

乔叶的小说除了内容方面的好读,还有她叙事的娴熟,语言的流畅、痛快,以及柔美等。乔叶很会写对话,那是真的有差异的对话,不是作家一个人在对话。在她的小说中,对话占了很多篇幅。乔叶还很擅长写烟火味的日常生活,那本来就属于小说的内容,如她在《旦角》中对乡间"响器班"的描写,在《指甲花开》中对女性的指甲花的叙写,可以看出,她拥有老道的日常经验和乡土经验。

因此,写个体情感经验的乔叶,还得依托中原这片沃土,才能找到自己写作的根系,以不至于使自己成为没有故乡的写作者。

评论家郜元宝在给乔叶的书信体评论中写到:"我必须承认,你的故事确实'好看'。你的小说一发表,多家选刊争相转载,'好看'应是原因之一。但'好看'的另一个意思就是'奇特'。我觉得你许多地方都仗着'可巧'二字,而'可巧'二字有好有坏,值得分析。许多大师都偏爱巧合。但巧合应该是生活的真实逻辑的凝聚,而不是真实逻辑薄弱之时用来弥补和支撑的东西。如果属于后一种情况,就不容乐观了。"①

乔叶有着少见的虚构与表达故事的能力,从小说奔流不息的语言流可以看出,她对自己的叙述能力很自信。乔叶的这种突出才情,偶尔也会让我莫名地疑虑,这样写下去,将会写出多少作品?我更希望乔叶能在作品的纵深度上发生些变化,在叙事的高难度上发生些变化。

计文君:与同时代作家的不同之处

计文君是一个眼睛看得很远的写作者,她一旦有什么想法,就会决断、行动和实现。写了几年后,她走出了安逸的魏都古城许昌,到河南大学读研,同时也是换个环境写作。这期间,她写出了《天河》、《此岸芦苇》等让她在写作中找到自我位置的作品,这些作品使计文君这个名字在文学界有了声响。

2010年度"中国作家鄂尔多斯文学奖"的授奖辞这样赞写《此岸芦苇》:"以华丽典雅的叙事语言,对知识分子复杂的欲望世界进行了别开生面的挖掘,并在'此岸'与'彼岸'的泅渡中,将生活的复杂,事态的多变,人性的无奈、摇摆与挣扎做出了冷峻的剖析,勾勒出当代知识分子的精神镜像。"

后来《小说选刊》还配发了关于《此岸芦苇》的三人谈。主持人语:"《此岸芦苇》也是写大学、写知识分子的,但她的描写既与古典情怀不同,也与现代想象歧异——正如她的小说所暗示的,她写的是泅渡在此岸与彼岸间的'芦苇'(知识分子)。这种中间状态呈现了相当的多义性。"②

进一步说,这篇小说写的大学里的竞选职位、招博风波、网络流言、师生情爱等,旨在写这些事件里的所谓高知者的心灵之旅。这部中篇,涉及了相当多的人与事,叙事密度过大,有些让人眼花缭乱;在叙述语式上,有些《围城》的味道,说的和听的都有些迂回曲折。也因离现实太近,很可惜,缺少些艺术的空间感。但计文君还没有丢失她的优势,那就是写内心。

可以说,这部作品是计文君开拓题材的一次努力,在此之前,她基本是写情感的。

近两年,计文君再度跨越,去京城读了红学博士,少年时代沿袭下来的爱好今日变成了专业,这对于由着心性来理解文学艺术的计文君,肯定有着苦不堪言的应酬,但更多的应是给她未来的写作提供巨大的蕴藉。这期间,她写的《开

---

① 郜元宝:《从"寓言"到"传奇"——致乔叶》,《山花》2009年第13期。
② 徐坤、汪政、刘忠:《"此岸"与"彼岸"之间的泅渡——〈此岸芦苇〉三人谈》,《小说选刊》2010年第7期。

片》已见出端倪。可以说，《开片》和 2008 年的《天河》这两部中篇，代表着当前计文君写作的标高。

在心境和理解力上，看不出计文君属于"70 后"，她的作品里没有怨怼，没有刻薄，没有虚荣，只是理解，理解自我和这个世界。这理解来自巨大的体谅，对于生命在此世之不易的体谅。因此，无论是《开片》里的"我"殷彤还是《天河》里的秋小兰，她们都把自己在这个世界上的位置摆正了，当然包括与男人的关系，她们也委屈、疼痛，但不会把自己放在被侮辱与被损害的位置上，因为同时她们也看到了对方活着的不完满，看到了红尘众生可怜的目的。于是，把情感的和社会生活的千滋百味吞咽下去，自我消化掉。即便自己微如草芥，也有草芥独迎风雨的尊严，而且对这个世界有着呵护的愿望。计文君用很正的笔触去写这一切，仿佛是一个阅尽人间沧桑的老者，但小说的气场浓烈，情绪饱满，有年轻的身心在支撑。

计文君的小说给人的感染不是来自故事，而是来自人物，来自这个人物所有的气息，来自她在这个世界上活着的样子。这是计文君小说的幽深奇异之处。

这个时代，现实比小说更离奇，更复杂，也更残酷；网络比小说更迅捷，更直观，也更包罗万象。因此，真正的写作变得分外艰难，作家仅有讲故事的能力还不够，还要有思想的能力，才能穿越生活万象，澄清庞杂；不仅要有地域的优势，还要有人类化的整体性视野，才能准确描述全球化时代的现实。

河南青年女作家面临同样的境遇。写作进行时中的她们，也在自我修炼、寻找和变换之中。如果要在自身的文学传统中汲取营养，那么，应是男作家们宏大叙事中所表现出的承担意识及叙事力量，面对集体沉默的题材所表现出的坚定和独有表达的境界与气魄，在漫长的时光中完成几部曲的大艺术气质，以及对于文体的追求。

原载《小说评论》2012 年第 2 期

论 1990 年代以来河南籍女作家的小说创作

吕晓洁

　　1990 年代以来河南籍女作家乔叶、傅爱毛、邵丽、戴来等人的小说创作是一个值得注意的文学现象，这是一种新的女性文学，它与当下女性写作中的私人经验泛滥无关，也与所谓女性叙事的身体自渎无关，而是呈现出了文学本身的美感和力量，她们以朴素而坦率的文字，描绘着我们这个时代人类的生存状况与情感心态，把一种真实的当代生活现场带到了我们面前。她们的创作拓宽了女性文学的表达空间，也为当代河南文学增添了一道亮丽的风景。

一、对底层生活的真诚关注

　　对底层生活的关注是河南女作家创作中的一个重要主题。无论是土生土长的河南女作家如乔叶，还是生于外省而长期生活在河南的女作家如戴来，在以儒家文化为基础的中原文化的长期浸润下，她们的作品都自然地带有儒家的社会理想与人生追求，表现出关注现实人生、关注底层社会、忧世忧民的民本情怀。

　　乔叶的长篇小说《我是真的热爱你》，叙写了一对乡下孪生姐妹冷红、冷紫的坎坷人生。和多数农村孩子一样，她们出生在一个穷困而又多灾多难的家庭。父亲因车祸去世后，姐姐冷红为了照顾母亲和成就妹妹的学业，毅然退学进城务工。她原本想通过诚实的劳动改变家庭境况，却由于漂亮和单纯，在充满陷阱与诱惑的城市里，成了邪恶势力的猎获物，沦为妓女。妹妹冷紫得知姐姐为了让自己能升入大学竟然在作着这样的牺牲时赶到城里，企图唤醒姐姐的噩梦，自己反倒遭受了一系列惨重的身心打击，也陷入了泥沼之中……通过这一对姐妹的故事，作者叙述了生活在社会底层的人们的生的艰辛、心的疲惫，同时对一些社会丑恶现象进行强烈批判。不仅如此，作者还对种种社会丑恶现象赖以滋生的种种根源进行冷静的观察与剖析，从而引发人们的思索，引起人们的警觉，以期唤醒人们的责任感和道德良知。

　　《良宵》主要写城市底层的一个群体——洗浴中心女搓澡工的故事。小说中的"她",丈夫另有所爱与她离了婚,她也下了岗,一个人带着孩子艰难地生活,上午去做钟点工,下午去超市买菜,晚上去洗浴中心搓澡。有一天,她发现自己服务的对象是丈夫另娶的妻子,而且推测他们的生活过得不错,想到丈夫正是因为这个女人而抛弃了自己,自己已成了旧人,而新人回家之后"会有一个不折不扣的良宵……那个身体一直在羞辱着这个身体,从过去,到现在"①。于是,酸甜苦辣混合成的泪水在脸上汩汩流淌起来,她愤怒、伤心、委屈,但她并没有实施报复,而是得体地把对方丢在那里的镯子还给了她。小说写出了底层人物复杂的人生况味,她们生活里的艰难,她们的自尊,和属于她们的小小欢乐等,体现出了作者对于底层人物生活世界的细心体察。

作者写底层人物的不幸,没有陷入到苦难的迷恋性叙述怪圈之中,让人物一味地沉沦到绝望的深渊,而是在写出底层人生苦难的同时,也写出底层人物的人性温暖,比如冷红、冷紫二人互相关爱、互相体贴的姐妹情谊,张朝晖对冷紫纯洁而坚定的爱情等,这是一种让人生活下去的力量,体现出作者的理想色彩。乔叶说:"我知道这部小说是书生气的,可我想要的,也许正是种书生气。我是一个理想主义者,那种我认为生活中应当有而实际上却没有或者很少有的美好事物一直是我创作中最重要的激情和动力。"②

傅爱毛的小说《天堂门》,情节很简单,但有着别样感人的力量。小说里写了一个特殊的社会群体的生存状态与精神境遇——殡仪馆的化妆师、殡仪馆的司炉工、艾滋病患者、哑巴扎纸人等。这些人是容易被人们所忽略或漠视的群体,他们置身于社会区域中的一个特殊区域中,他们的职业或疾病像一堵无形的墙,把他们与社会其他成员隔离开来,作者写出了他们精神世界的无处诉说的孤独、无助与无望。端木玉美容学校毕业后因长相极丑陋而难以就业,只好到殡仪馆做美容师,周围的人都远离了她,几乎与人隔绝的生活使她极其孤寂,于是"那种想说话的欲望与冲动却抑制不住,如同一颗生了根发了芽的树,见风就长,如影随形"③。但她只能对着"死人"说话。殡仪馆司炉工老张一直没有娶下媳妇,把一腔柔情给了那些女性尸体,最后又因此而失业。哑巴艺人心灵手巧,扎纸活儿做得精细,但"人们路过这里时,远远地就绕开了",来买货的顾客只是匆匆来去,谁也不愿多看他两眼,于是,每个傍晚他只能把所有的心思化作如泣如诉的箫声。简单的故事蕴含着一个严肃的问题:我们的社会如何对待这一个特殊群体?我们的文学如何对这样一个群体进行言说?文学作为"人

---

① 乔叶:《良宵》,《人民文学》2008 年第 2 期。
② 乔叶:《我是真的热爱你》后记,长江文艺出版社,2004 年,第 356 页。
③ 傅爱毛:《天堂门》,《芙蓉》2008 年第 5 期。

学",是否还有许多我们无法触及或者一直在有意回避的角落?

二、别样的女性世界书写

河南籍女作家的女性世界书写,不是批判男权文化传统对于女性的挤压与伤害,也不再着意于女性私密心理的暴露,而是写现代生活常态中女性的成长、女性命运、女性的烦忧与欢乐等,在历史和现实的交错中展现了一系列城乡普通女性的生存状态。与女性写作的"私人化"、"躯体化"叙事策略相比,河南女作家转变了叙事策略:一方面把目光投向了普通人的生活,认真倾听普通人的声音;一方面,跳出上世纪那种自闭自恋倾向的写作,把目光投向了社会中的普通女性,深入揭示女性对待性、婚姻、家庭、社会的心理,力图揭示在平静的生活外表下她们精神世界的复杂性,表现人性中复杂的东西,探究心理中微妙的东西,书写那些我们不曾或难以命名的经验,写出更为深刻的生命体察。

乔叶《山楂树》写出了城市普通知识女性外表得体端庄,内心则有一种植于人性深处的渴望。"我"与"他"在火车软卧邂逅,开始是拘谨的相互探询,渐渐生出些男女偶遇的互相吸引,尔后开始了以"山楂"为主题的逐步深入的交流。"我"逐渐了解到:"他"是一个有才的画家,与自己深爱的女模特结成连理,女模特吃了太多从老家寄去的山楂果致使孩子流产,最终离开了"他","他"有点伤感,也有几分神秘。"我"很渴望进一步理解这个陌生人的内心,但火车却已到站,内心稍有留恋,却又和他坦然告别,心里有不可言状的哀伤。对女性内心深处那种有所向往而又十分矜持、内敛的微妙心态表现得很生动。

《他一定很爱你》写出了一个女性在世俗生活中的渐变与异化。小雅经历了父母离世、兄嫂嫌恶等变故,见识了种种人情冷暖,变得独立、精明、清醒,但也世俗了。她的初恋情人陈歌已成为骗取女人钱财的诈骗犯,但对小雅还存在真爱。小雅慢慢地弄明白了他的处境却装糊涂与之周旋。乔叶深入女性心灵深处,把情感与经济、家庭、婚姻联系在一起,更涉及人类爱情生活的本质内容和人性深层的心理内容。小说最后意味深长地写小雅认真地端详一块排骨:"它晃悠的姿势很优美,幅度也很适宜","比我身上的长得还好看呢"。透射出女性对自我被异化的觉察、自嘲和无奈。

中篇小说《我承认我最怕天黑》通过对女主人公刘帕与三个男人在意识与现实两个层面性关系的描写,表现出了现代社会里一些女性面对男人的背叛而表现出的身与心的迷茫与尴尬,作品的深刻之处在于作者没有仅仅停留在爱情上,而是深入到了社会层面,触及到了一个普遍的问题。

《妊娠纹》是乔叶的一篇新作,文章叙述一个中年女性在今天这个滥情时代的一段心路历程。主人公是一位中年职业女性,每一天的生活只是昨天生活的复制——事业稳定、角色定型、家庭生活稳定而平淡,漫长的时光与平庸的日子里她似乎有所不甘,渴望平淡的湖水里能掀起一些涟漪。这大概正是很多同样状态中的中年女人的心态。她遇到了一个很会使她开心的男人,这个男人很体贴,会发短信、打电话逗她开心,经过长时间交往,在几经犹豫之后,她终于走进了他在宾馆开的房间内。但她在卫生间洗浴、男人在外间等候的过程中,她渐渐完成了一次自我精神历程:她想,这个男人的最终目的只是她的身体,除此之外还能有什么呢?这只是一场游戏而已,除此之外还有什么呢?最终她没有走出浴室,男人摔门而去。应该说这是一种顿悟,也是她的一次自我成长,男女之间这种暂时的欢爱是无法把她从平庸中解救出来的,所谓他对她的感情也只是一个暂时的游戏,游戏的最终还是要回到现实。她想清楚了,看透了。于是,她最终自己走了出去。这篇短短的作品,把一个中年女性的心理揭示得入情入理,可见作者对于生活的细致体察。

三、对于人性、存在的深层追问

邵丽的长篇小说《我的生活质量》(人民文学出版社,2004年1月版),写出了王祈隆的灵魂在乡村与城市之间的游动与分裂,写出了具有乡村身份的城市官员身上的复杂人性。作品主要叙述了农民的孩子王祈隆从一个农校教师到一个地级市市长,从社会的底层向上攀登的过程,也是他心灵划过的轨迹探寻。这部小说的真正力量在于对"官员"这个身份在城市和乡村之间、在现代化进程和穷困的乡土经验之间难以安顿的复杂处境的揭示。王祈隆是现代化的积极推动者,但在他内心深处却顽强地隐藏着难以泯灭的乡村情怀。对这个"市长"来说,城市是"我"的,但在骨子里、本质上却是"他们"的。他有着高高在上的城市官员身份,但又有着难以摆脱的自卑心理。他与北京来的城市姑娘安妮相恋,但最终也无法摆脱其内心深处的自卑感。邵丽写出了王祈隆在生活中的恍惚、迷离、失落、无奈,甚至绝望的复杂心态。作者用一种朴素的白描手法,把她对生活的观察和对生活的理解实实在在而且饶有兴味地告诉读者,这种朴素的叙事态度是这个小说成功的原因之一。邵丽说:"每次在饭店就餐,上菜之前总是先上一个让食客观看的菜花。不管是用萝卜还是用南瓜雕刻的,都看不出本来的面目。急于把生活的痕迹全部切掉,使人看不出来这是生活;越后现代,越让人看不明白才是最好。然而,生活不是花,它就是萝卜或南瓜。有时它会以花或者一只鸟的面目表现出来,但归根结底它还是生活。我们永远不能回避。"①小说征服读者的仍是那些动人的细节描写,叙事严肃、凝重、略带伤感和无奈,苦涩中含有温暖的同情和宽厚的理解。

戴来善于用冷静的语言,描写生活在现代都市底层的人群的生存状态与心灵痕迹,他们平凡而琐碎的生活在作者的笔下缓缓流淌,他们日常生活的无常与无序,精神的无聊、无奈,在作者客观的描述中给读者带来熟悉而又陌生的感受,有时甚至是令人震惊的阅读体验,凸现他们在现实纠缠中所辐射出来的特殊精神景观,从而使她的创作显示出不同凡响的独特魅力。《要么进来,要么出去》表达的是一些小人物在生活中的无奈与无所依托的窘困状态。刘洁的夜不归宿让安天牵挂又厌烦,他与她(她是他的房东兼女友)的关系越来越糟,安天出去寻找新的住所。经过一天的奔波,安天又回到了刘洁的住所。刘洁对他说:要么进来,要么出去。出去仍旧没有解脱可言,进来意味着抵抗的失败,旧有的生活将按惯性继续。人的精神在现实的物质面前溃败了,所谓的选择化成了泡影,平常的烦恼生活将继续在安天那里延伸,他又回到了"门"中。"出去"无处可去,"进来"非得其所,写出了一种人的存在状态。

《别敲我的门,我不在》中,主人公安天一直生活在焦躁不安中无力自拔,即使他躲在屋子里,还是有新的烦恼(敲错门的老人)在敲他的门。安天对现实的逃避并没有因为躲在门里而获得清静,没有什么世外桃源可以诗意地栖居,生活的雾霭笼罩着门里门外的每一个角落,逃避只存在于幻想之中,在现实面前是无能为力的。如今,这种莫名的不安与烦恼其实是另一种时代焦虑症,它潜藏在很多人的心里,似乎无处可逃,这篇文章的深意也正在于此。

《突然》写下岗老工人缪水根的几个生活片段,反映世事变化中普通百姓的生存困惑。缪水根是纺织厂工人,过着贫穷、平常、而又按部就班的日子。忽然有一天退休了,两个女儿也远嫁给了他痛恨的日本人,这突然改变了的一切使他一下子无所适从。于是,他走到红旗桥一带四处闲逛,老缪看着来来往往的人,也引来了别人对他的观看,但看与被看的含义是不同的,他被一下子抛出了生活的常轨,感到茫然失措,他"看"身外是空洞的眼神漫游,而外界"看"他(围观)则是一种对于平淡生活中反常现象的条件反射,这种互看的感觉其实是对人的精神世界的一种审视,是一种熟悉的精神隔膜,最后他像疯子一样自言自语道:"疯了,都疯了。"②这表达出缪水根难以言传的心灵呼号。这篇小说由偶然事变,化庸常为新异,尤其是将小人物惯性生活发生更变后的心理失衡写得

---

① 邵丽:《自己的生活》,《小说选刊·长篇小说增刊》,2003(下)。
② 戴来:《突然》,《长城》1999 年第 1 期。

惟妙惟肖,使看似平面的故事叙述具有了很有意味的心理动感。《亮了一下》写中年男子洛杨在事业上没有取得成就,步入中年后对生活平淡、岁月流逝的危机感越来越重,他有了婚外情,他喜欢小美的年轻,当他面对小美年轻的身体时他的逐渐老去的感觉就更加鲜明,于是那种怅然若失而又无可奈何的心理更加明显。有一天,当他回到家里偶然发现自己的妻子也有婚外情时大吃一惊,但随即又恢复了平静,他无力改变现实,只能不动声色,装作什么都没有发生,因为日子还要过下去,"十分钟后,洛杨又把相片和床单都换了回来,不管怎么样,他想,日子还要过下去。"①"洛杨感到自己的腰部一阵发空,他在饭桌前坐下,今天的菜比往常要丰富一些,尽管没有胃口,但他还是拿起了筷子,尚云正在说着开家长会的事,洛杨清楚地知道,这是他熟悉的生活,也是他没有力量改变的生活,不出意外的话,他还将这样过下去。"②这种感觉写出了一个普通人在情感失衡、岁月流逝、日子平庸中的软弱与妥协,也写出了个体难以对抗的庸常生活的强大力量。

傅爱毛《嫁死》写出了小人物人性深处的迷茫与挣扎。米香是一个身体健全的人,因为生了一个智残儿子遭到丈夫抛弃,为了给儿子弄一笔钱以保障他今后的生活,她决定"嫁死"。"嫁死"是当地的一个奇特现象,即嫁给一个煤矿矿工,矿工若遇到事故死亡,家属就会得到一笔赔偿费,从而过上衣食无忧的日子。但走这条路,会被人瞧不起,人称之为"嫁死女",这个称呼甚至"比小姐和鸡这种称呼更加可耻呢"③。不过,走这条路成功的人又赢得了村人的羡慕,显示出了当今崇尚金钱的人们价值观念的混乱。怀着"嫁死"的目的,米香嫁给了矿工驼子,从此也开始了她灵魂的矛盾挣扎,她渴望驼子快点出事,她可以拿到补偿费,但心中又有着强烈的自责与不安,这种矛盾情感折磨得她睡不着觉。愚昧、善良、罪恶、自责等同时交织在米香身上,写出了人性的丰富与复杂。

综上所述,河南女作家的小说中没有张扬的现代生活符号,她们笔下的人物没有夸张的新新人类的做派,故事也不刻意安排在酒吧和迪厅这样的另类场所,从外表看来,这是一些非常诚实的故事。然而,正是一些这样的故事把一种真实的当代生活的现场带到了我们面前。清明的理性,简洁的故事线索,深刻的时代精神,以及人性中那些细微的起伏变化,这些新的话语精神,在一定程度上改写了同时期女性写作的面貌,也开辟了一条触及现实、表达内心的新的女性写作的话语道路,对于女性文学表达空间的拓展有着积极的建构作用。对当

---

① 乔叶:《亮了一下》,人民文学出版社,2003 年。
② 乔叶:《亮了一下》,人民文学出版社,2003 年。
③ 傅爱毛:《嫁死》,《长城》2006 年第 3 期。

下生活惊人的直觉、细腻的体验,以及精细的表述、极其感性的语言,使她们的作品具有了特别的魅力,她们以自己的创作丰富了女性写作的内涵,也给当代河南文学的发展带来了新的活力。

原载《齐鲁学刊》2012 年第 5 期

邵丽研究

自述·访谈

三代人

邵 丽

我一直试图分析我们家的三代人,因为这样的三代人,不但于我,可能与很多的家庭有相似之处。我觉得这项工作有标本意义。

第一代人是我的父亲。他生在万恶的旧社会,活在崭新的中国。第三代人是我的孩子,她生在上世纪八十年代末,活在全球一体化的互联网时代。第二代人就是夹在他们中间的我——我出生在十年动乱期间,经历了中国历史过山车般的起起伏伏。

一

我父亲出身于富裕家庭,参加革命的动因肯定不是为生活所迫,而是有一个远大而充实的理想鼓舞着他。每当看到电视上那么多的热血青年抛弃优裕的生活奔赴延安时,我常常会心有戚戚——父亲却从来不跟我们谈这个,如果要谈,也是以他自有的一套价值体系,来评判孩子们的所作所为。比如他的大儿子,参军正赶上对越自卫反击战。他一封接一封地给他写信,鼓励他杀敌立功,火线入党。他曾经为儿子的生命担心过吗?我相信肯定会有,只是当这种担心与他心中的理想发生碰撞时,他会像那个时代的大多数人一样,把自己的担心一点一点地擦掉。我的小妹夫是党校的一名法律教师,后来辞职当了律师。他很久不搭理他,在他眼里,一个脱离组织的自由职业者,再怎么风光也是旁门左道。尽管他离休后一直跟着他们生活,但从来没有修正过对妹夫的看法。

有一次,我的女儿考上大学,他谆谆教诲她说:"你一定好好学习,将来报效党和国家!"女儿回来跟我抱怨说,我姥爷真是的!在自己家里还装,累不累?

新中国成立后,历次政治运动父亲都没躲掉过,他成为一个真正的"老运动员"——每次挨斗,他既没有委屈,更没有抱怨;即使后来都平反了,他也从来没有觉得组织上错过。

《人民日报》和《新闻联播》是他的整个世界,一直到死,他每天都离不了。

他这一辈子只相信"上级精神",从来不相信小道消息。他死的时候终于赢得了由组织部门撰写的"一切皆好"的悼词和一面鲜红的党旗,结束了单纯而不单调的一生。

二

我女儿出生在上世纪八十年代末,从她懂事的时候起,至少在形式上,政治这个词已经远离了老百姓的日常生活。等到她会识字,人们已经通过互联网认识世界了。他们这一代人,怎么说呢,占有的信息量越大,能让他们相信的东西越少——她刚好跟我父亲相左,只要是小道消息,她都觉得是真的。他们不缺少任何东西,从亲人的爱到物质生活,都是人类历史上最丰富的时期。但他们从来没有满意过,一直都牢骚满腹。这也跟我的父亲相左,父亲生活在精神和物质极为匮乏的时期,可是常常觉得非常满足。

我的女儿这一代,他们除了信仰自己,没有谁能说服或者强迫他们信仰其他。他们对任何事情都不会有长久而忘我的热情,从汶川地震到齐秦被烧伤,在他们嘴里挂不了一个礼拜。他们是这个时代最自信的消费者,也是最无奈的被消费者。

三

处在他们的夹缝中间,我既为父亲悲哀,也为孩子遗憾,但我并不是一个清醒者,有时候我比他们还迷茫——为了不成为他们,我在自己的周围扎了很多栅栏。为了与父亲不一样,我学会了选择,谁也不敢相信。为了与女儿不一样,我努力不让自己在这个瞬息万变的社会激流中沉没。我热心公益,关注热点,为环保而环保,为爱心而爱心,努力使自己成为一个热心肠。可是,我从来没有对自己满意过,我时时刻刻想着自己什么时候变得不是自己了,那才是真正的自己。

我们这一代人的人生,是被活活斩作几段的。我们没谁能记得清自己身上打了多少道思想的补丁。

原载《羊城晚报》2012 年 9 月 25 日

无言以对

邵　丽

　　很多读者问起我为什么写作时,我常常无言以对。这是一个轻易就能拿起来,却很难放得下的问题。事情就是那么发生的,说不清楚为什么——从故事本身到我的写作,莫不如此。我想,所谓灵感,也许就是上帝之选,在合适的时间,把某些东西交给合适的人去做。这件"东西",肯定有它坚实的内核和内在的驱动能力,它是一件有生命的存在,作家仅仅是把它呈现出来,所能改变的,无非是表现的方式,尽管带着强烈的个人印记,但不会改变它的本质和方向。这样说起来好像有点宿命,甚或有人认为是傲慢。不过如果有人非要我回答的话,我就这么说。

　　难道还有更合适的解释吗?我做不到,也不相信。很多人以为,小说家都是凭空编故事的人。这么说也许没错,但除非是用唯心主义的观点去解释这一切,否则是站不住脚的。故事从何而来?从形式上看,它可能是一场白日梦,可元故事不是这样的,它是生长出来的,它先于文字和作家而存在。讲故事的人会死去,可是故事不会,它会永远活下去,直到人类最后被毁灭。

　　也许到这时候,可以初步回答读者的提问了:故事就在那里,我忍不住要写出来。但这样又容易诱发另外一个问题,莫非所有的写作都来自于生活吗?我的回答是肯定的。很多玄幻和科幻小说,它们横空出世,却又非常轻巧地嫁接在现实生活上,甚至连茬口都不留,好像生活本身就具有千奇百怪的 N 度空间。但是,我不禁要问,那些点石成金、死生穿越的人,他们面对的不是现实问题、解脱的不是当下的苦恼吗?它介入我们的生活,不是否定或者改变了世界,而是改变了我们看世界或者处理与这个世界关系的能力,变换了新的角度。因而不管它有多么想当然,它是现实的,是活生生的,是接着地气的。

　　因为现实,我常常为笔下的人物忧伤万分,那是一种近乎绝望的无力感。也许就是这种绝望逼出了我的决绝,因而使我的作品有了态度。《刘万福案件》里的刘万福,每每想起他来,我总觉得非常惭愧。虽然我把他领到了读者面前,引起千万人的围观,可是那于解决他的问题、改变他的命运,没有任何裨益。甚至往深处说,即使解决了他的问题,那孙万福、陈万福、张万福们的问题呢?

　　绝望——如果我们忽略了它的存在,整个社会都将被逼入绝望。

　　《第四十圈》里的齐光禄,是我笔下的另一个杀人者。这部小说交出去很久,但他那带着风声的刀光,还一直纠缠着我,有时候会在我独处的时候上下翻飞,嗖嗖作响。我相信,如果有一个正常的社会环境,齐光禄会成为一个好老板、好丈夫和好父亲。可是,就连这一点卑微的希望之光,也有人一点一点地把它掐灭。说实话,当他怀揣着那把日本刀走向操场的时候,我的心情踌躇万端,写到这里,或者每每读到这里,我既血脉偾张又泪流满面,久久地回味着这个细节,五味杂陈。即使那是百分之百的错,我也不忍心让他停下来。那是他这一辈子唯一的一次生命绽放,如飞蛾扑火般决绝和神圣。我更不忍心指责他,因为我没有资格那样做。

我的两部长篇小说《我的生活质量》和《我的生存质量》,有人说是官场小说,有人说是自传体小说,都对,也都不对。我写的确实是官场,但已经远远地"去官场化"。如果官场是一条大河的话,这两部作品应该是站在河边的反思。从进入到退出,是一个轮回,也是一种升华。生命的疼痛不息,就是成长。我们最后能够面对的,既是坚毅,也是无奈,因此这就是生活。

从小秋、秋生到小舅舅,那是我看到的另一幕生活图景。与快意恩仇相伴,是大部分人对这个世界的依偎、眷恋和忍耐。小舅舅这样的人,不管生活在哪个时代,都会把不平和不公化于无形,因为他们更多的是为别人活着。这本无对错,它是这个古老民族的文化性格之一,并以此延续五千年的香火。而小秋则恰恰相反,她希望看到不变之中的改变,希望找到芸芸众生里的自己。她有目标,有性格也有态度。她给我们以希望和安慰。

在互联网出现之前,写作从来没有被赋予过这么多的意义,也从未引起过如此多的歧义。实际上,在新技术为作家大开方便之门的同时,也让写作的道路越来越逼仄和崎岖。在更多的时候,我们的思想会被外在的力量所左右,各种信息资源像绳索般地捆绑着我们。我们写出来的,到底是被缚的感觉、解脱的愉快还是对绳索的"斯德哥尔摩"依恋,很难说清楚,这也是面对读者的提问时,我常常无言以对的原因。

原载《文艺报》2014 年 3 月 12 日

离现实近一点还是远一点

邵 丽

从某种意义上说,一部真正的小说是由作者和读者共同完成的,这是小说与故事的本质区别。高品质的文学作品,既取决于作者的创作能力,也取决于读者的再创作能力。有很多文学作品都是在面世数十年之后,才被读者阅读出来的——《红楼梦》是,《佩德罗·巴拉莫》也是。当然,我这样讲只是为了强调作者与读者的互动性,并不是为了减低或者推卸小说家的责任和使命感。

责任和使命感是个非常宏大的词语,它曾经是作家的历史包袱(也许现在仍然是)。当然,我们的包袱不仅在此。我们的苦恼在于,在现实的语境之中,小说家是不能完全从艺术或者技术的角度放任自己的,因为不管是出于道德或者政治原因,正如略萨所言,有很多机构和个人"都对小说表示了同样的不信任"。这导致了在大多数国家,小说以及小说家都是受限的——虽然受限的原因并不一样。这令小说家的工作充满了冒险精神,然而也正是这一点,才又令人非常着迷。

其实这又涉及一个十分重要的问题,也就是作家与现实生活的关系问题。离生活太近,作家往往会成为现实生活的代言人,这样就会削弱作品的文学意趣;离生活太远,也就意味着抛弃了作家的社会责任感,让写作成为纯粹的白日梦。这里面还包含着另外一个问题,那就是作家应该以怎样的姿态介入生活?这个问题是一个争论不休而又永远无解的问题,因为作家就是"这样"介入生活的,他的使命感推动着他义无反顾地试水——我的意思是说,方法并不是一部作品生命力的终极标准,尽管它特别重要。

一个时期以来,我一直尝试用各种文体写作,尝试着离真实的生活远一点,更深地潜下去,不暴露作者的面目和思想。但我觉得我做不到,至少不能完全做到。我们这一代人还不能完全脱离"弥赛亚"情结,同时我还一直深信略萨说过的另外一句话:"文学是人们为抵抗不幸而发明的最佳武器。"但是,在现代化越来越显示出它的强大的审美趋同的社会环境之下,一个作家并不比任何一个社会个体更有能耐,谁能逃离自己的"文化模板"恣意独舞呢?但是,我还是努力让自己在荆棘里发现花朵,在焦虑中去寻找安详。对美和善、对价值和尊严不折不挠地探寻和讴歌,已经成为我的生命密码,不抛弃,不放弃。

最近,我还在一次有关工业化和小说关系的研讨会上,谈到了我对这个问题的看法。工业化是不可避免的,用盲目的迷信和热情去抵御现代化洪流,那是不自量力。如果故意装作视而不见,那是逃避。问题的关键是,如果我们无路可逃,正视问题就是一种担当。在这个方面,在亚洲我们有榜样可学,前有日本,后有印度。面对不同的问题能找出不同的解决方法,既是文学,也是哲学。

其实我这些年的很多作品,都面临着很多的苦恼和诱惑。在《人民政府爱人民》这篇作品里,我想说明这样一个简单的道理:政府为了维护国家稳定设置的信访平台,有时可能成了一面凸透镜,让两边的信息(政府和人民)都多少会失真。在政府这边是吃力不讨好,或者是好心办坏事。它越是讨好老百姓,把老百姓的事情都揣在自己怀里,越是让人民不满意。《村北的王庭柱》是一篇我倾注了很多心血的作品。王庭柱这样的人物,在现实生活中并不鲜见,但是你真正把他指认出来又非常困难。一方面"他"是一个庞大而又来历不明的群体,他的作为和话语只是偶尔地、一鳞半爪地被你捕捉到。另外,你不能轻易指责中国老百姓的活命哲学,好像他们的生活根本没有尊严。其实,对于中国的很多老百姓来说,没有尊严就是他最大的尊严,或者换句话说,忘记尊严才是他们维护尊严的唯一选择。这听起来有点悲壮,可是他们就生活在这样的文化氛围里,他的首要任务是活命,而不是活得更好。《老革命周春江》虽然写的也是上访,但那不是它的主题。我想说明的是干群关系的另一个硬结:鱼与水的疏离问题——从相濡以沫到相忘于江湖。这里面既包含着党和政府如何放低身段,重新定位与人民群众的关系,也包含着怎样正确对待历史的问题。这样的写作其实让我犹豫良久,它已经远远地超出了故事本身,变成了另外一个故事——那个故事很可能会穿越,可能会有越来越清晰的模样,并具有不断繁殖的力量。《挂职笔记》虽然写的是身边的琐事,却是一篇真正的官场小说。我曾经在《我的生活质量》的创作谈中说过,中国的官场不是一个独立的"场",它是我们生活的一部分,既没有那么惊心动魄的戏剧性,更没有步步为营的玄机,它已经非常家常了,唯有如此,它才更可怕。当然,关于《刘万福案件》,已经有了很多的话题。刘万福的故事不是现在有,它过去就有,将来还会有。在制度文明和法治社会真正建立之前,我们还会遇到千千万万个刘万福。

从作家的内部环境来讲,新技术的不断涌现,我们与外部世界的联系的日益加深,都深深地影响着我们的写作。从作家的外部环境来讲,市场经济在不断更新价值观的同时,也逼着我们走向市场。我们的作品需要走出各种"圈子",接受市场的无情考验,而且这根本就不是我们愿不愿意的事情,因为,市场就在那里。

原载《文艺报》2012 年 7 月 25 日

"当作家真是太难了"

姜广平　邵　丽

姜广平：你是如何走上文学之路的？也许，这一问题，你已经被问过若干次了。但我这里还是想问一问。我想知道你最初的文学营养来于何处。我这也是打探一个作家的文学之根吧！

邵丽：这个问题确实被问过多次了。我觉得几乎所有的人，打从会阅读开始，都会对文学有一种持久而自发的热爱。当作家更是许多人的梦想。我喜欢文学可能会追溯得更久远一些，记得大概我上小学四五年级的时候，我就是学校里被老师没收课外书最多的。有时候拿着手电筒爬到阁楼里偷看家里的《红楼梦》，虽然不一定能够看懂，但看得让我窒息，觉得自己就是林黛玉，看得悲切得不能自已，仿佛有什么掐住脖子不能让我呼吸。当时就在心中暗暗发誓，长大了之后要改写《红楼梦》，不能让林黛玉悲惨地死去。从那时开始，阅读成为我生命中的重要组成部分。

姜广平：你开始写作的年代不是太远。也就是说，你颇有一种后发而先至的势头。1999 年开始写小说吧？2001 年由中国文联出版社出版小说集《你能走多远》，2002 年出了小说集《碎花地毯》，2003 年出了《我的生活质量》。当初写作时，曾经料到会有这样的成功吗？

邵丽：应该讲 20 世纪 80 年代初我就开始写作了，只是后来中断了十几年。说不想成功是假的，我觉得每个作家在写作的时候，都想着成功，这个应该讲同文学本身一样重要，而且无可非议。但对我自己的成功，确实没预料到会来这么快，更没想到会得到这么多这么高的荣誉。我觉得不是自己的水平有多高，只是运气比别人好吧！

姜广平：我最近刚刚与阎真做过对话，他的《沧浪之水》与你的《我的生活质量》都写了一种人的人生上升。我们可不可以认为，这种上升，其实有着很多被动的因素在里面？人被某种东西裹挟着，而你，则从这种力量中，寻得了写作的起点。

邵丽：是啊，我觉得在现代这个社会，或者说在工业文明的滚滚洪流中，几乎没有人能特立独行。潮流淹没了这个时代，绝大多数人只能顺流而下，逆流而上的人几乎都成了先烈而不是先驱。那么作为一个作家，怎么来"看见"这个事实，把看见的这个事实怎么样告诉大家，我觉得的确是一种使命。我们的责任就是穿透生活,告诉大家贴在生活背面的那些东西。

姜广平:当然,我知道,你是走唯美路线的。不但力求文风之美,对人的内心世界,也在力求开掘他们的美。用很多人的话讲,就是你写的是"阳光文学"。有人说,你是因为没有经历过灾难,心态在苦痛的边缘,因而笔触往往显得过于平和,笔下的人物也出落得阳光灿烂。但是我的想法不一样,按理说,作为我们的同龄人,你应该有过苦难体验啊!再有,苦难体验,我到现在都认为是真正的文学应该正面强攻的东西。你如何看待苦难叙事呢?

邵丽:我觉得苦难不是个人的哀鸣,那种痛苦的呻吟或者虚张声势的喊叫并不是苦难,而是对苦难的恐惧。真正的苦难可能是在笑容里,在平静得无法言说的生活里,是内心的绝望。其实我的作品里有阳光,也有苦难,可能苦难更多一些,只是我用阳光的心态来看待它。我个人认为,苦难无时不在,无处不在,但我们要学会在阴霾里看见阳光。与其我们有力气把这个世界撕碎,或者把这个破碎的世界撕得更碎,何不把这些破碎补起来,至少让大家知道,还有人在缝补这个世界呢?

姜广平:最近我与文化批评家朱大可对话,谈及他的《流氓的盛宴》一书,我觉得朱大可在对身份问题的探究方面,达到了非常深刻的地步。你的王跃进也好,王祈隆也好,事实上也存在着身份的焦虑。这里可能是你开始转向的地方。

邵丽:是啊,我觉得我笔下的很多人物,始终不知道他们自己是谁。但是这个问题其实是我们的整个社会,在从农业文明向工业文明的摆渡时期,大家普遍的心态。在过去比较漫长的社会形态里,比如封建社会几千年,计划经济也有几十年历史,社会形态流动很慢,大家都很容易给自己定位。现在这个世界变化太快了,人还没有找到自己的位置,整个社会背景又发生了急剧的变革,你会突然发现你奔向的那个目标突然没有了,而且自己的坐标也没有了,所以你就焦虑,你就无所适从。我觉得这恰恰是作家切入生活最好的入口。

姜广平:当然,我明白,这部由中篇而发展起来的长篇,又势必让我问及一个问题,是中篇无法承载你关于这方面的思考,还是因为在中篇里你还有没有说完的话?长篇小说的深度、难度和长度问题,吴义勤先生做过很好的思考,但是,恕我直言,当代很多长篇小说,其实完全可以以中篇的长度来承载。而且,很多长篇,恰恰就是几个中篇的拼接。对你的中篇而长篇的演变,你是如何看的呢?

邵丽:《王跃进的生活质量问题》发表之后,有很多读者给我写信或者打电话,也有评论家朋友跟我说,这个故事讲得太快了,这完全是一个长篇的容量,你给砍头削足浪费了。刚好那个时间赶上非典,我被困在家里,就尝试着改成长篇。谁知道一动笔就刹不住车了,洋洋洒洒说了那么多话。写完后我一个字都没看就发了出去,直到书出来之后我才看。那个时候我才知道,其实王祈隆一直就在我旁边,时不时地就会冒出来。真是这样,一个作家塑造了一个人物,他就成了你们家的一口人。

姜广平:当然,无法否认,《我的生活质量》确实是一部成功的作品,也延续了很多作家都在思考的底层问题、身份问题和生活质量等重大社会问题。

邵丽:也有评论家说,这么大跨度,这么大容量的一个作品,你平铺直叙就给它说完了,太没有技巧了。其实我想说,当我下笔的时候,根本就容不得我想怎么说,就像流水一样出来了。现在我也认为,它就应该是这个眉目。在这部作品里,我把官员还原成了人。正是因为他是一个"人",才可能涉及身份或者生活质量问题,而且我们才可以平视他。

姜广平:我们无法回避的是《明惠的圣诞》,这是一篇触及到社会疼痛神经元的故事,我们终于在这里看到了作家邵丽的疼痛。这种疼痛带着一种宽容与关爱。这是这篇作品的高度,也是这部作品的深度。我觉得这是一种富有德性的写作。事实上,现在,可能还有着一帮作家,承担着社会疼痛而敏感的神经。中国社会,可能更需要文学,其意义应该在这里。虽然你一直阳光着,但这一次,你将阳光照进了一个叫圆圆的失去身份也不明身份的女性的心里。

邵丽:我觉得这是另外一个版本的"我的生活质量",人在物质极度贫乏,或者生活水平非常低下的时候,尊严可能只是个次要问题或者边缘化的问题。而一旦物质生活达到某个高度,尊严会上升到首位,而且不容侵犯。这是个非常有意思,也非常有意义的问题。

姜广平:这里的城乡之间的关系问题,可能也是一种对人物宿命的讨论吧?人物没有听从你的安排,是自己安排着自己,或者是自己被命运驱策着一步步走远。大部分作家是将道德判断悬置起来的。你没有这样做。这是需要一种胆魄的。因为,有时候,道德判断所带来的是对艺术的虐杀啊。

邵丽:这里面既有城乡之间的冲突,也有文化之间的冲突。人物最后的结局,看似偶然,里面也包含着必然。这里面包含的更多的可能不是道德因素,而是文化因素。或者可以说,传统的力量非常之大,大到可以把人杀死。它包含着道德,但比道德的外延要大。

姜广平:《人民政府为人民》其实也是在以一种道德判断展示着另一种乡村之痛,这是为基层干部"平反"的作品了,带着某种颠覆性。这篇作品可能在纯文学圈子里是一个异数,很多纯文学读者与职业编辑对此评价不是太高。我也听到一些不太入耳的议论。你如何看这样的现象?当然,我能理解,一是社会的现象,让人产生了认识上的惯性,二是众多作品中对乡村干部的多少带有点歪曲的描画,让更多的读者对这一群体缺少最贴切的体认。然而,有意思的是,在这些场合,倒是我们这些从事评论工作的人沉默了。文学其实应该有一种伦理与道德的导向作用。艺术技巧,在先锋游戏里早已经玩完了。中国小说,我觉得不缺少技术的支撑,缺少着什么,可能很多人都知道,但是很多人却不敢向着这里走近一步。

邵丽:我在作家通讯上看到叶广芩关于挂职体验的一篇文章,有了更深刻的共鸣。她说:"我们的文学不知哪里出了问题,以至一写起基层干部就是鱼肉乡里,贪污腐化。其实不是这样,至少我接触的基层干部不是这样。"我们国家正处在激烈的社会变革期,而支撑这种变革的基础,其实是那些默默无闻、废寝忘食的基层干部。他们拿着最低的工资,干着最辛苦的工作。要改革,要发展,还要稳定。他们肩负的责任无限大,而手中的权力无限小。他们所干的几乎所有工作,都不是由他们来决定的。他们被上面垂下来的数千条绳索捆绑着推到前沿阵地,暴露在各种矛盾的火力之下。一旦工作中出了问题,那些决策者就会成为袖手旁观者,或者是面目威严的判官,由他们来担当替罪羊。但他们任劳任怨,以达观的态度,面对日复一日年复一年的折磨。那种沉着和乐观,让生活在荆棘里长出花朵来。所以我觉得给他们"平反",不仅仅是作家的责任。

姜广平:最近读到何弘的一篇评论:《因为理解 所以悲悯——邵丽小说简评》,觉得说得颇为中肯,何弘论定你是以丰厚的生活积累为支撑,触及了社会的"痛点",以悲悯的情怀、理想的眼光来看待生活的苦难和人性的复杂。但问题是,这种理想主义,有时候会不会被你放大了呢?

邵丽:理想主义被我放大倒是有可能。但是话又说回来,理想应该是没有边界的,如果理想比现实本身还小,对于作家,以及我们这个社会来说,不是更悲哀吗?

姜广平:其实,你的创作是在悄悄地转型,从"阳光文学"开始转向关于身份、生存与尊严等激起人内心疼痛与沉重的问题。这样的转变是因了什么而完成的呢?

邵丽:从本质上讲,我并没有多大的变化。如果大家感觉到我在变,那是生活本身在变。更多的时候,我是把自己看到的说给大家听。这种"看到",有着悲悯和同情的情怀,同时也有着阳光的味道。

姜广平:沿着这条路,你还要走多远呢?

邵丽:我有一篇作品就叫《你能走多远》,我觉得还是把这个问题留给上帝吧!

姜广平:《明惠的圣诞》之后,你对自己有着怎样的期许?目前的写作主要关注着什么样的问题?有长篇写作计划吗?如果有,你将操作什么样的题材呢?不好意思,我不是一个唯题材论的评论家,但为了省点事儿,只好这样问了,聊以向我们热心的读者作个交代。

邵丽:最近是一直在忙乎一个长篇,初步定名为《我的生命质量》。这部作品的时间跨度比较大,是关于人性、革命、爱情等内容的。总体进度不是很让自己满意,我觉得在叙述别人故事的时候,好像自己都在重新经历。当作家真是太难了。

原载《文学界》2008 年第 3 期

对话:在云之上,以及其他
——邵丽访谈

苗梅玲　邵　丽

时间:2012年9月1日
地点:邵丽办公室

苗梅玲:邵老师您好,最近不断在报纸杂志读到您的大作,感觉您创作势头很旺。现在在写什么?您觉得写作苦吗?

邵丽:从前年开始,我的写作就在转型。过去我的小说侧重于"轻"——生活中的那些小小的摩擦和误解,虽然是出自底层,但是依然是阳光的、轻盈的,甚至是美好的,即使易碎,也值得我们珍惜和享受它。现在我的小说侧重于"重",当然,这个"重"并不一定是沉重,而是凝重或者庄重。我自己感觉到是在往生活深处走了,往自己内心走了。继前几年的《人民政府爱人民》之后,前年我写了"挂职系列"的第一篇《村北的王庭柱》,也算是试笔,结果从读者到评论家们反应都不错。我又接着写了《老革命周春江》、《挂职笔记》、《城外的小秋》等几篇,尤其是《刘万福案件》,反响很大。这些作品大部分都被《小说选刊》和《小说月报》转载了,有的还获了大奖,自己还算满意吧。

今年我的写作又是一个转型,更注重自身生活和内心的拷问,对故事性不太注重了。像发表在《光明日报》上的《北去的河》,还有《作家》发表的《糖果儿》,都是这个类型的。现在着手写一部长篇,已经酝酿很久了,算是对自己家族历史的一次集中回顾。写作本身就是非常非常痛苦的一件事,呕心沥血这话用在这里一点都不浪费。写自己会更苦,毕竟要拿起刀子面对自己的亲人,那种感觉是无法用语言表达的。

苗梅玲:您每天都写作吗?您的写作习惯是什么样的?

邵丽:我很少动笔,大部分时间都用于阅读和思考,基本上比较成熟了才动笔。但是只要一下笔就停不住,要一直写到自己眼前一片黑暗,什么都看不见才停住。我进入写作姿态很慢,不过只要进入就很难出来,把自己弄得非常纠结。写完之后自己都懒得看,包括发表出来之后我也不看,几乎不相信那些东西都是自己写的。后来我看到很多作家谈创作,都讲到这个问题,好像那不是自己的作品,跟自己的仇人似的。

苗梅玲:您最初是如何选择文学创作这条路的？有什么特别的事或人的影响吗？

邵丽:其实我很小就比较喜欢文学,会识一部分字就开始读《红楼梦》。我大姨和姨夫都是大学毕业,在我们那个县当老师。在那个鄙视知识的时代,他们还珍藏了一些好书,给了我意想不到的精神喂养。其实,我中学的时候就发表过小说,后来上大学、结婚生子,就把这事给搁下了。后来有一个机会我到鲁迅文学院听课,才又重新拿起了笔,而且一发不可收了。

苗梅玲:文学给您带来与以前有什么不同的生活吗？

邵丽:对于我的日常生活,要说影响有多大也谈不上,要说没影响也不客观;总体上说,没有本质的影响,因为我们这个家庭算是知识分子家庭,阅读和写作本来就是常态化的。只是走上专业作家这个路子,是过去没有想到的,而且也不是非常乐意的工作,尤其是我的父母(他们都是老干部),特别反对我当作家。他们觉得这不是个正事儿。我写的东西,他们也从来不看。对我内心来说,影响还是非常大的。毕竟要常常审视自己和别人的生活,其实作家的工作就是在正常的生活里看出它的不正常来;时间久了,自己也形成了某种思维定势和思维习惯,不自然地就会偏执起来。我的脾气不好,遇事不大妥协,跟这个习惯的养成有很大的关系。

苗梅玲:准确地说,您真正的创作是在2000年之后开始的,在这十几年时间里,您已经成功地摘取包括"鲁迅文学奖"在内的国家级奖项,并入围了"茅盾文学奖",这是一些写作者写了多年甚至一生也达不到的成果,您认为这种成功应该归结于什么？个人的天分、才华和后天的努力,哪个对于一个写作者来说更为重要？

邵丽:任何一种艺术,你不得不承认它有很多天分的东西在里面,比如书法,很多人都临习书法,但是一辈子都找不到线条的质感,作品看起来温不吞的;画家也一样,他对光与影、透视与意象的把握,很难用语言说明白,完全靠自己体悟。而这个"悟"就是天分。为什么古往今来的作家里面,很少有科班出身？文学博士毕业,写小说的不多,至少是成功的不多。后天的努力也是必不可少的,不读万卷书行万里路,只闭门造车是不可能的。为什么改革开放后中国的文学有了这么大的进步？我们读的多了,与世界的交流多了,走的地方也多了,才因此有了今天的这个局面——如果完全从技术上说,中国的文学与世界的差距并不是很大。我们与他们的差距,基本上在于世界观和价值观的差距。我个人的成功来得很突然,有很多种因素,有个人的努力,也有个机遇问题。比如《明惠的圣诞》这个小说,当时我想表达的是城乡之间的对立,尤其是进城的农民对自己身份的焦虑——她渴望别人认可她,渴望成为一个城里人;

她在成为城里人的过程中,可以不惜一切,甚至卖身。但是一旦身份变了,感觉到自己是城里人了,别人的一句玩笑,或者是冷落,她就受不了,甚至不惜牺牲生命来维护自己的尊严。这种东西过去是没有人关注的,对"城市化",人们只是习惯于用数字说话,城市化率达到多少多少,新农村建设如何如何,从来没人会想到,在这个数字里面,是活生生的生命和尊严的丧失,更不要说文明的衰落和历史的失重了。我们怎样重拾人文关怀与城乡和谐,这是自一九四九年新中国成立以来我们就面临的重大问题,只是过去没人正视过,在谎言里把它遮蔽了。

苗梅玲:您的首部长篇小说《我的生活质量》,一发表就被人们冠上了"官场小说"的称号,后来您又创作了《人民政府爱人民》、《挂职笔记》等作品,讲述的是官场的那些事,外界甚至有人定位您为写官场小说的作家,你怎么看待这个问题?

邵丽:在《我的生活质量》创作谈里我就说过,"官场"不是个独特的场,它是我们平常生活的一部分;在现实生活中,没人能够把官场与老百姓的生活场分离,因此,官员也是普通的人。这样说可能有很多人不赞同,觉得官员的生活如何如何,其实那是一种误解,现在写官场的小说,故意把某一部分给放大了,不是很真实。现在写官员的作品,往往是两个极端,要么无恶不作机关算尽,要么两袖清风六亲不认——其实这个原因就是促使我写《我的生活质量》的主要原因,我是想让大家了解一个真实的官场。后来的作品,比如你说到的《人民政府爱人民》和《挂职笔记》,反映的都是我眼里的官场。

苗梅玲:还记得在新世纪初期您的作品研讨会上,您的作品被大家认为是未经磨砺的"阳光文学"。今天,看到您刚在《作家》上发表的小说《糖果儿》,与早期的那种"阳光"形成了极鲜明的对比,通篇充满了忧郁而哀伤的气息,语言富有诗意,让人唏嘘不已,不忍卒读。我觉得这恰恰凸显了您的创作水平日益提升。您对自己这种文风的转变有什么感想?

邵丽:是的,刚才我已经初步谈到了这个问题,我的作品在往内里走,往自己的内心世界走。但是,我依然觉得自己的作品是比较阳光的,就以你说的《糖果儿》为例吧,虽然有痛,有失落,有误解,但是没有恨,没有抱怨和愤怒。到最后都是对他人,对社会,对自己的和解和感恩。没有什么过不去的,站在别人的角度看问题,也没有什么理解不了的。毕竟我们都在生活,我们都是一样的有痛,只不过是你痛在这里,我痛在那里;我们不能仇视周围的人,他们都是弱者,如果跟他们过不去,那就是弱者对弱者的厮杀,这对任何人都没有好处,更不是一个真正的作家应该做的。

苗梅玲:您的文学观是什么?

邵丽：借用前辈的话说，文学即人学。周作人讲，文学无非是"物理人情"——把事物的道理说清楚，把人之性情弄明白，就是文学最大的功德了。

苗梅玲：一篇好小说的标准是什么？在您的作品中，更注重表现哪一方面？

邵丽：余华说，真正的好小说让人看了欲哭无泪。这个标准就很不错，但是也有小说是让人看了非常温暖的，你比如巴乌斯托夫斯基的《夜行的驿车》、卡佛的《大教堂》等，都是非常感人的小说。我刚开始写小说时，特别注意故事，觉得怎么把一个事情说得很有意思是一个小说家的主要任务，比如那时候我的获奖小说《王跃进的生活质量问题》、《礼拜六的快行列车》就是代表。一直到现在，还有些老师、老编辑们对我说，还是回到"王跃进"时代吧，那小说好看。可是，我不愿意回去了，也很难回去了。今年算是对那些老师编辑们的回馈吧，我写了一个长中篇《阴阳劫》，最近可能要发出来。但是那个心境已经过去了，很难再进去。到后来，我的小说则把思想和情感放在第一位，虽然一开始大家可能不是太容易接受，觉得这好像不是小说，像《村北的王庭柱》刚刚发出来的时候，一个领导跟我说，你看这小说写成什么了！后来我见到我的导师、著名评论家胡平先生，他说，小说就应该这样写，这才是你应有的高度。所以，我一直坚持自己的风格，小说本来没有定规，关键是做好自己，我觉得。坚持的结果应该说还是不错的，现在大家都比较认可了。我的小说很难归于某一类，我的小说就是我自己的，这也是我的艺术观和创作观。不过要让自己对自己下一个很客观的评价，我觉得我的小说缺乏林徽因说的那种"持久而普遍的动人"。

苗梅玲：有很多作家都有这样的感悟，自认为很努力写的，下了不少工夫的东西发表后有时达不到预期的效果，有时随手之作却赢得市场的很大反响，真是"有心栽花花不发，无心插柳柳成荫"，您有过这样的经历吗？您认为为什么会有这样的结果？

邵丽：最近我就有这样的经历。《光明日报》的编辑约我写一篇小说或者散文，反映城乡之间的对立和融合。我觉得很难完成这个任务，毕竟这是个命题作文，是我最反感的。后来实在推不过去，就用一天的时间写出了《北去的河》，没想到反响会那么强烈，国内很多著名的网站都转载了。编辑给我写信说，看了一遍又一遍，还是不舍得放下，把她想说的东西都说出来了。而去年我发的《老革命周春江》，确实费了很大的工夫，而且揉进去很多思想，有些甚至是颠覆性的看法，但是市场反应平平。导致这个问题的原因，我觉得可能是看问题的角度、个人的经历以及当下的痛点不同，阅读的感受也不一样造成的；抑或是，作家创作中难免有盲点。

苗梅玲：您的另外一篇作品同样给我留下极深刻的印象，就是《刘万福案件》，发在《人民文学》，后来《小说选刊》选载了，读者反响非常大。我觉得写法很好,不断采用场景重现的技巧来讲述主人公刘万福在一个政治背景下的种种遭遇,有着很强的政治意识,提出许多新的视角和观念,您为什么要创作这篇作品,选择这种历史重现的手法是否有什么特别的意义?

邵丽:说实话,这篇小说发出来的和我原来的已经大不一样了。本来这个小说是我的一个创新,也是一个突破,我是用一种新型的笔记体方式来完成这个小说的,可能因为篇幅所限,或者有些东西在当下有所禁忌,编辑非常好心好意地把它给删了。不过删掉之后,并没有影响它的冲击力,它确实真实地再现了中国底层人的悲催人生,它是具有普遍意义的,围绕着刘万福发生的人和事,都是真实的。所以我在这篇小说的创作谈中说:"……把这个新闻写成小说也有很多看点;如果幸运的话,会不会遇到新闻里面阴差阳错移花接木的东西呢(这往往是一个常态)?引起我疑惑的疑惑是,真的就那么凑巧,就是说,历史的推进真的就那么自然熨帖吗?后来我费了很大的周折见到了刘万福,了解了真实的经过,我看到了故事的背面,它在阴影里闪着寒光,像历史本身一样灰乎乎的——这么一个剪辑错了的故事,给我们留下了多大的想象空间啊!那么作为一个作家,有没有责任把它搜出来摊在阳光下曝晒?后来我还是下定决心,去寻找在历史和现实语境中的潜台词。这的确是一次冒险,首先从我的写作经验来讲,它已经溢出了作家的边界之外。"

苗梅玲:王跃进、明惠、刘万福等都是您笔下成功塑造的人物,已深入读者的心中。您在选择角色时会注意什么,对主人公的身份有什么讲究吗?在众多角色中,您最喜欢的人物是谁?她(他)具有怎样的个性特征?

邵丽:要说小说家对角色选择,还不如说是角色对小说家的选择。这样说可能有点玄虚,其实就是这样的。你熟悉的一个人物,或者你想写的一个人物,开始你设想的,和后来作品实现的,往往是两码事,到最后都是人物牵着小说家走。说实话,你所说的这几个,王跃进我还是比较喜欢的,但真正喜欢的是《挂职笔记》里的那些人物,他们狡狯、执著、通透和简单。还有《老革命周春江》里的主人公,很像我的父辈——他们革命了一辈子,到退下来之后才忽然明白,很多问题过去一直蒙在鼓里,一生都白活了,很纠结,但又无处诉说,尤其是在孩子们面前,还得装得一切都看透了。其实这些老人心里,要么很苦,要么很空,他们这一辈子,没有过过自己想过的生活。

苗梅玲:请谈谈您对小说语言的看法,截至目前您的作品中哪些是您满意的,为什么?

邵丽:就一篇小说来说,故事是车厢,语言就是轮子。轮子怎么载着车厢走,这不是个小问题,它影响到故事会不会翻车。过去我不是非常讲究语言,或者说语言的张力不够;最近有所改观,尤其是《村北的王庭柱》和《挂职笔记》,

我找到了一种特别有黏性的叙述方法。其实这种方法就来自于基层,把他们的东西原汁原味地表达出来,就非常生动,就是活的语言,能站起来自己走。

苗梅玲:您是否怀疑过自己,是在什么情况下?

邵丽:基本上每写完一部作品,就是对自己的一次否认,就像蜕皮一样。而且每一次写作,开始写得特别顺手,写着写着就找不到感觉了,那时候就特别疑惑,自己是不是真的不能写了。

苗梅玲:关于阅读,您通常都读什么类型的作品,喜欢哪些作家?

邵丽:小说类的我比较喜欢有思想的作家,如陀思妥耶夫斯基、马尔克斯、博尔赫斯、米兰·昆德拉;最近喜欢印度女作家的作品,像吉兰·德赛的《失落》、阿伦德哈蒂·罗伊的《卑微的神灵》。除了小说,我还比较喜欢读哲学和历史类的书籍。我的阅读习惯是把一部作品里里外外都读透,这样你才能找到阅读的快感。

苗梅玲:作为省作协的负责人,您日常还要处理许多冗杂的工作,同时还要兼顾写作,毕竟写作才是一个作家的根本。工作是一件喧闹的事,而写作必须静下心来,这一静一动之间的矛盾您如何平衡?

邵丽:是啊,常常是力不从心,确实很累很累。但是也不得不承认,工作是写作的源泉,尤其是作协这个工作,因为要和全国各地的作家打交道,这又使我得到很多"气息",这个气息对于一个作家来说很重要,对于我们河南作家尤其重要,毕竟我们与外部交流得太少,缺乏应有的高度和视野。总之,这件事有得有失,关键是看自己怎么掌握好平衡。

苗梅玲:对未来,您有什么创作计划?

邵丽:最近手里有两部长篇,写得很苦,但又放不下。好像这是对自己生命的一个交代,非完成不可。内容是写自己家族的,我的家族很有写头,里面有很多与时俱进而又惊心动魄的东西,已经酝酿了很多年了,一直没有动笔。一定要把它讲出来,这是我这辈子最大的心愿了。

苗梅玲:对,写作真的就像毒药,明知有毒却欲罢不能。最后,祝您身笔两健,早日拜读您的新作!

邵丽:谢谢!

原载《东京文学》(上半月)2012年第11期

用阳光的心态写官场小说

邵 丽 记 者

邵丽,生于1965年,中国作家协会全委会委员,现任河南省作协副主席兼秘书长。1999年末开始写作,2003年首部长篇处女作《我的生活质量》即入围第七届茅盾文学奖。凭短篇小说《明惠的圣诞》获第四届鲁迅文学奖。在《当代》、《中国作家》、《小说月报》等全国著名刊物发表作品近百万字。

十年前,邵丽的首部官场小说《我的生活质量》一经人民文学出版社推出,即入围"第七届茅盾文学奖"。评论家认为:邵丽的作品以充满人性温情的笔墨描绘着书中主人公的苦恼、徘徊,以及被生活裹挟的不如愿。

十年磨一剑,邵丽于近期推出了第二部官场小说《我的生存质量》,将笔触伸向"亲人们的官场",站在亲人的视角上旁观官场之外亲人们的生存质量,反省繁华浮云过后的人生真谛。

"我是以阳光的心态写官场小说的。"邵丽说。

不像官场小说的官场小说

记者:您的新作《我的生存质量》与旧作《我的生活质量》,在书名上只有一字之差。这一字之差后面意味着什么?

邵丽:这两部作品都跟官场有关,《我的生活质量》是由外及内,是一种"进入"官场的姿态;而《我的生存质量》则是由内及外,是一种"逃离"官场的姿态。有评论者认为:"在官场生活质量顺风顺水时,作家丝毫没有得意的品相,也没有任何留恋,始终与官场那个'场'保持着距离和批判立场;当官场生存质量面临着'危机突如其来,我生命的泰坦尼克正朝着一个既定的冰山疾驰,顷刻之间就可能粉身碎骨','我从生活的链条上突然滑落了,坠入一个我认为永远不会落入的境地'之时,也没有任何的愤懑和怨怼,甚至连悲哀和凄凉都没有。"这个评论我觉得非常到位。

记者:许多官场小说将重心放在"揭秘"官场生态、官场与人性的冲突上,您的小说的重心是什么呢?

邵丽：生活中我们逃离不开政治。好像是鲁迅说过，中国人的身体里住着三类人：孔子、老子和土匪。我觉得遗憾的是，这三类人从来不分胜负。所以人性的纠结不只反映在官场上，甚至每个家庭都有，我们谆谆教诲孩子要诚实，但是，有时候他在客人面前说了几句真话，反而要遭打骂——这就是政治。但是，我不认为官场是什么独立的"场"，官场只是整个社会体系中的一个组成部分，官场生活与我们普通的市民生活没有本质的不同，我希望通过文字表现出他们真实丰富的内心世界。所以在小说中我也描摹或书写了官场人生，但我不想仅仅展示腐败和黑暗、权争和心术，或者用仇恨的态度书写官场对人性的异化。在某种意义上，我更希望我的官场小说充满着同情和悲悯，是一份对人的文化记忆、文化遗忘以及自我救赎绝望的写真和证词。

积极阳光的心态不是虚伪

记者：在人们的印象中，官场小说和官场一样，是男性的天下。作为一名女性作家，您写官场小说的过程中会有先天不足之感吗？

邵丽：我的家人在地方领导岗位工作，应该说我只是比较熟悉那些官人们的生活。但就我个人而言，我是刻意与传统的"官场小说"保持距离的，所以也不觉得有先天不足。

记者：是否有人质疑说，您的官场小说对官场的了解太感情化了，是"妇人之见"？

邵丽：热爱和赞美生活，本来不是什么过错，可发生在一个作家身上，好像不是矫情就是虚伪了！悲观主义者大行其道，把美好的东西撕碎，或者把碎东西撕得更碎，这成了后现代的一个表征。如果执意要把生活的意义消解得像块破抹布，或者把美好的东西糟蹋得一钱不值，是不是另外一种矫情和虚伪呢？

记者：您对官场的认识，和您的生活状态、生活经历相关否？怎么想到写官场小说的？

邵丽：我开始写作很早，上高中的时候就发表过小说。大学毕业后先是从政，在机关工作了十几年，应该说做得还比较好的，在机关做了好多年的人事科长，中间锻炼到基层任过党委书记，在一个地市当过文联主席。接着是结婚生子，我的家庭情况也是不错的，丈夫是青梅竹马的恋人，感情很好，日子相对来说比较安逸顺致，以常人的眼光看有了一份好工作，嫁了一个好丈夫，作为一个女人已经修成正果。后来女儿出生，我将工作之外的所有精力投入到她身上。女儿读初中进了寄宿学校，我好像是一台闲置下来的机器，突然意识到我的圆整个是围着他们的圆心周转,我发现自己活得异常空虚。有那么一天我突然清醒,我的生命还存在一种潜能。就重新拿起笔,写比较熟悉的官场。想一想,写作对我纯粹是一种倾诉的需要。

记者: 和文字亲近了这么多年,谈一下您对文字的感觉?

邵丽: 有一个不恰当的比喻,写作就像恋爱一样,我有一个幸福的家庭,我和先生恋爱时,我们的书信不下千封。那个时候写信对我们来说都很神圣,每天一封,非常纯净唯美,每天闻着墨水的味道看着文字就觉得十分享受。所以,我说写作就像恋爱一样,它是轰轰烈烈的,但我没有想过一定要完成什么宏图大业,只要能写,我就会觉得很幸福。文学的力量对我来说是强大的,强大得无与伦比。

原载《贵阳日报》2013 年 7 月 2 日

生活质量取决于自我感受
——访作家邵丽

刘先琴 邵 丽

在《我的生活质量》中,邵丽讲述了一个叫王祈隆的人的成长故事,这个农村的孩子到城里去,从社会的底层向上攀登。他来自农村,他毕生都将与这个身份搏斗,他成为城里人,成为"官员",他获得了新的身份、新的意识,但是,原来的身份一直纠缠他,他生活在多重身份和多重意识的变乱和分裂之中。邵丽犀利地表现了这种分裂的深度:他甚至体现于他的身体,王祈隆恨来自乡村的妻子,但只有和她在一起,他才成为男人,而面对城市的、没有泥土的和烟火气息的女人时,他几乎是无能的。所以,"我的生活质量"注定不高。这也是宿命,一个古老农业国家在现代进程中必然遭遇的宿命。由此,记者以问答形式与邵丽谈起了生活质量这个话题。

刘先琴: 生活质量这是一个仁者见仁,智者见智的问题。生活质量本身是一个唯心的标准,对它的判断是基于每个人内心的感受,有人喜欢热闹,有人喜欢闲适,价值取向不一样,很难有一个统一的标准。但你既然写了一本名叫生活质量的小说,也想请你纯粹以自身的经历和经验谈一点个人感受。

邵丽: 尽管简历上介绍我是1999年开始创作,实际上我是80年代初期就开始写作,那个时候只有十几岁,还在大学读书。曾经发表过一些小小说和诗歌,毕业后被一种错误的认识误导,总认为文学是青春期的行为,毕业后先是从政,接着是结婚生子,基本是把自己的热爱给放弃了。我在机关工作了十几年,应该说是做得还比较好的,在机关做了好多年的人事科长,中间锻炼到基层任过党委书记,在一个地市当过文联主席。我的家庭情况也是不错的,丈夫是青梅竹马的恋人,感情很好,日子相对来说是比较安逸顺致的,以常人的眼光看有了一份好工作,嫁了一个好丈夫,作为一个女人已经修成正果,似乎再有所求就是罪过。我自己好像也是认命的,除了工作就是相夫教子,我女儿七岁开始练习钢琴,我那时可以说投入了工作以外的全部精力。我的骄傲全部是为着他们的骄傲,话题常常是,丈夫做得成功不成功啊,女儿的琴又进了几个级别啊,几乎是忘记了自己的存在。时间一年一年的过去,好像干了很多事又好像什么也没干。这种情况一直持续到女儿读初中进了寄宿学校,我好像是一台闲置下来的机器,突然意识到我的圆整个是围着他们的圆心周转,我发现自己活得异常空虚。有那么一天我突然清醒,我的生命还存在一种潜能。想一想,写作对我纯粹是一种倾诉的需要,说的文化一点就是一种内需的外延。

刘先琴:据我所知,你的外延十分成功,五年时间写了近两百万字,作品先后被《中国作家》、《当代》、《十月》、《青年文学》、《小说月报》、《小说选刊》等一些全国大型刊物刊载。中短篇小说连续三年被中国作协收入年度小说精品年鉴,作品多次获得一些全国奖项,2003年被评选为年度中华文学人物。长篇小说《我的生活质量》从去年元月份上市,不到半年时间正规发行已经突破十万册,盗版可能还要大于这个数字。目前电视剧改编也正在运行当中。这样的成就,是否达到了你自己的目标,提升了自己的生活质量?

邵丽:我并没有给自己设立很高的目标,我不担心我究竟能够走多远,也许我选择的只是走,走出自己生活的圈子,走出迷茫与困惑,走入属于自己的心灵世界。我在意的并不是我做出了多大的成就,而是找到了自我,找到了自己的支点。过去我与先生说话,他总是说我很忙。现在他和我说话,我也总说,我很忙。过去他算是个小人物,现在我的名气远远大于他。上网到任何一家搜索引擎都能找到我的几百条相关资料。我不是骄傲,可我非常自信。我并不要求他人的圆围着我的圆心周转,至少我们现在是互为圆心。

刘先琴:不少人认为,快乐是生活的最高追求,作为一个女人,你认为快乐的源泉在哪里?

邵丽:热爱生活始终是我快乐的源泉。我觉得无论我们做什么,热爱永远是第一位的,我们要善于在平庸的生活中找到自己的支点。如果好高骛远,甚至这山望着那山高,那我们永远做不好脚下的事,更不容易满足。生活质量的高低,完全取决于自己的感受,自己总是处于一种不满足的状态,再怎么好的日子也会觉得没有质量。我们常常说傻乐,只是说说而已,却没有品味傻乐这个简单的词语中间所蕴涵的道理,容易满足啊。随着名声的提高,我也开始给自己立标杆,要求自己超越,结果反而很难静下心来。我自己都感觉不再敏感,过去写的时候,碰到一些开花结果的事情都会激动,孩子的成长、老人的关爱、朋友的帮助都能让我流下眼泪,现在觉得这些事情都不足挂齿,不屑描述。并不是生活的给予少了,而是我们的欲望越来越高,我们的心渐渐不知道感恩。想一想,如果我们把生活的每一点给予都当作获取,我们的快乐将会日复一日累加,生活质量如何会不好?

原载《中华读书报》2005年7月13日

研究论文选辑

世风世相、女性与家国
——评邵丽的小说创作

孟繁华

邵丽的文学创作,如果从1999年发表第一篇作品算起,至今只有十余年。十余年的时间不算短,但作为作家来说,用十余年的时间和百余万字的作品将自己打造成有广泛影响的著名作家,并不是一件容易的事情。特别是当下文学生产、传播和接受都遭遇了巨大挑战的环境里,一个作家能够并敢于坚持下来,如果不是一场人生赌博的话,那么就可以理解为内心对自己有一种强烈的召唤或期待。几年间,她先后出版了《纸裙子》、《碎花地毯》、《腾空的屋子》等小说集。这些作品,与许多刚出道的女性作家多有相似之处——更多地源于个人经验,基本是在情感或婚姻领域展开。虽然讲述了不同的女性经验或情感体验,但其视野的封闭性和内循环性质,还没有产生广泛的影响。真正产生广泛影响的创作,是2003年人民文学出版社出版的长篇小说《我的生活质量》。这部小说让她获得了人民文学出版社"'年度中华文学人物'最具潜质的青年作家称号",入围了第七届"茅盾文学奖"。此后的邵丽一发不可收,不仅佳作迭出,而且因《明惠的圣诞》获得了第四届鲁迅文学奖。邵丽的小说从此面貌大变:她对世风世相的生动描绘,对女性命运、情感和心理的深切同情,对当下生活的积极介入表达出的家国情怀,使她成为一个值得关注的重要作家。

一、文化记忆与人的宿命

长篇小说《我的生活质量》于邵丽说来重要无比,它不仅让更多的读者认识了作家邵丽,而且重要的是,这部作品奠定了邵丽作为作家的地位,并在某种意义上为她带来了信心和鼓舞。可以说,在读过了许多"官场小说"之后,再读邵丽的《我的生活质量》,我相信有过官场经历和官员身份的人,既可能心情舒畅也可能忧心忡忡。原因是,在过去的官场小说中,官场几乎就是人性的墓场:尔虞我诈、欺上瞒下、鱼肉百姓、贪污腐败,最后,或者亡命天涯或者苦海余生。这些小说在"反腐败"的主流话语或生活的浅表层面,确实获得了不证自明的依据。但它的文学性始终受到怀疑,总让人感到文学力量的欠缺。这与这些小说对官场生活追问得不彻底、对人性深处缺乏把握的能力是大有关系的。我们在这些小说中看到的还只是官场奇观,或者是夸大了的畸形黑暗的生活。邵丽的小说《我的生活质量》,也描摹或书写了官场人生,但这不是一部仅仅展示腐败和黑暗的小说,不是对官场异化人性的仇恨书写。在某种意义上,这是一部充满了同情和悲悯的小说,是一部对人的文化记忆、文化遗忘以及自我救赎绝望的写真和证词。

小说的主角王祈隆是一个传统的农家子弟,他在奶奶的教导下艰难地成长,终于读完大学,并在偶然的机遇中走上仕途。他并不刻意为官之道,却一路顺风地当上了市长。这个为世俗社会羡慕角色的背后,却有许多不足为外人道的人生苦衷和内心煎熬。他恶劣的生活质量不是物质的,而是精神和心灵的。一个人的生活质量幸福与否,不是来自外在世界的评价,外在的评价只能部分地满足一个人的虚荣心和成就感。特别是一个人的虚荣心和成就感已经获得满足的时候,其他方面的欠缺就会强烈地凸现出来。王祈隆的生活质量之所以成为问题,就在于他已经实现的社会地位、社会身份和未能忘记的文化记忆的巨大反差。王祈隆先后遇到了几个青年女性:旧情人黄小凤、妓女戴小桃、大学生李青苹和名门之后安妮。如果小说只写了王祈隆与前三个女人的关系,也就是并无惊人之处的平平之作。王祈隆的欲望和对欲望的克制,与常见的文学人物的心理活动并没有本质区别。邵丽的过人之处恰恰在于她处理了王祈隆与安妮的情感过程。

王祈隆与安妮都是当下的"成功人士"、社会精英,按照一般理解,他们的结合是皆大欢喜情理之中。但面对安妮的时候,王祈隆有难以克服的心理障碍:他脚上的"拐"——那个"小王庄出身"的标记,是他深入骨髓的自传性记忆。这个来自底层的卑微的徽记,即便他当上市长之后仍然难以遗忘,难以从心理上实现他的自我救赎。他见到安妮就丧失了男性功能,而面对相同出身的许彩霞他就勇武无比。文化记忆的支配性在王祈隆这里根深蒂固并不是他个人的原因,哈布瓦奇在《论集体记忆中》区别了"历史记忆"和"自传记忆"两个不同的范畴。他说,历史记忆是社会文化成员通过文字或其他记载来获得的,历史记忆必须通过公众活动,如庆典、节假日纪念等等才能得以保持新鲜;自传记忆则是个人对于自己经历过的往事的回忆。公众场所的个人记忆也有助于维系人与人的关系,如亲朋、婚姻、同学会、俱乐部关系,等等。无论是历史记忆还是自传记忆,记忆都必须依赖某种集体处所和公众论坛,通过人与人的相互接触才能得以保存。记忆的公众处所大至社会、宗教活动,小至家庭相处、朋友聚会,共同的活动使得记忆成为一种具有社会意义的行为。记忆所涉及的不只是回忆的"能力",而且更是回忆的公众权利和社会作用。不与他人相关的记忆是经不起时间销蚀的。而且,它无法被社会所保存,更无法表现为一种有社会文化意义的集体行为。哈布瓦奇的集体记忆理论强调记忆的当下性。在他看来,人们头脑中的"过去",并不是客观实在的,而是一种社会性的建构。回忆永远是在回忆的对象成为过去之后。不同的时代、时期的人们不可能对同一段"过去"形成同样的想法。人们如何建构和叙述过去,在极大程度上取决于他们当下的理念、利益和期待。回忆是为现刻的需要服务的。

"回忆"当然也是一种社会资源和争夺的对象。在过去的历史叙事中,农民因在革命历史中的巨大作用,这个身份就具有了神圣和崇高的意味。但在当下的语境中,在革命终结的时代,农民可能意味着贫困、打工、不体面和没有尊严、失去土地或流离失所。它过去拥有的意义正在向负面转化。这样,农民——尤其是带有"小王庄"标记的农民,在王祈隆这里就成为一种卑微和耻辱的象征,面对安妮,这个具有优越的文化历史和资本的欲望对象的时候,王祈隆就彻底地崩溃了,他不能遗忘自己小王庄的出身和历史。这是王市长的失败,也是传统的乡村文化在当下语境中的危机和失败。因此王祈隆/安妮就成为传统现代冲突的表意符号,他们的两败俱伤是意味深长的。

《我的生活质量》是目前邵丽出版的唯一一部长篇小说,此后她的主要精力集中在中、短篇小说创作上。这既可以看作她的兴趣所在,亦可以看作她的集聚能量卧薪尝胆,为日后以求一逞的文学雄心积累准备。

二、女性的情感、心理和命运

"女性主义"曾一度成为这个时代最强悍的文学之音,"女性文学"也因此成为这个时代重要的文学现象。但是,当"风头正健"已成往事、"女性主义"业已尘埃落定之后,我们发现,"女性"性别遭遇的问题,与两性共同面临的问题并不具有解决的优先地位。甚至可以说,女性的问题在这些作品中以夸张的方式放大了。邵丽不是"女性主义者",她没有咄咄逼人的女性立场。但是,在纷乱复杂的社会环境中、在日常生活的两性关系中,她的小说无可避免地有女性视角,这个视角也无可避免地有个人经验和体悟隐含其间。在我看来,邵丽对女性的关注,更多的是在女性情感、心理和命运的范畴中展开,她对女性更多的是同情、悲悯和束手无策的关爱。但是,当她一旦将女性的这一切展现在我们面前的时候,我们在深感震撼的同时,也为她细微的体察和尖锐的发现所打动。

《明惠的圣诞》是获鲁迅文学奖的作品。小说讲述的是明惠不甘屈辱最终诀别人世的惨烈故事。曾经骄傲的明惠因高考落榜,被迫更名圆圆做了按摩女,这是这个时代没有着落女孩常见的谋生手段。在这样的环境里讨生活,圆圆有过怎样的经历是可以想象的。但是,圆圆似乎驾轻就熟处乱不惊,无论客人有怎样轻薄的举动,甚至被"表哥"带走付出了第一次,也没有痛不欲生寻死觅活。让明惠放不下过不去的是她遇到了一个名叫李羊群的人:

> 圆圆第一眼看到李羊群就觉得他不是一个好色的男人,她就是这样感觉的。李羊群那天显然是喝过酒,他洗完裹着一条浴巾进按摩间的时候,透过屋顶玻璃射进来的阳光突然间逆着打在他干净的身体上,圆圆的感觉有些模糊起来。这个生得很体面的人的脸上是透着丝丝缕缕悲伤的,当然,这悲伤别人是看不出的。圆圆那一刻觉得那悲是从她自己的心底涌出,却写在了这个男人的脸上。圆圆的心动了一下,又动了一下。但不是那种被打动的动,是被震动的动。

这个细节是圆圆与李羊群有交往愿望的开始。而"那次按摩结束后,李羊群是第一次在按摩间里打量一个女孩。他觉得这个年轻的女孩子脸上有一种成熟镇定得让他惊心动魄的东西","他遇到了一个和他一样怀有委屈的人"。这是心和心的对接,或者说是"心有灵犀"。于是,圆圆开始了和李羊群的交往。李羊群确实不是一个坏人。他的前史是:一个国家公务员,有漂亮的、青梅竹马的夫人。因一次艳遇,丢了夫人也丢了儿子。他主动辞了公职办起了文化传播公司。李羊群对圆圆出手大方,久而久之,圆圆觉得自己应该付给李羊群应该付出的东西。事情的转折发生在另一个圣诞夜里。圆圆和李羊群遇到了李羊群的一群朋友。这些人在圆圆面前的优越毫不掩饰——

> 圆圆是有自知之明的,坐一会儿就说要先走。圆圆说完走就拿眼睛去看李羊群的反应,李羊群这只羊好像回到自己的羊群就把圆圆给忘记了,刚才还精神头十足地盯她的那双眼睛,现在一下子散了。他这样的神态与这帮人在一起才是合辙押韵的。圆圆以为,李羊群不陪她一起走,至少会挽留她。李羊群那时候正忘情地和他们追忆起一桩往事,他仿佛忘记了自己先前的角色,他本是为了她出来玩的。可他现在陷在另外一个角色里,他不想让任何无关的人在这个时候穿插到他们的往事里。他头都没扭就挥了挥手说,那好吧,你先回吧!

第二天,圆圆逛过商场、喝过鸡汤后,穿上盛装,躺在床上再也没有醒来。在这个圣诞之夜,圆圆不仅是感觉受到了羞辱,不仅是曾有过的幻觉在瞬间幻灭;更重要的是,这个羞辱轰毁了她的整个世界,剥夺了她所有的尊严,她只能以死维护自己最后的尊严。在此之前,她一心一意渴望成为一个城里人。她在成为城里人的过程中,可以不惜一切,甚至卖身。但是一旦身份变了,感觉到自己是城里人了,别人的一句玩笑,或者是冷落,她就受不了,甚至不惜牺牲生命来维护——想想看,一个人的身份哪怕稍稍变化一点点,就会有截然不同的结局——这种东西过去是没多少人关注的,对"城市化",人们只是习惯于用数字说话,城市化率达到多少多少,新农村建设如何如何。从来没人会想到,在这个数字后面,是活生生的生命和尊严的丧失,更不要说文明的衰落和历史的失重了。怎样重拾人文关怀与城乡和谐,这是自一九四九年新中国成立以来我们所面临的重大问题,只是过去没人正视过,在谎言里把它遮蔽了——但是,即使是死,明惠也没有找到自己的真实身份,对于城市给他们的语言和表情,他们根本消化不了。中国的农民有着对城市的深度"乳糖不耐"。

这就是小说撼动人心的地方。小说没有用道德化的方式谴责批判李羊群或肖明惠,而是撕开了这个司空见惯的生活方式和场景的背后,将这致命的隐形之手暴露给世人。明惠的死不仅李羊群不明白,更多的人可能不屑一顾。因此,明惠的悲剧很可能是在明惠之死的后面。当邵丽将明惠的悲剧呈现出来的时候,表达的是对人的顾惜、不平和关爱。她曾说:"生活中充满了爱。尽管我并不认为人仅仅是为爱而活着,但我觉得没有爱的生活不能算是有意义的生活,至少我不会为没有爱的生活而写作。"①她践行的是承诺。

《寂寞的汤丹》是一篇深入探究女性心理的小说。汤丹偶然遭遇了宣传部长李逸飞。在汤丹看来,李逸飞的迷人是因他的"风采"。第一次见面:"汤丹无端想起'小乔初嫁了,羽扇纶巾'这样的词句来,后来的思想跑得就更远。再后来,她就不知道讲的是什么了,只顾着揣测这个男人的方方面面。"于是两人开始了心照不宣的交往。

青年男女即便是已婚,对异性偶发幻想也不是什么值得大惊小怪的事情。但是,当汤丹因工作的事情需要李逸飞帮忙,带着丈夫小袁到李逸飞家之后,李逸飞对汤丹的态度陡然发生了变化。告别时,"李逸飞和小袁握手道别,看都没看汤丹一眼就关了门。出来院子坐在车子里,小袁说,事情办得太好了。他一副开开心心的样子,汤丹也觉得从头到尾都没什么不妥,神情却是恍惚得要命。"汤丹和丈夫一起去李逸飞家的举动,使汤丹与李逸飞两人还没开始的关系注定无疾而终。这里,丈夫小袁的用心是尤其值得注意的。他对男女之间关系的敏感以及处理得了无痕迹,足以证明他的城府和老练。此后,无论是小袁还是汤丹,各自经历了不同的情感遭遇,但"汤丹还得沉没在生活里"。小说没有

---

① 见《郑州日报》2007 年 10 月 30 日。

大起大落急风暴雨式的情节,它写的是日常生活中汤丹的落寞和无助。汤丹的寂寞貌似死水微澜,但小说却写出了她内在波涛汹涌。它有欧洲浪漫主义时期小说的遗风流韵。

《城外的小秋》,是一篇有鲜明当下性的小说。城镇化是当下生活的基本趋势,它的历史合理性已经有过无数的阐释。但是,历史的逻辑不能置换生活的逻辑。历史逻辑的合理性发生在讲述中,生活的逻辑却是在感受里。小秋不喜欢城里生活,奶奶带她回到了乡下。乡下的小秋——

> 养了一条叫大黄的狗,上学放学都跟她形影不离。小秋后来不上学了,大黄就跟着她和奶奶下地。家里还有两亩多地,爸爸早就不让她们种了,奶奶坚持种,主要是因为小秋坚决要种。收了麦子,叔叔们帮着把地整理出来,她们就一粒一粒地点上玉米。地头还会种一小片花生,几棵甜瓜,还有长豆角,几根棍搭个架子,爬得枝枝蔓蔓的,结的豆角比小孩子都高。小秋在她的玉米地里,快乐得像个公主,大黄就是她的仆从。

这是小秋的乡下生活,也是她后来挥之不去的乡村记忆。但是,离开了城市并不意味着小秋就走进了不变的世外桃源。老村子还是要拆了,村子已经划为市区范围。就在开发商的推土机开进玉米田的时候,小秋滑进了埂下的水沟里,小秋瘫痪了。小秋失去了玉米田,也永远失去了和玉米田有关的生活。当然,失去这一切的还有奶奶、郝强和郝晴天。小说提出了一个悖论性的问题:城市化是现代化的表征。现实生活里,进了城的农民无论遇到怎样的困难,他们都很难再回到乡下。因此,现代性是一条不归路。但在小秋这里,她对乡下的眷恋几乎无可替代。无论是安居房、推土机还是城市规划,在小秋这里不啻为洪水猛兽。每个人对生活的理解不同,他们本来有选择的权利。但在小秋的时代,现代化将一切都格式化、统一化。"现代"成为另一种冠冕堂皇不由分说的具有权力关系的说法。这既是现实当然也是隐喻。小秋未来的生活是可以想象的,她没有能力改变这一切,她只能接受这样的现实。承受这样的现实当然不止小秋一个人,它可能是我们这个时代所有矛盾的一部分。如果是这样的话,失去玉米田的显然还有无数个小秋和她们的家人。

邵丽写了许多与女性生活有关的小说。上述三篇作品远不是全部。重要的也许不在于邵丽身为女性写了女性,重要的是她写出了女性在现实生活中不同的纠结、矛盾和无奈。一个作家如果没有这些心理感受和对女性的认知,这样的小说是断然难以完成的。

三、家国情怀与新的创作实践

十余年的时间,邵丽尝试着各种题材和写法。近年来她连续发表了《村北的王庭柱》、《老革命周春江》、《挂职笔记》、《刘万福案件》等一批写基层干部生活的作品。这些作品与邵丽的挂职经历有关。她在一篇小说的开头说:

> 作为一个小说家,当我被派往一个一百多万人的大县挂职副县长体验生活时,内心是非常纠结的。我常常融不进这种"生活"之中,但又觉得忽然之间失去了自己的生活。那时候我显然以为,挂职的意义不在于职,而在于挂。我是确确实实被挂在生活之外了。①

这是一份难得的清醒。正是有了这份清醒,邵丽才将王庭柱、县委副书记周春江、祁副县长、刘县长等写得跃然纸上。那里的生活气息弥漫四方让人如临其境。读这些小说很容易联想到"山药蛋派"作家笔下的生活和人物。这些小说为邵丽赢得了新的声誉。《刘万福案件》,也是以一个挂职作家视角讲述的故事。故事的主体是刘万福的今生今世,是一个普通农民的生存状况和不幸遭遇;另一条线索是县委书记、经济学家对当下中国,特别是中国基层发展的言论和看法。小说内部结构极其复杂,犹如当下中国的社会生活,剪不断理还乱。

小说在刘万福糟糕的命运上展开。矿难情节写得一波三折惊心动魄,矿工的坚忍和危难中的真情催人泪下。班长阎涛过人的胆识和处乱不惊的风范,与矿工的生死与共的情义,给人留下了深刻的印象。但是,一条"瞒报重大矿难偷运尸体"的信息,以及"美国总统奥巴马就西弗吉尼亚州矿难发表声明"的对比,使小说在不经意处起了波澜:"人与人之间的不平等体现在生上,既无可否认又无法改变。如果还体现在死上,那就只有令人扼腕可惜了。同样是煤矿工人,有人死得那么有尊严,他们的名字像英雄一样被惦记和怀念。有人只是死成小数点后面的一个数字,只是活在统计年鉴里。"当然,小说不只是表达了作家批判的姿态,重要的是,她还在人性的复杂性上下足了工夫。刘七是一个乡间无赖,与刘万福家有"世仇"。刘万福与刘七的仇怨缘于刘七对刘万福妻女的欺辱,在忍无可忍的情况下,刘万福手刃刘七和一个同伙。"刘万福相信党和政府的有关政策,立即去派出所投案自首了。法庭根据他犯罪的性质和投案自首的情节,判了他死缓。"后来又改为"无期徒刑"。"刘万福案件"只是一个个案,或

---

① 邵丽:《挂职笔记》,《人民文学》2011 年第 8 期。

者说只是这个故事的"外壳"。作家真正要表达的,是一个经济学家和县委书记如何面对复杂多变的基层中国的现实,如何讲真话、敢担当的问题。但是,对这些问题的处理,比处理"刘万福们"遇到的问题还要复杂得多。

邵丽写完这篇小说之后说:"刘万福在他那个阶级里,靠勤劳节俭能在多大意义上改善生存环境?杨子龙如果不坚持以退为守的活命哲学会不会全身而退?周启生如果不是木秀于林怎么会砰然倒下?其实,如果我们仔细观察,会发现这些现象根本不是'这一个',它甚至是普遍的、先验的、宿命的,这才是它的悲剧意义之所在。所以我觉得这应该是作家、社会学家以及更多的人需要共同关注的问题。"[1]我惊异邵丽对生活的熟悉和理解。刘万福们生存在极其艰难的环境中,这个艰难不只是大环境的问题,同时也有邻里乡亲间的问题,有这个阶层自身存在的问题。它的复杂性只用同情或悲悯无济于事。另一方面,"底层"有底层的生活方式,即便在矿难最危急的时刻,他们也没有忘记开最"荤"的玩笑以缓解惊险和紧张。因此,底层书写只用眼泪和无边的苦难来表达显然是太简单了。在这个意义上,邵丽有了很大程度的超越。

如果说上述小说表达了邵丽对外部世界,抑或是国家民族关怀的话,那么《糖果儿》则从外部世界转向了自己的内心生活,这是一篇温润如玉苍茫如海的小说。小说以"我"与女儿么么的情感关系为主线,旁溢出"我"与敬川、苏天明与金地以及么么、姥爷姥姥、父亲母亲等爱情和婚姻生活。这个时代的爱情和婚姻大概都乏善可陈,因此,当"我"回忆起与敬川的婚姻生活时竟是如此的失落:"我们长达十几年不在一个城市生活,我们每天早晚都按约定时间通电话,所涉及的话题总是身体,锻炼,少喝酒。有时候我们也表达爱情,感情丰沛,话说着说着就柔软起来。他几乎常常说他很爱我很想我,可当我一个人待在家里为一桶矿泉水放不到机器上而哭泣的时候,他在什么地方呢?有一次他晚上回来,发现我们家的十六只灯泡只剩下一只了,癔症了半天,说,这日子过的!我也常常说我爱他,可过了这几十年,我为他洗过几次袜子呢?有一次我告诉他,他有白头发了,他吃惊地瞪着我说,已经白了好几年了,你才发现?"其实大多婚姻大抵如此,英雄救美的时代过去了。这是一个莫名忙碌的时代,居家过日子的夫妻谁都难以做到恋爱时代的恩爱或体贴。小说毕竟还是讲述了一种圣洁的情感的存在,这就是"我"与女儿么么的没有条件的爱,或许只有这种爱才称得上大爱无疆刻骨铭心。比照了这些情感生活后,"我"终于释然:当女儿的孩子要出生时,"我"坚持要给孩子取一个小名——"糖果儿"。

邵丽曾自白说:"我更倾向于在苦难里发现美好,在荆棘里发现花朵,在阴

---

[1] 邵丽:《倾斜的姿态》,《小说选刊》2012年第1期。

霾里学会看到阳光。文学的神圣在于,它始终使我们的精神挣脱沉重的肉体,以独立和自由的姿态,存活在另一个可以抵达永恒的世界里。"《糖果儿》不是这一观念的诠释,但没有这样的观念就不会有《糖果儿》这样的小说。

邵丽还有一篇受到普遍好评的短篇——《北去的河》。这篇小说从另一个角度回应了《城外的小秋》。"进城去"当年也许是一个口号,今天却早已风起云涌。但是,城市真的是天堂吗?《北去的河》从大别山乡下写到北京城,这既是小说展开的空间场景,也是前现代与现代的隐喻。哥哥刘春生把女儿雪雁送到北京弟弟家里,希望女儿从此离开乡下生活在北京,弟弟秋生也说了,"跟他们三五年,给她在北京安排个工作,再找个婆家,等他们老了也去北京。"父亲刘春生对女儿可谓用心良苦,弟弟秋生也绝无虚情假意。但是雪雁很快就打电话给家里,和娘哭闹说想家,要回家。父亲刘春生为此专门跑了一趟北京见到了秋生和雪雁。但是,北京是刘春生想象的北京吗?秋生的苦衷和雪雁的感受是刘春生能体会的吗?刘春生在北京虽然喝了十五年的茅台酒,吃了不曾吃过的酒店大餐,喝了不曾喝过的咖啡,但他回到大别山家里的时候,他想的却是"'家'并不是光指房子、床铺和锅灶,它是土地,是树木,是水,是气味儿"。因此,想象的"现代"并不适于所有的人。要超越自己熟悉的事物是多么艰难。在短篇小说中,邵丽写出了转型时代的心理难题。

多年来,邵丽通过对世风世相的描绘,对女性心理、情感和命运的状写,通过对国家民族的关怀与忧患,建构了属于她自己的独特的文学世界。她的勤奋和抱负已经结出了丰硕的果实,对她的文学未来,我们完全有理由怀有更高的期待。

原载《中国作家》2013 年第 11 期

因为理解 所以悲悯
——邵丽小说简评

何 弘

从1999年末开始真正意义上的文学创作算起，仅仅用了8年的时间，邵丽就获得了鲁迅文学奖，达到了事业的一个高峰。邵丽成长、成熟的速度之快无法不令人心生讶异。应该承认邵丽确实富有文学才情，但显然，她的成功并非简单地用天才之类的说辞就能解释得通。我觉得，最重要的是，在我们这个古老农业国家的现代化进程中，社会的剧变使每个人都产生了身份的焦虑，内心都经历过阵痛，而邵丽以她丰厚的生活积累为支撑，敏锐地点中了生活的"阿是穴"，触及了社会的"痛点"，而且她能以悲悯的情怀、理想的眼光来对待生活的苦难、包容人性的复杂，并冷静地用有节制的笔触将其描画出来，从而使人感觉到深深的理解和慰藉。随着写作的不断深入，她的这种意识也越来越自觉，作品也因而越来越成熟圆融。

邵丽的小说通常没有过于复杂曲折的情节和惊心动魄的故事。她前期的少数作品，如《戏台》、《安子的拳头》等，还会通过故事和外在的事件来塑造人物形象、刻画人物性格。除此之外，邵丽的大多数作品会让我们发现，她其实更愿意也更善于描写平淡或平静的生活外表下，人物内心所荡起的层层涟漪或涌起的道道波澜。正是通过人物内心的这些微妙活动，我们看到了人心理世界的复杂性，人性的复杂由此得到了充分的揭示。比如在《迷离》中，安小卉和李铁的生活在外人看来可能始终平静如初，但两个人却因为猜疑或沟通的不畅，各自内心都经历了一场风暴的洗涤，使其原本恩爱美满的婚姻几至于解体。在他们从恩爱复归恩爱的循环中，其实任何的故事都不曾发生，有的只是他们各自内心的波动，而波动的根源其实在于社会的变迁和各自身份的变化给内心带来的焦虑，当然，也许还有人相互理解的困难。在《寂寞的汤丹》中，对主人公汤丹来说，无论是和李逸飞还是和初恋的恋人，真正的故事其实也始终不曾发生，但心里的波澜却实实在在地起起落落；《生活痕迹》的主人公金地，与丈夫简平的婚姻也在经历波折后归于平静。汤丹内心的躁动、金地内心的不安，让我们看到了生活所展示出来的诱惑与可能，但同时也让我们看到了生活的无奈甚至是残酷。《废墟》的故事也许不像其他作品那般漩涡深掩在平静得波澜不兴的水面下,但正是田粮的误解和猜疑给方小鱼带来巨大的心理压力,将她推向了绝路。始终关注人物的内心生活,努力去探索人内心深处最微妙的地方,揭示人性的复杂性,这应该说是邵丽小说的一个重要特点。当然,邵丽也在努力向读者传达人与人之间相互理解的困难和理解的重要。

邵丽创作上的转折是从中篇小说《王跃进的生活质量问题》开始的。这篇小说写的是一位出身贫贱的"官人"的奋斗成长史。不同于流行的官场小说,它重点描写了王跃进随着职务的升迁内心深处日益加重的身份变乱分离感和焦虑感。这使得作品与那些流行的模式化官场小说有了明显的分野,显示出作者对当下人们精神世界和人性本身探索的深入。后来,邵丽将这个中篇扩展为长篇小说《我的生活质量》,对问题的探索更见自觉和深入,她以悲悯的情怀写出了中国这个古老农业大国的现代化进程中人们内心的煎熬和挣扎。从这以后,传达社会转型中传统与现代的冲突给人们带来的失落感、失重感及由此带给人们的身份焦虑,表现与此相关的生存奋斗和人性尊严,成为邵丽小说的基本主题。使邵丽获得鲁迅文学奖的短篇小说《明惠的圣诞》,表达的正是这一主题。作品描写农村少女明惠因高考落榜,原本正常而光明的人生道路被突然截断,到城里做起了性质特殊的工作,希望赚足钱像城里人一样生活。然而,特殊的身份使自己即使有优裕的物质生活也无法有尊严地活着,内心伤痛不可能抚平,只能在作为现代生活标志的圣诞节里静静地死去,以维持并不存在的可怜的尊严。中篇小说《马兰花的等待》关注的同样是关于身份、生存与尊严的问题。

然而,优秀的作品并非仅仅通过触及社会与生活的"痛点"就可以完成。邵丽的作品之所以受到称赞,一个重要之处在于,在叙述上,邵丽的态度非常平静,她从不渲染恶的、色情的东西,即使对故事进行了展开,叙述也总是显得非常有节制甚至是隐忍,这使她的作品在显得干净的同时,叙述也显得富有张力。而另一个重要之处在于,她能以悲悯的情怀关注当下的现实,使作品显得更为博大与深沉。最近发表的小说《人民政府爱人民》中,虽然"可怜之人必有可恨之处",但对于老驴,尽管明知道他的可恨,但仍然对他怀有同情;而对于县长这些官员,读后也会有真切的理解甚至同情。所以,邵丽的悲悯其实来自于她对生活真实的深深理解。

原载《文艺报》2007 年 11 月 13 日

以人为本的小说

王　干

在首届鲁迅文学院高级进修班的学员中，邵丽属于不显山不露水的那种，一方面跟性格有关，另一方面则跟她被关注的程度有关，被关注的程度则与她的作品的知名度有关。一部小说出了名，你想不被关注也难。我现在要说的是，邵丽的长篇小说《我的生活质量》出版以后，恐怕原先生活的宁静就要被打破了，人们会关注这位年轻女作家的好多问题，比如生活原型、比如今后的创作、比如创作动机等等，因为《我的生活质量》与当下的一些小说比，该属真正意义上的力作，是我们无法回避的重要作品。

《我的生活质量》是怎样一部长篇小说？有人说是《人生》的续篇，有人说是《沧浪之水》的情爱版，也有人说是池莉小说的北方版，这说明小说本身有多种阅读的可能，也说明小说的信息量之丰富。在一般作者那里，《我的生活质量》的题材很容易处理成"官场小说"，王祈隆的故事也确实有足够的"官场小说"所需要的作料，但邵丽没有简单地把王祈隆处理成一个"官人"，而是写出了一个活生生的人。前一阶段的"官场小说"的最大弊端就是把人物简单化，人物只是一个"符号"，缺少足够的人性化内容。《我的生活质量》以人为本，小说的成功之处就在于塑造了王祈隆、许彩霞等一系列生动的人物形象，特别是把官人还原为普通人来描写，写人物的命运，写人物的成长和波折，写他们的七情六欲，写他们的奋斗和苦恼，写他们的痛苦和欢乐，写他们的日常生活和官场角逐，因而他们是活生生的血肉丰满的人。

《我的生活质量》以人为本来结构小说，首先它没有采取那种观念先行的结构方法，而是以一种情绪的流动来组织人物和情节，小说某种程度上是王祈隆的成长史，他的命运往往是身不由己的，他最初的从政和后来的发迹，都是别人牵着他的鼻子走，连婚姻这样的人生大事，也是被许彩霞刻意安排和精心设计的，他无力抵抗，甚至来不及抵抗就糊里糊涂地就范了。因而王祈隆的青春实际上是在一种不可捉摸的状态中度过的，小说既是王祈隆的成长史，也是王祈隆的伤感录。小说虽然是用第三人称写的，但书名却用"我的生活质量"，强调"我"也是对青春的凭吊和惆怅，小说结尾的《我的独白》更是直抒胸臆，表达了这种青春追怀、人生感慨的过来之感。小说有一章专门写了王祈隆和同学的聚会，聚会本身就是一种追溯和怀念，它是对青春的尾巴的抚摸。小说写了王祈隆与黄小凤、李青苹、安妮的婚外情,但这些感情的纠葛更像王祈隆对青春时代的感情的追索和补偿,他和许彩霞的婚姻是在不平等的条件下结成的……全书在这样的情景下,抒写的是青春的惆怅,追问的是"我的生活质量"问题。

和现在常见的小说相比,邵丽这部作品或许可称为"官场爱情小说",它与那些将官场的事情弄得风云变幻、你死我活相比,《我的生活质量》确实关注的是一些生活问题,小说中有一段话很能说明问题:"王祈隆觉得,在一个孩子的成长过程中,好像永远没有发生过什么大事。但那些细枝末节的事情,却又好像头皮屑一样,总是伴随着你。"和那些官场小说里写的那些惊天动地的大事放到一起看,邵丽写的都是头皮屑一样琐碎的生活问题,即使出现重大的政治事件,也被日常化处理了。比如王祈隆屡次升迁,往往不是政治上的重大突破,而是来自生活的变故,有时候是一场疾病,有时候是一次车祸,有时候则是一次莫名的邂逅。这种以日常生活来替代强烈的意识形态冲突,可能与邵丽的女性写作视角有关,也可能与她的人生经验和人生哲学有关。在宏大叙事的遮蔽下,我们过去的一些文学作品失去了可贵的日常经验,邵丽的这种回归日常生活的写作,对官场或类似题材的写作,是一次成功的超越。

《我的生活质量》关注的是个人的生活价值和生活质量问题,它是带有"小叙事"性质的,但并没有妨碍它的社会性意义。王祈隆的命运不止一次地让我想到高加林这个在上个世纪80年代几乎家喻户晓的形象,路遥的伟大之一恐怕在于他塑造了高加林这个独特的典型人物,它记录了那个时代的历史和心灵。算起来王祈隆应该和高加林差不多大,高加林进城以后、当官以后的命运在王祈隆身上得到折射,虽然高加林抛弃了巧珍,但极有可能碰到许彩霞这样的人物。我们也没有想象过巧珍进城之后,特别是做了官太太后的情形,那样未免有些残酷,但进城之后的高加林肯定有机会做官,也肯定会遇到类似王祈隆的诱惑,我们不敢肯定高加林会比王祈隆更加坚强,或许他比王祈隆更激进,可能已经换了几任妻子,他能抛下巧珍,肯定会与许彩霞离婚。当然这样的假设没有意义,续写《人生》也不是邵丽的初衷。但20年之后,邵丽涉及当年路遥曾经涉及的母题,并灌输了新的人生内容和社会内涵,其实是记录中国社会从农业社会向现代化国家过渡的人的变化和变异。王祈隆从政,不仅是他对命运的抗争,也是他作为乡村孩子向城市宣战的开始,他一步步向城市的中心和高端逼近,这个昔日被五星级酒店勤杂工嘲弄的苦孩子,已经发达到可以在这个酒店里耍泼、撒野、戏弄领班了,虽然最终还是被酒店耍弄了,但他还是一个胜利者。对城市的占有和仇恨随着王祈隆的升迁成正比增长,乡村经验和童年记忆并没有让王祈隆在巨大的成功面前脱胎换骨,他内心的自卑混合着人生的成就感使他在安妮这个城市精灵面前失去了男性的骄傲和夸张。他内心的"拐"

和脚上的拐一样难以"删除",积淀了几千年的乡村文化和农业文明很难在一夜之间被清洗干净,中国社会奔小康的过程中,人的素质和人的提升比城市化的进程更为迟缓。人的质量最终还是体现在人的心灵和人的价值观上。邵丽的写作起初并没有想到这么多的哲学命题,但由于她以人为本,真实地勾画人物的命运和灵魂,小说便能读出弦外之音来。

追问我们的生活质量

生活质量是一个用来衡量人生的标准和尺度,对于高的生活质量的追求乃是人生的一个目标。我们在暗夜难眠的时刻,感到这问题如此具体而微地存在于我们自己的心中无法摆脱,难以超越。

邵丽的小说《我的生活质量》,其实就是将我们一直没有提上台面的生存意义问题提上了台面。它表现了王祈隆的半生经历:他一直蒸蒸日上,在官场春风得意,却面临一系列的感情困扰和家庭危机。这类的小说经常被归为所谓"官场小说",一直是近年流行的小说表现领域。这个领域持续地成为"热点",是因为深刻地反映了中国全球化和市场化进程的特点和规律。中国的改革一直是政府主导的。地方政府其实是一个地方的生活的发展和变化的重要推手。地方政府的强烈地发展本地经济的责任意识,也为中国的繁荣和"中国制造"的全球性崛起提供了历史的条件。当然,它也带来了地方政府具有的高度集中的权力,使得市民社会的成熟滞后于经济的发展,而民间的力量也习惯于在政府的支配下活动。这使得"官"并非像许多人想象的那样由于传统中国的"官本位"而获得分量,而是依靠在新的中国发展中的独特位置而获得了分量。于是"官场"已经由过去计划经济时代全面管理社会生活的一切方面的合法性的来源,转变为一个经济成长的合法性的来源,这使得政府仍然扮演关键的角色,但其功能已经有了深刻的转变。国家在"让出"许多权力给社会的同时,却也强化了它自己的经济功能。"官场小说"的流行,其实是中国社会这一独特的文化经验的投射。邵丽作品的意义在于,她异常深入地透视"官场"人生的某种矛盾性,以及公共生活和私生活混杂造成的问题,把人生看成一个生活质量的问题来加以新的审视。在这里,邵丽对于王祈隆的公共生活采用一种相当虚化的表现,而将王祈隆成长过程中的私生活的隐秘加以不断地透视。王祈隆的生活在公共生活和私生活之间脱节的关键原因,是他的妻子许彩霞。他的公共生活越是成功,他私生活的挫败感就越是严重。这里邵丽细致地描写了王祈隆全部成长史的主要经历,并不特别强调官场的特色,而是将人的命运放在中心。王祈隆和许彩霞的矛盾,当然在于王祈隆和许彩霞的个性和教养上的差异,其实更在于王祈隆自己对于过去的底层和乡土记忆的不安和厌弃。王祈隆出身乡土的记忆,不断被许彩霞的存在所提示。许彩霞的早已有过婚姻的过去和王祈隆的那段暧昧的由偷情转为婚姻的关系,其实显示了王祈隆自己的微末和幼稚。但这一命运一旦出现就宿命般地纠缠上来,无法摆脱。王祈隆的深刻压抑和"生活质量"的低下感,其实都来自这一家庭关系问题。

小说将王祈隆放在这样的生活困局中审视,一方面王祈隆不断获得成功和自信,另一方面却不断由于家庭受到挫败。这种挫败其实并不是欲望的不满足,而是一种强烈的"生活质量"的缺失。他的私生活的寻找,其实是试图超越我们近年流行的身体欲望满足的话语的努力。这里有一幕王祈隆在一个大酒店中喝醉之后的段落,最足以说明某种记忆造成的"生活质量"的缺失。在武汉的大酒店中,王祈隆拿出大量的钱试图得到满足,通过金钱交换最为隐秘的获得来满足他征服城市的决心,酒醒后却发现早已换了人,自己得到的仍然是像他的妻弟许老虎一样的挫折感。他的感情经历其实都类似这样的挫折,这也是来源于他的乡土的记忆。但当他爱上了安妮这位女白领的时候,他发现了自己生活的新的期望。但这种高度自我的私生活,却打不过他和自己的公共生活和私生活的环境的契约。这当然说明对于王祈隆来说,他所期望和梦想的生活质量,无法克服他的现实的生活质量。邵丽告诉我们,我们需要改变,但我们也不得不面对现实。全球化和市场化在改变我们,但许多记忆的幽灵仍然在我们心里。我们仍然属于自己的记忆,它才是我们生活质量的前提。我们没有超越它的可能。

小说的最后一段是王祈隆的自白,这是一个非常感人的段落。这个段落抒发了王祈隆的人生感悟,其中他舍弃安妮的原因,来自他和他所属的土地的尊严感,这是他和安妮的距离所在。在这样的感慨中,王祈隆获得了某种自我的反思,一种自我审视的能力。其实也对我们每个人的人生提出了异常严肃的追问。"我们虽然都是努力活着的人,我们的生命却是如此的无依无靠。"

那么,我们还是不得不问:我们为什么活着?

原载《河南日报》2004 年 3 月 25 日

寻找表述生命存在的方式
——论邵丽的小说创作

吕东亮

在长久以来男性作家强势主导的河南文坛,邵丽的崛起是一个引人注目并且值得深入讨论的现象。也是从邵丽开始,乔叶、戴来、计文君、傅爱毛等河南女作家以迅猛的态势、骄人的成绩向文坛发起了阵阵冲击,展露了中原文学的巨大潜能。在这股方兴未艾的女作家冲击波中,邵丽无疑是一个急先锋。她也最早引起全国文学界的关注,中篇小说《明惠的圣诞》荣获第四届鲁迅文学奖,长篇小说《我的生活质量》入围第七届茅盾文学奖,获得《人民文学》、《当代》、《小说选刊》、《小说月报》、《中华文学选刊》等期刊文学奖多项。她创作起点很高,创作练习期很短,从1999年开始创作,到问鼎全国最高级别的文学奖,尚不到十年时间。这种创作上的成熟和饱满,在中国女作家中是比较少见的。邵丽创作上的成功,很大程度上缘于生命意识的自觉。

对生命存在状态的深切注视和不懈追问成为邵丽作品中一以贯之的东西,也支撑了并且将一直支撑着邵丽的创作之路。关注生命、关注人性并不是新颖的文学话题和另类的写作姿态,但在邵丽这里,对生命的书写却呈现出令人震颤的文学风景,不可等闲视之。

一、女性自我的生命观照

邵丽早期的中短篇小说的代表性作品结集为《腾空的屋子》,作为著名批评家孟繁华主编的"短篇王"文丛之一出版。这套"短篇王"文丛标示的是"为了精致的写作和阅读"①的文学理想,"精致"确实是这套书的品格,邵丽的《腾空的屋子》也显示了对写作技艺的高水准追求。语言的弹性和话语蕴藉的丰富性、不露声色的叙述控制力、叙述者价值立场的适度介入以及一些不时出现的精妙的感慨,是小说文本比较突出的特点。这些特点也比较稳定地出现在邵丽

---

① 邵丽:《腾空的屋子》,中国文联出版社,2004年,第1页。

后来的创作中。

《腾空的屋子》中的小说，多是作者对于自己所熟悉的生活场景的描摹，叙述语态情感化、情节组织散文化的倾向比较明显。一些篇子比如《腾空的屋子》就是对自我成长记忆的追述和清理，伤感、怅惘的心绪也是怀旧时常见的调子，今昔对比中的复杂感慨伴随着对世事的日渐洞明是作品的主要内容。过于浓郁的主观情绪甚至影响了叙述的进展，一些情节也因而显得突兀，随处出现又随处隐遁，这些大概是抒情小说普遍存在的倾向。而《生活轨迹》、《长命百岁》等虽然有丰富的情节，却无法衔接成一个扣人心弦的好故事，只是如标题所示的对于"生活轨迹"的记述而已，作者存留这些轨迹的目的不是要讲一个好故事，而是记录进而整理一下对生活、对自我生命的感知。作为一个女性小说家，邵丽在作品中呈现的女性性别意识十分明显，尽管这些作品中的女性主人公的性格和行为并不显得激烈和富有对抗性。邵丽笔下的女性，身份总体上讲是芸芸众生，在男权主导的社会中处于附属和边缘地位。

作品中关于这些女性的叙述多是对其现实境况的真实书写，但这些女性比较特别的是对于自己的生命存在有着深入的自省意识。《腾空的屋子》的自传色彩比较明显，"屋子"的隐喻也和英国著名女性主义作家伍尔夫的名作《一间自己的屋子》有着精神上的联系；《迷离》中的安小卉之所以在生活中迷离，是因为在纷扰生活中无法安放自己的情爱理想，甚至也无法确认自己的理想情爱状态究竟是什么样的；《长命百岁》、《生活轨迹》中的生活密度虽然较大，但小说的叙述焦点却是在紧张而有波折的生活缝隙中生出的别样情愫和深沉感慨；《寂寞的汤丹》和《大礼拜》则直接书写了女性由于对情爱生活的不满而出现的逾越现实伦理的冲动，而大胆的行为实施之后却无法赋予其情感意义，女性的情感呈现出更深一度的匮乏状态；《戏台》、《安子的拳头》、《爱情 2000 年》、《废墟》、《礼拜六的快行列车》等或是讲述一个迥异于常人的情爱故事以及其间令人困惑的心理状态，或是素描般地呈现一个恋爱片段进而融入自己的生命体验，都写得真实淋漓、入木三分。

这些作品中所呈现的很多情感主体都是具有典型性的，尤其是关于情感状态的书写十分充分，有力地传达出新世纪价值观离析的多元化社会在人的情爱心理方面的投射，无疑具有丰厚的社会学上的认识意义。但也毋庸讳言，更多的女性主体形象实际上是作者自我意识的变体。虽然我们不能简单地说作品的女主人公都是作者内心的外化，但我们可以很强烈地感觉到，作者的控制力在情节的叙述、女性形象的塑造和女性心理的揭示中显得过于强大了。

作者凭借自己的理解，赋予很多女主人公脱俗的品质，让她们疏离于正常的生活环境之外，做一个执著寻觅纯爱的浪漫女性。由于遵循的是内心的逻辑,小说的情节建构就不大讲究外在的缝接,偶一为之,反而暴露了叙述结构的脆弱。比如《废墟》对于男女主人公的纠结矛盾、备受煎熬的痛苦心理状态的传达令人感同身受,但整体情节的安排却显得生硬,对小说的抒情氛围不能不说是一种伤害。实际上,倒不如一开始就放弃情节的过分经营,淡化情节对于心理描写的干扰,直接切入对恋爱过程的书写。

从整体上看来,邵丽的这些小说,有着浓郁的"文艺片"的气息,即不大讲求叙事的流畅,表达的重点是情爱思辨中内心的深度。对于具有自觉性别意识的女性作家来说,关注情爱自然是作品的应有之义。但女性千差万别,生存处境迥然有别,因而对情爱状态的书写也不可一概而论。邵丽在《腾空的屋子》中对于女性的书写有着明显的中产阶级趣味的印记。所谓中国的中产阶级,在学界一直有着激烈的争议,从政治经济状况以及社群规模上看,中国的所谓中产阶级确实与西方中产阶级不可同日而语,但从文化主张上来看,在新世纪以来中国一些阶层确实存在着和西方中产阶级相似的精神趣味。这种精神趣味突出表现在对既有秩序的尊重、政治文化上的保守主义、注重内心生活的质量。这种趣味当然以衣食无虞的生活为前提。邵丽早期的中短篇小说大多是以自己熟悉的政府管理精英的生活为题材,作品中女性的生活环境也总体上受制于这样一个环境。根据西方中产阶级的定义,中层官僚精英是典型的中产阶级;而根据中国的政治生态,作为官僚精英的配偶的女性也分享了这一阶层的福利以及以此为基础的文化趣味,尤其是当这些女性具有一定文化修养和文化能力的时候,这种趣味甚至表现得比男性官僚还要明显,因为女性更容易获得培养、感知和表现这种文化趣味的时间和空间。邵丽以及她笔下的女性,就是具有如此文化能力的人。因而,邵丽的中短篇小说集《腾空的屋子》对于中产阶级生活的写作实践很大程度上可以视为詹姆逊所说的中产阶级文化的象征行为。她笔下的女性,不需要面对物质生活的困境,但也因为专注于内在的精神生活,而感到了虚设的理想所带来的种种不适,随之而来的为改善这种不适所做的种种努力,都往往是徒然的而且增添了沮丧和困惑。叙述者在这种叙述中既流露出切己的生命感受,有时又不免显露出居高临下且事不关己的优越感,作者对女性心理密切关注的同时又十分自信地对女性形象进行精神分析,进而成功地操控女主人公的精神走向。从叙事伦理上来讲,叙述者不免呈现出一种自我浪漫化或者顾影自怜的人格状态。这应该视为中国女性文学新的动向。在已有的女性叙事中,女主人公要么是在克服物质困境的奋斗中忽视内心幽微的一面,要么是在反抗男权的压迫中激烈悲壮,要么是独自坚守一种情感或者生活信仰,在对外物的移情中从容面对岁月的流逝,比如方方的《奔跑的火光》《万箭穿心》,铁凝的《玫瑰门》,王安忆的《长恨歌》。但在邵丽这里,你会发现这些女性不大愿意反抗既有权力和性别秩序的统治,也没有恒定的生活信念,而是愿意在既有的丰裕环境中立足并同时关注自己的情感质量,并且在有限的范围内尝试改善,但改善往往是虚幻的。《寂寞的汤丹》中的汤丹在女友的鼓励下对新的情感对象跃跃欲试,但结果恐怕不大可能是令汤丹满意的;《大礼拜》中的范青楚勇敢的报复性的越轨尝试则使她的情感状态更加糟糕和绝望。在富足而庸常的生活中生出对情感的不满、不甘,进而寻求以比较安全的方式和较小的代价获得抚慰,但即便如此对于脱离既有生活轨迹的行为仍然怀着巨大的惶惑,所能拥有的只可能是对于生活形态的可能出现的变化的隐隐期待以及具有矛盾性的对于变化的恐惧,这便是经过中产阶级文化趣味塑造后的女性情爱心理。这种女性心理其实颇具广泛的隐喻意味,尤其是对于中产阶级的既循规蹈矩又不甘平庸的政治取向而言。依据中国文化传统中以男女之爱隐喻君臣之义的文化成规,我们似乎可以把中产阶级和主流社会秩序的关系也作如是观。

在邵丽前期创作中,比较值得注意的是中篇小说《明惠的圣诞》,这不仅仅是因为《明惠的圣诞》获得鲁迅文学奖,更重要的是这篇小说表现出邵丽视野的广博和知觉的敏感以及对于复杂经验的处理能力。《明惠的圣诞》讲的是一个关于尊严的故事,明惠在乡村的差序格局中成功地保持着尊严,然后在高考梦碎之后这种尊严顷刻瓦解,明惠重建尊严的路只能通往城市,而且尊严建立的过程充满着悖谬的意味。明惠融入城市的道路虽然顺遂,但尊严的真正建立仍然是一个漫长而艰难的过程。明惠以死亡的方式确认了这种艰难以及对自身的绝望。在当下中国的物质生活不足以对大多数人构成困扰的情况下,黑格尔所谓的"承认的政治"就成了内心所面对的真正问题。《明惠的圣诞》所讲的尊严流转的故事在很大程度上切入了时代的内核。邵丽在小说中对于尊严问题的处理比较特别的地方是其聚焦于尊严的流转,作者通过尊严初建、尊严破碎、尊严重建、尊严再破碎的过程,成功地书写了中国社会变迁对于尊严秩序的秘密调整,也展示了作者对于乡村经验和都市经验的双重熟稔以及游刃有余的驾驭叙事的能力。这种能力相对于此前中产阶级女性情爱生活的书写来说不能不说是一次重要的拓展,也在后来的写作中得到了巩固和强化。

二、从"生活"到"生存"的生命体悟

在《明惠的圣诞》中,邵丽主要讲述了乡村女孩明惠进城寻求尊严的故事,这个故事的男主人公李羊群虽然是城市主体的象征和明惠尊严的赋予者,但其面目相较于明惠来说,仍然显得较为模糊。根据小说的叙述,李羊群是一个事

业有成却遭遇婚恋困境的男人,并且他一直无法理解也无从走出这个困境,从而在生活态度上显得有些迷离。应该说,这是一个典型的能够表征中产阶级的男性形象,但这个形象在《明惠的圣诞》中并没有完成,作者似乎也来不及对这个人物展开描写和分析,这当然是为中篇小说的文体和篇幅所限。但对于一个作家来说,捕捉到如此一个具有生长性的形象,自然不能也不会轻易放过。邵丽的长篇小说《我的生活质量》就成功地展开了《明惠的圣诞》中被暂时压抑的关于男性成长和生存的叙述。《我的生活质量》由中篇小说《王跃进的生活质量问题》扩写而成,主人公则换成了王祈隆。但不论是王祈隆,还是王跃进、李羊群,在邵丽的文学世界里都是同一个生命体,可以综合起来进行解读。

《我的生活质量》由于主人公王祈隆的官场身份,被很多人尤其是处于大众阅读层面的读者视为"官场小说"。但小说文本真正涉及官场的描写非常少,一些关于官场的片段也没有秘闻的色彩。因而,单纯地把它和官场小说相类比,是不符合文本实际的。而且,相对于一些官场小说对于神秘经验的炫示和暴露而言,《我的生活质量》有意规避此类描写,把叙事的重心放在对官场中人的普通人一面的书写之上,具有自觉的"祛魅"意识。小说对于王祈隆的描写不仅仅限于官场,而是从孩童时代起,也重点写了大学生活以及进入官场之前的故事,甚至写了带有生命前史意味的王祈隆出生之前奶奶的故事,即便是写官场,小说也很大程度上是写官场的场域之下个人的生命状态和情感欲求,所呈现的社会景观也迥异于类型化的官场面相。这是很多官场小说所不愿意也没有能力触及的,也是很多官场小说作家所无法获得的经验,因为这些经验的缺乏,很多官场小说看似对官场经验津津乐道,实际上呈示的官场世界却内在地缺乏一种可理解性。《我的生活质量》对于所谓官人王祈隆的书写,很大程度上带有"普通人的传奇"的色彩。作为上海文化符号的女作家张爱玲宣称自己的写作就是为了呈现"普通人的传奇",她认为传奇中有普通人,普通人中有传奇。

《我的生活质量》的叙述动力很大程度上也来自于对生命存在的这种理解,因而王祈隆的故事很自然地获得了一种真实感,这其实建立于作家的这种叙事态度所提供的可理解性。作者在小说中对于王祈隆的生活轨迹的叙写相当的细腻,细腻之中充溢着体贴的温情。对于王祈隆的生命中的传奇性的叙述,拿捏得十分到位,既巧妙地书写了所谓传奇中所蕴含的普通人的自我怜爱及人情世故,又提示了关于传奇的限度,字里行间流泻着建构与拆解相互之间所形成的张力。尤其值得注意的是,小说对于王祈隆在大学时代的尴尬传奇以及其后不断地对这段传奇所形成的心理障碍进行克服的叙述,融嬉笑与悲凉为一体,显示了生命观照的深度。这种透视的深度也贯彻到小说始终,揭示了官人王祈隆如何在成长的环链中把自己的诸多支离的生命碎片艰难地凝结成一个完整的同时也是脆弱的成功者形象。作为男性成长的参照，小说特意花费了较多笔墨描写了王祈隆生命过程中所经历的几个女性，从乡村读书时的李响，到进城读大学时的冯佳，再到参加工作以及进入官场后所遭遇的许彩霞、黄小凤、安妮等，都参与了王祈隆作为成功男人的塑造，是其成长成熟过程中不折不扣的"他者镜像"。王祈隆正是在一次次地从"他者镜像"中发现自我主体，进而克服或掩饰自我局限的生命搏斗中，逐渐成就自己的生活质量的。从这个意义上说，《我的生活质量》其实可以视为一部成长小说。除了女性因素之外，主人公王祈隆成长的过程交织了很多因素，诸如城乡差别、社会转型等等，实际上也表征了当代中国发展的一些内在脉络和症候。

不过，小说的重点当然不是反映现实的变革。《我的生活质量》的主观抒情气息相当强烈，尽管小说文体已经帮助作者节制了不少外露的主观表达。比如，小说开头时对王祈隆奶奶不凡经历的叙写以及后来对王祈隆提升后生活品质的描述，实际上都分明投射着叙述者心仪和赞美的态度。叙述者主观态度的介入通常会加强小说叙述的控制力，但在《我的生活质量》中主观态度的介入却给小说带来一种对话的氛围，这可能是因为小说的叙述者试图理解和把握主人公的生命成长，但同时对这种理解和把握又显得不自信，因而小说的文本不能不呈现出开放的特点，即关于王祈隆的理解空间并没有被叙述者填满，而是留下了许多不确定的空隙。作者对小说文本的这种处理或许是不自觉的，却成就了文本的特色。但是，这种特色并没有均衡地分布在小说每个部分。在有的时候，叙述者的主观介入显得较为强悍，甚至形成了叙述的霸权。比如关于许彩霞的故事，作者虽然花费笔墨较多，但并没有塑造出一个真实的、饱满的、正态化的许彩霞形象，小说文本中关于许彩霞的叙述，很多时候表现了叙述者对这个人物的厌弃，作者的叙述态度不是正视的，因而对许彩霞的形象不免处理得有些丑角化和脸谱化，缺少一个形象所应有的自在的主体性。尤其是小说结尾部分对许彩霞意外死亡的叙写，从叙述逻辑上来讲是缺乏内在支持的，也显示了叙述者在关于这一形象的思想准备上的慌乱和匆促，从叙述伦理上来讲，也是有失妥当的。这一点，如果我们和叙述者钟爱的安妮形象相比，感受得会更为深刻。此外，作者关于王祈隆大学时的狼狈不堪的书写以及后来对其魅力四射的书写，由于强大叙述控制力所造成的各自内在的封闭，彼此相连接的可能性较小，因而王祈隆形象的断裂感太强，事实上有损于主人公形象的基本统一。大概是因为《我的生活质量》是由中篇扩展而成的吧，小说叙述稍微缺乏一点均衡性和统一性，结构上也不够完美，和那种一气呵成式的长篇小说相比还是存在较大的差异。小说中的一些片段，比如开篇关于奶奶的叙述，虽然也很精彩，但对于整部小说来说，似乎是赘余，而且叙述情调也和整部小说相疏离。

《我的生活质量》毕竟是邵丽的第一部长篇小说，主观化的过分介入所造成的一些缺失在很大程度上是因为作家既无法完全超越于自己的生活经验，也无法完全直面自己的人生经验。在邵丽 2013 年推出的长篇小说《我的生存质量》中，邵丽摆脱了与切身经验若即若离的尴尬状态，她选择的处理方式是直面惨淡的人生，干脆利落地介入、呈现和分析自己的生命经验。叙述者直接现身，既生动地现身说法般地叙述，又随心所欲地表达自己的人生理解，这种无所顾忌的表达的直接性甚至打破了长篇小说文体规范的限制。即便是叙述性的文字也呈现出叙述者直接现身的"元叙述"色彩。小说的结构似乎也不甚讲究，故事片段的缝合感是再明显不过的了。

　　不过，值得注意的是，如此大胆的逾矩的写作行为，对于小说文本的品质并没有构成真正的伤害，反而给人一种表达的快意和酣畅。作家的情感表达和生命反思潜在地成为了结构小说的线索，情节的组织也显得自然自在，毫无矫揉造作之态。

　　《我的生存质量》是邵丽生活遭遇重大变故之后的创作，书写的是女作家在变故之后的所思所行以及寻找既往生命踪迹而获得的故事。故事的范围基本上在女作家自己和丈夫的家族范围之内。这些故事，这些人，是跟变故有直接牵系的，因而作者写起来，有充分的经验和十分的把握。作者选择这些人和事来写，也是有深意的。这些人都可谓是至亲，变故前后的事也最能见出世态和人心。作家对于自己长篇小说的命名从"我的生活质量"到"我的生存质量"，虽然一字之差，却意义非凡。从生活到生存，显然具有祛除生活的浮华和雕饰，直抵生存本真的意义。作为作家的同构体的小说叙述者，在叙述这些故事的时候，确实经历了由浅入深的体悟的过程，虽然最后还不能说是大彻大悟，但作品灵魂反思的深度却是令人震撼的。叙述者重点叙述了家族的故事，作为自我生命的渊源，叙述者试图从中寻找一些确定性的东西，以便抵消突如其来、猝不及防的变故所造成心灵的无助和虚无状态。故事叙述的结果虽然不能令人满意，但至少让叙述者自我内心平静，而后重新体会和谅解人世的复杂和生存的不易，进而以悲悯的眼光审视生命，最终达成"握在手里的生命是甜的"①的存在认知。

　　小说虽然给人以倾泻情绪的印象，但叙事密度也是较强的，因为每个故事都经过作者的生命沉浸，所以看似平淡的小故事其实颇富意趣，经得起品味和捉摸。小说的叙述者巧妙地内设了自己的女儿作为分叙述者，完成部分故事的叙述，这一方面可能是真实的经验，另一方面也丰富了人物和情节的意义，和主

---

① 邵丽：《我的生存质量》，人民文学出版社，2013 年，第 296 页。

导叙述者的叙述形成对话。不过,大多的叙述由叙述者本人来完成。叙述者以第一人称"我"的形式出现,牢牢地控制着叙述的走向。不过,这种强大的控制力并没有给人物带来非正态化的效果,因为文本中不断出现独白式反思,这种控制力已经先在地主观化了,不会给读者造成一种客观的假象,因而也不存在以客观的方式把人物妖魔化的问题。从整体上看,《我的生存质量》是邵丽承前启后的作品,可以视为邵丽此前创作特征的一次集大成式的展示,同时也因为坦率的随笔式的书写姿态而有效规避了此前创作所带有的局限性。因而这是一部从内容到形式都值得重视的文本。

三、姿态倾斜之后的存在反思

邵丽在长篇小说《我的生存质量》的创作谈《从生活到生存》中说:"这部作品是对过去生活一次郑重的和解,也是与未来的生活庄严地签订一个新的契约。"[1]其实这种和解在女作家经历变故之后的痛定思痛之后就已获得,契约也是在此时签订。因而在《我的生存质量》创作之前的一些作品中,邵丽的写作已经呈现出了新的景象。这种景象表现在小说文本中,就是小说的叙述开始变得柔软和从容,小说的叙述者也开始具有一种内敛的慈悲的眼光。原来邵丽作品中那个强势的甚至带有几分骄傲的优越感的叙述人消匿了,被叙述的故事也变得浑然一体,真正是生活原态的自然呈现。这种写作的境界对于邵丽来说是十分重要的,当然也来之不易。

表征这种写作境界的一些作品,比如《亲爱的,好大的雪》、《阴阳劫》、《北去的河》、《城外的小秋》等作品,在选材上和前期的一些作品具有延续性,《亲爱的,好大的雪》、《阴阳劫》等中的一些片段甚至可以视为对前期相关作品的一些重写,《北去的河》、《城外的小秋》和《明惠的圣诞》相比,在城乡主题的叙写上也别开生面。作者在这些作品中,无论是对于人物的塑造,还是对情节的铺展,都充满了耐心,最大限度地做到了"贴着人物写";叙述者对叙述的直接介入也显得不留痕迹,叙述者对人物投注的也多是带有呵护意味的平视的目光。《亲爱的,好大的雪》的女性主人公在对婚姻生活有些失落的同时也学会回望自己的情感状态,以生活的韧性和理性节制了情感的放纵。这种节制不同于以往中产阶级的顾影自怜,而是对生活的深入理解之后的体谅。"因为懂得,所以慈悲",张爱玲的话正适合用来形容这部小说的情调。《阴阳劫》对男性主人公的

---

[1] 邵丽:《从生活到生存》,《长篇小说选刊》2013年第4期,第210页。

塑造也是如此。因为对人物采取了"理解之同情"的姿态,小说的叙述不温不火,没有了那种急于把握人物的窘迫,对故事的讲述也使人感同身受。

《阴阳劫》很容易让人想起《分享艰难》之类的"现实主义冲击波"浪潮中的作品。邵丽笔下的新的现实也同样具有冲击力,因为这现实是那样地逼近人们真实的生存和生命经验,不由得让人感慨万千。

《城外的小秋》《北去的河》写的是急剧的城镇化进程中乡土伦理的丧失以及人的失魂落魄的状态。小说以乡土青年女性为观照对象,细腻地传达出敏感鲜活的生命对于城市的抗拒,这种抗拒虽然显得无力,却显露出城市的内在弊病。在很多人看来,作家选取农村青年女性的感受作为对城市文明的反思依据,是有几分不现实的,现实中更多的是明惠这样的农村青年女性。作家也许感知到了这一点,在故事的讲述中,叙述者也援引了很多人(包括男性成功者)深切的感受来支持这种反思。但作家似乎对此类叙述的效力仍然缺乏信心,故而文本中萦绕着浓郁的抒情氛围尤其是挽歌情调,对女性主人公的塑造也有些浪漫主义化。不过,作为反思性的抒情小说,如此的文本形态既是无奈的,也是必然的。这让人想起沈从文的名作《边城》。女作家此时的作品真的是有一点经典的气息了。

邵丽小说作品中叙述人主观强势的隐匿不是技术性的,因而效果也不单纯是形式上的。经过家庭巨大变故后的邵丽意识到世界的复杂性,也意识到自己的主观感知和思考是十分有限的,因此作家要想去最大程度地理解现实进而去解释自己所身处的这个世界,悬置自己的主观立场就是明智而必要的选择。在当下瞬息万变的现实处境中,这样的选择尤为关键。因为,太多的人意识到,今天的现实比小说更令人吃惊。因而呈现真实的生活经验、逼近鲜活的生存情状,是现在的小说家最宝贵的能力之一。

关于此,哲学家桑塔亚那的表述可能富有启发性。他曾在其名著《三位哲学诗人:卢克莱修、但丁和歌德》中如此阐释古罗马哲学诗人、长诗《物性论》的作者卢克莱修的特点:"这种天才最了不起的地方就是他将自身消失在对象中的能力,即他的非个人性。我们仿佛不是在读一位诗人之诗,而是在读事物,而是在读事物本身之诗。事物有它们自己的诗,不是因为我们将它们变成什么东西的象征,而是因为它们自身的运动与生命。这是卢克莱修如此明白地向世人证明的。"[①]卢克莱修的才能的确是杰出的,但完全地把主观自我消失在所书写的事物中,从根本上来讲是不可能实现的事。我们当然不会也无法要求作家完全地放逐主观,卢克莱修的启示意义在于我们只有放弃自以为是的傲慢和偏

---

① 董丽敏:《视野与方法:重构当代文学研究的版图》,复旦大学出版社,2012年,第5~6页。

见,才能最大限度地克服自我、丰富自我,进而呈现一个更加丰富的世界。自我生命浴火重生的邵丽意识到了这一点。她在创作谈《倾斜的姿态》中探讨过"作家应该以怎样的姿态介入生活"的问题,尽管她更多地考虑的是如何"拿捏得与现实所允许的达到某种平衡"①的问题,但也已分明地揭示出她悬置主观、姿态倾斜的自觉。这样的自觉理应产生出优秀的作品。

姿态倾斜之后的邵丽,果然出手不凡。除了上述的一些作品之外,邵丽的《刘万福案件》、《挂职笔记》、《人民政府爱人民》等小说都在文坛产生了广泛的、强烈的影响。这些作品直接切入当下中国社会的矛盾冲突,深刻书写了社会转型期各个阶层所面临的问题。这些作品引起文坛关注,一个很重要的原因是其书写的题材涉及近年来文坛和学界所关注的公共话题,诸如底层书写、苦难书写之类的叙述,很容易获得现实的冲击力。但是,邵丽的这些小说的优长显然不仅仅表现在题材的尖锐方面,更重要的是其对现实矛盾的理解已经超越了知识分子的概念化、镜像化的认知,深入到了当下现实深远而复杂的历史背景和社会结构背景中。用邵丽自己的话说,就是"把刘万福的故事用一种通俗的方法演绎出来,显然充满了现实的危险。它的危险在于,附丽在故事背面的东西太多了。或者换句话说,刘万福的故事恰恰是我们国家某个生存群体生活方式的背书"②。因而,她写刘万福的故事,讲述了其"三死三生报党恩"故事的荒诞、凶险和反讽。小说也同时写了县委书记周启生的故事,讲述了其为人为官的抱负与尴尬。两个人的故事并没有直接交集。但看似无关,实际上是互相作为背景或"背书"的,县委书记周启生要面对许多个刘万福,刘万福也要面对许多个周启生,真是你中有我、我中有你。这正是当今社会现实的深刻隐喻。同样,在《挂职笔记》、《人民政府爱人民》中,小说家也没有对官员和农民形象进行类型化的处理,没有简单地进行价值评判,而是试图让人物自己说话、生活自动呈现,在这些故事中,你会发现官员有他们自己的悲欢和烦闷,也有他们自己所难以克服的窘迫处境,同样农民也有偏执和戏剧性的人格,彼此在同一个社会结构中相互纠缠,导致一个令所有人不堪的局面。生活本身的悖谬真是超乎人们的想象和小说家的虚构了。正因为此,作家在讲述这些故事时,放弃了先入为主的对生活经验的理解,真正做到了写作姿态上的将心比心、换位思考,用邵丽所引的表述就是"我体会了和他的悲哀同样的悲哀"。在这些小说中,邵丽也最大限度地放下自己,把自我的生命存在放置于广漠人群的存在中进行理解和省思,从而使自己的生命连接着众生和万物,进而日益变得博大和丰富。

---

① 邵丽:《倾斜的姿态》,《小说选刊》2012年第1期,第5页。
② 邵丽:《寂寞的汤丹》,春风文艺出版社,2012年,第131页。

作为河南女性小说家的领军人物,邵丽目前已经取得了不俗的创作业绩。邵丽有丰厚的生活经验积累,又经历了不同寻常的生命彻悟,近期的写作也显示了新的高度,因而我们有理由对邵丽的创作提出像对大作家那样的期许。

原载《信阳师范学院学报》(哲学社会科学版)2014年第2期

小说中的"轻"与"重"
——以邵丽的挂职系列小说为例

刘宏志

一、小说中的"轻"

卡尔维诺在《新千年文学备忘录》中谈到了他强调的几个文学品质，列在第一位的就是"轻"。卡尔维诺并没有明晰地讲出何谓小说叙事中的"轻"，或者说，给小说叙事中的"轻"下一个明晰的定义。这显然是一个多少有些复杂，难以明晰的解释的概念。为了讲解他所谓的"轻"，卡尔维诺特意借助了古希腊神话：蛇发女怪美杜莎有特殊的能力，凡是被她眼睛看到的东西，都会变成石头。这就让消灭蛇发女怪这个任务变得异常沉重。可是，英雄珀尔修斯完成了任务——他借助的是风和云，以及一个铜盾。珀尔修斯借助铜盾中的影像看到美杜莎的位置，然后驾驭风云，一闪而过，杀掉了美杜莎。这显然是一个极富寓意的神话，当然，经过卡尔维诺的重新表述，它在文学写作上也具有了独特的意义。卡尔维诺说，看到这个神话后他"立即就想把这个神话当成诗人与世界的关系的寓言，当成写作时借鉴的方法上的榜样"[①]。按照卡尔维诺的说法，珀尔修斯是以最轻逸的方式完成了最沉重的任务，那么，借助这个神话，我们可以寻找卡尔维诺无法定义的"轻"到底具有什么样的特点。从这个神话看，要实现"轻"，必须首先考虑切入视角，也就是怎么去看，怎么去表现自己要工作的对象。面对沉重的任务，珀尔修斯没有采取直视美杜莎——这只能让他自己变得沉重，从而无法完成任务——而是采用折射的方式。这显然是卡尔维诺给我们的暗示，我们的生活已经被充斥其间的各种话语凝固化了，使得我们谈论生活、思考生活的时候，只能在固定的视角中完成，这也就导致面对生活，我们很难产生自己独特的看法，这也就使得我们生活在一种固化的沉重之中。要避开生活的这种沉重，小说家必须要拥有自己独特的视角——直接面对坚硬和沉重，只能让自己变得沉重和坚硬，从而无法对生活进行有效分解和解读。这则神话首先给我们的一个启示就是，要想让自己的写作避开生活中的固定、坚硬的话语，

[①]〔意〕伊塔洛·卡尔维诺：《新千年文学备忘录》，黄灿然译，译林出版社，2009年，第3页。

要想让自己的小说变得轻逸,小说家首先要选择独特的有效的视角。这种视角不是回避现实,而是寻找另外一种独特的方法来观察自己需要表述的对象。正如卡尔维诺所说:"珀尔修斯的力量永远来自他拒绝直视,但不是拒绝他注定要生活于其中的现实。"①作家面对沉重的现实的时候,他只有选择一个避开正面沉重生活话语的视角,一种轻逸的写作才可能出现。邵丽在2011年发表的一系列引起强烈反响的挂职小说之所以成功,在我看来,很重要的一个原因就在于小说选取的视角有效规避了生活中的种种固定话语视角,从而让作家在相当程度上规避了既有的种种话语窠臼。

挂职系列小说的叙述者是一个挂职副县长。挂职是中国特有的现象之一,对于作家来说,挂职是丰富自己生活的一种有效方式,所以,在中国有过挂职担任行政干部经历的作家不在少数。事实上,在我看来,挂职其实是给作家提供了一个躲开固定话语影响的契机。对于作家来说,挂职生活其实是对现实生活的一种规避,在某种程度上,此时的作家既脱离了自己原有的生活,也没有融进挂职地的生活——挂职毕竟不是正儿八经的干部。这种身份的转变,和与社会既定规则的某种程度的疏离在很大程度上能够帮助作家以一种陌生化的崭新的视角重新观察自己眼前的这个社会。可据我所看到的小说,绝大多数的有挂职经历的作家都自觉地融入到了自己挂职的生活之内,自觉地熟悉挂职的生活以及种种生活规则。这样,挂职对于他们来说,仅仅是帮助他们熟悉了一下他们所陌生的生活方式而已。也就是说,他们没有利用这个契机逃离生活中的种种固定话语视角。在我看来,邵丽的挂职系列小说很重要的一个特点就是其中体现出的叙事者自觉地对固定生活话语的逃避。在《挂职笔记》中,小说以叙事者挂职副县长赵县长的视角来谈他看到、听到的县政府里面的人和事,被赵县长叙述的人物既有副县长,也有县政府的司机、厨师。叙事者赵县长自觉地和小说中的所有人物划清了界线——她处于生活之外。更为重要的是,在这一系列小说中,叙述者视角所指向的对象不是关涉国计民生的大问题,而往往是一些似乎无关大雅的事情,比如《挂职笔记》中的关于各色人等的一系列生活中的段子,比如《老革命周春江》中周春江从一个党的干部到因为退休还是离休而争执不休的上访,等等。换言之,邵丽没有直接以生活中相对固定化的寻找意义的眼光来寻找写作对象,这就使她挂职系列小说规避了此类小说主题的一些固定化视角,具有了独特的力量。

作为挂职副县长,一般说来,其生活主要是两部分,一部分是官场生活,一部分则是作为工作对象所接触到的底层农民的生活。这两种生活在当下小说

---

① 〔意〕伊塔洛·卡尔维诺:《新千年文学备忘录》,黄灿然译,译林出版社,2009年,第4页。

叙事中都已经成了叙事俗套,写官场的,就是所谓的官场小说,往往集中描写官场的钩心斗角、波诡云谲,以及官员腐化的生活;写底层农民的,要么迎合主旋律,将之写成主旋律小说,描述底层农民如何忙于致富,要么迎合文坛主流,将之写成底层文学,描述底层农民的生活多么困苦。我不是说上述类型小说集中描写的对象不存在,但是,文坛流行的这些小说实际上把复杂的生活固定化、简单化了,实际构成了一种媚俗。当小说按照上述逻辑进行描述的时候,社会流行的固定话语自然而然地就左右了小说家的思维,小说就再也无法逃出社会固定话语的压抑。如上所述的官场小说、底层文学、主旋律乡土小说等等,其实不过是社会话语的一种变体而已,换言之,上述几种小说类型所描写的生活,并没有超出当下报纸、网络等新闻报道的东西,自然也无法给小说提供新质。更为重要的是,这样的写作,往往就成了社会学的翻版,而不具有小说特有的价值和精神。当邵丽自觉脱离开这些固定话语视角,以处于生活之外的旁观者的目光来观察生活的时候,小说叙事开始显得轻快自如,有别于我们习惯的固定立场固定视角下的生活也就开始呈现。比如邵丽的《人民政府爱人民》这篇小说,小说主人公老驴家穷,女儿考上大学之后,学费成了问题,他申请政府救济未果,女儿出去打工,一去不回。之后老驴就将女儿的失踪归咎于政府不救助,开始每天跑到县政府找领导要女儿,后来又上访。这个题材当然可以很容易地处理成底层文学的写作题材,底层的穷苦,教育产业化带来的高昂学费对底层民众的伤害,以及底层民众在经济困境之下的悲剧。但是,邵丽写作的重点却不在这些上面,她饶有趣味地重点写了老驴如何固执地把女儿的失踪归咎于政府的不救济以及向政府要女儿的过程,同时又详细地描写了老驴百折不挠地上访以及在上访过程中和基层官员斗智斗勇的故事。在这样的叙事过程中,小说显然绕开了处理此类题材最为常见的底层视角,用看似轻松的笔墨把故事展现了出来,也正是在这样的展示过程中,邵丽的小说呈现了种种类型化的小说所无法表现出来的东西。比如上述的《人民政府爱人民》,虽然不着意表现底层,其实却已经展现了底层生活,更为重要的是,小说因为没有仅仅站在底层的立场进行批判,又让我们看到了当下中国的种种矛盾现实,呈现出了生活的多元复杂性。

珀尔修斯在完成最为沉重的任务的时候,借助的是最为轻盈的风和云——他借助铜盾的反光,驾驭风云,一闪而过,完成了消灭美杜莎的壮举。也就是说,在完成沉重的任务的时候,观察视角很重要,可是,要实现轻,不仅仅需要视角的更新,还要借助轻的工具。珀尔修斯借助的是轻盈至极的风和云,作为小说家,要以轻的方式表达生活之重,不仅需要变换视角,也还需要其他的具体手段,这个具体手段显然就是语言——这是作家表达生活唯一的工具。在卡尔维诺看来,轻应该与"精确和坚定为伍,而不是与含糊和随意为伍",也就是说,小说中的轻并非简单随意的处理,而是对语言的精确使用。卡尔维诺指出了语言中的轻的几种表现,"首先,把语言变轻,进而通过似乎是无重量的文字肌理来传达意义,直到意义自身以同样精纯的一致性显现……其次,是对有微妙和难以察觉的元素在一起作用的一连串思想或心理逻辑程序的叙述,或任何一种设计高度抽象的描写……其三,是一种获得象征性价值的轻的视觉形象,例如——在薄伽丘的故事中——卡瓦尔坎蒂灵活的双腿腾跃而起,越过墓石。"①卡尔维诺所说的第一种语言的轻逸表现在诗歌中经常可以见到,那是一种脱离了具体语境和具体的逻辑关系的语言,在打破语言的连贯性和稳定性的过程中,语言失去了重量、密度"以及事物、形体和感觉的具体性",语言变成了"无重量的元素",像一朵云一样漂浮在事物的上空。但是小说不可能用这样的语言来展现轻逸,因为小说语言不可能脱离具体语境和逻辑关系,不可能只通过塑造一些跨跳性极大的景象来表达主旨。小说必须讲究语言的逻辑性,所以,卡尔维诺所说的第二种和第三种语言的轻逸表现才往往是小说经常采用的。简单来说,能否用语言把微妙复杂的高度抽象的意象表达出来,能否塑造出令人难忘的给人轻的视觉感受,就是小说家能否把自己小说语言变轻的关键所在。

在挂职系列小说中,邵丽的语言是极为讲究的。在《挂职笔记》、《老革命周春江》中,邵丽大量引用直接来自民间的段子和语言,而在《村北的王庭柱》中,邵丽又有意识地采用传奇故事的笔法。《挂职笔记》中涉及官场文化、中国文化惰性的反思等诸多深刻命题,《老革命周春江》则更是涉及政府与民众关系这样的宏大题旨,这些小说包含的叙事题旨往往容易让小说语言陷入沉重之中——我们生活中早已充满了关于这类命题的沉重的语言,它会对我们思维构成限制。可是邵丽却用讲述民间传奇的轻松自在语言,用直接来自民间的段子和语言化解了这些语言的沉重,从而让小说语言显得跌宕生姿,塑造出了一系列令人难忘的轻逸的形象。在挂职笔记中饶有意味的一段是祁副县长当官的描写:

> 他刚当乡长那会儿,为了练习讲话,天天站在自家屋子后面的高粱地里对着一坡高粱秆子训话。人家的高粱都收完了,他家的还直愣愣地戳在地里,被秋风吹过来摆过去,像一群没娘的孩子。娘过来说,儿啊,高粱再不收都喂老鸹啦! 他挺胸收腹气沉丹田,朗声对娘说,娘啊,你用这一坡高粱能

---

① 〔意〕伊塔洛·卡尔维诺:《新千年文学备忘录》,黄灿然译,译林出版社,2009年,第16~18页。

换个乡长不？目不识丁的老娘根据当前的物价指数合计了一下，摇了摇头。他就转身去给高粱讲第二个问题："……加强领导，统一认识，坚决彻底不折不扣地贯彻落实好上级精神……"

……

我从他手上接手计划生育工作，说实话这个茬真不好接。他管这项工作的时候，曾在全县的计划生育工作大会上讲了一通气壮山河的话，据说这段话正准备写入我国计划生育工作的历史。他是这样说的："同志们，如果上面不要求抓计划生育，我要是装孬非抓不可，你们日俺妈；如果上面逼着让我抓，你们不听我的下死劲抓，我日你们妈！"这话比县委全会决议和政府工作报告还管用，全县的计划生育工作从倒数第一一下子扶摇直上，拿了个金奖。①

毫无疑问，这段描写轻逸之极，让人忍俊不禁。当然，此类细节描写在邵丽挂职系列小说中比比皆是，比如对一个伙夫的描写：

他有一手好厨艺，据说是祖传的。他爷爷过去跟过袁世凯，擀得一手好面条。袁世凯每天睡觉之前，必坐在床沿上喝一碗他擀的清汤面条。他擀面条有诀窍，面条擀好之后，放上半个小时，然后毁掉重新擀，这样擀出来之后筋道。薄如蝉翼的面条，出锅的时候再撒上葱花，滴上香油，简直是人间美味。袁世凯当了洪宪皇帝之后，他擀面条的机会少了。有一次洪宪皇帝想起他来，传旨让他擀面。他想，皇帝吃的面条应该与过去有所不同，就自作主张用高汤煨了一下。袁世凯吃着味道不对，皱了一下眉头放下了。内务府首长把他喊去熊了一顿，说，皇帝就是吃一碗面条也是国家大事，你一个鸡巴伙夫说改就改了？饶你一命，滚蛋吧！他回来不久，洪宪帝就驾崩了，这让他有很长时间愧疚不已，到处说，要是天天都喝面条，哪能会活不过六十啊！②

在上述引文中，邵丽用生动的语言给我们塑造了一系列令人难忘的轻逸的形象，无论是副县长，还是伙夫，都具有了令人过目难忘的"这一个"的独特性。毫无疑问，小说的"轻"也正是在对这些令人忍俊不禁的好玩的形象的叙述过程中一点点展现出来，从而给阅读者带来审美愉悦，也让我们看到了经常被我们忽略的生活中的另一面。在某种程度上，这也是小说的文学性的重要表现。

---

① 邵丽：《挂职笔记》，《人民文学》2011年第8期。
② 邵丽：《挂职笔记》，《人民文学》2011年第8期。

二、小说中的"重"

卡尔维诺非常推崇"轻"的价值,但是"轻"并不是终极目的。"轻"必须和"重"联系。卡尔维诺说:"我尤其希望我已证明存在着一种叫做深思之轻的东西,如我们都知道存在着轻浮之轻。事实上,深思之轻可以使轻浮显得沉闷和沉重。"①在这里,卡尔维诺所谓的"深思之轻",实际就是和沉重紧密联系的"轻",而不是没有任何重量的轻飘飘的轻浮之轻②。卡尔维诺认为,"文学作为一种生存功能,为了对生存之重做出反应而去寻找轻。"卡尔维诺借助人类学、人种学和神话学来探讨文学中的"轻"。在原始部落充满干旱、疾病和厄运的情况下,原始部落人因为没有掌握现代科学知识,所以无法对干旱、疾病和厄运做出有效的预防与控制,此时原始部落人的生活就是无法控制的沉重。面对这种沉重,原始部落的萨满教巫师往往在传说中就获得了超越人类极限的力量,他们可以卸去身体的重负,飞进另一个世界,寻找飞翔的感觉,以此种方法寻找力量改变现实面貌。同理,在妇女承受严苛生活的时代,往往有女巫们在夜里乘着扫把柄飞翔的传说和神话。事实上,飞翔一直是民间想象力的一部分,甚至可以说是民间生活经验的一部分。生活在困苦的沉重之中的人如此渴望飞翔,是因为他们无法在沉重中找到解决现实生活沉重的答案,所以,只好借助轻逸的飞翔来寻找。换言之,在民间传说中,在萨满教神话中,飞翔并不是简单的飞翔,而是意味着对现实沉重生活的解脱和解决。事实上,在各个国家的民间传说中都存在大量的机智的穷人捉弄愚蠢而凶狠的富人的故事桥段,这种故事模式的形成,显然也和民间生活的沉重有关——当下层民众生活在无边无际的沉重之中的时候,他们必须寻找自己的轻来帮助自己度过沉重。关于机智穷人捉弄愚蠢凶残富人的故事模式虽然并不符合生活逻辑和生活实际,但因为迎合了下层民众的精神需求而在世界各地广泛存在。这实际也是文学艺术的"轻"对生活的沉重做出的反应。作为作家有意识创作的小说,卡尔维诺指出,文学作为对知识的追求,作为一种生存功能,也必须和沉重有关。虽然卡尔维诺极为强调文学写作中"轻"的价值,但是,卡尔维诺也指出了,他强调的"轻"不是和沉重无关的没有重量的轻浮之轻,而是和沉重现实密切关联的深思之轻。文学中的"轻",就是对现实生活的沉重做出的文学反应。如同卡尔维诺所说,"珀尔

---

① 〔意〕伊塔洛·卡尔维诺:《新千年文学备忘录》,黄灿然译,译林出版社,2009年,第9页。
② 〔意〕伊塔洛·卡尔维诺:《新千年文学备忘录》,黄灿然译,译林出版社,2009年,第28页。

修斯的力量永远来自他拒绝直视,但不是拒绝他注定要生活于其中的现实。他随身携带这现实,把它当作他的特殊负担来接受。"也就是说,珀尔修斯的"轻",他的借助风和云形成的轻逸姿态并非凭空产生,而是对能把万物化作石头的极端沉重的美杜莎的目光的反应,也正因为如此,珀尔修斯的"轻"才能够在神话中成为一个恒久的伟大的传说。如果没有美杜莎目光的沉重,也就不会有珀尔修斯的姿态优美意义深远的"轻"——没有沉重的"轻"是没有价值的。邵丽的挂职系列小说写得很轻逸,同样,这个轻逸背后也有着沉重存在。

邵丽挂职系列小说中的"轻"是深思之"轻",在轻快自如的叙事中,邵丽完成了对社会生活诸多复杂面的展示。比如她的《人民政府爱人民》这个小说,邵丽首先在视角选择上,摒弃了更容易写作的普通的底层苦难展示这样一个叙事视角,接着,在具体叙事过程中,邵丽又放弃可能更具有煽情效果的,更容易被大众理解的对底层苦难的具体描写,反而抓住一个底层民众老驴的犟劲大做文章,小说写得韵味十足,有些地方甚至让人忍俊不禁,但是,底层的问题、中国的问题却并没有因为这个视角的绕开而被遮蔽,事实上,在邵丽饶有趣味的叙事中,这个问题的诸多复杂面反而得到了更为充分的展现,也就是说,在邵丽轻逸的视角背后,在她饶有趣味的叙述过程中,越来越沉重的东西却悄然呈现了。再如上文所举到的一个例子,《挂职笔记》中祁副县长对着高粱练讲话的细节,毫无疑问,这是一个让人印象深刻的细节,深得轻逸之妙。可是,在这个轻逸的细节中,沉重也随之伴生,从这个精彩的细节中我们可以看到中国官本位思想的影响,看到即便是共产党的干部也仍然没有摆脱这种官本位思想的影响,再结合小说中祁副县长为了要孙子宁愿丢掉副县长的位置,更让我们为之喟叹中国传统文化的超稳定结构与惰性。显然,在轻逸的背后,邵丽挂职系列小说却隐藏了一系列沉甸甸的东西。邵丽用自己轻逸的笔法,化解了生活中的种种程式化固定化话语,用轻松活泼的故事和语言,表达出了沉重而丰富的内容。

小说中的"轻"涉及的"重"不仅是生活物质、精神的沉重,还指向生活中的另外一种沉重,即生活的僵化之重。我们的生活是由各种话语构成的,一开始,各种话语的形成是方便我们对世界下定义,从而让我们能够更好地认知世界、谈论世界,但是,世界是惯性运行的,接下来,这些原本帮助我们认知世界的话语就遮蔽了世界本身,从而让我们只能看到话语,而无法看到世界的真相,甚至我们都无法用语言表达自己对世界的真实感知——你一旦张口,必然就进入到既定话语的窠臼之中,那则只能是对既往世界话语的重复,而不能本真地表达你自己的真实感知。卡尔维诺对此显然深有体会,他说:"有些时候,我真感到整个世界都快变成石头了:一种缓慢的石化,视乎不同的人和不同的地方,进度有所不同,但生活的方方面面都无一幸免。仿佛谁也无法逃避美杜莎那不可阻挡的目光。"①所以,当卡尔维诺想要讨论小说的"轻"的时候,还要借助于珀尔修斯的神话来表述——不能直言,直言就进入到既定话语的窠臼,只能靠神话的意象引导我们去理解。当下我们生活中充满了各种话语,比如法律话语、经济话语、新闻话语、自然科学话语、主流意识形态话语,等等,而且,这些话语还都以权威的姿态出现,也就是说,在涉及某些领域的时候,这些领域的相关话语往往就成为唯一被赋予权力的话语。但是,问题是,这些被赋予权力的权威话语往往只强调了自己的领域、自己的视界,而忽略了事物更为复杂的方面,这也导致了对世界的僵化认知。应该说,在这诸种话语之中,小说话语是唯一不被授权的话语——它的话语往往被当作小说家言,当不得真的。在某种程度上,小说也成了我们这个时代最无力的东西。但是,正因为不被授权,不具有权威性,小说话语反而获得了一个契机,反抗诸般权威话语的片面性,解构僵化的世界的契机。米兰·昆德拉在谈小说时曾经说过:"对我来说,成为小说家不仅仅是在实践某一种'文学体裁';这也是一种态度,一种睿智,一种立场;一种排除了任何同化于某种政治、某种宗教、某种意识形态、某种伦理道德、某个集体的立场;一种有意识的、固执的、狂怒的不同化,不是作为逃逸或被动,而是作为抵抗、反叛、挑战。"②如果小说家有意识地避免各种权力话语对自己小说话语的侵蚀,那么,小说可以解构世界的僵化,冲破种种固定话语对世界的塑造,从而表达作家自己对世界的重新发现。在这方面,邵丽挂职系列小说中的官员形象就很值得一提。

在目前中国,官员形象基本是被两种话语塑造的:一种是官方主流话语,在这种话语中,官员总是一心为公,是人民公仆,是一个大公无私的形象;另外一种则是民间话语,在民间话语中,官员总是和贪污腐化紧密联系。这两种话语是目前国家的主流话语,在这两种话语笼罩下,官员形象也就成了非此即彼截然对立的这两种形象。事实上,这也是固定话语僵化我们对事物认知的一个典型表现。当下虽然是一个发达传媒时代,可充斥网络、新闻媒介的所有关于官员的叙述和塑造都基本没有脱出上述两种基本形象。但是在邵丽的挂职系列小说中,官员既非贪污腐败,也非一心为公。官员也是人,做公务员是他们的工作,在做他们工作的同时,他们也有自己的小九九要打。例如《挂职笔记》中的祁副县长在主管计划生育的时候,他是铁腕治理,但是后来却为了要一个孙子宁愿丢官罢职;《人民政府爱人民》中的老刘县长刚从手术台上下来就奉命进京,把上访的老驴拉回来,可是做这些事情的时候,他固然有对老驴的考虑,也

---

① 〔意〕伊塔洛·卡尔维诺:《新千年文学备忘录》,黄灿然译,译林出版社,2009 年,第 2 页。
② 〔捷〕米兰·昆德拉:《被背叛的遗嘱》,余中先译,上海译文出版社,2003 年,第 164 页。

有做好自己工作,争取再干一届的考虑……可以说,邵丽塑造的这些官员形象既不同于官方主流意识形态宣传的大公无私的公仆形象,也不同于民间的贪污腐化分子形象,在讲述一个个民间段子、好玩故事的同时,邵丽有效规避了种种社会主流话语对小说语言的干扰,讲述了作家自己对官员群体的发现和认知。

之所以说这个官员形象的塑造体现了邵丽对生活的发现,一封非常有意思的读者来信可以说明这一点。这封信说:"这个题材真好,内容也很不错……尤其是在党的十七大胜利召开期间……读起来格外亲切,温暖人心。但读罢以后,仍觉得作品尚有不足,一些地方有待推敲。"然后读者想当然地说:"作者的敏锐目光和良苦用心显而易见,是想塑造一个有怨无悔、总是把老百姓的大事小事放在心坎上的老刘县长,以提升人民政府热爱人民、为人民办实事的良好形象。同时着力刻画一个没有文化、秉性如驴、死死缠着政府不放的当代农民老驴。"可是,读者认为,邵丽没有做好,"仔细品读,似乎二者兼顾,可惜顾此失彼;双方都很无奈"。之所以如此,原因在于故事设计得不好:"女儿不见了,老驴在政府坐得住吗?他能不到南方城市去找吗?就是找不到他也会去啊!政府帮他一起找女儿多有故事啊!既然老驴在政府待得住,那就是故意跟政府过不去,那政府的这份'爱'还值不值得呢?!要么就是河阳县县长崔涌头上的乌纱帽和刘县长心中的'小九九',那这份'爱'就要大打折扣了。总之,河阳县政府对老驴的'爱'是被动的、无奈的。尚未完全达到作者所要表达和抒发的'人民政府爱人民'的那份感情。这么好的一个题材,其作品内容和思想,应该还有很大的空间和潜力的!"①这位读者首先夸奖邵丽这篇小说的选题,而且和党的十七大联系起来,大约是说邵丽的小说应景。可是,他又想当然地觉得邵丽写这个题材就一定要写人民政府官员是如何全心全意为人民服务的,并且还替邵丽设计了情节:可以安排政府官员和老驴一起去南方寻找老驴的女儿,这不就百分之百地体现了人民政府爱人民了吗?邵丽的小说没有按照这位读者的设想进行,这位读者提出了质疑。首先,小说主人公老驴女儿丢了自己不去找,反而赖上政府,就是故意跟政府过不去,是刁民,对这样的人,政府不值得"爱"!其次,小说过多描写了在这个过程中河阳县县长崔涌对头上乌纱帽的考虑和刘县长心中的"小九九",影响了政府官员形象。按照这位读者关于这篇小说的构思,我们可以想象小说最终的形象——一篇主旋律文学作品。也就是说,在这位读者看来,邵丽这篇小说的写作是不合格的,因为她没有塑造出可歌可泣的人民公仆形象。我们注意到这位读者的身份,他是一名来自湖南的公务员。从中我们可以看到社会固定话语对人的思维模式的塑造。这位来信的读者作为

---

① 何飞跃:《我对〈人民政府爱人民〉的一点看法》,《小说选刊》2008 年第 1 期。

一名公务员自觉地接受了文学创作中的公务员应该是公仆形象的话语定式。我们可以这样说，从公务员的角度，他会觉得，邵丽的小说没有起到塑造优秀公务员形象的作用，所以是不合适的。这位读者不知道，小说本身不是宣传品，如果按照宣传品的方法去写小说，那就不是小说。我举这个例子是想要说明，这位公务员对邵丽的批评在我看来其实正是对小说家邵丽的赞扬，她没有被既有的固定话语所挟裹，而是用文学的语言表达了自己的发现，打破了既有固定话语对公务员形象的固定化塑造，用文学的语言，折射出了生活中的另一种"重"。

"轻"是卡尔维诺提出的一个重要的小说美学概念，从这个概念中，我们可以看到卡尔维诺对未来小说价值指向的强调。事实上，在当下这样一个发达传媒时代，在传统小说叙事日渐式微的年代，我们愈能体会到卡尔维诺所强调的"轻"的价值。邵丽挂职系列小说的广受欢迎在某种程度上也正在印证着卡尔维诺所谓的"轻"的价值。显然，在当下这样一个发达传媒时代，小说写作必须要遵循现代小说伦理，疏离种种僵化的话语模式，尽力去发现生活，去表达"只有小说才能表现的东西"，唯此，小说才能在当下的信息洪流中体现出自己不能替代的独特价值。

原载《山花》2012 年第 17 期

以不同的目光面对第一手现实

刘海燕

邵丽对中国现实的关注,与上世纪50年代及60年代初出生的许多男作家明显不同,她开始写作的目的并不是为改变个人的现实命运,也不是为了担当,说得抽象一点,是个体生命的精神需求,是对模式化生活的不满足。在这种心理需求下,她表达现实的切入点,不会是宏大叙事,而是个体的精神焦虑或精神如何成长,这使她对于现实的表达,富于个人化的表情,迅速、深入而现代。

2003年,邵丽在《小说、鲁迅文学院和我》这篇随笔里,谈到这个欲望化的时代时,写道:"人对物的欲望越来越强烈,不要以为这些东西都是罪恶的,更不要一味地指责,因为这些欲望,恰恰又是社会前进的动力。如果人人都清心寡欲,社会怎么会进步?禁欲主义消灭了罪恶,也消灭了社会前进的动力……我们有义务告诉读者,所谓完全的坏和完全的好是不存在的,正义有时候是不能够得到伸张的,邪恶有时候就有可能占据上风……这些东西,听起来很恐怖,看起来很残酷,可它才是生活的真实。作家有责任把生活的幕布拉开,让人们知道它的另一面。"邵丽写下的这些文字表达着她当时的想法,可以看出作者比较客观、真实的现实立场。

面对现实,邵丽不受观念左右,她沿着真实性去描述。这个比较正的路数,带领有着内在追求的邵丽,体察芸芸众生的种种不易、种种挣扎与渴求,使她一步步迈向更开阔的境地。邵丽独特的立场,使她有着非一般的自信,她的自信使她能够相对坦然、笃定地面对,包括面对自己的问题,面对生活中的种种逆转,尽管这过程中也有种种的伤痛、焦虑,但她的自我怀疑、调整,都是分外有力量的。这些调整,或者说变化,使邵丽近两三年的创作,出现明显的飞升,使她真正成为一个向内心和文学深处走去的作家。

人的精神焦虑和精神成长

2004年初,邵丽的第一部长篇小说《我的生活质量》出版。这部作品之所以在当时引起关注,评论家何弘分析道:"它深刻地触及到当下中国社会问题的根本症结和人们精神世界根本的痛点,传达出社会转型中传统与现代的冲突给人带来的失落感、失重感及由此带给人们的身份焦虑。她以悲悯的情怀写出了中国这个古老农业大国的现代化进程中人们内心的煎熬和挣扎,表现与此相关的生存奋斗和人性尊严。这也成为邵丽小说的基本主题。"

应该说,这并不是一个太新鲜的主题,中国的男作家尤其是河南的男作家惯于表现这样的主题,因为这是我们的现实。关键是邵丽写出了和他们的不一样。

邵丽对当下的社会现实和政界生活有着切身的感受,这来自她贴身的经验,与从外部了解很不相同。因此,邵丽能够不带任何框架很自然地写"官员"的生活,她写的是生活中、各种社会关系中的这个人,"官员"只是他的职业,就像其他职业一样。

邵丽笔下的官场人物更为鲜活,更具多面性,甚至他的痛苦和焦虑要多出普通人的数倍,这样的人物在读者心中唤起的不再是单一的情感,而是难言的疼痛和复杂的评判。用邵丽的话讲就是,"他们享受成功的果实,但也在尽自己的能力脚踏实地地为社会做贡献。"平时,大众只是看到他们享受成功的果实,看不到另外的一面,更看不到他们内心的焦虑。邵丽的小说,让读者看到了官场生活中的光与影,让人不得不思考我们的生活质量,这是多么纠缠多么复杂的社会文化难题。

从题材上看,这个时期的邵丽是在河南文学的传统里——关注现实,表达现实。但是细读邵丽的作品,会发现邵丽所面向的不止于现实命运,她更要表达人们的精神命运、人们的生活质量。有了这样的面向,邵丽的小说就克服了同类题材与现实平行的"太现实"的现象,如她在《我的生活质量》中不断地回溯王祈隆这个人物的成长史——他如何变成了今天的他。

同样是很现实很中国化的题材,但邵丽的笔触向现实之根深入着。穿过社会生活的种种层面,深入到精神成长的洼地。这意味着从此以后,邵丽的作品在这个并不独特的领地,打上了自己新鲜的印记。

在邵丽的一些中短篇中,如《明惠的圣诞》、《马兰花的等待》,写的是进城打工的女子的故事。可以说,这也是近年来文学界的热点话题。邵丽写得从容淡定,不像一些"打工文学"带着社会层面的激愤和情绪,在她这里,命运可不只是外部环境的改变,内心要找到根,找到类同感和归属感,内心要有尊严感,才算改变了命运。

《明惠的圣诞》中,心高气傲的明惠进了城,改了名字,穿上了梦想中的漂亮衣服,被一个城市男人养着,过起懒散的日子。为改变命运,开始一切磨难她都可以隐忍;可当她发现自己已经活得像个人时,即使受到一点轻视她就受不了,她用死来防止自己重新被抹黑。这个短篇、这个人物,在同类题材中很有代表性,它表达了中国社会千千万万进城的女子精神的困苦。这个短篇,后来获得了鲁迅文学奖。

邵丽很爱惜她笔下女子的内心。在《马兰花的等待》中,马兰花被进城的丈夫抛弃,自己也进了城,想让自己像个城市人那样生活,以赢得丈夫的回归。马兰花在深圳每天去喝一杯茶,用全部的收入去维持着这杯茶。日复一日地坚持一种生活姿态,不论初衷如何,到一定时候,就演绎成了修炼。最后,能否赢得丈夫的心已经不是最重要的,最重要的是马兰花的内心有了一种沉着,有了一份尊严。这样的尊严如此脆薄,但它是靠一个生命的觉醒完成的,因此也更加可贵。

在现实中散发出神秘气息

2011年,邵丽发表了《河边的钟子》、《村北的王庭柱》、《挂职笔记》、《刘万福案件》、《城外的小秋》等,这些作品,带着让人吃惊的变化。一方面,她沿着自己表达现实的路数,把直接性的表达写到底,把自己生活积淀的优势彻底发挥出来,如"挂职笔记"系列。另一方面,是她对现实的多重表达,在一种复调、迂回的表达里,出现了混沌、未知等小说元素,它们也和人物、故事一样,成为小说的主角。小说的神秘味道出来了。

邵丽为什么能发生这些变化?

原因是多方面的。也许变化一直在发生着,只是某些契机促成了它的涌现。就像阅读与思考一直在进行着,譬如她在随笔《三代人》里,反省父辈、我和女儿各代的问题,她写自己努力补课:"我拼命恶补'西餐',从罗素到哈维尔,从奥威尔到哈耶克,我试图走出政治的迷宫……我拼命恶补'中餐',从《四书》到南华经……在出世与入世之间苦苦地挣扎。我们这一代人的人生,是被活活斩做几段的。我们没谁能记得清自己身上打了多少道思想的补丁。"

邵丽不断地修正自己思想的支点,促使自己的写作发生重要的转变。每个作家一生都要完成一次或几次重大的转变,这转变需要太多的储备、沉思、心力、才情和勇敢地面对,才能实现。

女作家大多是靠生活和经验写作,思想的力度和叙事艺术的高度普遍欠缺,如果谁能有意识地弥补这一漫长难啃的写作课,她就会多些穿透力,会重获新的目光。

邵丽发表于《人民文学》的"挂职笔记"系列,几乎采取原生态的叙事立场,官场、百姓的"黑话"、土话置换了作家、知识分子的话语方式,粗砺、地道,于冷幽默中呈现火辣的生活,与她以往的语言风格差异很大。"在全体干部会上,县委书记是这样介绍公社书记的:'妈拉个逼,这小子,有种!'听得人心里热腾腾的,知道新来的书记是条汉子,能服众。哪像现在介绍新到的干部,政绩都能当圣人了,简历让人听得脊背发凉,好像是在殡仪馆里。"

从"挂职笔记"可看出,中国基层社会权力的运转、人际八卦及日常生活的模样。而小说最终要表达的是那种强大的气场对于异质的同构力——想改变那里的一块砖都难。"中国人只要一当官,首先没有了长相,他们有个统一的官相。其次就是没有名字了,一来是别人不敢喊他的名字,二来是他也不乐意别人直呼其名。"

从题材上看,这是一组很中国化的小说。邵丽以淋漓尽致的方式把她亲历的基层生活真实地表达了出来。可以说,在直面现实的表达上,非常具有原创性。她告诉读者们,因为官场文化已经日常化,由此才变得异常可怕!

邵丽的这些小说,写乡村生活,和很多作家写得都不一样。她的观察点是乡村生活的其中一分子,是置身于现实的方式。她在《刘万福案件》中借叙事人说:"我是一个现实主义者,我的所有的作品,双脚都插在黏糊糊的现实里不能自拔。"她在关于"刘万福"的创作谈里也讲:"方法并不是一部作品生命力的终极标准,尽管它特别重要……我是吃着现实主义的面包长大的……"

不少男作家都回避现实主义这个标签,回避自身的泥土气,努力披上现代、后现代的外衣,以文化人的身份来回望或远视当今的乡村生活,表达出的一切总让人感到不是中国当下的真实。一些女作家笔下的乡村生活,总是会多些抒情气、柔弱气,现实的粗砺性、驳杂性力度不够。邵丽更深地感受到中国人的生活与现实主义的血脉相连,她承认这种现实,加上她自身的优势,她的小说有力地表达出现实的真实性。

在语言上,邵丽彻底放下了文化人的架子。如前面谈的"挂职笔记"系列。到了《村北的王庭柱》,作者更是作为乡村生活的其中一分子、作为一个熟知者,从容地叙说着。"你以为那些事儿是我算出来的啊?我那是这半辈子一眼一眼瞅出来的!爹在的时候,我是热眼看热事儿啊,越看越热闹,越热闹越糊涂;爹死后,我是冷眼看冷事儿,越看越冷,越冷越明白。"王庭柱这个乡村人物的语言平实,但有着不简单的哲理味,那是老百姓活出来的理。

邵丽小说的题目,也是舍雅偏村俗的。如《刘万福案件》一眼看去我甚至有些本能的抵触,"案件"加上这个过于百姓的名字"刘万福",直感是太现实了。但看完以后,很是感慨。因为这个中篇显示了邵丽叙事的宽广耐心和迂回力度。从这里开始,谈邵丽的作品,就不能只谈和现实有关的一切,还要加上叙事的艺术。有了稳实的叙事艺术后,她的作品就不仅仅是依题材、依经验、依中国现实取胜了,而是有了更多重要的支点,叙事艺术会使有边界的现实无边化,更丰富地表达和创造现实,使小说的想象性天地敞开。

叙事人"我"压根儿就不满足于正在讲述这个故事,一直试图在刘万福的故事里寻找背面的东西,也就是为什么会发生这样的故事,刘万福为什么会杀人等等。在对故事背面的寻找里,各种现实纠葛越缠越紧,作者既写出了乡间卑微人物的命运之不可把握,又写出了官员们种种计策之后的无奈。就像刘万福心里感叹的:"光知道自己的苦命日子不好过,不知道这命好的人日子也这么难过。看来这公家的车子坐着扎屁股,饭碗端着也烫手哩!"

刘万福在生活的烂泥里已经泡够了,一刀索命的快意恩仇之后,投案自首,只想快点死,他用头撞着门喊道:"法官,法官,还有我!"法警骂了一句:"你他妈的死也这么着急啊!"后来改判他为死缓,他听完愣愣地说:"怎么你们不办个人事儿,把我杀了啊!"因为之前,由于信访和宣传部门的策划,刘万福三死三生的新闻被很多媒体转发了。活着没有尊严,死也无从把握。这篇小说,不仅是往复杂里写,也往狠里写了。

这也是邵丽的小说和同类题材小说的不同之处。在这类小说里,一般都看不见官员的心理,看见的是他们的言行造成的伤害。邵丽在权势与民间的互动中,把彼此的心路历程、因果或利用,都写出来,真实得接近滑稽,滑稽中透出寒气。

《河边的钟子》和《城外的小秋》与邵丽的其他作品比起来,小说有了神秘的味道。

《河边的钟子》留给我的印象,是一个似有似无道不明的故事。小说开始,作者也表达了类似的意思:"像一幅油画,远远地看,色彩斑斓,而到近处看,又无非是些色块的堆积罢了,更有些地方,几近于无。当然那不是留白,而是生活的痕迹在那里轻巧地划过去了,不管它的苍白之下裹挟着什么。"

《城外的小秋》和《明惠的圣诞》比起来,题材上虽同属当代文学的热点话题,但这个中篇,几乎让人看不到题材了,或者说,题材已经消融在了人物的命运流年里。小秋跟奶奶在乡下健康成长,这样一个人物,好比一朵蒲公英花,只能搁在田野里。新农村建设要把她生长的根拔出,把她奶奶住了一辈子的村庄推平……小说没有写直接的冲突,没有写社会层面的事件,而是写之后小秋的怪病、冷漠,写种地高手郝晴天的爷爷无地可种后的病倒、上访、由劳模成为老糊涂、去大别山区租地种等等,让人看到记忆、故园被摧毁以后,人物的身心状态和余下的命运。作者以自然层面的身份在叙事,遵循的是自然主义,让人物在合乎自身命运的逻辑里对粗暴的现实做出自己的反应。

这个时代，相当一部分作家的写作呈现出表达生活的无力，和复制生活的现象。邵丽的写作能够触动现实，引起反响，应该说是个很好的启示。她有第一手的基层生活，也就是原创性的资源；她能放下文化的架子，素心面对自己的、几代人的真实处境，与她成长的根脉、环境相连的，才是让她牵心并选择的方式。在她这里，可以看到，现实主义是具体的、被她的眼光刷新的、能够对准当下现实的一把利刃。

当然，对作家来说，坚持一种不时尚的写作立场，内心是要有足够力量的。

原载《文艺报》2012年7月25日

身份认同的尴尬与缺失
——评邵丽的《明惠的圣诞》

周文慧

近年来,随着城市的飞速发展,农村劳动力大量涌入了城市。这批走进都市的农民工成为作家关注的焦点之一。邵丽的《明惠的圣诞》成为了较为突出的一部力作,它的成功不仅仅在于给读者提供了一个特殊职业的底层打工妹形象,更为我们展示了城乡之间的分歧与矛盾,以及由此带来的人性力量和道德的批判。

明惠是一名高考落榜的高中毕业生,因为未能取得好成绩而整日在家呆着,从县城回到乡下,她偶尔出门,她觉得"那些盯着她的眼睛没有一只是善良的,那眼睛统统露着恶毒"。她考试的失误让她失去了往日的自信,转向了自卑与自我责备中,让明惠和母亲从强烈的优越感中走出来,"明惠觉得她一定得出这口气了"。而昔日与自己相差很远的好朋友桃子从城市回来后7天未主动与她联系,更刺激了明惠的神经,让她坚定了逃离农村、奔向城市的决心。起初,她并不愿意选择低下的工作,而愿意做体面的工作,做一份有社会认可度的工作,但是她最终只能选择做洗浴中心的按摩小姐。明惠以圆圆的名字在城市里谋到了一份工作,她不拒绝提供性服务,她"觉得一切平平淡淡的,就连她身下的处女血也没有让她惊讶"。起初,她换来的金钱满足了她进入城市的初始欲望,她往家里寄钱以填补母亲浅薄的满足感。她"没事的时候就算她的钱,圆圆计算的结果,她这样积累下去,五年之后就可以在城市里买一套很不错的房子了"。"圆圆想,等买了房子就找一个马强一样的丈夫,甚至是比马强都好的丈夫","我要把我的孩子生在城里"。

同样怀抱委屈的原机关干部李羊群遇到圆圆时,把"圆圆当作一个成熟女人了,他甚至把她当作一个城市里的知识女孩了"。"李羊群带她出去已经是第十二次了",但她的角色也只是听众,同样换来了金钱,只是这次不是身体的交换而是听从与陪伴。后来,圆圆住进了李羊群的房子,过着城里人一样的生活,"睡睡觉,看看电视,有时一个人出去逛逛街,有时去洗洗桑拿,做做美容","在李羊群的家里生活得像一个小主妇",俨然一副城里人的姿态。但是,她根本无法融入城市生活的内核,也远没有被城市人所认同与接纳,当她明白她的身份仅仅被定义为李羊群的伙伴时,她精神失落,选择了死亡。而更引人思考的,是李羊群最后的感叹"这个叫肖明惠的姑娘为什么会寻死呢?"

城市渗透着商业文明带来的社会变迁。作为农村的对立面,它的出现带来了人们思想观念的巨大变化。进入20世纪90年代以来,中国经济的持续稳定增长带来了城市的跨越式发展。当大量农村劳动力涌入城市时,他们面对的不仅是鳞次栉比的高楼,川流不息的车流,更有更多的就业机会及与农村观念严重对抗的城市观念。肖明惠进城是为了摆脱农村人对她的鄙夷,追求与桃子同样的甚至更好的生存空间。作者在塑造肖明惠这个人物的时候,不再停留在对城乡物质差异的反映上,而是从现实的关注中折射出肖明惠在精神上同样要求"进城"的愿望以及在城市里的"话语权"。

肖明惠对城市的向往经历了这样一个阶段:向往在城市里买漂亮衣服——进城务工挣钱——希望能进城买房安家——希望得到城市人的精神认同感。从最基本的生活需求到心理和社会认可的情感需求,从基础的物质追求到更高层次的精神需求,肖明惠对城市的要求也是逐步加深的。当她挣得在城市的"第一桶金"时,她手里攥着钱就像攥着自己的命一样,"无论得到的是三百还是五百,圆圆回去的第一件事情,就是把那钱展得平平的,有时还把昨天的或者前天的放在一起,反复地数上几遍","圆圆现在只在乎她的那些钱,她天天都要拿出存折来看上许多遍",她想象着在城市里将会过着完全不同于乡村的生活,沉浸在完美的城市想象中,但无情的生活告诉她:城市想象美化了她心目中的城市,生活击碎了她对城市生活的梦想。她在城市生活的轨迹经历从"城市想象"到"想象幻灭"的过程。

当她的生活目标一步步实现的时候,她发现最终她无法抵达梦想的终点,即使一步之遥的距离,她也被拒绝在城市的大门之外。同样是关于对身份的认同,盛可以在《北妹》中的处理与之大相径庭:钱小红和李思江是进城务工人员,她们为了在城市获得最基本的合法的权益,不得不绞尽脑汁办一个暂住证,"要办暂住证、身份证,有求于庄老板",她们寻找的是城市在体制上对她们的一种认同感。我们也可以说,她们是被动地意识到身份的认同感对于她们在城市生存的必要性与重要性。因为有了暂住证她们才获得了在城市暂住的基本权利,才能够享受某些在城市生存的基本权利。她们并没有从主观上对身份认同有深入的思考。肖明惠则不然,她主动地意识到了在城市里生存,不仅仅是获得金钱的快感,不只是衣锦还乡的风光,不仅仅是丰衣足食的物质享受,更是城市对自己的接纳与认同,这种认同感是源自城市人的主观感受,是自己对获得城市认可的一种快感,是一种真正的身份认同感。可在李羊群的面前,她的角色多是听众和陪伴,她只会点头或者摇头,与之没有深入的思想的沟通与交流;

在李羊群的朋友中,她自然被边缘化,成为一只可有可无的棋子。在李羊群们的世界中,她是没有话语权的,始终处在一种被动的状态。当她意识到即使享受着所谓的富裕的物质生活时,也仍然无法跟城市人沟通时,她感到了一种悲凉与失望。

但是,我们进一步追问,圆圆为什么没能主动去争取话语权呢?因为她的思想中只认准了经济上的富足就是优越城市生活的硬指标,而对个人的奋斗、修养与人格的塑造浑然不知。她看到了存在于城乡之间的巨大生活差异以及由此带来的城市人与乡下人社会地位的迥然有别。她没有看到城乡之间存在的巨大的精神差距,而当她发现城乡之间的巨大差别难以缩小的时候,悲剧产生了。她的价值观及认识的局限性有一定的代表性,也从更深入的层面反映了城乡之间的差别不仅仅停留在物质层面,更体现在精神层面。

当城乡经济差距逐渐缩小的时候,人们会关注更高的精神和文化层面的认同感,只有当物质和精神文化层面同时缩小与城市差距的时候,社会才会得到真正的城乡一体化。但是,精神文化的认同道路远比物质差距的缩小要曲折得多,它是人们往往容易忽视的部分,但是被作者敏锐地捕捉到了,引起了我们深入的思考。

明惠离开了农村,是生活的选择,但当她在城市生活中发现了自己的渺小与无足轻重时,她没有选择回到农村,因为她知道她像一艘抛了锚的船,离开了农村的港湾,但也靠不了城市的岸,成了一艘摇曳在城乡之间的孤舟。她因为高考失利而成为了母亲和乡亲诟骂与耻笑的谈资,因为一次高考的失利,她的人生轨迹在村民的头脑中被改写了:明惠本是在城里上了初中和高中,"在村中矜持得像一个公主","哪个不知道明惠念完高中是要接着念大学的,念完大学理所当然地要留在城里"。村民把城市和尊严紧密地捆绑在一起,走出农村、在城市里生活就意味着获得了尊严与尊重,而失去了在城市生活的机会就意味着失去了尊严。"现在明惠回来了,明惠的落榜让村里人集体出了一口恶气",她感受到村民对她的态度不再是善意的关心和往日的恭维,而是流露着敌意。就连自己的母亲,面对她的高考落榜,也是鄙夷与诟骂,"我白白供了你十几年啊,还不如养只鸡养只猪了"。明惠要出一口气,她选择了逃离农村,但是当她真正走入城市生活中时,她又处在两难的生存困境中。城市对她们的包容性停留在简单的物质层面,提供一定的就业机会,提供比农村更丰富的物质生活,但是城市却不能提供给她人格上的尊严与权利。她生活在农村和城市的夹缝中,成为了新的"夹心人"——裹着城市的外衣却无法拥有城市人的精神品质。农村简单而单一的评价标准成为了肖明惠生活选择的出发点,激发了她进城务工的想法,但是也正是这种简单的评价标准阻断了她从城市逃离、回到农村的道路。

在近期的关注农村、关注城乡的作品中，不少作家反映了这种城乡对立中，作为弱势群体的进城务工人员的生存困境。在盛可以的《北妹》中，钱小红和李思江满怀思乡之情回到老家时，她们发现"已经从这个村子里漂流出去，并且没有任何归根的打算了"，因为"她已经把锚抛在了S城"。她们既要面对城市对她们的鄙视，在城市生存的艰难，同时也要面对农村人对她们的种种猜想与排斥，当乡村无情地切断了她们的思乡之情，了断了她们对乡村的想念时，她们成为了无根的浮萍，漂浮在城市的上空。肖明惠和钱小红们一样，在城市无根的生存状态下，矛盾地生活着。但是，肖明惠和钱小红们是有所不同的，她的不同在于她追求更高的精神认同，而钱小红们仍停留在不停地解决生存问题；肖明惠是一个有心气儿的农村女孩，而钱小红是一个比较简单、没心没肺的女孩子。肖明惠在物质得到极大满足的情况下，认识到了人的尊严、身份的认同同样重要，甚至更重要。当她经历了从物质的狂热追求到精神的城市追求时，她的心理发生了巨大的变化。她企图通过高消费树立自己城市人的形象，获得人的尊严，但是这些尊重与恭维是建立在她巨大的物质消费基础上的，"曾经是她伺候人家，现在是人家伺候她了"，在短暂的几年时间里，她的蜕变是一种以强大的经济为后盾的巨变，而非她本质的改变。一种身份的认同感远非是几件名牌衣服、时尚高消费所能堆砌出来的，它是一种骨子里的、精神上的趋同性。

作者在处理这个引起广泛关注的话题时，驾驭语言和文字的功力在这个作品中比较突出地显示了出来。她善于用对比和照应形成强烈的比对效果。肖明惠的身份是一个农村女孩，圆圆的身份是一个城市女孩子，她们反映出两种生存状态下人性的不同。在农村，肖明惠是一个有极强自尊心、上进心的女孩子。面对好友桃子的冷落就不能接受，面对母亲和乡亲的耻笑更是无地自容，决定一定要到城市里去谋一个体面的工作，哪怕是教孩子辅导功课的工作。她把人格与尊严放在比生存更重要的位置。而在城市里，叫了圆圆的她却判若两人，她放弃了所有的人格与尊严，从事着最低下的性工作，她成了金钱的奴隶，她把所有的人格与尊严留在了农村，她需要生存，她需要更好地生活让农村人对她刮目相看。而当她又回到肖明惠的时候，正是她认识到人的丧失尊严的可悲与无奈的时候。当她无法平衡心理与物质的强烈对比与落差时，她选择了死亡，回到了真实的肖明惠。肖明惠——圆圆——肖明惠的转换其实是她对人格与尊严的态度与心理的发展与斗争，她身份的第一次变化是她适应城乡差异的自我调节，而她身份的第二次变化是她无法适应城市生活对人的尊严无视的绝望。

而与之形成鲜明对比的是桃子。桃子家本来经济拮据，关于桃子的传言很让村里人不屑，但是桃子在省城挣了大钱，她与肖明惠的不同在于她无视自己的尊严与人格。她认为自己挣钱了,可以衣锦还乡,"回来就在村子里四处招摇",而明惠却"把自己关在家里哪儿也不去"。她对城市的褒扬是因为城市给她带来了金钱与爱情,即使她从事着低下的工作也无妨她回家时的无法掩饰的喜悦。

  作者把立体的肖明惠淋漓尽致地展现给了读者:追求金钱但也需要尊严,享受物质但更向往人格。明惠的独特正在于她超越了前期打工者的简单的物质追求,有了更高的人格需求,体现了人性的更高的需求。从明惠身上我们也看到城市与农村的观念差异是我们急需关注的社会问题之一。

原载《名作欣赏》2008 年第 15 期

"底层文学"创作病象的超越
——论《明惠的圣诞》的多层意蕴

任 动

"底层文学"是近年来十分抢眼的文学创作现象,在一个大变革的时代记录下了民生百态和作家们的忧虑和思考。尽管"底层文学"至今还没有科学明确的界定,但在文学圈与批评界业已达成一种默契,即认为"底层文学""大致指涉范围即对当前一些社会特殊群体的书写,其叙事对象主要包括城市下岗工人、依然驻守在农村的农民以及由乡下进城的农民工等弱势群体"①。不过令人遗憾的是,当下"底层文学"创作在如火如荼中还存在诸多病象。有论者指出,"底层文学"创作的病象主要表现为:或注重"讲述'传奇性'的故事,以满足人们的窥视欲望和猎奇心理",或"简单立足于道德批判,以二元对立的叙述模式构建文本",或"沉迷于'苦难展览',走向单一化和极端化的'苦难书写'"。

读了邵丽赢得"鲁迅文学奖"的《明惠的圣诞》之后,我们欣喜地发现,作为"由乡下进城的农民工"为叙事对象的"底层文学"典型文本,这篇小说完全超越了当下"底层文学"创作存在的诸多病象,显示出卓尔不群的价值和意义。《明惠的圣诞》既没有为读者"讲述'传奇性'的故事",也没有"简单立足于道德批判",更没有"沉迷于'苦难展览'",而是在短篇小说的架构里,对身份认同、启蒙价值、病态心理等形而上问题进行了深度思考,最终把小说打造成内含多层意蕴的艺术精品。

一、身份认同的追求与失落:对传奇性故事的超越

"对于农村人来说,他们对城市的向往,就是对城市人身份的认同。"②《明惠的圣诞》叙述的就是农村人进城寻求身份认同的故事,而作为"城市异乡人"的农村人寻求对城市人的身份认同,遭遇拒斥之后的精神崩溃,则构成了小说

---
① 史竟男:《"底层文学":乡土叙事新景观》,《人民日报》2009年9月1日。
② 苏奎:《当下小说中的农民工》,《文艺报》2004年12月7日。

的第一层意蕴,也是对"底层文学"一味讲述传奇性故事的超越。

农村姑娘明惠高考落榜回乡,除了母亲无休无止的咒骂,简直就是在村人的蔑视中生活。这让心高气傲的明惠受不了,她要走,到城市去设法改变自己的处境。怀揣着改变命运的梦想,明惠以"打工妹"的身份进入了城市,作为一个城市"原住民"的"他者",一个刚刚走出校门的18岁的姑娘,明惠在城市遇到困难和排斥是必然的。但是她有信心,她知道年轻和美貌就是她的本钱,这些可以换取她所需要的一切。于是,明惠易名"圆圆",做了洗浴按摩中心的"小姐",出卖劳动、身体、色相去换取自己所需要的东西。昔日的"明惠",今日的"圆圆",非常清醒地知道自己所做的是什么,并心安理得,极为坦然,为了钱,不惜主动去诱惑男人,她甚至"很讨厌自己的月经,每次例假她都烦躁得要死",因为例假期间她不能"接客"挣钱。

明惠不顾一切,拼命用"身体"攫取金钱其实只是表象,本质则是想获得对城市人身份的认同,即做一个真正的"城市人"而得到"城市人"应该得到的一切,不仅要获得物质上的富足,更要获取精神上的尊严,从而改变自己"乡下人"的现实境遇。因为在中国社会的转型期,"城市与乡村,已不是通常意义上的地域概念或社区概念,而是文化概念,在某种意义上,它们分别是现代工业文明与传统农耕文明的代表。'城市人'与'乡下人',也不是通常意义上的社会身份,更主要的是一种文化身份"①。所以,明惠从自己的"卖身钱"里拿出2000元给母亲徐二翠寄去以后,就给母亲18年来的养育之恩做了一个了断,从此之后,她和家人、家乡就永别了。

明惠没事时就算她的钱,计算的结果是,"她这样积累下去,五年之后她就可以在城里买一套很不错的房子了",但她"想房子的时候可没有想到她妈徐二翠,更没有想到她爸肖正方和白痴肖两万"。她想的是等买了房子就找一个城市人做丈夫,"不在乎那人是不是有钱,他若是个没有钱的,她就自己找一份踏实的工作养着他","她要给那人生两个孩子,她的两个孩子绝不会像她圆圆一样整天挨徐二翠的骂,更不能像白痴肖两万一样一辈子都不能走出自己的村子。圆圆想,我要比徐二翠更有出息,我要把我的孩子生在城里!我要他们做城里人,我圆圆要做城里人的妈!""做城里人的妈"就是明惠的最高理想和终极目标,彻底改变自己的身份,不仅自己,自己的孩子也要做城市人,从此和农村一刀两断。决绝的态度,义无反顾、不给自己留一点退路的决心让我们看到了明惠对农村的顽强拒绝和对城市的极度渴望,对城市人身份认同的焦虑和追求。

---

① 丁帆等:《中国乡土小说史》,北京大学出版社,2007年,第99页。

"乡下人进城,不仅要进行空间的迁移,还要进行历史穿越,在迁移与穿越的过程中,他们要付出巨大的生命代价。"①既然"乡下人"明惠所做的一切都是为了获得对城市人身份的认同,那么一旦发现自己始终只能作为城市的"他者"而不能完全被城市"接纳"时,她的精神支柱必将轰然倒塌而"付出巨大的生命代价"。明惠在"卖身"过程中遇到李羊群后产生了错觉,以为这个人也许就是可以彻底改变自己身份的人。错觉让明惠越陷越深,不能自拔,终于在圣诞节和李羊群开始同居。此后,明惠"在李羊群的家里生活得很像一个小主妇","把李羊群的家打理得井井有条",她好像真的成了城市人,甚至有了"等上两年,她一定要养一个李羊群的孩子出来"的念头。可就在第二年的圣诞节,明惠的理想就无法阻止地破灭了。李羊群带着她去参加圣诞晚会,刚刚坐定,李羊群的一群朋友来了,"他们相互打情骂俏,也说一些文化事儿,有时还夹杂了英语",其中的女孩子们"是那么的优越、放肆而又尊贵。她们有胖有瘦,有高有低,有黑有白。但她们无一例外地充满自信,而自信让她们漂亮和霸道。她们开心恣肆地说笑,她们是在自己的城市里啊",他们谈笑风生,旁若无人,包括李羊群在内,仿佛都把明惠给忘了。一种沉重的失落感、孤独感油然而生,笼罩在明惠心头,让她从错觉中清醒过来:"她圆圆哪里能与他们这个圈子里的人交道? 圆圆是圆圆,圆圆永远都成不了她们中的任何一个。"对于明惠这样的"城市异乡者"来说,"乡村给了他们低贱的身份,又不能给他们富足的物质;城市给了他们低廉的财富,却又不能给他们证明身份的'绿卡'。可是谁又能够发给他们一张'灵魂通行证'呢!"明惠真正渴望的是对城市人身份认同的精神"绿卡",所以她一旦认识到自己身份与处境的尴尬,感到城市对于她这个外来"闯入者"的无情挤压,而无法获得"灵魂通行证"时,明惠就非常平静地结束了生命,因为她已绝望,在别人看来那么稀松平常的东西,对于她却是那样的遥不可及,她的追求还有意义吗? 正如丁帆先生所说,"导致明惠自杀的根本原因就是她的希望的破灭,这个破灭不是肉体的,而是属于精神的","我们在主人公走向死亡的最后时刻,看到的是肉体上已经成为城里人,而精神与灵魂还不能被城市文明所包容的悲剧下场!"②

---

①徐德明:《"乡下人进城"小说的生命图景》,《文艺报》2006年12月28日。
②丁帆:《"城市异乡者"的梦想与现实:关于文明冲突中乡土描写的转型》,《文学评论》2005年第4期,第38页。

二、启蒙价值的精神取向：对道德批判的超越

《明惠的圣诞》的第二层意蕴体现为启蒙价值的精神取向，同时也体现了对"底层文学"通常简单立足于道德批判的超越。

启蒙是"五四"以来中国新文学的重要精神价值取向之一，鲁迅先生"揭出病苦，以引起疗救者的注意"的创作诉求，最先开辟了文学"启蒙"的崭新创作道路。自此以降，无数优秀作家常常借助文学"工具"来传达自己精神启蒙的理想。几十年来，这一传统薪火相传，历久弥新，《明惠的圣诞》即是一个很好的注脚。

在明惠看来，考取大学几乎是她离开乡村进入城市的唯一通道，因此高考失利是对她精神的巨大打击。但明惠回乡以后，村人给予她的却不是安慰，而是冷嘲热讽和恶毒的快意，"明惠的落榜让村里人集体出了一口恶气。他们嬉笑怒骂的声音陡然增加了好几个调门，含沙射影的语言像带了毒刺的钉子"。18岁的姑娘明惠"回乡"后的遭遇，让我们想到了丁玲小说《我在霞村的时候》中贞贞的"归来"。抗战时期，生活在北方偏僻乡村——霞村的18岁姑娘贞贞，与村底下磨房里的一个小伙计夏大宝倾心相爱，可父母非要把她许给西柳村一家米铺的小老板做填房。为了抗拒父母的包办婚姻，贞贞去天主教堂向神甫求援，请求在教堂做"姑姑"。这时，日本鬼子进村了，"就那一忽儿，落在火坑了"，贞贞被日本鬼子掳去，强迫做了军妓，受尽蹂躏并染上了性病。后来，贞贞成了游击队的情报员，不顾死活地把有关日军的情报送回来，为革命做着工作并受到尊敬。但这样一位舍身为国的女英雄回到自己的村子时，却遭到了不公正的待遇：虽然村里的"活动分子"——部分年轻人——理解她、同情她，"都对她很好"，但大多数思想保守落后的"群众"却嫌厌她、鄙视她，说她"起码一百个男人总睡过，哼，还做了日本官太太，这种缺德的婆娘，是不该让她回来的"，甚至指责她"弄得比破鞋还不如"。对这些落后愚昧的"群众"，丁玲十分反感，尤其对同是女性却不懂得尊重女性的落后妇女给予了毫不留情的讽刺："那一些妇女们，因为有了她才发生对自己的崇敬，才看出自己的圣洁来，因为自己没有被人强奸而骄傲了。"语言相当刻薄，鲜明地表明了作者的态度。

《明惠的圣诞》中的"群众"对待明惠的态度，同样显示出了落后的国民性。自家的孩子学习成绩差，考不上大学，就嫉妒别人家学习成绩好的孩子，而当这个孩子遭遇挫折时，又幸灾乐祸，毫无怜悯之心，用别人的痛苦来使自己的心理得到平衡，"群众"潜意识深处的这种"集体无意识"被邵丽毫不留情地揭示出

来,以便引起疗救者的注意,这使小说具有了启蒙精神的价值取向,显示出对"五四"新文学以来改造国民性主题的承续和发展。

三、病态心理的深度揭示:对苦难书写的超越

《明惠的圣诞》探讨明惠的悲剧命运时,还注重对其病态心理的深度揭示,这是小说的第三层意蕴之所在,从而提升了小说的艺术品格,超越了"底层文学"单一化和极端化的苦难书写。

明惠的病态心理主要体现为持久而强烈的嫉妒。小说开头第一句即是"明惠是实在咽不下那口窝囊气才去找桃子的"。她为什么"咽不下那口窝囊气"呢?原因很简单,作为自己的同龄人,桃子以前什么地方都比不上自己,明惠对待桃子就像公主对待女佣,居高临下、颐指气使。现在却不一样了,自己落榜回乡,前途渺茫,而桃子则在城市打工"挣下大钱"衣锦还乡了,村民们对桃子尊敬有加而对明惠"嬉笑怒骂",巨大的反差让明惠对桃子极为嫉妒和仇视,"我就不信你桃子在城里打两天工就敢把我明惠不放在眼里了",她明惠无论如何也不能容忍以前不如自己的桃子超过自己。

桃子以前时时处处讨好巴结自己,现在从城里回来七天了却不来看自己,明惠受不了这口窝囊气,就决定去"找桃子出气"。明惠常常指责桃子没教养,进屋不敲门,她找桃子兴师问罪时,"明惠没有敲门。明惠一脚就跨入桃子家的院子"。进门之后,看到了令人尴尬的场面:桃子正和男朋友热吻,桃子于是"漫不经心地责备明惠,是你呀,进来怎么都不知道敲门",听了这话,"明惠被徐二翠骂了两个月都没有流出的泪水,不争气地从胸腔里往外翻涌,忍都忍不住",因为这是她经常指责桃子的话啊!

桃子对明惠非常热情,一面张罗着给明惠拿吃的喝的,一面把男朋友马强介绍给明惠,还从里屋翻出许多半旧衣服让明惠看,并对明惠说:"你要是喜欢可以把我的衣服拿一套去穿。"但明惠却显得非常冷淡,她不吃桃子拿给她的东西,"也不去打量桃子的穿着",心里想的是:"桃子那时候你穿了多少我的旧衣服,你总是穿我剩下的,而我怎么有可能穿你的?"在明惠用眼睛的余光"把桃子的周身飞快地透视了个遍",看到桃子的衣着是那么时尚、颜色的搭配是那样和谐时,"明惠的心扑通一声被刺了一下,像中了铅弹般酸沉酸沉的",她觉得桃子根本不配穿这么漂亮的衣服,而她明惠应该"比桃子穿得更出彩,更理直气壮的啊"。对于桃子找个城市人做男朋友,明惠更是嫉妒万分,所以她进城后设计自己的未来时,还想"等买了房子就找一个马强那样的丈夫,甚至是比马强都好的

丈夫"。明惠之所以念念不忘桃子的男朋友马强,归根到底也是持久而强烈的嫉妒心理在作祟。

嫉妒本是一种极想排除或破坏别人优越地位的人的本能心理倾向,"是有机体生命中固有的一种恢复原初状态的冲动"①。人在孩童时期就开始流露出嫉妒的本能,奥古斯丁曾说过:"我见过也体验到孩子的嫉妒:还不会说话,就面若死灰,眼光死死盯着一同吃奶的孩子。"②作为人性的弱点之一,嫉妒与生俱来,不可避免,但很多人能够超越这种心理弱点。而如果不能超越,就会形成心理定势,从而造成精神上的病态而产生心理障碍。所以莎士比亚睿智地告诫过世人:"您要留心嫉妒啊;那是一个绿眼的妖魔,谁做了它的牺牲,就要受它的玩弄。"③明惠就没能超越嫉妒的心理弱点,她对桃子的嫉妒和仇视是那样强烈与持久,让她自己都感到吃惊:"明惠活到18岁才知道,自己的内心会是这样的邪恶。"

陈思和教授说:"文学作品的魅力就在于阐释,越是提供了多种阐释可能性的作品,就越有艺术生命力。"④《明惠的圣诞》对身份认同、启蒙价值、病态心理的探讨,构成了作品的三层意蕴,使小说成为可以从多种角度阐释的富有"艺术生命力"的佳作,从而完成了对"底层文学"创作诸多病象的超越而敞亮出独特的意义。

原载《名作欣赏》2011年第6期

---

① 陆扬:《精神分析文论》,山东教育出版社,1998年,第53页。
② 〔古罗马〕奥古斯丁:《忏悔录》,周士良译,商务印书馆,1991年,第10页。
③ 〔英〕威廉·莎士比亚:《奥瑟罗》(莎士比亚全集:第4卷),李爱梅译,中国戏剧出版社,2002年,第1908~1909页。
④ 陈思和:《中国当代文学史教程》,复旦大学出版社,1999年,第10页。

生活体验与文学叙事的距离
——关于《糖果儿》文本的解析

吴圣刚

河南作家邵丽的中篇小说《糖果儿》①，无疑是作家投入情感最集中的一部作品。这部被论者称作"自传体"的作品之所以汇集了作者全部的情感，是因为作品所述可能来源于作者的亲历实感。但是，这种亲历实感在进入作品或者说转化为作品的过程中，可能会产生怎样的叙事方式，会成为作品什么样的血肉，甚至对文本可能产生怎样的影响，都是值得研究的。《糖果儿》恰恰成了阐释这些问题的典型文本。

一、在场体验与文学叙事

小说叙事完全是以一种"在场"的"我"的身份，大致讲述了"我"的家庭或家族的故事。作品一开始就体现出了"自述"性的特点："我喜欢五月……最重要的是我在五月，满地黄花的季节生出了一个女孩儿。……女儿是我生命中最大的奖项，我平生最好的作品。""我"从给我带来最多喜悦、最大骄傲的女儿开始叙事，虽然作者接着就设置了一段苏天明和金地的故事，横亘在作品叙事的路径之前，似乎在提醒读者故事的虚构性之存在，但真正的故事仍然是"我"及其家庭生活、经历、情感、牵挂等等。作品的基本构成表明，这是一个在场经历者的述说，"我"既是作者、叙述者，又是作品中的一个主人公，因为作品中既有关于"我"的描述，也有"我"活动的清晰明确的线索，更重要的是，作品中的人物都是"我"的关系人，作品中的故事都是"我"经历的事件。在作者叙事和情感自白中，幺幺、敬川、父亲、母亲、公公、婆婆等是故事构筑的链条、叙事的基本要素。无论是幺幺、敬川，还是父母、公婆的故事，都是"我"的故事，因为他们是"我"的关系人，表现出在场的无距离叙事的特征。

诚然，文学作品存在着虚和实的构成，即使是实的构成也存在着艺术真实

---

① 邵丽：《糖果儿》，《作家》2012年第15期，第51~83页。

与生活真实的区别。考察文学作品中的虚与实,当然不能仅看作品中设置了什么人物、要素、符号,还要综合考察作者的叙事和表达的口吻、情感流动的轨迹、人物活动的情理可能以及作品传达出的其他信息。《糖果儿》以第一人称叙事。通常而言,小说以第一人称我的身份叙事大致有两种情况,一是确立一个观察和表达的视角,我是虚拟的;二是我就是作品中实有的人物,是故事的经历者和参与者。《糖果儿》无疑属于第二种情况。这从作者的情感投入、作品叙事表现的症候和信息可以让读者真切地感受得到。毋庸置疑,邵丽是一位情感丰富,甚至情感依赖的作家,这当然也是女作家独具的优势。在现实中每个人都有自己的生活经历和真实的生活内容,这些生活经历和内容都可能成为作家创作的参照和素材;每个作家也有自己的生活阅历和感受,这毫无疑问是作家创作最直接的动力源。《糖果儿》的作者生活中经历了一些变故,或者说产生了某种故事性的生活真实,这些变故冲撞着作家的生活,促动着作家对世界、生活的感受,当然也荡涤着作家的精神和情感世界。对于作家而言,这种在场体验和真情实感常常成为创作的爆发点。但是,文学创作不是简单的生活记录,特别是叙事性的小说,其核心要素是人物、故事和情节的完整性和丰富性。这就需要让经历、故事、生活真实经过必要的发酵,再由作家提炼、创造进而转化为文学叙事。

"好作品都是由作家的血肉写成的。人物的精神身躯中一定有作家的血液奔流,人物的命运跌宕中,一定有作家的泪水飞溅。"①作家对自己的家庭和亲人充满着真情、真爱,正因为如此,当家庭出现了未曾预料的变故,这一未曾真正纳入作家文学关注的领域成为她眼前的困惑,成为生活旅途的阻碍,甚至成为需要文学解说的问题。作为官场中人,作者的丈夫未出事之前,他们的家庭、他们的生活、他们的情感是完整的,是一种正常状态,不需要为之纠结。但现在,家庭的完整、稳定出现问题,"我"及其家庭的生活状态可能会发生变化,因此就需要对生活进行新的认识和体验。关键是,这种亲身经历和体验如何在作品中体现出来。《糖果儿》的故事比较简单。概括起来就是:"我"的丈夫在官场突然出事,突如其来的事件让"我"错愕、手足无措。朋友、亲人的关注、安慰都不能让"我"静下来。女儿在外地上学,在一个电闪雷鸣、风雨交加的夜晚,"我"不顾一切地出门,挤上出租车和火车,"我那时只有一个信念,找到我的女儿,我唯一能见到的亲人,我要和她待在一起。"但这不是小说故事的全部,充其量是小说故事或叙事的线索。其实,作为文学叙事,人们(读者)对"官员出事"这样的文学冲突有更多的期待,读者期待着作者沿着这一线索演绎出更多的故事。但是,作者恰恰在这里把线索储存起来,把紧张的气氛转移出去,然后真正

---

① 付秀莹:《责编稿签》,《小说选刊》2012年第9期,第59页。

静下心来,开始另一番别样的叙事。

《糖果儿》的故事大致可分为三类:一是当下性的故事,包括敬川出事、"我"的文学活动、幺幺的活动以及三者之间的互动;二是过去时的故事,包括"我"的经历、爸爸、妈妈、公公、婆婆等经历的故事,这些都是具有真实性质的故事;三是虚构故事,即作品中穿插在作者叙事中的苏天明和金地的故事。当下性故事是与作品原发线索联系最紧密的故事,也是最有故事性的生活情节和矛盾冲突。这里,作者完全可以撷取以"我",特别是以敬川出事为关键点的生活情节和矛盾冲突,展开更开阔、更丰富的叙事,让作品产生更多的跌宕和起伏。作者此时转移了线索,对叙事简化处理,体现着作者的用意和策略。我们知道,"官员出事"是非常具有轰动性、故事性的社会事件,它的连续发酵,直到尘埃落定,得出最终的社会结果,形成的冲击波在社会层面具有强烈的穿透性,而对一个家庭的打击更具有毁灭性。

且不说作者能否驾驭这种复杂事件,也不论对这种事件在作品中如何评价,单就事件对家庭和情感的摧残,考验着人的承受底线。作者堵住了线索的蔓延,使敬川出事不再蔓延故事,个中缘由读者应该能够明白三分:作者(即"我")作为故事的当事人,与事件及其核心人物敬川直接关联,"我"既难以把握事件的发展,更难以对事件的是非曲直做出泾渭分明的评判,倘若直面事件,这种无距离叙事对作者无疑是一个有难度的问题。作者这种处理办法,避免了故事的复杂化,增强了叙事的易控性。

过去时的故事是作者转移线索的结果,也是故事背后的故事。《糖果儿》是一篇叙事作品,它需要构筑故事,需要用故事体现文本的特性。作者选择了讲述故事背后的故事。作品写了"我"的一个职业革命者、"地方主官"的爸爸,和一位"职业妇女"的妈妈,以及他们之间的故事;写了"我"的公公、敬川的父亲——一个旧知识分子文臣,以及文臣女人的故事;还写了"我"的祖母裳的一生;等等。作者仅仅是在简略地讲述这些人物和故事,说不上是描写人物,更称不上完整地塑造人物形象。我们通过作者的讲述仅仅了解这些人物的大致情况,人物的丰富性并不能从作品中得到。严格地讲,《糖果儿》中过去时的故事,与作品开始引入的故事线索没有太大的关联,或者说,这并不是必需的故事。作者终止原有的可能掀起"高潮"的故事线索转到这种平淡无彩的叙述,是作品浮现的另一个线索。平心而论,敬川事件在作品中提出作为引子之后,的确已经无法展开。作为作者的"我"无法平息事件,也不知道事件向何处发展,更不愿预测事件的结果,至少对于当前的"我"是一个无解的事件。这样一个人生劫难,给"我"提出一个必须面对和思考的问题:生命,生活意味着什么?劫难意味着什么?于是,作者便撇开敬川事件,进入到与这一命题相关的故事中来。人生是一段历史,思考人生必须进入到历史中去。爸爸、妈妈、公公、婆婆、爷爷、奶奶等都是历史,而且,每个人都是不同的历史。作者回归到父辈的历史、家族的历史并非在于讲述故事,其实质是为了把劫难置入历史的长河,以历史的视野和心胸看待劫难,淡化劫难对人的困扰,当然也是为了从精神和心理上消解劫难。历史是一个参照,爸爸、妈妈、公公、婆婆、爷爷、奶奶生命的经历是一个真切的参照,劫难不是不可逾越的,生命中充满温情、温馨和余味,它足以化解人生中所有的困扰,让生活滋生蜜意和温暖。

虚构的故事其实没有什么实际的意义,最多与作者的叙事形成一种映衬或对照,用以提示敬川的出事是否存在着另外的可能。由于《糖果儿》内容的特殊性,作者在叙事中可能一直存在着一个困难,那就是如何把生活内容、生活体验转化为文学叙事,换言之,怎样把"我"的亲身经历以合适的文学的方式表达出来,其中"我"的亲身经历本身不乏矛盾性,甚或有"难言之隐"。但是,这一亲身经历的事件又是触发作者创作的巨大动力,不吐不快,难以阻遏。所以,作品中尽管以大量的篇幅进行叙述,但仍然让人似乎觉察到存在着欲言又止的羁绊。毕竟这种无距离感的经历需要必要的空间审视和过滤,原生的生活内容不可能直接涌入作品。应该说,作家在叙事方式的处理上已经表现出较高的水平。敬川事件虽然也可算作家庭变故,但更主要的是一个政治事件和社会事件。这样一个事件存在着政治的、法律的、道德的、伦理的等多重评判维度和标准,作为局外人当然完全可以任意评说,而作为直接关联人"我"即使是以文学的方式,也存在着主观和客观等双重的局限。所以,敬川出事到底事出何因?作者没有直接进入叙事,而是煞费苦心地设计了苏天明和金地的故事。在苏天明和金地的故事中,作者也没有进行酣畅的叙事,也仅仅片段性讲了一些与作品其他内容对应的故事,有一种欲言又止的意味,反映了作者对虚和实把握、拿捏过程中的心迹,但尽管很隐约,我们仍然能够自然地与敬川和"我"联系起来,成为进入敬川事件的一个难得的路径。在这个意义上,虚构的苏天明和金地的故事有了存在的价值。

我们看到的三类故事,仅仅是作者的简要叙述,并非完整的事件描写和叙事,所以,给人的感受是,有故事而无情节。作者淡淡地叙述的这些经历和故事,目的是为作品所要表达的思想和情感做铺垫。

二、叙事:主观与客观

《糖果儿》的叙事是一种家庭、家族叙事,而且是"我"的家庭、家族叙事。

家庭、家族叙事与叙事者的关联性更强,虽然成熟的作家在处理叙事资源和叙事手法时,都会考虑作者在其中的位置或与事件的距离,但是,利益关联、情感关联、精神关联会影响到人的心理、隐秘、自尊等,他述和"自述"在分寸和限度上还是存在着纠结。这体现着作者的立场和价值判断。"文学无论如何都脱离不了下面三个方面的问题:作家的社会学、作品本身的社会内容以及文学对社会的影响等。"①诚然,家庭、家族生活也是一种社会生活,也可以纳入社会视野做出社会判断。关键是置身其外的社会生活与置身之内的社会生活给人的影响和感受是不一样的,因此做出评判的立场就会存在差异。一般而言,局外人相对客观、理性,当事人相对主观、感性。文学叙事是一种处理社会生活的特殊方式,但与人的一般认识规律仍然有相通之处。作为当事人,作者如何对待"我"的家庭、家族事件,"我"应该以什么样的姿态,与事件、与关系人保持什么样的时空、心理、情感距离,所有这一切都直接影响到叙事的状态和面貌。显然,作者在作品中选择了自己认为最合适的方式,这是一种能够让"我"理清人物、事件、情感、事理关系的方式。

  "我"是作者设定的第一人称叙述身份,但同时也是作品中有实际意义的一个人物存在,而且,"我"在故事、叙事中具有关键的作用。作品叙事的对象是包括"我"在内的一个家庭、家族过去、现在的经历和生活,其中并没有涉及这个家庭、家族以外更多的其他社会生活。作者不是按照这个家庭、家族生活的自然起始的顺序展开的,而是以家庭突然出现的变故——"我"的先生敬川"出事了"为缘起开始的。"我"本来是可以没故事的,退一万步说,即使是作家自己有丰富曲折的经历和故事,但在作品中往往予以嫁接、虚拟和转移。在《糖果儿》中,敬川是"我"的利益共同体、情感共同体、幸福共同体的关系人,敬川出事直接危及家庭、家族的稳定、幸福,打破了家庭情感状态的平衡,作为敬川最直接关系人的妻子"我",难以置身事外。在实际生活中,家庭主要成员毫无疑问是家庭故事的主角,在文学中,家庭的故事也不可能由其他人来演绎。"我"是事件的当事人,是在场的亲历者,理所当然地是故事的主角。更重要的是,没有"我"的存在,故事中的人物就可能没有了存在的依据。在作品中,作者没有改变"我"的作家身份,进一步拂去了"我"的虚构色彩,同时也赋予"我"叙事、抒情更大的空间。"我"是作家、妻子、母亲、女儿、媳妇,家庭的失重使"我"别无选择地处在前沿,既要承接原有的故事,又要继续新的故事,更重要的是抚平家庭的创伤,维系失衡的局面。此时,作家的身份于"我"并无太大的意义,"我"所履行的是一个妻子、母亲、女儿、媳妇的义务和责任,体现的是一个妻子、母

---

① 〔美〕勒内·韦勒克、奥斯汀·沃伦:《文学理论》,刘象愚等译,江苏教育出版社,2005年。

亲、女儿、媳妇的形象。作品是通过"我"的活动、追忆、补录把其他人物、活动、细节续接上的,如果说把作品的叙述置换成画面镜头,"我"绝对是重头。所以,作者虽然没有刻意塑造"我"的形象,但由于故事由"我"而来、由"我"承接,"我"的分量就大大加重了。同时,由于故事完全是由"我"道来,叙事的主观性、情感性就显得突出了。

敬川是作品故事的缘由。他是"我"的丈夫,一个官场中人。在作者叙述中,敬川是一位有才气、有个性、想干点事的官员,似乎是"出师未捷身先死",在其还在踌躇满志时不幸落马。正是敬川的落马导致了这个家庭一隅的陷落,对"我"的身心形成强烈的震撼和冲击,进而牵动了这家族,引出了关于"我"和敬川以及家族的背景和故事。其实,作品中关于敬川的文字并不是很多。但是,敬川是一个重要人物,他是牵动"我"以及与"我"相关人物情感的关键,也是牵动作品神经的关键。没有敬川,就不可能有作品中的故事,更不可能有"我"如此深情的倾诉和抒写。么么是"我"和敬川这个核心家庭的一员,作为父母的孩子,一个学生,阅历有限,她可能是天真的、稚嫩的,甚至是幼稚的。当家庭变故撞击着这个家庭的时候,"我"首先想到保护么么,避免让孩子受到伤害。然而,在这样的变故中,孩子表现出意外的成熟和坚强,成了即将崩溃的"我"的精神支柱。么么为什么能够成为一种依赖,这是一种叙事的需要,是一种精神的支撑。因为么么年轻,她没有承载这个家族沉重的历史,也没有形成上一代人的处世思维,她没有负担,能够冲破这场变故所形成的精神和心理困扰,她是"我"的希望,也是这个家庭和未来的希望。

至于相关的父亲、母亲、公公、婆婆,甚至爷爷、奶奶、外公、外婆,他们是故事的要素,是"我"叙事的符号,更是"我"抒情的载体。作者把作品中出现的人物严格限定在自己的家庭、家族范围,从而也就界定了这是一种纯粹的家庭叙事,尽管这个家庭是一个与社会存在着广泛而深刻联系的家庭,尽管敬川是一位"入世"的官场中人,有关他的经历和故事具有广泛的社会性,但是,这些都被作者剪切、过滤掉了,仅仅把"我"的家族中的人物"请"了出来。家族中有多少人物?家庭中有多少故事?我们是能够想象的。作者这样安排,原因在于每个家庭成员都是一个抒情的载体,能够满足作者抒情的需要。

三、作品形态:个人抒情与公共叙事

文学作品作为作家的创造性劳动,是一种个性化表达,某种意义上是一种个人叙事。但文学作品表达更多的是一种人类普遍的生活、共有的情感,文学作品最终要提供给社会,供人们阅读和消费,在此意义上,它又是一种公共叙事和公共产品。之所以把《糖果儿》当作个人叙事,是因为作品叙述的内容与作家紧密相连,或者说就是作家自己的生活内容。

《糖果儿》虽然没有曲折跌宕的故事情节,但作品蕴含着丰富深厚的思想和情感,甚至思想和情感胜过了故事和情节,这正是它的独特之处。作品的思想体现在对人生和家庭的思考上。作者漫过了开头设置的故事和线索,转入平缓而无节奏的叙述,把"我"爸爸、妈妈、公公、婆婆、爷爷、奶奶的一生一世历数一遍,作者的确切意图不是为了讲故事,而是在于考察他们的人生。譬如,爸爸一生革命,身居地方要职,坚定耿直,率直倔强,晚年孤独,对儿女的顺从妥协;妈妈的勤劳节俭、朴实无华,"她是个完全彻底的革命者,她的精力百分之八十给了工作,百分之十给了我父亲,剩下的百分之十才是孩子们共同拥有的";公公文臣是锦衣玉食之家的秀才,家道破落走投无路之际投靠其父母定下亲事的人家,生不得志,衣食无忧,无所用心,吃喝为乐;文臣的女人极其要强,一生为丈夫和儿女活着,"丈夫就是天,哪怕他只是一个象征,天塌不下来,她就拥有完整的世界,她是一个妻子和母亲";祖母裳是大地主家的女儿,"一生吃斋修行","目光里有万物生光,却唯独没有人","她最喜爱做两件事情,一件事情就是种树种花,一件事情就是吃斋念佛",活得清清爽爽、平静从容。虽然都是亲人,但每个人都有自己的经历和不同的人生态度,都以自己的方式度过了一生,每个人是每个人的活法,每个人都有每个人生活的道理。虽然在看似简单的人生中都存在着复杂性,但无论是逆境也好,顺境也好,都坦然面对,顽强走过,让生活酿出了甜蜜和诗意。人生多有挫折,家庭也并非都是阳光,但家庭是人生的基本憩息地,无论是人生的不测还是家庭的厄运,都不是人生之路中断、家庭生活崩溃的唯一理由。譬如对于"我"而言,敬川出事直接影响了家庭的生活秩序和稳定。如何应对这一变故,如何将生活进行下去,如何将家庭维持下去,就需要跳出事件之困,从伤痛中解脱出来,重新认识人生和生活,人生不可能永远沉浸于顺境,生活不可能永远充满阳光,厄运和伤痛只是生活中的一种状况,人生中充满着更多美好的东西值得人们去憧憬、去追寻。正是基于这样一种意念,作者转移线索和笔锋,进入对家族、对父辈历史的追寻,"我"的情绪得到沉淀,激动和愤懑逐渐冷却,并从中获得了理性的历史的审视,大而化之,伤痛总是可以抚平,活着并好好活着总是有意义的。

《糖果儿》最大的亮点是充沛和丰富的感情。毋庸置疑,"我"是挚爱着自己的家庭和亲人的,"我"的情感完全寄存在这个社会单元里,这个情感寄存地发生任何问题都会对"我"的心灵和精神形成强烈的震动和冲击,所以,敬川出事直接牵动了"我"感情平衡的砝码,致使我多年积存的情感迸发出来,敬川出事既是"我"情感迸发的契机,也是"我"抒发情感的载体。阅读作品,能够清晰地感觉到,与其说作品在叙事,不如说作品在抒情。作品中的"我"在抒亲人之情、家庭之情、伦理之情,"情"这种形态是贯穿作品字里行间始终的线索。"我"充满着对敬川的爱情。"敬川是个少年诗人,当年在大学生诗人里面还有点影响。""我和敬川十七八岁那年开始恋爱,二十一岁结婚至今,婚姻很美满,没有出现过大的情感故障。"虽然恋爱时两个家庭都反对,虽然"两人长达十几年不在一个城市生活",但彼此依恋着、喜欢着、欣赏着,男人的一半是女人,当然女人的一半是男人,彼此不可分离。虽然平淡如水,但敬川出事让"我"与敬川的一幕幕爱情与温存都浮现出来,是那样值得回味和珍视。幺幺是"我"和敬川的杰作,是"我"的宝贝,也是"我"困境中的精神依靠和情感寄托。爱孩子是所有母亲的天性,但"我"对女儿幺幺的喜爱达到了自恋的程度。"我"在"满地黄花的季节生出了一个女孩儿。她一天天长大,我总是带着炫耀的心情召唤我的朋友来看她。我说:看,我的女儿!我不怕他们或者她们骂我自恋狂,我不能吹嘘自己的小说写得好,但我完全有理由炫示我的女儿生得好。我的朋友们看了我的孩子,都由衷地赞叹,这活儿的确干得漂亮。……女儿是我生命中最大的奖项,我平生最好的作品"。所以,女儿的健康、女儿的成长、女儿的恋爱、女儿今后的一切都是一种卸不掉的牵挂,即使是敬川出事后嘱咐"我"的首要任务也是照护好女儿。"我"深爱着父亲,但对父亲也有一种深深的愧疚。"他退休之后就随最小的女儿去深圳了,我们借口那里的气候多么适合老人生活,不让他回老家来。……他最后几年在我们跟前完全软塌下去了,他什么都不要求,看我们的目光像羔羊一样。我明白他想干什么,可我根本不给他说的机会,武断地阻止他的表达。""爸喝了一辈子酒,一天抽三包烟。我总是吓唬他,不让他抽。我说抽烟喝酒会要了他的命。管了他一辈子的妈妈恳求我,让他少抽一点可以吗?我不答应。他怕我生气,真的就戒掉了。"经历了家庭的变故和伤痛,倍感亲情的重要和珍贵,但对于父亲,"我"施与的亲情是如此的稀少和欠缺,和"从我有记忆起,他就供着我零花钱"的父亲给予"我"的爱相比,相形见绌,让"我"深深地忏悔,这是终生的永远无法弥补的遗憾。作者正是沉入亲情的激流,让灵魂接受了一次透彻的洗礼。

作为女性作家,邵丽更擅长情感的描摹和抒发。所以,《糖果儿》与其说是一篇中篇小说,不如说是一部长篇叙事抒情散文。尽管我们说情感是文学的核心要素,但《糖果儿》中的情感因素超乎寻常的丰沛,字里行间都浸透着作者的情感、情绪,甚至我们从作品的结构中也能够看出端倪,作者根本没有按照时间、空间顺序和事件的来龙去脉进行叙事,而是基本按照情感流动的态势进行写作和表达,情感是基本线索,因此,作品的结构就显得平缓、疏散,没有叙事作品中那种故事情节的环环紧扣。作者"在现实和虚构之间自由往返,通过文字,把现实生活中的缺憾加以艺术化修复,把人生中的伤痛给予想象性抚慰"①。完全可以理解为,《糖果儿》是通过家庭、家族的经历对"我"的人生感悟的抒写,当然,这种人生感悟和个人抒情是可以与读者分享的。

原载《信阳师范学院学报》(哲学社会科学版)2014年第2期

---

① 付秀莹:《责编稿签》,《小说选刊》2012年第9期,第59页。

《玉碎》:你只有一种活法

鱼 禾

我一点也不想谈论邵丽摆弄散文的手艺。原因有三:相对于写作意图,手艺只是条件,而且不是最重要的条件;相对于其他文体,散文的独特性与手艺几乎无关;相对于琳琅满目的散文写作,邵丽似乎不屑于显摆手艺。

这一派大方文字意欲何为,也许才是读者关心的。

看过才会明白,"玉碎"并非孤注一掷的决绝,而是不较劲亦不撤离的人生态度:"拿起就拿得风生水起,放下则放得纹丝不动。"彻底的不紧张,前提当然是对生活的看穿。生活总是寻常,说不上多好,也说不上多坏,只是充满了意外和漏洞。人总是这样,起初"以为这一生可以有很多种活法",这条路不通还有另一条,以为看开就是逃避,宽容就是投降,总是握紧拳头去较劲。可是,那些意外和漏洞总会超出自己的势力范围,于是,人便懂得了松手。也许正是这种讲和态度,成就了邵丽散文特有的气质:绵里藏针、坦然自若的行文风格;气定神闲之间,隐含着大悲怆——那是属于"这一个",又不仅仅属于"这一个"的命运感,未经强调,却昭然若揭。

对命运的体认与间离,她使用的线索是"读"。读命运,与单纯地承受或抵制是不一样的。读命运,由于那一份置身事外的省察,常会令人感到疑虑重叠,甚至心力衰竭。这当然不能说是投降,因为"屈服"往往只是结局,不是选择。比如她曾在上下两代人之间竭力确认自己。她说,为了不成为他们,她在自己的周围扎了很多栅栏,可是后来才明白,她极力抵制的东西竟成为物质生活的大背景,跟上一代人几无界限。这时候其实无所谓选择,因为,与被时代裹挟的父辈一样,她已经无知无觉地从了。

散文的直见性情,对作者的诚意与表达品质都意味着更严苛的测验。相对于其他文体样式,散文似乎一向具有陈列或教诲的方便,仿佛写作者对于读者具有无需自证的导引资格。我见过太多导师般的写作姿态——不是理解、提供与汲取,而是"循循善诱",一如某些评论者习惯于降旨似的谈论自己看到的作品。如此这般的文字可能被人喜欢着,还可能被相当多的人喜欢着,但我固执地认为,一切旨意强烈又缺乏基本自觉的写作,都是对阅读的失敬。

好在还有这样的,她跟从感受,无意教诲。除非对付命题写作,她甚至不设置归纳式的主题,也不着意布局。一种魔术聚焦镜般的感受力,触须所至,芝麻开门。哥哥为她折叠的纸裙子、样板戏段落、布娃娃以及爱情……那些属于人生的珍藏,都是记忆对于感受力的应和,亦是在虚构作品中不曾彻底释放的生活。若干年后,先生从欧洲给她带回一件"温软的皮大衣"。热切的期待已经过去了,回顾那些碎玉零落的日子她才突然明白,自己"渴望的只是一种更加平常的生活"。一如记忆本身,文字呈现出截面似的断续,而少有因果相袭。我们若要追究是什么连缀了"纸裙子"和"皮大衣",那也只能说,是没有轻重分别的过程,是波澜不惊的"度过"本身,它给了一个人这么多——在布满漏洞的生存之中留下的一切,就是这么多。

这样的理所当然,使阅读变得松弛惬意,也使散文的独特性得到确认。虽然,对于一位以小说写作为职业的作家而言,这些文字更像是虚构作品溢出的部分,但是,如果我们承认任何形式的写作都不过是用以追究疑窦丛生的生活和险情密布的命运,那么,没有这样的溢出,一个人的写作也许就不可能真正地完成。也因此,不设置与不着意,反而应和了写作的初衷。

一切说出皆有前提。写作者必须尊重先于写作的存在,文字的里子才会扎实。生活没有题目,生活一如汪洋兀自奔涌,它包围着我们的立足点,远远大于我们的意图,大于我们的视野和判断阈限,而不是相反。与许多孜孜以求不同,邵丽似乎清晰地感觉到了某种仿佛无从觉察的"被安排"。我们都在岛上,勉强有立锥之地,不是不愿,而是没有空间可以汪洋恣肆。顺应而且感受,的确是被动的,但也是人面对生活唯一可能的态度。比如"突然喜欢起写作,与我的怀旧情绪有直接关系,而我的怀旧情绪好像是与生俱来的";比如在时光的雕刻之下,无知无觉地变成了"冷静的、会旁观和缄默的人"。一切看来都是寻常的,包括曾被妖魔化书写的官场,它也只是"庸常生活的一部分,既没有那么惊心动魄的戏剧性,更没有步步为营的玄机"。布满时光每一道缝隙的发生,几乎都是以细碎寻常的面目出现,不曾有过什么"大事件"。被动与绝望就隐含在这样的寻常之内。这么一种贯彻生命的大被动,是人之为人的极哀,亦是人之为人的天分,无从抗拒,也无需抗拒。邵丽说,这才是生命的悲剧意义之所在。

我一直觉得,散文结集是极难妥当的,要么四处用力,一派混乱,要么体系谨慎,煞有介事,通篇见不到几句人话。无论怎样,这种叫做散文的东西一旦连篇累牍,似乎总有哪里不合适。但邵丽就这么一路"读"下去,顺手一带,林林总总的篇什便有了个齐整的着落。在她看来,这些不值得过分着力。"方法并不是一部作品生命力的终极标准,尽管它特别重要。"

那么,什么才是重要的?

也许是诸如此类的自疑:"我们从来没有认真负责地清理过历史,而且是根本不想清理。这种'大意'是被习惯植入民族性之中,还是更有难言之隐?"

也许是"寻找",以及"找不到"。我们这一代人的人生是命运不连贯的人生,是被活活斩作几段的人生。因而她说,我们身上打满了思想的补丁,极力去寻找自己真正的信仰,却发现"我们只是搭建了一个神龛,而没有找到神"。

心怀疑问的邵丽像她喜欢的那个"不一样"的蔡琴,没有大喜大悲大起大落的癫狂表情,依然是平常心性,没事儿人似的,神经大条得让人吃惊。她令我更确信,滋养充分的早年对人生确有无上的好。我是不信什么苦难可以成就人之类的鬼话的。苦难未必不能成就人,但苦难首先是对人的损耗或戕害,尤其是人生早年的苦难,如果太过度,简直会把一个人全部的热气都抽掉。而她不热也不冷,差不多是恒温的。

读邵丽,会觉得人有充分的理由活得物质一些、扎实一些,完全没有必要对命运助纣为虐,信了许多虚头巴脑的说法,把自己硬生生往墙角逼。没错儿,生活一如既往,依然布满意外和漏洞,但是,如果你有一个坚韧明白的自己,什么都不可能俘获你。不是吗?诗书画、烟酒茶、一段戏、一座城……如果你克化得了,所遇皆为营养。

原载《文艺报》2013 年 12 月 20 日

作品年表

邵丽作品年表

1999 年

《碎花地毯》,《热风》1999 年第 12 期。

2000 年

《起风的日子》,《热风》2000 年第 3 期。

《迷失的家园:外一篇》,《中国西部文学》2000 年第 3 期。

《你能走多远》,《莽原》2000 年第 5 期。

《故园中的现代女人》,《中国作家》2000 年第 7 期。

《礼拜六的快行列车》,《雨花》2000 年第 11 期。

《新时期的头疼》,《小说选刊》2000 年第 12 期。

《你能走多远》,中国文联出版社,2000 年。

2001 年

《国家干部陈同》,《小说林》2001 年第 2 期。

《安子的拳头》,《莽原》2001 年第 3 期。

《玉株》,《青年文学》2001 年第 12 期。

2002 年

《寂寞的汤丹》,《中国作家》2002 年第 3 期。

《迷离》,《青年文学》2002 年第 10 期。

《王跃进的生活质量问题》,《当代·中篇小说专号》(2002 年增刊)。

2003 年

《人在江湖》,《清明》2003 年第 5 期。

《生活痕迹》,《中国作家》2003 年第 6 期。

《袜子里装满错误》,《小说月报》2003 年第 6 期。

《碎花地毯 邵丽中短篇小说自选集》,大众文艺出版社,2003 年。

2004 年

《戏台》,《青年文学》2004 年第 3 期。

《明惠的圣诞》,《十月》2004 年第 6 期。

《我的生活质量》,《协商论坛》2004 年第 6 期～2005 年第 5 期连载,2004 年 11 期及 2005 年 1～2 期无。

《我的生活质量》,人民文学出版社,2004 年。

《腾空的屋子》,中国文联出版社,2004 年。

2006 年

《水星与凰》,《花城》2006 年第 4 期。

2007 年

《马兰花的等待》,《人民文学》2007 年第 2 期。

《人民政府爱人民》,《当代》2007 年第 5 期。

2008 年

《来信五篇》,《小说选刊》2008 年第 1 期。

《短篇三章》(短篇小说),《文学界》(专辑版)2008 年第 3 期。

《自己说》,《文学界》(专辑版)2008 年第 3 期。

姜广平、邵丽:《"当作家真是太难了"》,《文学界》(专辑版)2008 年第 3 期。

《逛庙会记》,《人民文学》2008 年第 12 期。

《我看淅川》,《散文选刊》2008 年第 12 期。

《燃情岁月:漯河》,中国青年出版社,2008 年。

2009 年

《我与楚国的不解之缘》,《长江文艺》2009 年第 2 期。

《无语淅川》(散文),《朔方》2009 年第 3 期。

《四月去安阳》,《人民文学》2009 年第 6 期。

蒋元明、崔道怡、刘希全、邵丽、葛水平、王剑冰:《红旗渠行》,《人民文学》2009 年第 6 期。

2010 年

《在远方》,《中华读书报》2010 年 9 月 15 日。
《细软》,河南文艺出版社,2010 年。

2011 年

《河边的钟子》,《作家》2011 年第 1 期。
《水一直流》,《漯河日报》2011 年 1 月 11 日。
《诗歌》,《漯河日报》2011 年 1 月 18 日。
《心愿》(组诗),《北京文学》(精彩阅读)2011 年第 2 期。
《请别让我哭泣》(诗歌),《漯河日报》2011 年 5 月 31 日。
《消防战士壮丽的青春颂歌——读长篇小说〈我是消防兵〉》,《漯河日报》2011 年 7 月 22 日。
《城外的小秋》,《十月》2011 年第 5 期。
《挂职笔记》,《人民文学》2011 年第 8 期。
《我与扬州的那些事》,《人民文学》2011 年第 11 期。
《老革命周春江》,《山花》2011 年第 11 期。
王巨才、叶延滨、徐坤、李琦、邵丽、朱文颖:《扬州行》,《人民文学》2011 年第 11 期。
《刘万福案件》,《人民文学》2011 年第 12 期。

2012 年

《"茅台"是一种酒》,《人民文学》2012 年第 1 期。
《倾斜的姿态》,《小说选刊》2012 年第 1 期。
《父亲节的结》,《齐鲁石化报》2012 年 6 月 18 日。
《看茶》,《河南日报》2012 年 6 月 19 日。
《离现实近一点还是远一点》,《文艺报》2012 年 7 月 25 日。
《糖果儿》,《作家》2012 年第 15 期。
《亲爱的,好大的雪(外一篇)》,《山花》2012 年第 17 期。
《三代人》,《羊城晚报》2012 年 9 月 25 日。
《阴阳虚》,《人民文学》2012 年第 10 期。
《寂寞的汤丹》,春风文艺出版社,2012 年。
《北去的河》,《东京文学》2012 年第 11 期。

2013 年

《我们的汽车》,《作家》2013 年第 1 期。

《关于蛇年的记忆及其他》,《天津日报》2013 年 2 月 21 日。

《三月的蔡琴》,《河南日报》2013 年 3 月 15 日。

《阅读一个不动声色的城市》,《语文教学与研究》2013 年第 12 期。

《我的生存质量》,人民文学出版社,2013 年。

《敬川出事之后》,《羊城晚报》2013 年 6 月 8 日。

《有时候需要抹去自己》,《羊城晚报》2013 年 6 月 9 日。

《饥饿的童年》,《羊城晚报》2013 年 6 月 10 日。

《不能平和看待敬川的遭际——繁华过后的人生追问》,《羊城晚报》2013 年 6 月 14 日。

《谈话无果而终》,《羊城晚报》2013 年 6 月 16 日。

《玉碎 邵丽散文随笔集》,河南文艺出版社,2013 年。

《迷离 邵丽中短篇小说集》,河南文艺出版社,2013 年。

《她说》,河南文艺出版社,2013 年。

《小舅舅死了》,《北京文学》(精彩阅读)2013 年第 11 期。

《短章(节选)》,《诗刊》2013 年第 21 期。

《失落的岂止是文明》,《光明日报》2013 年 11 月 29 日。

2014 年

《生气的成本》,《新一代》2014 年第 2 期。

《第四十圈》,《人民文学》2014 年第 2 期。

《赤足踏在田埂上》,《芒种》2014 年第 3 期。

《老茶》,《芒种》2014 年第 9 期。

《无言以对》,《文艺报》2014 年 3 月 12 日。

《诗歌里的母亲——写在母亲节之际》,《光明日报》2014 年 5 月 9 日。

《回归泥土》,《滨海时报》2014 年 5 月 26 日。

《继承与颠覆》,《决策》2014 年第 6 期。

研究资料索引

邵丽研究资料索引

报纸期刊文章

周玉宁:《爱的需要的缺憾》,《作品与争鸣》2003年第3期。
王山:《错位的灰暗与诉说的模糊》,《作品与争鸣》2003年第3期。
张云峰:《巨大时间背景下的渺小人生——评〈王跃进的生活质量问题〉》,中国作家协会创研部编选:《看着我的眼睛》,时代文艺出版社,2003年。
张艳梅:《一个或所有问题——评〈王跃进的生活质量问题〉》,中国作家协会创研部编选:《看着我的眼睛》,时代文艺出版社,2003年。
奚同发:《让文学滋润生活——访当代文学奖得主邵丽》,《文学报》2003年4月10日。
《邵丽的"创作质量"问题》,《大河报》2004年1月15日。
孟繁华:《文化记忆、遗忘与绝望的自我救赎——评邵丽的长篇小说〈我的生活质量〉》,《中华合作时报》2004年3月17日。
王干:《以人为本的小说》,《河南日报》2004年3月25日。
李敬泽:《注定不高的生活质量》,《全国新书目》2004年第4期。
脚印:《〈我的生活质量〉有多重要?》,《书摘》2004年第6期。
何镇邦:《〈我的生活质量〉的特色与魅力》,《文学报》2004年6月3日。
孟繁华:《重新发现的乡村历史——本世纪初长篇小说中乡村文化的多重性》,《文艺研究》2004年第4期。
郭富收:《邵丽:火箭式步入文坛》,《文化时报》2005年1月7日。
刘先琴:《生活质量取决于自我感受——访作家邵丽》,《中华读书报》2005年7月13日。
孟繁华:《"到城里去"和"底层写作"》,《文艺争鸣》2007年第6期。
张体义:《文学成就我的梦想》,《大河报》2007年10月27日。
陈茁:《文学,用阳光丰富我们的生活——访第四届鲁迅文学奖获得者邵丽》,《河南日报》2007年10月30日。
何弘:《因为理解 所以悲悯》,《文艺报》2007年11月13日。
何飞跃:《我对〈人民政府爱人民〉的一点看法》,《小说选刊》2008年第

1期。

  杨静:《是耶？非耶？化为蝴蝶》,《牡丹》2008年第3期。

  王衡:《个人奋斗在都市梦魇中幻灭——浅析〈明惠的圣诞〉中明惠的人生悲剧》,《渭南师范学院学报》2008年第4期。

  樊洛平:《悲悯情怀下的现实触痛与人性观照》,《名作欣赏》2008年第5期。

  魏红珊:《农民进城与身份缺失——以罗伟章、夏天敏、邵丽的作品为例》,《中国社会科学院研究生院学报》2008年第6期。

  徐茜:《"人民政府"与"人民"——读〈人民政府爱人民〉》,《名作欣赏》2008年第13期。

  李闰月:《从〈无雨之城〉和〈我的生活质量〉的延展与新变——看世纪之交女性作家官场小说的另一叙事策略》,《现代语文》(文学研究版)2008年第10期。

  周文慧:《身份认同的尴尬与缺失——评邵丽的〈明惠的圣诞〉》,《名作欣赏》2008年第15期。

  刘宏志:《从"小情感"到"大叙事"——对邵丽小说创作轨迹的一种考察》,《平顶山学院学报》2009年第6期。

  任动:《邵丽小说的叙事策略》,《新闻爱好者》2010年第2期。

  梁波:《新时期以来"城乡关系"书写的嬗变:〈哦,香雪〉、〈九月还乡〉和〈明惠的圣诞〉的并置解读》,《当代文坛》2010年第6期。

  林瑜洁:《现代都市模式背后快与慢的对立统一——评〈礼拜六的快行列车〉》,《现代语文》(文学研究版)2010年第3期。

  单占生:《一个人的爱情诗——读邵丽的诗集〈细软〉》,《文艺报》2010年11月5日。

  任动:《"底层文学"创作病象的超越——论〈明惠的圣诞〉的多层意蕴》,《名作欣赏》2011年第6期。

  廖华歌:《一首美妙的诗使人热泪盈眶——读邵丽诗集〈细软〉》,《躬耕》2011年第4期。

  崔晓艾:《迷失与救赎——邵丽小说〈木兰的城〉女性意识评析》,《新闻爱好者》2011年第8期。

  李勇:《"深究"是文学的权利和个性》,《文艺报》2011年7月22日。

  任动:《刘庆邦与邵丽小说的互文性》,《中州大学学报》2011年第5期。

  刘海燕:《河南青年女作家论》,《小说评论》2012年第2期。

  吴思颖:《新时期小说研究:透视〈刘万福案件〉的时代文学之美》,《华人时刊》（下旬刊）2012年第5期。

段蕴恒：《深秋的寒意与生命的坚忍》，《当代小说》2012年第12期。

刘海燕：《以不同的目光面对第一手现实》，《文艺报》2012年7月25日。

刘宏志：《小说中的"轻"与"重"——以邵丽的挂职系列小说为例》，《山花》2012年第17期。

王海燕：《互为镜像的官场文化与知识分子文化——〈挂职笔记〉导读》，《语文教学与研究》2012年第32期。

苗梅玲：《在云之上，以及其他——邵丽访谈》，《东京文学》2012年第11期。

孟繁华：《世风世相、女性与家国——评邵丽的小说创作》，《中国作家》2013年第6期。

奚同发：《邵丽：我只是一个出演者》，《河南工人日报》2013年7月1日。

吴丽艳：《纠结、矛盾与无奈——邵丽小说的女性情感、心理和命运》，《芒种》2013年第13期。

马治卫：《邵丽：用笔弘扬真善美》，《周口晚报》2013年7月22日。

马治卫：《邵丽：获得鲁迅文学奖的女作家》，《周口晚报》2013年8月8日。

徐明亚：《明惠之殇——评邵丽的〈明惠的圣诞〉》，《安徽文学》（下半月）2013年第11期。

鱼禾：《〈玉碎〉：你只有一种活法》，《文艺报》2013年12月20日。

崔晓艾：《基于底层女性的生存质询——评邵丽小说〈明惠的圣诞〉》，《平顶山学院学报》2013年第6期。

吴圣刚：《生活体验与文学叙事的距离——关于〈糖果儿〉文本的解析》，《信阳师范学院学报》（哲学社会科学版）2014年第2期。

吕东亮：《寻找表述生命存在的方式——论邵丽的小说创作》，《信阳师范学院学报》（哲学社会科学版）2014年第2期。

李云雷：《在荆棘里发现花朵》，《文艺报》2014年3月12日。

周其伦：《在悲悯中负重前行：评邵丽的中篇新作〈第四十圈〉》，《时代报告》2014年第4期。

吕东亮：《"总体性"的探求——论邵丽的〈第四十圈〉》，《周口师范学院学报》2014年第4期。

孔会侠：《不搭界的"瓜葛"及其后——评邵丽中篇小说〈刘万福案件〉》，《周口师范学院学报》2014年第4期。

张苏芹：《身份、情感、文化的重构——论邵丽小说中的女性意识》，《周口师范学院学报》2014年第4期。

乔叶研究

自述·访谈

我的文学自传

乔 叶

  2001年2月,我被调进了河南省文学院当专业作家。不仅作家,而且专业——这个称谓让我在很长时间里都有些惶惶不安。国家体制替我把我作家的身份确定了下来,让别人可以由此将我名正言顺地归类,可我自己始终是怀疑的。作,家,这两个字过于煞有介事,响亮得似乎有些无耻。与此相比,我更愿意称自己为作者。作,者,者的音节是那么轻微,说出来舒服多了。如果说作家这个词是西装革履的白领,作者这个词就是穿着休闲服的街头散人,我更喜欢这样。

  履历表上的时段显示,我的写作应该是从1993年开始。因为那一年开始发表作品。其实或许更早,因为在这之前的阅读和练笔都是引桥,可以称之为潜性创作。当然或许更晚——即使开始发表作品,也离真正的创作还有很长一段距离。但无论如何,1993年是值得记忆的。当时我在乡下教书,生活宁静、黯淡,没有合适的男人可以谈恋爱,只有大把的时间等待打发。于是就像无数的文学青年一样,开始写诗和散文。全都是有些自恋又强装理性的那种,外老里嫩,半生不熟。那一年,诗歌在《诗刊》上发表,散文在《中国青年报》上发表。散文的反响比较强烈。读者来信和编辑约稿纷至沓来。1994年,我在几十种社会期刊上发表了大量散文,其中很多篇什被《读者》和《青年文摘》这些发行量数百万的文摘杂志频频转载,还被时尚杂志《女友》评为"十佳青春美文作家",《文学报》也进行了相关的报道。再接着就是开专栏,出书……忙忙碌碌,兴兴头头,虽然是野路子出来,却也颇有些少年得志。直至2001年,我共出版了七本散文集。靠着散文,我成为了所谓的专业作家,并且获得了首届河南省文学奖。

  不到三十岁,出了七本散文集,有多少真实的东西可写呢?很多都是虚构的故事,别人问起,就堂而皇之地说是艺术的真实。社会期刊的容量有限。故事很短,最长的也不过三千字。写着写着,就觉得散文已经不能满足了,可又不知道该怎么把散文盛放不下的东西给倾倒出来。1997年夏季的一个下午,刚刚下过雨,我突然特别想不限篇幅地写个故事。很快就写完了,心想这回是小说吧?于是两眼一抹黑,自由投稿给了《十月》。两个月后,收到编辑的回信,说用了。那个短篇发表在《十月》1998年第1期,名字叫《一个下午的延伸》。

小说的种子从此就种了下来,但人没有在小说面前停住,仍旧被散文推着往前走。亦知道再往前走也不过如此,可热络的编作关系、边角料的时间、轻车熟路的生产流程……都滋养着我的惯性。直至 2001 年进入河南省文学院。专业作家不用坐班,以下岗的状态拿着上岗的薪水。一霎时,我自由得都有些手足无措。

同事们见面的主要由头就是开作品研讨会。每有新著出来,大家都要聚在一起拳打脚踢一番,为之活血按摩。决不客气,决不走过场。所有的研讨会里,小说的研讨会最多。张一弓、李佩甫、张宇、杨东明、李洱、墨白……都是河南小说的中坚力量。听得多了,时间也有了,我终于决定开始正式写小说。2001 年 5 月到 12 月,我写了第一部长篇《守口如瓶》。写的是妓女。刚写时雄心万丈,写完了就后怕,半年后才拿出来给人看。2002 年 10 月接到《中国作家》的电话,才算松了一口气。之后就是修改,等发排,再然后是 2003 年的"非典"。等见到杂志,已经是 2003 年 10 月了。接着就是长江文艺出版的单行本。其实我很喜欢《守口如瓶》这个名字,但编辑说图书不同于刊物,要向读者打开。于是就按人家说的,打开,打开后的名字就变成了《我是真的热爱你》。现在看来,对我这种没有任何小说技术训练的人来说,这部长篇就是一种冒险。跟跟跄跄,冒冒失失,虽然安全着陆,但必定会因为无知而留下致命的遗憾。不过,对于这种冒险,我不后悔。一,后悔无用;二,这部长篇的创作经历让我从另一个角度触摸到了小说。明白了小说原来是这样,原来是那样,原来可以这样,也可以那样。

2004 年上半年,我在北京鲁迅文学院第三届高级研讨班学习。诗歌组散文组都很亲,但我报的是小说组,导师是青年评论家李敬泽。在一次小课里,他和我们探讨了一个主题:小说的可能性。谈到现在小说写作的一些问题的时候,他有几句话,大意说是要破执着,破幻觉,要面对本心、白心和素心;破挡住我们眼前的东西,要真正地站在泥潭里,去感受问题、提出问题,要扎扎实实地面对心灵的疑难,一刀一斧地去面对。也许这些话并不新鲜,但我突然感觉到,这正是我的真病。那次小课之后,我写了一个中篇,名字叫《紫蔷薇影楼》。写的还是妓女,是一个妓女洗手回乡之后和以前的嫖客邂逅的事情。我知道有人写过这种题材,但我也知道自己不会同他们写的一样。这次,我真切地找到了她的软,她的痛,她回归正常生活之后的坚定和清晰、暧昧和恍惚。我能够更贴近她这个人本身,而不是一个妓女的概念。我以我的本心感受她的本心,误差较少地传染到了她的温度。这篇小说发表在《人民文学》2004 年第 11 期,被几家刊物选载。

散文是漫天生长的草。草坪,草地,草原……草毕竟还是草。好小说是打进大地心脏的利器,能掘出一个个洞来。功力有多深,就能掘多深。我渴望自己能写出的好小说,就是这样。最好能深到看见百米千米地层下的河流、矿藏和岩浆。

写完本期《十月》的几个小说之后,我发现我写的几乎都是人与人单独相对的状态。我确实也恐惧写人多的大场面,总觉得一个人和另一个人在单独相对的背景下才有更多的东西好说。此时的话语和心情也才具有相对浓厚的质量。而这时的两颗心无论是靠拢还是疏远,都更能听到最微妙的声音。这时的心,也更容易疯狂。我深信:在我身边滚滚而过的人流里,暗暗蕴藏着太多这样的疯狂。无论这疯狂是曲折温婉,还是尖锐残酷。

不知道会写到什么时候,也不知道还会写些什么。我知道的只是,只要有可能,总还要写下去的。总还是要写小说的。从1997年夏季那个雨后下午开始,小说就融在生命里和我一起延伸,再延伸。

原载《十月》2005年第2期

小说是一个广袤的世界[1]

乔 叶

能够获得"华语文学传媒大奖·二〇〇六年度最具潜力新人奖",我非常惊喜。对于华语文学传媒大奖本身,我一直心怀敬意。它因评奖过程的透明而在最大程度上显示了诚实和公正。现在,以获奖者的身份站在这里,对华语文学传媒大奖表达由来已久的敬意,我内心的喜悦无法形容。同时,获得这个奖项,也使我感到非常惭愧。这个奖项的历届得主和获得这个奖项提名的许多作家都很优秀,能够获奖,我只能说自己非常幸运。我知道自己已不算年轻,写得不够多,也不够好。与其说我的小说创作刚刚起步,不如说还没有正式开始。某种意义上讲,我觉得自己是一个一直在打草稿的学生。不过,我想,可能这正是评委们愿意把这个奖项——最具潜力新人奖——赋予我的原因之一,也许他们从我拙劣的草稿中发现了一些成长的可能性。这就是所谓的潜力。从这个层面上,最具潜力新人奖是对我莫大的肯定和鼓励。我非常珍视这种肯定和鼓励,它将成为我继续努力下去的长久的理由和动力。

潜力,是一种隐藏的力。我知道自己有一种隐藏的力量,也常常能够感觉到这种力量的存在,就像地下的河流或者岩浆。但这种力量究竟在哪里睡眠,在哪里流浪,又在哪里做游戏,我不知道。我知道的只是,我会追赶这种力量,也会被这种力量追赶,我会和这种力量交替领跑,直到这种力量冲出地面,冲出我的内心。那一刻,我相信,我会感到非常愉快和幸福。

小说是一个广袤的世界。这个世界,对我来说是博大而新鲜的。在写小说之前,我曾写过多年哲理小散文,获得了不少肯定和鼓励,用读者的话说:"歌颂真善美,深刻又天真。"进入小说创作之后,一些读者认为我堕落了。对此,我感到很遗憾,也觉得很欣慰。如果这是堕落,我愿意让自己继续堕落下去。由一种小哲理,进入一种大哲理。由一种小的真善美,进入一种更丰富更缤纷更宽广的大的真善美。我想,没有比这更让我满意和沉醉的堕落了。

小说是一个广袤的世界。比小说更广袤的是世道人心。对待具体的生活内容我常常是弱智的,但小说却让我趋向坚定、平静、清晰和从容。我常常感觉

---

[1] 编者注:乔叶在第五届华语文学传媒大奖评比中获"二〇〇六年度最具潜力新人奖",本文为乔叶 2007 年 4 月 7 日在颁奖典礼上的获奖演说。

自己是一个发现奇迹的孩子,左采一把花,右摘一颗枣。天苍苍,野茫茫,风吹草低见牛羊——不仅有牛羊,还有骆驼、大象、老虎、豹子、松鼠和蛇。它就像是个野生动物园,有着各种各样的声音和气息。我看也看不过来,写也写不过来,只好东一榔头西一棒,边看,边学,边想,边写。我相信,只要好好学习,即使不能够天天向上,也可以月月向上,或者年年向上。当然,向下也可以。只要向下的力量够强,深度够大,那么向下也是另一种意义的向上。

小说是一个广袤的世界。拿了奖,就像到了一个加油站。下面的事情依然是在漫长的路上,继续走。我很喜欢奥地利小说家布洛赫说过的一句话,他说:小说只有发现小说才能发现的真理,这才是小说唯一的道德。从这个意义上讲,我希望自己能成为一个具有小说道德的小说家。通过小说,更清晰地认识自己,认识他人,认识黑暗,也认识光明,同时也认识自己与他人、黑暗与光明之间的辽阔地带。我希望自己能成为一个诚实的写作者,一个心灵富有责任的写作者,一个有信念的写作者,同时也是一个不断拥有新的可能性的写作者——也许这只是所有写作者应该具有的基本要素,但是因为粗暴和浮躁,我发现这些基本要素已经成为很高的要求。我希望自己能够做到以上这些。我会用这个奖项来提醒和激励自己去做到这些。

感谢生活,感谢文学,感谢读者,感谢主办方,感谢评委,感谢所有厚爱我的人。另外,作为河南文学传统的一分子,我还要特别感谢河南文学界的诸多前辈给予我的深情扶持和殷殷教诲。

谢谢大家!

附授奖辞:

乔叶眼光敏锐、心事洞明。她的小说,有着精微的叙事,细腻的感情,富有说服力的心灵轨迹,以及对于当下生活的锐利分析。她善于解读现代人灵魂深处的隐痛,并能为其中的每一次转折找到合理的出口。她的语言针脚准确而绵密,她对人情世事的省察饱含善意,但有时下手也毫不容情。她单纯,而不失对复杂经验的好奇;她热情,同时也保持着一种超然的冷静。她发表于二〇〇六年度的《打火机》、《锈锄头》等作品,以物象透视人心,以人心世界所潜藏的无穷可能性,向我们重申了生活中那些可靠的真理。乔叶的精神疆界或许还需扩大,但她直面人生疑难的勇气,已经为她今后的写作奠定了方向和路基。

原载《当代作家评论》2007年第3期

文学,我相信

乔 叶

文学让我看到了一个越来越广袤的世界,也在这个广袤的世界里走得越来越深入,越来越沉醉。可以说,她已经深刻地改变了我的精神命运,重塑了我的灵魂品质。甚至可以说,现在,文学已经成为了我的信仰。我是她的信徒。

最近这些年,随着市场经济的不断发展,对现实物质利益的追求成了很多人的生存目的,财富的多寡成为衡量一个人成功与否的唯一尺度。相比之下,精神需求问题也越来越凸显,越来越成为一件我们必须面对的重要事情。现代人的生活被电视、网络、报纸、手机等媒体工具变得越来越公共,很多人信息公共、经验公共、娱乐方式公共,甚至思维方式也公共,在这种公共的前提下,大众化、庸俗化和低端化的精神消费方式趋之者众。这当然很可怕。而文学的存在对于这种状况的改变,则有着深远的意义。

表面看起来,和上世纪80年代相比,文学的功能似乎越来越萎缩。在接受媒体采访的时候,经常会有记者问:怎么看待文学边缘化?我说:边缘化是好听的词,不好听的就是没人理了,没落了,不被人关注了。但是,文学的意义从来就不同于中央电视台的焦点访谈,也不同于湖南卫视的超女选秀,文学边缘化本来就很正常。她从来都不是喧嚣澎湃转瞬即逝的波浪,而是波浪下面深沉久远的河床。我们人类那些最基本也最宝贵的情感,那些灵魂深处最黑暗也最顽固的困惑,那些最丰富也最纯净的理想……都是这个河床里的珠宝。文学表达着对世界、对生活的个别的、殊异的感觉和看法,否认和抵抗着生命的单调和浅薄,让我们感受到人心和人性的丰富、柔软和多样,从而体验到更有意味的人生。在文学的世界里,我们可以最大程度地超越时间的局限,让自己活着的时候,人生更为清晰、睿智和辽阔;身体死去的时候,心灵里的人生更为长久。至于边缘化的问题,我想借用阿来的话表达,他说:"我最不喜欢听到的一句话就是,文学已经边缘化了。"对一个优秀的作家来讲,写作就是中心。世界上所有一切东西,不就是为写作而准备的素材吗?你不是像上帝一样正在构建一个自己的世界吗?那种始终想到中心去的迫切愿望,其实强烈地传达了我们对所从事的职业、对所从事的职业的价值缺乏一种起码的自信。

在这个很多行业和领域都号召着要"更快、更高、更强"的时代,文学也许确实很难让很多写作者去自信。因为她是一项慢工出细活但又不能立竿见影获得经济效益的精神事业。她是慢的,慢得像银杏的生长;她是低的,低得像广袤的大地;她也是软的,软得像清水和阳光。但正因这慢,我们得以饱满和从容。正因这低,我们得以丰饶和深沉。而有关幸福本质的东西,从来都与这些慢、低和软有关。也因此,现在,我可以非常坦诚也非常骄傲地说:无论是站在一个专业作家对自己职业的立场,还是站在一个信徒对她所热爱的宗教的立场,我对文学都充满了纯净的相信。我相信她的意义,相信她的价值。我相信:在时光的长河中,文学不仅是沉淀着人性丰硕珠宝的河床,更是守护着人们精神河流的强韧堤岸,甚至在某种意义上,她就是奔腾流动的河水本身,无声无息地滋润着河岸边的无数心灵良田。我相信:只要有人在,文学就会在。人类存在多久,文学的生命力就会有多久。她就是我们非物质的柴米油盐酱醋茶,是我们心中一团永远不会熄灭的火焰。她的燃料永远是人们的心,她照耀和温暖的,也永远是人们的心。

　　基于这样的态度和立场,我所创作的作品便始终朝着一个方向努力,那就是人性和人心。在小说《打火机》中,我试图探究人们心灵深处的无名顽疾。在小说《失语症》中,我试图触摸官场深处的人性病灶。在小说《解决》中,我试图呈现我所知晓的乡村密码。在小说《轮椅》中,我试图接近残疾人从身到心的痛楚煎熬。而在小说《最慢的是活着》中,我试图表达人类精神承传的绵绵深情……我尽力去感知他人,抵达他人,尽力让他人成为一个个我,我也成为一个个他人,我尽力在我的文学世界中表达出尽可能丰富的道德图景和尽可能多彩的精神风貌,期望人们能从中得到火焰般的理解、悲悯和安慰。而在创作这些作品中,我遵循的第一规范就是两个字:诚实。具体地说,就是心灵的诚实。我把这个视为我文学的第一道德。当然,我非常清楚我的所见、所知、所思、所感都是有限的,但有不自欺欺人的诚实做前提,我就有勇气把自己的作品放在读者面前。"说真话,掏出自己的心",这是巴金老人的座右铭,也是我的。我相信,在文学面前,这就是我对自己最好的道德要求。只有先做到这个,我才有可能不负文学。

　　缺乏信仰的时代,信仰是珍贵的,有信仰的人才是幸福的;物欲丰盛的时代,精神是珍贵的,有精神依靠的人才是幸福的。在这样一个大变革的时代,在这样一个越来越市场化的时代,在这样一个物质的声音越来越响亮的时代,我一直认为:文学,作为人们精神生活的一个重要领域,是可以而且应该在和谐社会的构建中大有作为的。正如作家李佩甫所言:"文学是民族精神的凝固剂,是民族灵魂的铸造剂,是民族精神语言的标尺,是社会方式的先导,是人类的精神之药。"从更广泛的意义上讲,无论是社会的和谐,还是人与自然的和谐,甚或是人的自我和谐,归根到底离不开对健康饱满的精神生活的建设。而健康饱满的精神生活的建设,离不开也不可能离开文学。那么,在这样一个建设过程中,作为一个文学工作者,怎么才能够更好地发挥自己的作用呢?我认为只需要做到一点:创作出更好更多的文学作品。怎样才能创造出更多更好的文学作品呢?仅有才华是不够的,再加上诚实的文学道德也还是不够的。69年前,毛泽东同志《在延安文艺座谈会上的讲话》中的很多话语我重新读来,仍然觉得精准和适用。他说:"人民生活中本来存在着文学艺术原料的矿藏,这是自然形态的东西,是粗糙的东西,但也是最生动、最丰富、最基本的东西……它们是一切文学艺术的取之不尽、用之不竭的唯一的源泉。这是唯一的源泉,因为只能有这样的源泉,此外不能有第二个源泉……有出息的文学家艺术家,必须到群众中去……到唯一的最广大最丰富的源泉中去,观察、体验、研究、分析一切人,一切阶级,一切群众,一切生动的生活形式和斗争形式,一切文学和艺术的原始材料,然后才有可能进入创作过程。"

  作为一个正在成长的青年作家,我想这就是我应该秉承的最基本的创作态度。只有在这个态度的前提下,才有可能创作出更多更好的文学作品。在今后的创作中,我一定会戒骄戒躁,沉静安定,全力以赴地深入历史,深入现实,深入到人民中,去积极采挖时代怀抱里的富矿,去探索去领会生活赋予我的一切,认真向杰出的文学前辈们学习,向所有先进的文化学习,坚守高质量的文学品格,尽我所能创作出越来越多的文学精品,为构建和谐社会作出自己应有的努力和贡献。

  也愿以此和诸多青年作家们共勉。

原载《文艺报》2011 年 6 月 1 日

沙砾或小蟹
——创作杂谈

乔 叶

一、第一部短篇小说

《一个下午的延伸》是我的第一部短篇小说,写它时我还在县里工作。县是修武县,单位是县委宣传部新闻科。我1994年从乡下上调进来,一进来科长就教育我说:"脚板子底下出新闻。"于是我整天忙着出去采新闻。可是一个县就只有那么大点儿地方,有多少有价值的新闻可写呢?多余的能量无处释放,我就写小散文——现在看来,小是真的,散文不散文的倒不确定。众所周知,散文的金科玉律是不能虚构,可那时候我也就二十出头,正是热爱虚构的年龄。于是我一起手写散文就开始在散文里写故事,而且有很多不是真实的故事,是虚构的故事。我那时太年轻,不知道这是散文行当的大忌,不过幸好我也没有准备在纯文学刊物发东西,能接纳我的都是一些发行量巨大的社会期刊,以某些标准看,他们不懂文学——至今还有小小说之类的杂志会把我那些旧作重新拎出来转载发表,我看了不禁汗颜,同时也颔首:还真是的,还真是很像小小说呢。

都是些什么故事呢?想来也无非就是类似于《一块砖和幸福》那种范式的:一对夫妻因为一件很小的事情离了婚,吃完了离婚饭,从饭店出来,路过一片水洼,女人过不去,男人捡起一块砖头给女人垫在了脚下,女人走一步,男人就垫一步,走着垫着,两个人便都意识到了彼此的错误:"一块砖,垫在脚下,不要敲到头上。有时候,幸福就是这么简单。"

那时候,我的故事也就是这么简单。"一个故事引出一个哲理。"许多评论家都这么说我那时候的散文或者说是美文写作,也就是说,二十出头的我是通过讲故事来总结所谓的哲理的。那时候每当接到陌生的读者来电或者来信,对我的称呼都是"阿姨"或者"老师",可见我多么少年老成,过早沧桑。

就这样,那时候,我挂着散文的"羊头",卖着不伦不类的"狗肉",居然也颇受欢迎。不过社会期刊的版面尺寸都有定规,所以我的故事都很短,最长的也不过三千字。写着写着,就觉得散文已经不能满足我了,于是就琢磨着该怎么把散文盛不下的东西给倾倒出来。1997年夏季的一个下午,天刚刚下过雨,空气清新，办公室里就我一个人，我突然特别想不限篇幅地写个故事，于是就在宣传部统一印制的淡绿色方格稿纸上一字一字地写下了这部小说，那时候，我还没有电脑。小说很快就写完了。写完了也不知道这是不是小说，就两眼一抹黑，自由投稿给了《十月》。两个月后，我收到编辑的回信，说用了。这个短篇就是《一个下午的延伸》，发表在《十月》1998年第1期，责任编辑是田增翔先生。几年之后的一天，我在电视上看到了他。他很瘦，喜欢收藏石头。

不过写了也就写了，发了也就发了，我没怎么在意——十年之后，我才知道自由投稿被《十月》这样的杂志发表的概率有多么低——人也没有在小说面前停住，仍旧被散文推着往前走。亦知道再往前走也不过如此，可热络的编作关系、边角料的时间、轻车熟路的生产流程……都滋养着我的惯性。以后的三四年时间里，我依然写着小散文，直到2001年我被调到河南省文学院当专业作家之后，各种条件都已成熟，我才开始正式去琢磨小说。起初两年，我野心勃勃地写了个长篇，后来有了自知之明，2004年便上鲁迅文学院去练习中短篇。别人问及我何时开始写中短篇，我总是会把《一个下午的延伸》给忽略过去，许是因为相隔时间太长的缘故，也是因为缺乏面对少作的勇气：随意设置的段落，没有质量的形容词，泛滥平庸的抒情……如今重新去看，我的心态倒是平和了许多。毕竟那是1997年的作品，对于小说而言，那时的我确实太过年轻。

二、第一部长篇小说

2001年2月，我被从县里调到河南省文学院当专业作家，资本是七本散文集。在文学院听李佩甫、张宇、李洱、墨白等小说写作精英们谈了一年小说之后，2002年，我决定转型写小说。怎么写？不知道。写什么？也不知道。干脆一蒙头，傻子买鞋——冲大的去了，要写个长篇。记得佩甫老师听说我的想法之后，显然有些吃惊，他停顿了片刻，道："还是先写写中短篇吧？"我断然道："我觉得我能写长篇。我已经准备好了。"他笑了笑，不再说话。

用了将近一年的时间，我写下了这部长篇的初稿。在写作过程中，我无比真切地认识到了佩甫老师当初给我的建议是一种多么委婉的劝导。作为一个优秀的小说家，他心如明镜：对于一个完全不知小说为何物的懵懂者来说，没有中短篇写作的技术和经验作底，在长篇小说的创作中会遇到多么严重的障碍和困难！回忆起来真是有些后怕：我以初生牛犊不怕虎的心态，经历了一次冒险。

还好，冒险者的运气不错。2003年年底，《我是真的热爱你》这部小说被《中国作家》头条发表，2004年初，长江文艺出版社出版了它的单行本，并且入选了本年度的中国小说排行榜长篇榜,获得了诸多评论家的关注和读者的认可。两年之后又被《长篇小说选刊》选载。前一段时间,因为想要再版,我将这部小说从头到尾又看了一遍,经过了这么多年中短篇小说的历练,这部长篇的硬伤更加显而易见:议论过多、概念先行、叙述方式单一、结构线性……但是,在重读的过程中,我还是涌起了一种深深的感动:感动于自己对于"小姐"这个特殊群体尽力细致的认知,感动于自己在认知中尽力诚实的思辨,感动于自己对小说创作无知无畏的热忱,感动于自己在这部长篇处女作里浸入的浓烈而美好的情感……而当年为这部小说写的后记里,一些话仍然是我不变的初衷:"……在更深的本意上,这两个女孩子的故事只是我试图运用的一种象征性契入,我想用她们来描摹这个时代里人们精神内部的矛盾、撕裂、挣扎和亲吻,描摹人们心灵质量行进的困惑和艰难,描摹我们每个人都曾经有过的那个纯净的自己,这个纯净的自己常常鲜活地存在于我们的内心之中,时时与我们现在的自己作着分离、相聚和牵扯。就像我们每个人其实都有这样一个血肉相融的孪生姊妹,在生命的过程中始终不懈地镌刻着我们……我是一个理想主义者,那种我认为生活中应当有而实际上却没有或者很少有的美好事物一直是我创作中最重要的激情和动力。文字赋予了我表达理想和描述理想的方式,我也将以自己的方式来回报它。我知道我做得不够好,但聊以自慰的是,我忠实地表达了一些我的认识和思考。我觉得自己的表达是认真和严肃的。"——我知道我以后的长篇小说可能都比它成熟老到,却再也不会比它稚拙可爱。它是我小说创作的开端,是我小说创作青春期的产物,是我和小说的初恋。这样的青春期,这样的初恋,对于一个写作者来说,最为特别,也最为刻骨铭心。

三、此散文,彼小说

都说散文是我创作历程里的一个重要阶段,那么就再说说散文。自散文而小说之后,媒体最常提的问题有两个。第一,你为什么会从散文转型写小说?我回答:我知道自己的选择是多么必然。如果说我感受到的生活是一棵树,那么散文就是其中的叶子。我写叶子的时候,状态是单纯的、透明的、纯净的、优美的。但我写树叶并不等于我不知道还有树根、有树枝、有树洞、有鸟巢、有虫子等其他的一些东西。我不可能把这些用散文的形式去表达出来,只好把它置放到另外一个领域里去,这个领域就是小说。李洱曾在文章里调侃我说:她的散文能使人想到早年的冰心,能让人感到自己的世故,就像吃了鲜鱼能让人感到自己嘴巴的不洁。如果说我的散文创作是鲜鱼的话,那么作为厨师,我怎么会不知道厨房里还有什么呢？破碎的鱼鳞，鲜红的内脏，暧昧黏缠的腥气，以及尖锐狼藉的骨和刺……这些都是意味丰富的小说原料，它们早就在我的内心潜藏着。只要到了合适的时候，小说就会破土而出。第二，对你来说这两种文体的创作感受有什么不同？不同是必然的。散文和小说是一个事物的不同棱面，如果说散文是阳光照耀着的树，那小说可能就是树背后拖出的长长的阴影，这是一种互补的关系。只是相对来说，我觉得小说的空间更大一些，给人的尺度更宽一些。它是有翅膀的，可以任我对现实的面貌进行"篡改"，进行重组，带它们去飞翔。我觉得这更好玩。至于创作的难度，如果打个比方的话，我觉得小说是旗袍，散文是睡衣。旗袍选料讲究，制作精良，如果技艺不过关，穿上不仅不漂亮，还会使你瑕疵全现，出乖露丑。而睡衣呢，因它是睡时贴身的最后一层衣服，所以最重要的一个特点便是舒服。因此款式一定要宽大，便于最广范围的肢体运动，用料不是纯棉便是真丝，而且穿得时间越久越觉得舒服，旧的，褪色的，磨了边儿的，开了线的……这些都可以加浓对它的依恋。这种形容似乎可以引申为小说是面子，散文是里子。——不，这不是我想说的，它们都是里子。又似乎可以理解为小说要严谨，散文要自由。——不，这也不是我想说的，它们可能恰恰相反：小说因虚构和想象的因子在其中流溢，所以有一双强劲的隐形的自由翅膀，而散文因是以写实为依托的，所以于外在的自由中又有着一些难以言尽的拘束……这话似乎又有些不对，抛却文体的形式不谈，从本质上讲，它们应该都是贴着心的，都是自由的，它们的区别只在于旗袍和睡衣的表象，殊途同归的是表象下的那颗心和那个身。

四、小说与生活

一直认为自己在生活中是个懵懂的人。那天，和一个朋友聊起为人处世的琐事，听他讲得头头是道，连忙把一些藏匿已久的困惑翻出来向他请教，不料他突然之间变得非常警惕："你还问我？你小说写得那么聪明，不可能不懂。"我苦笑。已经不止一次听到有人这么评价了——小说写得聪明。说实话，对此我仍是懵懂，不知道怎么会给人留下如此印象。反正我写的时候，是没有这种感觉的。不过既然人家都这么说，我要是不认也太不识抬举，且也没有力气去反驳，于是姑且认为自己写得聪明。那么下一个困惑又来了：何以在小说中聪明而在生活中懵懂？

想着这个问题的时候，眼前正放着一碗冬瓜排骨汤。这就冒出一个比喻：小说是一块排骨，生活是一头猪。面对一块排骨的时候，我约略学过一些烹饪常识,知道什么作料什么配菜能把它做成一锅什么样的汤。酱醋盐,葱姜蒜,香菜木耳,文火武火,慢慢做来。若是做得不好,大不了换块排骨,重做。

而生活,它真的是一头猪。它是活的,总是扑面而来。它在田野里啃青,在玉米秆子里睡觉,吃泔水,拉臭粪。它四处游移,哼哼唧唧,什么味道都有,各种形态兼备。它让你不好捉,不好逮。即使你把它赶到圈里,也无法下口。当我这种智力的人面对它的时候,我没有本事来固定它、解剖它。于是我只能用本能去反应。本能的反应就是懵懂。——我得承认,有许多人和我恰恰相反。他们有本事在小说中优美地失控,而在生活中保持足够平衡的理性。他们的手中握着锋利的刀子,能干净利落地把猪置于死地。

我不能。于是我只有在夜深人静的时候,拢着一窝灶火,慢慢地,尽可能地炖好一锅排骨。而在白天,面对一头头生气勃勃横冲直撞的猪时,我最擅长做的事情,就是狼狈逃窜。

五、写作的意义

写作是我迄今为止最重要的精神生活。它一次次地改变着我的生活轨迹,也一点点地改变着我的内心。有人问我说是不是稿费啊获奖啊这些更能坚定你写作的信念,坦白讲,这些都是花。有花当然好,但对我起决定性作用的,还是锦。这个锦,就是写作本身。没有锦,一切花香都没有依据,一切安慰也都没有背景。可以说,写作对我的最根本的意义就是:锦的存在让我的心得以自足。因此,写作很可能不需要我,但我是那么需要它。——为什么它能让我的心得以自足?为什么我那么需要它?一天晚上,我上卫生间,发现下水道堵了。我冲了又冲,疏了又疏,还是不行。卫生间里开始弥漫出难闻的异味,但我却不反感。我想我可能已经不正常了。我已经变态了。我对异味居然也是那么留恋!我仿佛随时可以爱上一切,爱上我看到的看不到的经历过的没经历过的一切——走在大街上,看到柳树上萌生出的黄芽,我都会止步,不知所措。一切生命都在萌生,我却正在这一次次的萌生中永久地死去。而我又是如此热爱这个世界。这可怎么办啊。这可怎么好啊。我被这爱击中,被这爱打痛。我是个时时疼痛的人。我的心常常处在酸软状态。我会突然放下双手,任泪水汹涌而出。

我热爱这个世界。仿佛也热爱所有人。凡是与人有关,就不会不与我有关。再丑恶,再阴暗,仿佛与我也有一种奇怪的亲切。我似乎是一个活了千年百年的人,似乎对每个角落都十分熟悉,对每个灵魂都能够容纳。他们似乎都可以被我理解，被我吸融，由我的手导入，成为我生命里的一个个分支。

　　这种感觉很疯狂。——写作于我而言的意义，就和这种疯狂有着本质关联：让我在只此一次的生命历程中表达了最大可能的爱。在可以拥有的瞬间，这是权利，也是幸福。如果不表达，这个世界怎么能够知道我对它的爱？我怎么能够梳理对这个世界的爱？我怕自己会被这爱湮没。我怕自己会在这爱中崩溃。像一片潮汐膨胀的海，台风掠过，海浪冲天。等到海面平静下来，沙滩上总会留下一些细碎的沙砾和卑微的小蟹。我对这个世界的爱，是海。而我留下的文字——包括这些关于创作的杂谈——就是沙砾或小蟹。

原载《新文学评论》2014 年第 2 期

拆迁深处的人性真相
——银川书博会《拆楼记》对话实录

乔　叶　周大新　梁　鸿

陈杰(河南文艺出版社总编辑):大家好!非常欢迎来参加我们河南文艺出版社活动的朋友。这次活动内容就是,青年作家、鲁迅文学奖得主乔叶携其新作《拆楼记》对话著名作家、茅盾文学奖得主周大新先生,活动的主持是特邀文学博士、《中国在梁庄》的作者梁鸿女士。先把《拆楼记》的主要内容向大家介绍一下。《拆楼记》的主题是一个社会非常敏感的问题——拆迁。它是以第一人称着笔的,"我"姐姐家所在的张庄将成为市高新区的组成部分,姐姐和同村人想趁这个机会抢先盖楼,以得到更多的政府补偿,"我"作为一个亲历者和幕后策划者参与了这一切。但是楼盖好以后,原来十几户人家结成的统一战线却已不复存在,因为这些人遭到了上面的各种瓦解,一场巨大的拉锯战展开了。在现实面前,在各种利用和威胁面前,统一战线分崩离析。各个拆迁户是怎样被一一拆掉的,经历了哪些惊心动魄、兵不血刃的事情,故事和玄机就在这里。这部书是乔叶的第一部长篇非虚构作品,也是国内首部非虚构小说。乔叶在这本书中完全放弃虚构,弃绝想象,让事实本身说话,让故事中的人物的内心发声,但是她又是以一个作家的眼光审视这一切,以小说家的笔力呈现这一切。这部作品,无论是从文体,还是从写作的勇气、社会意义和思想价值来说,都是2012年最不容错过的一本书。

梁鸿:我觉得《拆楼记》不光是一本书,还是我们每个人的生活,每个中国人的当代生活。所以我们来探讨《拆楼记》,其实在看我们自己,看我们自己所面临的生活的样态。可能大家对"拆"字都非常非常熟悉,我们在新闻上、电视上、网络上,看到了无数关于"拆"的新闻,但是,这些新闻背后的关于人性、关于具体生活的东西是怎么样的,这就需要作家介入了。乔叶敏锐地把握住了当代生活中非常重要的一个词、一个概念、一个象征,并由此来探讨我们的生活本身。所以,我觉得《拆楼记》刚好抓住了我们生活的核心,因为它是一个非虚构的作品。这里面,有一个非常大的文学思潮:非虚构文学思潮。为什么非虚构会成为一个文学思潮?我觉得这跟我们的生活息息相关,而乔叶能够在这样一个文学潮流里面,找到自己的一个点。所以,我们第一个问题先问乔叶,为什么要写

《拆楼记》？你内心的动因在哪里？你要给大家呈现什么东西？

乔叶：我觉得首先就是因为这个大环境，作为一个中国人，我觉得中国现在就是一个拆迁中国、拆迁大地，我们处处都在拆迁。即使你自己没有拆迁，但是你数一数你的亲戚里面，肯定有人涉及了拆迁。在耳闻目睹下，拆迁成为我们一个最习以为常的常态的事情。作为一个写作者，我一直身陷其中，想关注这样的事情，也不得不关注这样的事情。另外，梁鸿刚才说的，受最近这两年文学界非虚构思潮的影响，拆迁这个事情可能只有用非虚构的方式表达才最有力量。

梁鸿：我觉得乔叶对自己的作品定位非常清晰，因为是她自己的生活，所以，她必须要关注。想问一下周大新老师，《拆楼记》周老师也看了，请周老师说一说对《拆楼记》整体的印象。

周大新：《拆楼记》我是一口气读下来了，读完非常喜欢。我喜欢这本书，首先是因为它表现的生活是我们当下在中国正在展开的生活。要说生活的距离，这本书是零距离，最贴近当下的生活。第二个，我喜欢它是因为它塑造的人物我都认识。不是认识这些人，而是认识书中这些人物的内心。他们的心思、心机，包括他们的家境，等等，我都熟悉。《拆楼记》写的都是我非常熟悉的人物。第三个是这种写法、表现方式，是用小说的笔法，写了一部报告文学，这本书比报告文学更耐读，更好理解。同时，又比小说更可信。所以，这个写法的新鲜劲儿，很吸引我。第四个是这个小说表达出的悲悯情怀，很感动我。小说写的是乡村老百姓为拆迁多得些补偿款在动心思、动心机，实际上对我们乡下普通百姓的生活，这种艰难、不容易表现出一种悲悯情怀，我觉得，乔叶写的这种生活，北京城的一些有钱人是根本体会不到的，谁也不会为五六万块钱那么花空心思。北京有一些富人，雇了两个保姆养狗，他们的车子是九百多万，我想他们不会关心这些事情，所以，乔叶关心这样的事情，在书中表达出这样的悲悯情怀，非常动人。

梁鸿：我觉得周老师刚才说得非常好。不管怎么样，我们的社会有巨大的差异，这种差异使得中国的生活有巨大的断裂，一个层面和另一个层面的生活，相互是隔膜的。

乔叶：我想补充一句，刚才大新老师提醒我，我突然想说，如果我是北京人，也住着好大的房子，也有两个保姆帮我养狗，我可能也不会关注拆迁。为什么写拆迁？因为我自己亲姐姐在这个事件里面，她拆迁了。后来我写后记，写自己在写《拆楼记》之前和之后的不同。写之前，很容易站着说话不腰疼，但在写《拆楼记》之后，就再也不会站着说话了，因为我腰疼过。

梁鸿：为什么腰疼？因为那是你亲人的生活。如果说我们每个人都有这样一个亲人,我们的腰可能都会特别疼;但是没有这样的亲人,我们就不腰疼了吗?我们就应该不腰疼了吗?这正是我们的社会缺乏公共精神的缘故,这种缺乏使得我们生活的分层、生活的隔膜断裂变得非常普遍,特别正常,而这种正常是不正常的。有一个问题特别想问乔叶,我在看《拆楼记》的时候,觉得活动在书里面的一个个小人物特别卑微,甚至特别丑陋,可以说是在挖空心思,没有新闻中我们看到的那么惨烈——比如说自焚,人躺在挖掘车上死掉,你为什么以这样一种相对思辨而不是惨烈的方式写《拆楼记》?该怎么理解这种方式?

乔叶:这个问题问到了很要害的地方。中国拆迁的事情每天都在发生,报纸的头条很重要的位置,可能都会有拆迁的新闻,拆迁的官员和老百姓对抗的事情,有拆迁的流血事件、极端事件。我要不要写这些?还是去写更常态的事情?后来,我还是选择写更常态的事情。当然也是因为我近距离地观察了我姐姐她们村的拆迁,这也是这样很常态的事情之一。我觉得尽管中国是一个拆迁大地,拆迁的事情千千万万,但是实际上流血事件在所有拆迁事件里面,还是少数的。正好我姐姐家这边提出一个范例,他们就是沉默的大多数。因为他们没有流血,没有自焚,就上不了新闻的头条。谁去关注他们?而这件事我正好碰到了,我也有这方面的思考,我就去关注,我的《拆楼记》写的就是这最常态的,百分之九十多的"大多数"的拆迁样本,他们的人性深处是什么样的,我进行了一些思考。

梁鸿:的确是沉默的大多数。乔叶的《拆楼记》在把事件的过程理清楚,并一点一点地呈现出——在拆迁过程当中,每一个人——个体的人怎么想,他的愿望是什么,他的情感是什么?这是需要作家探究的,我觉得乔叶做到了这一点。我特别想问周老师,周老师的《湖光山色》影响非常大,里面有一个人物叫暖暖。如果暖暖在当代碰到了拆迁问题,她会是什么样子?

周大新:如果暖暖碰到拆迁了,以她的性格,肯定要拼死抗争,她不会顺利地让他们把房子拆了。今天的拆迁确实成为乡村一个非常频繁发生、非常重大的事件。本来乡村是过安宁、安静的生活,现在却让拆迁搞得非常不安宁、非常荒芜,这是一个值得政府重视的问题。搞新农村建设,肯定不是这样,应该是给大家提供很好的物质生活、文化生活,提高大家的精神境界,而不仅仅是把大家赶到路上。中原那么多乡村,如果都变成两层楼、六层楼,大家都住在楼里,千村一面,谁还去中原看我们的乡村、农村?

梁鸿:其实,我觉得拆迁拆的并不只是房子,拆的还是一种生活方式。这种生活方式可能在中国大地上存在了很久很久,在这种生活方式背后是一整套的道德模式、生活存在方式,当然也是一种文明状态。刚才周老师也说,如果千村一面,全球一面,我们在哪里呢?我们自己的生活在哪里呢?所以,我觉得,拆迁不只是房子的问题,也不只是钱的问题。一个老百姓、一对年老的父母不愿意上楼,他想有一个院子,想有一棵树,想有一个独门独院,这是他与大地的关系,是他与这样一种生活的关系,而这种关系并不是在城市化过程当中,一定需要被抹杀掉的。所以,特别想问一下乔叶,你对拆迁背后的文化怎么看的?这跟我们的生活关系是什么,精神关系是什么?

乔叶:我们有一句俗话说,一方水土养一方人。我觉得可能在都市里生活的人,对乡村和土地还不是很有心灵的感受。事实上,乡村和土地的关系是特别的密切,真的是相依为命的关系。这次为了写《拆楼记》,我下去做了大量的采访,跟农民谈,跟农民知识分子谈如何看待拆迁,大家的态度都是很疼痛很无奈。前一段有媒体问我,你现在有没有乡愁?我说对故乡没有愁了,我觉得这个"愁"字太轻了,现在对故乡就是疼痛。因为拆迁给我们带来的是巨大的颠覆性的变化,生存方式、精神背景、文化根系基本上都被拆迁的大卡车轰轰隆隆地碾过来,全部都被碾碎了。我们到的乡村,都变成了一个碎片,都是碎片形的。梁鸿以前有一个访谈,说乡村是我们中国文化的——因为我们是农耕文明——的子宫,乡村这个子宫被破坏了,给我的感觉就是特别的疼痛。

梁鸿:说得非常好。其实,在拆迁问题上,我们只看到农民要钱,不愿意,愚笨。但是一定要知道,在愚笨背后,爱钱的背后,是他们对自己生活的不甘心,他们不甘心抛弃掉他们的生活,哪怕最后利益只集中表现在钱上,但这绝不仅仅是钱的问题。

乔叶:拿到钱的农民,最后也不开心。其实,可能更深层的原因不是为了钱,他们更愿意固守原来的生活方式。

梁鸿:下面问一个比较具体的问题,现在全国各地都在拆,但是这里有一些具体的问题,原来我们的生活方式里面,有一些比较节约的,能够适合现在生态的存在方式,比如昨天周老师谈到的关于旱厕的问题,这看起来是一个小问题,但是所谓的城市化、现代化背后,有很多违背了生态文明的地方。原来所谓的农耕的、小农的生活方式,其实有很多是适用于现代生活的,而现在恰恰是要把它们清理掉。所以,想请周老师谈一下具体的问题:比如说,一条河变成大粪的问题。这是昨天周老师提到的,我觉得非常棒。

周大新:现在很多乡村搞新农村建设以后,把老百姓都赶上了楼,上楼以后,原来的旱厕所变成水冲的厕所。我们知道水资源是很有限的,在中原我家乡的村子,原来非常多的水塘,现在一个都没有了,地下水降得很厉害。原来农民都是用旱厕所,节约了很多水,厕所里的大小便过一段时间可以当肥料施地里,这样循环使用,不影响生态。现在旱厕都变成了水冲的厕所,冲到哪里去?乡村又没有净化设备,所以都被冲到河里去了,一条河全变成人们的大小便了,将来怎么办？整个生态结构都会遭到严重的破坏。而且上哪儿找这么多水冲厕所？原来的旱厕所表面上看不卫生，但其实这是中国农民对中国生态平衡很大的一个贡献。一下子变了，会带来很多问题。

乔叶：这确实是非常生动的例子。在写《拆楼记》的时候，我也听到过一些，周老师说的是具体的卫生问题，我自己更在意的是精神的问题。农民原来院子非常宽，面对土地的时候，视野非常宽，相对来说，心境也会特别的平和，也会有很大的安全感。心理空间是宽的，上楼以后情况会怎么样呢？我采访的时候，听村里人说，"被上楼了"以后，他们用两个字形容：憋屈。人都适应不了，所以会产生很多矛盾，一连串的社会问题，这些是特别发人深省的。

梁鸿：我觉得乔叶说得非常好，其实这种具体的细微的生活，恰恰是生活最重要的部分。我们的生活都不是大概念，都是些很小的事件：上厕所，如何吃饭，如何吵架，夫妻如何生活，公公跟儿媳妇如何相处。费孝通的《乡土中国》把乡土社会归结为熟人社会，而现在的中国正朝向陌生人的社会、西方的城市化的发展方式在走。但是，这种熟人社会，是否一定落后于陌生人社会？农村的、乡土的、本土的存在方式，是否一定落后于城市的工业的存在方式？这是今天我们需要重新思考的问题。再回到拆迁上，农民为什么不愿意拆迁？因为我们的某种生活没有了，我们的某种精神没有了，这种精神曾经慰藉过我们的心灵，曾经让我们非常温暖。再具体一点，实际上，它也使我们失去了某种民族的自我的存在方式，因为这种自我形象非常重要，虽然它可能有很多不好的地方，但是它一定是自我的、自己的。现在这种自我没有了，到处都是高楼。所以，在这里，要特别问一下乔叶，在拆迁过程当中，你觉得人性呈现出了什么样态？

乔叶：在拆迁过程当中，人性表现得非常的复杂。你这么一问，我突然想起大家经常用的一个词：不安全感。其实，在拆迁过程当中，农民充满了强烈的不安全感，这是我感受特别深的。比如说他们要钱，跟政府谈判，最后拿到了拆迁款，拿到钱他们并没有感到很欣慰很幸福，而往往是很难过的，因为钱不过是他们这种退而求其次得到的结果。如果可以不拆迁，他们可能更高兴。他们经常问的一个问题：如果拆迁了，没有土地，以后的生活怎么办？这种考虑是很无奈的一种考虑，充满了不安感。另外，被拆迁的时候，各种情况也充满了不安全感，比如说，有的村民是低保户，区政府说，不拆迁，低保没有了，他马上就拆迁了，我觉得很愚蠢，问他们为什么，他说他吃公家饭——一两百块钱的低保是公家饭——进入公共体制，他觉得特别安全。为了这个安全感，几百块钱的安全感，可以拆掉几万块钱的房子，听了特别的辛酸和可怜，很难过。

梁鸿：所以，这个过程，不光让人看到了人性，也让人看到了制度与人的关系。我觉得特别值得思考的问题是：农民为什么变成了恶民、刁民，为什么变成了暴民？这一定是要思考的，所以我觉得《拆楼记》把农民如何从一个普通的生活者，变成了一个与制度、政策、政治对抗、做游戏的非正常的存在的过程描写得特别好。在这样一个过程中，人性的变异、政治的某种不公正都写出来了。所以，特别希望大家能够看看《拆楼记》，想一想我们的"拆"是怎么回事？想一想我们该如何思考"拆"？该如何思考我们的生活？"拆"成为我们的普遍生活时，它背后涉及一整套我们应该思考的问题，在当代，在现在，我们要怎么办？我们要过什么样的生活？我们的乡村怎么办？我们的城市怎么办？刚才说，千城一面，千村一面，我们到银川看什么？不是看高楼的，我们是看银川自己，银川自己在哪里？真的也是越来越少了。全国城市都一样，都是一样的高楼，所谓的现代的高楼。

周大新： 我插一句，我理想中的乡村，应该是老百姓根据自己的经济条件，根据自己的爱好，在公家划定的宅基地内，盖自己的房子。盖什么样子，政府不要管，不要逼着大家上楼，国务院温总理专门强调，不准逼，但是，现在很多地方还在做这样的工作。

乔叶： 我也到过很多的城市，到过一些国家，我发现所有的大都市真的都是可以复制的，麦当劳、肯德基，这些店面什么的，所有名牌的商业化的东西都是可以复制的，但是他们的文明，乡村这种东西是完全不可复制的。其实特别需要被珍重地对待的是我们乡村文明这一块，尤其是中华民族的文明是农耕文明，我们需要保存我们的农民之根。

梁鸿： 周老师，请您谈一下对制度的看法。拆迁过程当中，制度是怎么样运作的？每个人都被绑架了，其实，官员也被绑架了，每一个普通老百姓也是被绑架了，被谁绑架了？会不会很难细说？

周大新： 咱们体制的设计，一开始是比较科学的，但是后来，各种各样的原因，很多环节锈蚀了，所以，规则改变了，很多环节没有办法再正常地运作了，这就出现了很多的问题。

记者： 我是《银川晚报》的记者，我想问乔老师，您的下一部作品会不会是《拆楼记》的后续？如果有，那么这后续的内容是不是能更清晰地阐释《拆楼记》？

乔叶： 有朋友问我，在张庄的村民被成功地拆迁了以后，有没有兴趣写一部《回迁记》，写他们在小区居住的生活。我说我是很有兴趣关注的，其实我一直在持续地关注他们的生活。但是，他们现在也还没有被拆迁，我们的政府其实还没有成功地拆迁完毕，村里被拆迁了一部分，还留有一部分。这些农民也有了很丰富的应对经验，他们是屡战屡败，屡败屡战，屡拆屡盖，屡盖屡拆，呈胶着的状态，维持着他们残留的乡村生活。但是，如果他们回迁了，我还在关注他们,我会再写一部《回迁记》,但估计那会是几年以后了。因为拆迁其实是一个难题,对我们老百姓来说是难题,其实对政府来说也是一个蛮大的难题,需要反反复复一段时间。

梁鸿:听你一说,我有了一个想法:钉子户是值得尊敬的。我们千万不要认为钉子户就是在胡搅蛮缠,要辩证地看。他为了保有自己的权利,尊重自己的权利,保有自己的生活模式,他一个人在奋斗,哪怕只有我一个人,所以,某种意义上他是具有先声的意义的。

乔叶:我书里面写到最后两个比较难缠的钉子户,拆迁方给他们起了两个外号:东邪,西毒。其实,能称得上东邪西毒的,都是很有精气神的一种人家,他们的精气神就是他们要捍卫自我,捍卫自我的生活方式。

梁鸿:周老师,如果你们家的院子被拆,你会成为钉子户吗?

周大新:我也会捍卫我的权利。钉子户里面,要作一些区别,如果确实满足了正常的补偿,各方面都没有什么了,非要胡搅蛮缠,我不赞成。大多数钉子户不是这样的,可能因为拆迁方没有尊重他,没有尊重他的权益,或者因为没有给他尊严,他就不干。他们坚持抗争,我认为也是有必要的。

梁鸿:我听说周老师在家乡给自己的父母盖了一个院子。当时为什么没有盖几层楼呢?为什么是一个院子?背后有什么样的愿望?

周大新:我是在这个宅基地上出生的,我希望我的根保留着,有这个院子,不管我走到哪里,都知道自己还能回到这里来。可是如果房子被拆了,我再到另外的地方,心里都会惶恐不安。所以,这次回家把在原来宅基地上的房子扒了,盖了一个楼房,院子扩展了。当时盖的时候,很多人告诉我,你不要盖了,很快要扒了,盖了也要扒。我说谁扒我就告谁,跟他没完。

梁鸿:拆迁有它需要面对的制度问题。如果有不公正,抗拆、流血永远都不会停息。所以我想,拆迁不光是这样一个大的文明的失落的问题,也是我们具体的生活方式的消亡过程。我觉得《拆楼记》其实是非常值得期待的,希望每个人都能买一本《拆楼记》,看看《拆楼记》,来看看我们自身的生活是什么样子的。

原载《黄河文学》2012 年第 10 期

乔叶:写作者存在的意义在路上

王琪 乔叶

在文学的大树下一直坐着

王琪:你好乔叶!上世纪九十年代,我便在很多报刊读到你的美文。斗转星移,十几年过去了,你目前已出版十余部小说和散文集,成为河南省文学院一名专业作家,真是可喜可贺!对于自己的成长之路,抑或说文学之路,你有何感想?

乔叶:几年前,我曾写过一篇名叫《文学就是这么一棵树》的文章,在里面描述了我和文学之间的关系。大意是文学是一棵树,我是在树下成长的孩子。最初的最初,作为一个业余作者,我是和文学在快乐游戏,慢慢地,在成为了专业作家之后,稿费、版税、影视改编权和各种荣誉如同树的树叶、树干、树枝和果实,都成了改变我生活状态的实用生计。但最终,文学就是那个根扎大地的老树墩,能容我停下来,踏踏实实地坐一会儿——不,可以坐很久很久,随便多久。在我的意识里,文学就是这么一棵树。我是爱着树同时也被树爱着的那个孩子。只要有了这种爱,无论我走多远,最终都会回到这棵树下。——我有归处,一想到这个,我就觉得无比踏实和幸福。

王琪:你创作的原动力在哪里?当初受什么影响比较大?家庭、学校还是别的?

乔叶:主要是家庭吧。我的哥哥和姐姐都很喜欢读书。课外书,在上世纪八十年代的时候,课外书的同义词就是文学类的书。我常常蹭他们的书看,看多了就有了创作的兴趣。后来知道写作还能挣钱,动力就更大了。呵呵。

王琪:哪些中外作家给了你什么样的影响?

乔叶:曹雪芹,兰陵笑笑生,夏绿蒂·勃朗特,狄更斯,诺曼·梅勒,卡波特,三毛,琼瑶,亦舒,远藤周作,卡夫卡……如果不限篇幅,会是一个非常长的名单。他们的影响有的在结构上,有的在语言上,有的在意识上,有的兼而有之,是难以梳理的化学反应。

王琪:你认为一个成熟的作家需要具备哪些条件?

乔叶:也许只需要一个条件:成熟的作品。作家是拿作品来说话的,也许他或者她在生活中很幼稚,很不成熟,但只要他的作品是成熟的,这就比什么都有意义。不过话说回来,一个作品成熟的作家,他或者她在生活中基本不太可能会很幼稚。

王琪:有没有对文学创作失去兴趣,或者特别想放弃的时候?

乔叶:有很艰难的时候,但从未失去兴趣,也从未想过放弃。这二者也许是相辅相成的:因为太有兴趣,所以无法放弃。

王琪:你的作品文笔细腻、睿智、清新,对生活乃至生命的思考与辨识能力很强,对此,你自己怎么评判?

乔叶:这是评论家们的话。对此我很困惑。我总觉得评论家话语里的那个乔叶和我对自己的判定是两回事。我觉得自己是个挺糊涂的人,或者说,是个常常犯糊涂的人。一个好朋友说我:"脑子里常常进水,基本上是个小水壶。"所以我的作品基本上都是在努力排脑子里的水,可能也因此表现出了某些思考和辨识吧。我只能这么说。

承担现代女性意识的觉醒

王琪:在你创作的《我承认我最害怕天黑》、《结婚互助组》、《虽然·但是》等几部长篇小说里,都是在大胆揭露女性内心世界的情感秘密,这是否意味着你作为一名女作家,非常愿意承担女性意识的觉醒?

乔叶:就我个人的初衷而言,只是以人为本。也许目前写女人多了些,不过以后也可能会写很多男人。写的时候也只是平心而论,不知道什么是大胆或者小胆。作为女人,我的女性意识一直都在血液里跳舞,一直都没有睡着,谈不上觉醒。

王琪:有人评价你的著作《我承认我最害怕天黑》:"使读者看到了一个现代女性复杂微妙的心灵空间",你是怎么看待的呢?

乔叶:这还是评论家的话。我自己的看法很简单:在这个小说里,我努力呈现了爱之艰难。

王琪:好像有一种说法,说女作家很容易局限于自己的个人经验,你对此怎么看?

乔叶:好像是托尔斯泰说的话吧:作家写来写去,最后都会回到童年。所以汲取自身的经验融化到写作中,我肯定不是个例。但如果仅限于个人经验,正如张爱玲同志说过的那样:"通篇我我我的身边文学是要挨骂的。最近我在一中英文书上看到两句话,借来骂那种对于自己过分感兴趣的作家,倒是非常恰当:他们花费一辈子的时间瞪眼看自己的肚脐,并且想法子寻找,可有其他的人也感到兴趣的,叫人家也来瞪眼看。"再怎么说,肚脐眼还是小,没有多少可写的东西,因此不会成为我写作的核心。如果用一个比喻的话,可能在某些小说中,我的个人经历会有类似酵母的作用,仅此而已。

王琪:《我是真的热爱你》讲述的是当今社会的一个热门话题,可以说直批社会底层人物的悲惨命运,作品问世后,好评如潮。你认为文学赋予你的使命,是坚决为这些姐妹们呼唤人世间的真善美吗?

乔叶:"文学赋予你的使命……"这样的帽子太大了,我还是谈谈这个小说的创作初衷吧。最浅层的引子是受一则新闻的触动,那新闻说的就是双胞胎姐妹卖淫。我想得很简单:既然新闻可以报,那写小说应该也没什么问题。至于更深层的创作动因,那天翻到了关于这个长篇的创作谈,有些话现在读来仍然觉得深合我心:"……在更深的本意上,这两个女孩子的故事只是我试图运用的一种象征性契入,我想用她们来描摹这个时代里人们精神内部的矛盾、撕裂、挣扎和亲吻,描摹人们心灵质量行进的困惑和艰难,描摹我们每个人都曾经有过的那个纯净的自己,这个纯净的自己常常鲜活地存在于我们的内心之中,时时与我们现在的自己分离、相聚和牵扯。就像我们每个人其实都有这样一个血肉相融的孪生姊妹,在生命的过程中始终不懈地镌刻着我们……我是一个理想主义者,那种我认为生活中应当有而实际上却没有或者很少有的美好事物一直是我创作中最重要的激情和动力。文字赋予了我表达理想和描述理想的方式,我也将以自己的方式来回报它。我知道我做得不够好,但聊以自慰的是,我忠实地表达了一些我的认识和思考。我觉得自己的表达是认真和严肃的。"

王琪:现代社会纷繁复杂,物欲充斥,你理想中的现代女性应该是什么样的?

乔叶:无论是古代、现代还是未来,我想,对于女人而言,理想的状态无非如此:生活幸福,身体健康,精神和物质都很丰足。

作家的自我有着更广阔的内涵

王琪:你最早是从散文起步的,但是什么原因让你转型到小说创作的呢?

乔叶:对于我的转型,很多人都表示过不解。李洱曾在文章里调侃说,乔叶的散文能使人想到早年的冰心,能让人感到自己的世故,就像吃了鲜鱼能让人感到自己嘴巴的不洁。他对我转型写小说很惊讶。我想,不仅是他,很多人都有理由惊讶。但我知道自己的选择是多么必然。如果说我的散文创作是鲜鱼的话,那么作为厨师,我怎么会不知道厨房里还有什么呢:破碎的鱼鳞,鲜红的内脏,暧昧黏缠的腥气,以及尖锐狼藉的骨和刺……这些都是意味丰富的小说原料,早就在我的内心潜藏。2001 年,我调到河南省文学院当专业作家,院里的业务研讨会是以小说为主的,我从中听到了很多,也学到了很多。专业作家不用坐班,时间也很宽裕,让我有充分的时间去领会小说。各种条件都比较成熟,小说的种子也经过了漫长的埋伏,已然到了最合适的时候,于是就破土而出了。

王琪:散文和小说,哪个写起来你更得心应手一些?

乔叶:要说得心,都很得心,都关乎心。要说应手,我曾打过一个比方:小说像旗袍,散文像睡衣。相比而言,当然是睡衣穿起来更舒服。不过旗袍更有意思,不是吗?

王琪:散文追求的是"形"与"神",小说讲究的是人物、情节和环境,你是怎么看待的?

乔叶:我觉得,散文呈现的是真性情,小说发现的是可能性。

王琪:你曾说:"写小说之前,我曾写过多年哲理小散文,获得了不少肯定和鼓励,进入小说创作之后,一些读者认为我堕落了。对此,我感到很遗憾,也觉得很欣慰。如果这是堕落,我愿意让自己继续堕落下去。"你的小说很严肃,何来堕落一说?

乔叶:我曾经做过一个比喻,说如果我感受到的生活是一棵树,那么散文就是其中的叶子。我写叶子的时候,神情是单纯的、透明的、纯净的、优美的。这样的面貌很容易被广泛的读者接受和喜欢。但我写树叶并不等于我不知道还有树根、有树枝、有树洞、有鸟巢、有虫子等等其他的一些东西。我不可能把这些用散文的形式去表达出来,只好把它置放到另外一个领域里去,这个领域就是小说。散文和小说是一个事物不同的棱面,如果说散文是阳光照耀着的树,那小说可能就是树背后拖出的长长的阴影。对于那些习惯阳光树的读者来说,我的小说可能会让他们很不适应。这就是所谓的"堕落"。如果因此而损失了原有的读者,我只有感到遗憾。但在小说创作上的进步又让我感到欣慰。至于写作的对象,我写散文的时候也没有刻意为读者去写。一个刻意为读者去写的作家很可能读者也并不领情。作家首先得自我,其次是让自我有一个更广阔的涵盖,这就是写作的魅力和作家的特性。只有这样才能写出好作品。而无论哪个领域的好作品,都会有相应的读者群与你息息相通。

王琪:古典、传统的东西与现当代新鲜的事物,相比之下,觉得哪个更能为你的创作带来养分?

乔叶:无论是过去的还是当下的,只要是经典,并且是能够被我的心灵特质吸收的经典,就都能够给我带来养分。至于哪个带来的养分比例更高,我还真没有比较过。

王琪:城市与文明冲突中带着疼痛与伤痕,你是如何通过文学作品带领读者进行这一反思的?

乔叶:2011年,我受《人民文学》"非虚构写作"思潮的引领,创作出了非虚构小说《拆楼记》,2012年由河南文艺出版社出版,写的是城市化进程中乡村的悸动和疼痛。我能够提供给读者的反思渠道,只有作品本身。

王琪:您如何看待"非虚构小说"这样一种文体称谓?在一篇非虚构小说中,您是如何把握叙述与现实之间的距离的呢?

乔叶:在我浅薄的理解中,所谓的非虚构小说,就是非虚构的小说,或者说就是小说化的非虚构。之所以想用非虚构的小说或者小说化的非虚构来写这个题材,是想用小说化的技巧来优化我想传达出的那种真实感,使我想传达出的真实感能够以一种更集中更有趣也更富有细节和温度的方式展现在读者面前,使读者能够看到在这样的事件中——这样很容易把具体的人心和人性遮蔽住的事件中——活生生的人心和人性。总之,就是想用小说这个利刃插进事件的骨缝中,在小角度尽力解剖巨牛的同时,也使得整个叙述效果更为趋真。当然,所有的利器都双面,如果做不到趋真,那就是失真。这是一个非常微妙的分寸问题。至于叙述和现实的距离,全在于作家自己的把握。你既可以让叙述和现实骨肉不分,也可以让二者相距万里。

文学被边缘化被小众化是正常的

王琪:作为国内目前比较活跃的一线作家,也正是创作的旺盛期,你对自己创作的定位是?

乔叶:踏踏实实地写出好一点儿的小说。

王琪:省上和全国的文学大奖你获过不少,特别是2010年你以《最慢的是活着》跃居中篇小说类第一,斩获第五届鲁迅文学奖。对于一个作家,你看重文学评奖吗?

乔叶:我一直认为,各种各样的文学奖就是一个个驿站,供写作者进去简单地休整,接受肯定和鼓励,然后以更好的状态去继续行路。文学是一条漫漫长路,一个真正的写作者,他存在的意义当然是在路上,而不是在驿站里。

王琪:文学现在已经越来越边缘化小众化了,你对此怎么看?

乔叶:文学本来就应该是小众化的东西,1950年代全民作诗,"文革"之后突然有一段的全民大爆发的文学热潮,其实都是非常即兴的,在极其不正常的社会状态和政治氛围下才会有的。当然这对文学来说是一种幸事。比如1980

年代的文学热潮,就是中国当代文学的黄金时代,它的出现也有必然的原因:十年浩劫使文学荒芜得太久了,当时传媒和娱乐也都不发达,文学寓教育、审美、娱乐为一体,所有的功能都赋予到文学上,她就特别得引人注目,现在呢,一来人们生活节奏加快,很难有时间去静心阅读。二来电视、网络、手机等传媒使得人们的娱乐方式非常多元,与简单明快的娱乐相比,文学可能显得就太重。避重就轻是人们一种很自然的选择。其实所有的灯光都放到文学身上本来就是不正常的,灯光是应该分散开来的。所以现在文学被边缘化被小众化,其实是一个正常的状态。

王琪:那当文学成为小众之后,你认为她的意义在哪里呢?或者说她还有什么用呢?

乔叶:牛顿研究万有引力有什么作用?当时是没有任何作用的。尖端的精华的东西肯定是少数人的特权,只有在普及之后,才会被大多数人使用。文学某种程度上也是这样,她的读者是分层的,她就像金字塔一样,最大众的文学方式普及率高,有着深厚的群众基础,就在金字塔的最底端。而永远有走得最远的人掌握着语言最精髓的东西,不满足目前的状态,想要探索未知的方向,那么,他们就处于金字塔的上端,他们是高的,就是少的。文学是创作,"创"在哪里?新的部分才是创作,而不是人们全部知道的。

文学有什么用?她不是房子、车子,她就是精神产品,她的作用就是告诉人们,还有这种生活,还有这种可能性,我们所固守的生活空间是这么的小,外面还有更广阔的天地,想象力可以飞翔到哪里去,这就是文学的作用,而且文学能触及到人心灵最柔软的地方。文学和音乐还有其他的艺术门类,作用是一样的,不能带有很强的实用性。一位雕塑家说,凡是带给我们幸福的东西,都是有用的。如果读到一个作品,有审美的愉悦感,就是有用的。在我们当下的生活中,物质层面的问题解决之后,很多人存在的问题都是精神层面的问题,文学解决的就是这些问题,难道不是很有用的吗?它的作用与报纸电视、超女选秀的作用都是不一样的,她解决的是人性和人心深层次的问题。当然我说的是好的作品,这是特别重要的。

写得好才是硬道理

王琪:你认为文学能够市场化,去叫卖吗?

乔叶:作为作家,在写作时是不能有这种心态的,但是作品出来之后,书成为商品进入商品流通领域之后,是可以去叫卖的,这是两回事。总之创作的时候一定不能有商品的观念,以买卖的心态去创作,是写不出好东西的。

王琪:今天各种文字承载媒体不断推陈出新,出现短信写作、博客写作、微博写作,你怎么看待这一现象?你认为纯文学或者说严肃文学写作,应该如何发展?

乔叶:哪种媒体承载的写作都是写作,定语并不重要,重要的是定语后面的主语:写作。说到底,写得好才是硬道理。在我看来,纯文学写作是写作的正宗,是嫡系。其他各种名义的写作都是亲戚。每个时代都有每个时代的噱头和花哨,正宗被冷落很正常,这没什么。不需要刻意发展,只要向前走就是了。如一条河,河面宽窄都很正常,但河水不会断流,而且会流向大海,我坚信。

王琪:网络文学在网络上已呈蓬勃发展的态势,你怎么看待网络文学的发展?

乔叶:网络文学作为一种传播方式是不错的,通过这种方式来传播,是时代赋予的功能。网络这个载体是创新的,但其创作的作品有多少创新性,我不觉得——我觉得几乎没有创新性。

网络文学是消费阅读,今天读过,明天就不会再读了。网络写手的被消耗性是很强的,每天一万字两万字,是写不了多久的,不停地编故事,大量地重复自己,创作性可能早就消失了,像是一个体力活儿。网络文学本身没有多少新鲜的东西,她所表达的文学经验、人物情感、故事命运,没有超越传统媒体所提供的含金量。

王琪:网络文学的质量能通过什么途径改善吗?

乔叶:改善?现在是网络文学、手机文学,将来一个人经常坐高铁,会出现高铁文学,还有诸如此类的飞机文学、微博文学……所有这些都是外在的传播方式带来的文学方式,无论什么样的传播方式带来的文学方式,都是人在写,想要改善文学品质,唯一途径就是:只有从作家自己做起。只有作家作品的质量在整体上有了根本性的改变,才能给这种以传播方式命名的文学类型赋予新的意义,否则就只是噱头而已。

河南文化是我的精神父母

王琪:每个人在不同时代、不同环境分别扮演着不同角色,你认为自己作为一个专业作家,在单位和家庭还算称职吧?

乔叶:还行吧,一般般。

王琪:打个比方,如果你不热爱文学,不从事创作,只是一个在小城镇里工作安逸、生活平稳的某事业单位或某公司的小职员,整天过着相夫教子的平常生活,你甘心一直这样下去吗?

乔叶:如果我从不曾看到外面的世界,那么在深山沟里做个农妇可能感觉也不错。如果那样,我一定会很甘心——心就是那样的,不甘行吗?

王琪:想必你平时工作和创作安排得都很紧张、忙碌,个人空闲时候多吗?都喜欢干些什么呢?

乔叶:旅游、散步、逛街……都是一个平常女人的平常爱好而已。相比而言,更喜欢旅游。"读万卷书,行万里路",总该实现一个吧。那我就行万里路吧。呵呵。

王琪:你的作品中有很多地方带有浓厚的河南气息,是你有意经营的吗?

乔叶:并非有意经营河南,事实上,我从未刻意经营自己的小说中有太鲜明的地域标记。评论家郜元宝曾说:"我觉得你首先拆除了河南/中国之间的界线,一开始就把河南作为中国当下生活世界的一部分。"就是这样的。但写的时候,肯定会有河南的气息。一方水土养一方人,也养一方文。河南气息是我血缘里的东西,我回避不了。

王琪:河南这个背景对你写作的意义是什么?

乔叶:河南是我的成长根基,河南文化是我的精神父母,这就是河南对我的意义。它是上天赐给我的命定的东西,我无法拒绝也不能拒绝。它对我创作的影响就是我必会带有河南气息。我曾把河南比喻成我所有作品的序。这序早在我动笔之前的几千年就开始铺展,开始弥漫,直至浸入我作品的字里行间,并延伸到纸外所有的空白。这序的作者所执之笔浩大如椽,它所用之纸,更是季节更替无边无垠。——不仅我,事实上,它分娩和养育了这里的一切篇章。

王琪:可以说,你已是"文学豫军"中的重要一将,相对于和河南比邻而居的"文学陕军",你觉得之间有哪些差异?

乔叶:文学豫军,文学陕军……文学不是组团打仗。如果说是打仗,也只是自己和自己打。拿我个人和陕西作家比,我只能说让我敬重的陕西作家太多了:陈忠实、贾平凹、红柯……我很喜欢他们身上的"拙"劲儿,非常厚重、大气,需要我好好学习。

作品是作家生命的另一种形式

王琪:你的文学观是什么样的?

乔叶:我在鲁院读书时的小说组导师李敬泽先生曾说:"作为小说家,一直有两个乔叶在争辩:那个乖巧的、知道我们是多么需要安慰的小说家,和那个凶悍的、立志发现人性和生活之本相的小说家。"我从中选取后者里的那些定语作为我的文学观:立志发现人性和生活之本相,对了,还有一个定语:凶悍的。

王琪:你的文学理想是什么?

乔叶:没有什么具体的理想,就是尽其所能写出好的作品。作品是作家生命的另一种形式,我希望将来有一天,我离开了世界,我的作品还能替我活着。如果说野心的话,这算是我的野心了吧。

王琪:对于比你更为年轻的一代作家,你寄予他们什么样的期望?有什么深切的祝愿?

乔叶:文学不是青春饭。只要你真正爱它,它可以喂养你一辈子。爱它吧。

原载《延河》2013 年第 6 期

乔叶：我们的许多问题都有源可寻

张滢莹　乔　叶

在面对当下的写作中，人性往往是无法绕过的话题。急躁的社会氛围、游移不定的心态，使得不少人隐藏起自己的内心，戴着面具生活。对于这些善于矫饰、长于辩驳的人而言，"知罪"与"认罪"俨然成为避之而不及的"陌生词汇"。近期，河南女作家乔叶推出了她的长篇小说新作《认罪书》，作品从女主人公"金金"的叙述展开，由"现有之罪"回溯"原初之罪"，以交叉叙事结构展开，在现实与记忆的交错中探讨特殊历史时期中社会畸变对于人性隐秘而漫长的侵蚀。

"由面对个人的'小内'，转向了面对群体的'大内'"

记者：在您的许多作品中，女性叙事不仅是故事发展的基本构架，也构成了文本本身充满情感特质的推动力。虽然以一种相对独立的"书中书"的方式来形成结构，但您的新作《认罪书》在情节设置上可以说也沿用了这一特质。对您来说，这种第一人称视角的女性叙事策略有着怎样的重要意义？

乔叶：对读者而言，阅读时第一人称更有贴近感。作为写作者，对我而言，第一人称是可以相对稳定的叙述角度。第一人称有很多局限性，我喜欢这种局限性。对于全知全能的上帝视角，我一直缺乏强有力的叙述自信。因为我知道，我不是上帝，我本身就是那么有局限性，我不能无视自己的局限性。而在《认罪书》中，因为"我"也就是女主人公金金的局限性，小说的悬念和张力才得以慢慢展开和延伸。她不知道的是那么多，所以她会一步步走向真相深处。至于女性叙事策略，因为我是女性，所以这就是一种再自然不过的选择。

记者：与您以往的作品相比，《认罪书》似乎有意识地在做一种由内向外的转变，从以前对于个人心灵的探索逐渐向对于群体心理、时代心理的探索，这方面的转变由何而来？

乔叶：你觉得是在由内向外吗？我觉得是在由内向内，不过是从一种内转向了另一种内，是由面对个人的"小内"，转向了面对群体的"大内"。至于转变的原因，很简单地说，是因为年龄的增长，因为文学经验的丰富，因为思考面的拓宽……各种因素作用下,逐渐不满足于所谓的日常生活书写,想要探究更深层的领域,做出更有质量的表达。而施战军先生在谈及《认罪书》时曾说过一段话,我觉得是很好的典型的评论家式的总结:"随着视野的扩张和写作的成熟,青年作家定会建构出自己的话语世界。置身其中的生活,何尝不是个人与历史血肉相连的旅程。言语、动作、神情、感触……一经沉淀和梳理,'个人'便不再孤立和单薄,自我的人生、经历和经验,不能不和他人的心思以及繁多的关系交织缠绕,从而再自然不过地参与了对生命、时代、历史的精神整合。"

记者:作为长篇小说,《认罪书》的交叉叙事结构无疑对写作者提出了很高要求。多线交叉、多重叙事口吻的叙述结构,也造成了一定的阅读难度。这样的写法在您以往的作品中很少会出现,为什么会采取这样的结构?

乔叶:决定结构的只能是内容。因为小说中的多重叙述口吻,也因为小说里的多重故事情节以及多层次的时间段落,所以我衡量再三,决定采用交叉叙事结构。这是必然的选择。阅读难度是必需的,也是我想要的。我知道这个小说故事性很强,所以担心读者读得过于顺畅,只被故事的洪流裹挟而下。我希望这些难度的存在能够使得读者在阅读的过程中时时稍作停顿,想一想,静一静,然后再继续阅读下去。

记者:就阅读感觉而言,这种多线交叉的结构对读者的注意力也有很高的要求,事件、人物繁多,再加上类似独白的"碎片"和穿插着的"编者注",难免会让读者有一些零碎、无从下手的感觉。身为作者,您是如何看待这个问题的?

乔叶:"碎片"和"编者注"是我刻意设置的,"碎片"是金金在讲述往昔告一段落时回到当下的独白,呈现着与往昔相比她心态和心智的鲜明变化。"编者注"是象征最冷漠、最没有温度、最没有感情色彩的官方话语,用来与那些浓重的个人叙述形成对照关系。这两种形式确实看起来都是零碎,没有耐心的读者可以跳过去不读,只读故事本身。事件也并不算多,只是比较有历史纵深度。参与主体故事叙述的不到十个人,对于一个三十多万字的长篇小说而言,我觉得也不算繁多。如果有读者觉得这都算问题,那当然首先可能是我写得不好,笔力太浅。但话说回来,如果阅读的时候注意力不高,耐心不够,这样的读者也不是我心目中的理想读者——如果没有能力进行深阅读,那么无论读什么作品,阅读质量都很值得怀疑。

"如果不反思和警惕,我们一步就可以回到从前"

记者:在一个访谈中,您曾表示文学需要穿透新闻事件的表面,帮助读者看到人性深处的东西。在《认罪书》的创作过程中,这方面的尝试似乎没有过多深入,夹杂了大量对于社会当下问题乃至新闻事件的录入,甚至搬出对于专家反思"文革"的虚构式访谈,想请教一下这些要素对于作品本身的意义是什么?

乔叶:如果我要以一个新闻事件为主体来写小说,那么我一定会努力让读者从新闻事件中去看到人性深处的东西,但《认罪书》的故事主体不是新闻事件,而是金金、梁知、梅梅、梅好等系列人物的酷烈命运和罪责深究,这些才是小说的主干。一些社会当下问题和新闻事件的录入不过是主干之外的旁逸斜出,它们的作用是侧证主干,当然不能太费笔墨。第359页的访谈是整个小说最重要的那个核。作为小说的一部分,它当然是虚构的,但它所言说的东西又最真实不过了,我觉得。

记者:在阅读作品时,前半部作品对于情感、伦理的笔墨渲染较多,而后半部作品随着"金金"对于过往的执著探索,对于多人物的回溯以一个个片段的形式展开,如果说是突出"罪",就阅读来说,似乎有些刻意,并冲淡了故事性,打乱了原本的叙事节奏。不知您如何理解?

乔叶:我跟朋友开玩笑说过,《认罪书》就是借壳上市。借的是婚外恋的壳,上的认罪的市。因为要借壳,所以前半部要写情感,写伦理,借过了壳,后半部就深入认罪。而所谓的"罪",在作品中是处处都有的,只是需要智慧的读者跟随金金去认知、认证、认定,就是这样。整个小说的故事性太强,能如此冲淡一些也好。我觉得自己做得最不好的地方就是太过刻意。有眼力毒辣的朋友一语中的:"你用力过度。"可要我用力不够我也做不到。

记者:在这部作品中,作为故事的主角、陈述者和情节发展的牵引者,"金金"的重要性毋庸置疑。但也有读者提出,作为一个人物而言,"金金"并不"在场",似乎她的所作所为都是为推动故事发展而服务,而并非传统意义上"故事为塑造人物服务",您如何看待?

乔叶:金金并不在场吗?我觉得她处处在场。她没有在历史的场,在的是当下的场。这个当下在场的人一步步推动故事发展,就是我的初衷所在。我不觉得一定得"故事为塑造人物服务",我觉得故事和人物可以互相服务。金金固然在推动故事发展,不过故事发展到最后,金金不是也脱胎换骨了吗?

记者:《认罪书》并非明确指出"原罪",但作品直指"文革"。书写"文革",却并不站在"文革"当场,而是在当代情景下反思"文革"所带来的持续影响,这在当下的书写中相当罕见且难能可贵。为什么会选择这样的切入角度?

乔叶:"书写'文革',却并不站在'文革'当场",一方面这是我作为写作者的局限决定的。我并不曾亲历"文革",所以进行在场叙述总是觉得胆怯;另一方面,从当下切入也是寻思很久的选择。"文革"已经远去,但正如陈毅之子陈小鲁所言:"其实当下社会还充斥着暴戾之气,'文革'的基因从来没有离我们远去。"亦如十月文艺出版社总编韩敬群先生所言:"路漫漫其修远,吾将上下而求索。对横行与潜伏于历史与我们内心中的罪与恶,更当如是。我曾经以为我们已经度越了从前,其实我们一步就可以回到从前。"正是因为对他们的话有很深的体认,所以我选择了当下角度切入。我们当下的许多问题不是从石头缝里蹦出来的,一切都有源可寻。而我认为,"文革"就是比较切近的一个源头。

记者:从一定程度上说,所"认"的"罪"其实都很难说是实际所陈述的罪状,而是历史特殊时期对于人心和人性造成的畸变。这种畸变潜移默化,可以说间接影响和改变了这一辈人甚至并未受"文革"冲击的下一辈人的思想和行为。不知道这样的理解是否正确?您如何阐释在作品中的这一层蕴意?

乔叶:我觉得您的理解非常正确,这个问题问得也真好,我尝试着来回答一下:正因为这些罪都很难说是上条上款的实际罪状,所以这也正是我想探究和表达的。写这个小说前,我在网上看过一个人物纪录片,叫《我是杀人犯》,主角是在16岁那年杀人的,那一年是1967年。我写的时候想起了这个人,我想:是从那些人直接杀人的角度写呢?还是从谁都没有亲自动手杀人所以谁都可以觉得自己无辜这个角度写呢?最终,我决定,就从后一种角度写。我坚信,"文革"中尽管很多人都杀了人,但是和自认为没有杀人实际上也在杀人的人相比,杀人的人还是少的。自认为没有罪的人一定是绝大多数。这绝大多数是最容易被人原谅和自我原谅的绝大多数,当然也是最爱遗忘的对"文革"最保持沉默的绝大多数。从这个角度写,更微妙,更繁复,也更有我自己认为的意义。这种对自身应当承担的责任去回避、推脱、否定和遗忘的习惯作为我们国民性的一种病毒,一直运行在无数人的血液里,从过去流到今天,还会流向明天。如果不去反思和警惕它的存在,那么,真的,我们一步就可以回到从前。也因此,每当看到"80后"、"90后"对《认罪书》进行阅读和评判的时候,我会尤其感觉欣慰和惊喜。

原载《文学报》2013年12月19日

研究论文选辑

从"寓言"到"传奇"
——致乔叶

郜元宝

乔叶你好：

　　上海作协作家班要我就你的中篇小说《旦角——献给我的河南》（原载《西部·华语文学》2007年第4期，下简称"《旦角》"）写篇评论，我不假思索就答应了。以前看过你的《打火机》、《指甲花开》，也读到关于你的一些评论，自己觉得有些想法，兴许可供你参考，或供别的读者商榷。

　　但我有个习惯，若不将作家全部作品看过，哪怕对具体某部作品已经有了印象，也觉得没有底气说出。我所以总有点滞后，写不了那种短平快的评论。这是我的迟钝，没有办法。

　　这回虽然集中看了你2004年以来十几部中短篇小说，还来不及消化沉淀一番，作协截稿期就到了。这种情况下，无论全面评说你的创作，还是集中谈《旦角》这一篇，都准备得不够，有些仓促上阵的意思，因此我不打算写严格意义上的评论，只想用通信形式随意而谈。

　　说随意，是指我不想将散漫的感想煞有介事组织成一篇论文模样，并非说我就可以随便乱说。即使如此，仍要预先求得你的谅解，因为现在正经八百的评论已经流行开来取得独尊地位，"谈话风"式的批评就显得不够正式，也过于陈腐了。但此刻顾不得这些，只管照直说来吧。

　　你好像很看重《旦角》这篇，特地给它加了副题："——献给我的河南"。其实你其他的作品，尽管没特意点明，多数也以河南为背景：你一直就在刻意经营着你的文学上的河南。

　　这种地域的偏重，当然不是针对国内同胞近年来特别关注"河南人"而发。我甚至看不到这方面的一点痕迹。河南是你生活的地方、你的祖籍，你对它最熟悉，最有感情。写河南在你是自然而然的选择，是主动出击，有感而发，没有任何别的用意。诗人济慈说：

　　　　If poetry comes not as naturally as the
　　　　Leaves to a tree, it had better not
　　　　Come at all (John Keats, 1818)

诗的产生，若非自然而然，
似落木萧萧，那它最好还是
干脆不要产生。

这，也是我看了你的作品后想讲点什么的主要理由。

说来也怪，在全球化信息化的今天，中国作家越来越追求一种取径相反，似乎逆世界潮流而动的地方性。稍微重要一点的作家都在经营着自己生活的某个地方，比如王安忆的上海，贾平凹、陈忠实的陕西，张炜的山东，韩少功的"马桥"（湖南），余华的海盐，苏童的枫杨树街，韩东的南京，刁斗的沈阳，史铁生的北京，方方的武汉，铁凝的河北，李锐的山西，刘醒龙的湖北，莫言的高密东北乡……不知你是否同意，在这方面，我认为河南作家或许最为突出，并形成了传统。远的不说，新时期文学以来先后就出现了张一弓、乔典运的河南，张宇的河南，李佩甫的河南，周大新的河南，阎连科的河南。现在又出现了乔叶的河南。

乔叶的河南和上述河南作家的河南有何不同呢？

这个问题我还真没仔细想过，只是猜想一定很有意思。陈思和老师有个学生姚小雷，现在已是山东大学威海分校教授了，也是河南人，几年前博士论文就专门探讨河南作家的"河南性"。陈老师另一个河南籍学生李丹梦也写过论述当代河南作家民间叙事的博士论文。他们两位回答这个问题，应该更有权威性。我只看到因为经营既久，你的"河南"已颇具规模。你写了省会郑州（比如《打火机》、《最慢的是活着》、《像天堂在放小小的焰火》、《防盗窗》、《良宵》、《最后的爆米花》、《锈锄头》、《轮椅》），也写了县城（《紫蔷薇影楼》、《旦角》）、小镇（《取暖》）、乡里（《指甲花开》、《解决》）和大山深处的村庄（《山楂树》）。你写了"现在时"的河南，也写了它的"过去时"；写了女性，也写了数量可以相等的男性。你写了各种年纪和职业的河南人：老、中、青、少男少女；农民、进城的农民工、工人、干部、军人、编辑、桑拿工、小姐、个体户、画家、豫剧演员、罪犯、闲人。你不仅写了在河南的河南人，也写了在外地的河南人，以及去过外地又回家的河南人。迄今为止你好像有意局限于写河南底层与中层，基本不涉及上流社会（如果有上流社会的话），否则你的河南无论从时间空间还是年龄性别社会阶层上讲，都称得上是一个标准的立体世界了。

也许这就是你写河南的特点？我不敢肯定，只觉得你正力求真实而立体地写出当代河南人的众生百态。你笔下的河南人不仅散布在河南社会各阶层、各地域，而且就像时下真实的河南人一样，他们也是流动的，带着地域背景却并不受地域限制，不再是拘于一隅的被脚下土地牢牢限制的传统河南人。他们身上无疑具有河南人的传统性，但已卷入现代化交通和信息工具维系的流动性世界,具有更大的开放性。

几年前,我在《收获》上读到阎连科的中篇《年月日》,对其中一段关于"世界"的说法印象深刻。大意是说,在"耙耧山脉"农民看来,"世界"总和"外面"联系在一起,"里面"和"外面"长期隔绝,农民熟悉自己凝固不变的"里面"的生活,这个生活无所谓"世界",因为不具有"世界"的那种广延性,只有"外面"才是真正的"世界"。你的中篇小说《最慢的是活着》也发表在《收获》上,也有一段关于"世界"的说法,却让我大吃一惊。那是"奶奶"叫"我"说说"外面的事"时"我"的一段内心独白:"转了这么一大圈,又回到这个小村落,我忽然觉得:世界其实不分什么里外。外面的世界就是里面的世界,里面的世界就是外面的世界,二者从来就没有什么不同。"

我觉得,这段独白一下子就把你和阎连科区别开来,也把文学上一向封闭的"河南"的"世界"给"解构"了。怪不得你对国内同胞近年来对"河南人"的某种集体想象不屑一顾。你之所以并不在乎有关河南人的那些"妖魔化叙事",是因为你已经真切地在自己内心拆除了河南的"里面"和"外面"。换句话说,你将笔下的河南人从过去一些河南作家所描画的河南的"里面"带到河南的"外面",让他们摆脱了地域牵制,获得了别处的中国人也正在获得的无分内外的流动性整体性的"世界"。

说到这里,我突然想起最近读到的抗战时期在中国生活过的英国现代诗人奥顿(W. H. Auden),他在一首诗里这样写到:

A poet's hope:to be,
Like some valley cheese,
Local, but prized elsewhere.

我把这一段试译如下:

一个诗人的愿望:活着,
就像某种产自山谷的奶酪,
是当地的,却也在别处被珍爱。

这其实是冲破国族界线的现代世界文学的经典命题,也是现代世界一个经典的文学理想。用周作人的话说:越是地方的,越是世界的。

但地方的如何成为世界的?特殊的如何成为普遍的?具体地说,河南的如何成为中国的、世界的乃至人类的?

不同的作家采取的策略各不相同。

或者不妨说,你不像过去某些河南作家那样,将预先获得的某种关于"中国"的普遍认知纳入周作人所谓"土气息泥滋味"的本色的"河南",把"外面的世界"纳入"里面"的世界,再把这样做成的与本色的河南已经有些乖离的想象的河南投射出去,成为他们想象的中国的一部分。恰恰相反,我觉得你首先拆除了河南/中国之间的界线,一开始就把河南作为中国当下生活世界的一部分。这样落笔,不仅没有了凝固封闭的河南,也没有了以河南为底色投射出去的那个关于中国的巨大想象,那个杰姆逊所谓的"民族寓言"或夏志清所说的"中国迷思"。

我并不想在你和上两代河南作家之间划出一道鸿沟。也许我上面的观察并不准确,但你们的区别显然是存在的,而这与其说是文学观念的不同,不如照直说,乃是年龄阅历的差异所致。恐怕大家都像尼采所说的那样"忠于地",套用这个句式,当然也都"忠于国",问题是上两代河南作家在成长过程中受到土地拘牵更大,同时他们获得的关于中国的意识形态的先入之见又太多,于是他们的文学劳动某种程度上就是要将意识形态上把握的中国和实际经历的河南这二者拼命弥缝起来。

在他们那个时代,这非常自然,实际上也因此形成了河南作家的特色,尽管值得反思的问题也很多。其中最突出的问题,就是太善于也太喜欢用"土气息泥滋味"来遥拟(阐释)中国;哪怕描写某个封闭的山沟,也要和关于中国的意识形态想象挂钩,仿佛盲人把摸到的一条大腿直接等同于大象。结果,因为太想着报告大象的情况而将象腿扭曲、夸张了,弄成一个个关于中国的大大小小的先知式寓言。

其实也不仅这些河南作家,上几代中国作家集体分享的关于中国的先验想象,也普遍影响到他们对自己所熟悉的"地方"的描写。因为迷信越是地方的越是世界的,就在"越"字上狠下功夫,结果强调地方的特殊性过了头,无法挽回地走向极端性写作。我觉得阎连科近来的一些作品就是一个典型。

我曾经想,对地方特殊性的迷恋,骨子里也还是源于对中国的特殊性的迷恋。上世纪80年代文学不是没有地方色彩,但那时候心态比较开放,普遍承认在地方和中国之外仍有不一样的"世界"存在着。90年代以来,我发现中国作家对这个"世界"的兴趣越来越淡漠。我研究铁凝时发现,她笔下的成功人士,无论男女,刚从"世界"回来,就忙不迭要途经北京,回到某个中原小城。他(她)们认定只有在那里才能获得内心的和平,甚至北京也嫌它太开放了。这种强烈的地方性迷恋,好像是弗洛伊德所谓的人对母亲的子宫的情结,但我总是有点怀疑,当无数颗卫星环绕地球飞行并俯视一切的时候,还有哪个隐秘的单纯空间意义上的所在,像母亲的子宫那样温暖黝黑,可以寄放不安的灵魂?所以我宁可相信,中国文学对地方的迷恋,可能喻示着90年代以来中国作家新起的一种自我认同。可惜这个问题,据我所知至今也还没有引起文学界足够的重视。或者我们的读者也已经习惯于那种从采自深山的一滴水看出全世界的寓言体写作,并习惯于等候寓言体写作特有的那种如期而至的政治刺激与可以无限放大的价值预期了吧。

当然,某些有着萨义德所批评的"东方学"眼光的西方学者和书商恰恰就偏爱中国作家的这种寓言式写作。他们不喜欢在中国人身上看到和他们相同或类似的东西,他们不相信这样的东西也可能反映我们存在的真相,而坚持认为那是我们盲目学习他们的结果。他们更希望在我们身上看到某种只有东方传统或只有革命时代以及后革命时代才有的土特产。

在这个背景下看你的小说,我觉得可以暂时将各式各样先验的"河南"和"中国"搁在一边,直接进入你笔下的家庭、亲情、爱情、友情和个体的记忆与隐秘。即使对群体(比如这几年被炒作得沸沸扬扬的"底层")的描写,你也不会贸然积聚成一个凌驾于个体之上的庞然大物,类似以往所艳称的抽象的"河南"与"中国"(《防盗窗》在这一点上尤其出色)。

这种处理方式或许会丢失某种标志性的"河南性"(姑且借用姚小雷博士的概念),却较能抵达个体的真实。当"中国"和"河南"(或"中原")被换算为真实的个体的存在时,反而容易获得来自新一代读者的普遍同情。

凸显个体,必然需要同时凸显细节,凸显具体场景,凸显与个体所置身的生活场景和所发生的生活细节(包括内心细节)相匹配的个性化的语言。所有这些,正是你小说最有光彩之处。

我很欣赏你对一些大场景或大场面的描写。比如,民间演戏、婚礼、丧礼、宴会……每一涉笔,几乎都可以当"专论"来看:

> 我潜心听着。每个声音的强弱和节奏都不一样,传达出的东西自然也不一样。有的是偶像派,如嫂子。有的是实力派,如月姑。有的则是偶像派加实力派,如四个女儿。这倒是可以原谅的。她们是主力军,哭了这么几天,如果一直靠实力哭下去,谁都受不了。

这是《解决》(《红豆》2005年第7期)对民间丧仪中哭丧场面的描写。再看《旦角》写"响器班":

> 当然这种零零散散的短曲子对响器班来说是显不出本事的。真正的本事就是出殡前的一晚在灵棚前上的这出戏。这叫"白戏",又因为不抹脸装扮,内行的人也叫这"素戏"。第二天亡人就要入土,辛苦了一辈子,再大的对错恩仇都说不得了,他能参与的最后的尘世的热闹也就是这一台戏了。儿女的孝心,亲戚们的情谊,街坊们的送别也都在这台戏的入场里。这才是

响器班最大的用处。天一落黄昏,从八点开始到十二点多,嘴不能停锣鼓不能歇,一分一秒都是功夫。主家的心气和脸面全看这个晚上台上的活儿了。在这片地上,专有不少人喜欢看这台不收钱的戏。夏天摇把蒲扇看,冬天把手袖在棉袄里看,不凉不热的春秋季,嗑着瓜子聊着天看。

更能显示你实力的,或许还是《旦角》中将多个场面多个人群平行烘托、交叉迭现的写法。尤其是台上演员与台下观众镜头不断切割而又交融,认真读下去,真有点《包法利夫人》描写"农展会"那一节的风味。

场面描写需要结构和气势,但细节的精密观察和准确表达乃是前提,否则就成为空洞的热闹。《旦角》写"胖子班主"用假嗓子演唱达到"近于抒情"的效果以及台下有经验的一班老演员善意的理解与批评,还有那个中年演员上台后一边演出一边抓住时机发泄情感,就很可以看出你平时观察揣摩的功夫。写最不能现出演员心理的"台步",也颇能传神尽相:

  唱着唱着,黄羽绒开始走台步。她用手指左转右转地玩弄着莫须有的大辫子,走得很小心,很羞怯,很认真,让人不由不专注地看着她,似乎她下一步就会走错。——其实也谈不上什么错不错,只要不摔跤就都不算错。然而看样子她终究没有走错。

再如《良宵》写前来搓澡的女人的不同类型:

  肤色肥瘦高矮美丑仅是面儿上的不一样,单凭躺着的神态,就可以看出底气的不一样。有的女人,看似静静地躺着,心里的焦躁却在眉眼里烧着。有的女人的静是从身到心真的静,那种静,神定气闲地从每个毛孔冒出来。有的女人嘴巴啰嗦,那种心里的富足却随着溢出了嘴角。有的女人再怎么喧嚣热闹也赶不走身上扎了根的阴沉。更多的女人是小琐碎,小烦恼,小喜乐,小得意……小心思小心事不遮不掩地挂了一头一脑,随便一晃就满身铃铛响。

心理细节不同于动作、神态的细节,偏于抽象,本身就以语言形态呈现出来,所以对语言表现力的要求更高。《最慢的是活着》写"我"在奶奶临死时与丈夫做爱时的心理:

  奶奶,我的亲人,请你原谅我。你要死了,我还是需要挣钱。你要死了,我吃饭还吃得那么香甜。你要死了,我还喜欢看路边盛开的野花。你要死了,我还想和男人做爱。你要死了,我还是要喝汇源果汁、嗑洽洽瓜子,拥有并感受着所有美妙的生之乐趣。

这是我的强韧,也是我的无耻。

请你原谅我。请你,请你一定原谅我。因为,我也必在将来死去。因为,你也曾生活得那么强韧,和无耻。

这种心理细节,或许别人也写过,但如此到位,尚属鲜见。

许多人都说到你的语言。你的语言确实太突出了,不容人不关注。在你的语言面前,我感到充沛、胜任、丰满、流畅、机智乃至急智。许多地方触类旁通,联翩而下,以至用墨如泼,淋漓酣畅。类似的语言气象,男作家里有我熟悉而有些读者早已抱怨吃不消的王蒙的"博士卖驴文体";女作家里,好像在盛可以的某些作品中也可以见到。但你的小说,几乎篇篇都有那种奔涌不息的语言的激流,和倾泻而出的语言的瀑布。

语言的丰富和准确本来是作家的基本功,现在已经成了可以让我们惊喜的珍稀品种了。但我不想在这里过多夸奖你的语言,我倒想说说你的语言可能的不足,尤其是有些时候的失度。

比如《良宵》写桑拿女工回忆自己姓花的前夫的初恋:

要死要活地跟了姓花的,心甘情愿地被他花了,没成想他最终还是应了他的姓,花了心,花花肠子连带着花腔花调,给她弄出了一场又一场的花花事儿。真个是花红柳绿,花拳绣腿,花团锦簇,花枝招展,把她的心裂成了五花八门。

这当然颇能见出语言游戏的智慧,词汇的丰富,但也过于借题发挥了,你把语言的能指玩弄到超出所指内容之外,成为多余的赘疣。个别语词仔细推敲起来,细节上也不免失掉了准头。

另外,你很能调查、收集目前流行的各种聪明的说法,甚至参与这些新时代"精致的调皮"的创造,再把这些生猛"语料"一视同仁分配给你的人物和叙述者。尤其在人物斗嘴之时,打情骂俏之间,或叙述者大面积地交代情况之际。我觉得语言丰富和熟极而流乃是信息时代必然会有的现象,最大的特点就是那种自我繁衍也自我解构的彼此"引用"的互文性:许多精彩的"段子"固然令人一新耳目,却又往往似曾相识,是语言的炫耀,也是语言所宝贵的精华的耗散;似乎表现了很多,最终却并没有真正成功表现什么。就像《旦角》中镶嵌的十九段豫剧戏文,固然可以和眼前当下情景呼应,但毕竟是现成货色,与古人所谓"直寻"所得、与眼前当下情景共生共存的"自铸伟词",毕竟有所不同。(我这里只是打个比喻,并非说你这些戏文在小说中用得不好。)

语言确实是作家最应该有所顾忌的地方。从前周作人告诫新派诗人不要一味地追求语言的"豪华",宁可满足于看似若有不足的"涩味与简单味",道理也就在这里。尤其是如果给叙述者分配太多时新语言,就容易使叙述主体与隐蔽的人群看齐,成为流行的语言信息的播撒者。这就可惜了,因为读者想看到的,乃是既混迹于人群又因其特出的反省力超出人群的那种叙述主体(也是语言的主体)。

当然,如果你自有一套凌驾其上的超越语言,时时调节宰制,有距离地进行适当的反讽、游戏乃至炫耀,也无可厚非,但我现在所谈的显然还并不是这个。总之,在意兴湍飞激情挥洒之际,最要注意的是必要的节制。

和这有关的,是各种具有"奇观"效果的"故事"。不错,你的故事许多是个体的,冲破了关于"河南"和"中国"的先验想象,更贴近生活实际,而不是某种寓言的发生地。但这并不等于说,你的故事就没有陷入另一种夸张变形的危险。

我必须承认,你的故事确实"好看"。你的小说一发表,多家选刊争相转载,"好看"应是原因之一。但"好看"的另一个意思就是"奇特"。我觉得你许多地方都仗着"可巧"二字,而"可巧"二字有好有坏,值得分析。

《良宵》(《人民文学》2008年第2期)写搓澡女工发现自己可巧给前夫的现任妻子和女儿搓澡。《最后的爆米花》(《山花》2008年第2期)写一个老年机关干部,为抓捕奸杀女儿的凶犯,苦心孤诣学会爆米花,到处蹲伏,终于如愿(凶犯家里可巧也是做爆米花的,凶犯可巧不认识老人而老人可巧认得凶犯,又可巧在老人一再设圈套让观众来尝试做爆米花时,凶犯就在人群里,并且真的忍不住非要一显身手)。《解决》写"大哥"嫖娼犯事,托乡下亲戚(也是做小姐的)"丽"去通关子。许多人物都集中在两个爷爷的葬礼上,头绪纷繁,关系错综,大哥麻烦的"解决"(丽出主意并答应找事主说情)只是一个小插曲,与此同时许多问题都随着葬礼的举行(情感的通融)而"解决"了。这一篇结构非常精心,但也还是仗着"可巧"二字。《取暖》(《十月》2005年第2期)写刑满释放的强奸犯(被开除的大学生)除夕从家里赌气外出,来到一个小镇,借宿在一个单身妇女家,她的丈夫因妻子被侮辱而打伤别人因此被判刑蹲监狱,这已经是可巧了。妇女之所以愿意和敢于在除夕收留陌生男人,就因为在他问路时可巧看到他的裤子就是丈夫在监狱里穿的那种制服。《像天堂在放小小的焰火》(《收获》2007年第4期)写云平踢坏了同事张威的要害,张威后来在云平的好心帮助下恢复了功能。同一个"解铃还需系铃人"的模式又在《紫蔷薇影楼》里重现了。《山楂树》写嫁到山里的城里媳妇只身去婆家,在火车上巧遇以前也在那趟列车上见过的画家,该画家是从山里考出去的,现在成了杀死前妻及其情人之后在逃的凶手。两个家庭的平行故事就依靠山楂被牵在一起:城里媳妇喜欢吃山楂,画家前妻因为山楂流产而与画家离婚。这真是巧上加巧了。中篇《最慢的是活着》(《收获》2008年第3期)倒是一直没有巧合,但最后"我"还是可巧遇见了奶奶年轻时的一夜情人!

小说,尤其是中短篇小说,巧合总免不了。许多大师都偏爱巧合。但巧合应该是生活的真实逻辑的凝聚,而不是真实逻辑薄弱之时用来弥补和支撑的东西。如果属于后一种情况,就不容乐观了。比如《最后的爆米花》,开头写老人沉默寡言,很有悬念,"擒凶"的结尾却令人失望,因为那样的开头和那样的结尾太不相称,至少我期待中的老人的真相不应该只有这点。为女儿报仇是天大的事,足以让老人使尽浑身解数,但小说开头铺陈得太好了,似乎允诺我们最后揭秘之时将要展示关于老人自身更多的秘密,而像现在这样写来,老人自己的内容全部被压缩成报仇的坚韧意志了。这样设计精巧的故事,"可巧"二字超过了生活的真实逻辑,使已经写出来的真实也打了折扣。而像《指甲花开》那样不编织奇特的故事只照直铺叙少女心事,或者像《旦角》这样将眼前台下发生的与台上的喜剧关合起来,忘却"可巧"二字,倒更见朴实率真。

关于这个问题,我其实并无多少把握,以上不过略说模糊的感受而已。

好像作协要一篇短文,而我已经拉杂写了不少!但还有一些临时想到的题外话,索性也在这里说一说吧。

老实讲,我越来越觉得自己跟不上你们这一代作家了。我现在宁愿看现代文学,或接近现代作家的当代作家,而有点吃不消上世纪80年代末出自年轻作家之手的当代文学。对90年代"断裂"之后突然茁壮成长的新一代,尤其感到难以适应,尽管我们年龄差距并不大。我的朋友黄昌勇教授说现代作家善于写现实,当代作家喜欢怀旧,他这个发现很有意思。如果让我来比较,我觉得现代文学好比毛笔书写的一封家书,费力费心,但情真意切(尽管往往情真而薄意切而浅),某些当代作品则好像Email、博客,洋洋洒洒,却"难见真的人",因为情虽多而不真,意虽新而不切。我不是说当代作家写得不够好,新近登上文坛的许多优秀作家笔致都比现代的许多作家更洒脱、更丰满、更流畅、更婉转,属于钱钟书、张爱玲和早期丁玲式的精灵一族。但另一方面,我觉得他们太见多识广,见怪不怪,感得太多,说得太易。一种生活,一段经历,一个故事,被他们说出来,总像是在消灭自己之后迎合读者,而不是基于自己的主见向读者发出挑战。再者,我也往往苦于抓不住他们的思想。他们的思想"空空如也",更多是和故事黏合在一起的无形无状漂荡不已的感触。如果他们像前辈作家那样在一个流传有序的思想传统中展开"思想",我就容易捉住,但他们不喜欢这样地"思想"。他们的长处和兴趣都不是"思想",而是多、快、好、省地捕捉和报道当代生活信息,在这种捕捉和报道中获得某种前卫性和权威性的自我感觉——像现代作家习惯于通过"追求真理担当道义"获得同样的自我感觉。

现代作家固然不可一概而论,但因为强大的意识形态的诉求,他们足以炫耀于人前的,往往是进步意识而不是率先真切地捕捉到新的生活现象(他们往往因为意识的作用而虚构生活)。他们要么完全脱离生活,成为意识形态的传声筒,要么因为忠实于当下个体的生活,而与意识形态发生龃龉;由此逐渐获得思想的自觉,取得与思想传统包括意识形态的要求展开对话的能力。

现在的年轻作家也不可一概而论,但因为他们自觉终结了意识形态的诉求(虽然意识形态仍然客观存在),他们足以炫耀于人前并彼此竞争的,就不是观念形态的进步意识,也不是那种可以和意识形态以及思想传统展开积极对话的能力,而是感性形态的新的生活现象——简言之,就是黏合着各种瞬息生灭的细小感觉的新奇百出的"故事"。现代作家因为意识形态的关系显得太有形体,但往往缺乏血肉;目前年轻作家则相反,太有新鲜活脱的血肉,而缺乏思想性的形体的有力支撑。

有人说现在中国文学主要是女作家文学,孤零零几个男作家要么没什么成色,纵有几分成色也是接近女作家的那种成色。女作家担纲唱主角,使中国文学必然冲破"民族寓言"预设,但也丧失了对宏大的集体和时代命题的把握能力。一切都委诸个人,衡诸个人,这是个人的确立,也是个人的膨胀;个人承受无法承受的原本需要集体和时代来承受的问题,结果不仅把问题缩小,甚至根本拒绝了问题。与此同时,如此承受着的个人也将自身的真实性扭曲了,他们轻易地就成为解释一切、理解一切、处理一切、承受一切的先知式的虚幻骄傲的个体。在这样的个体面前,人生固然不再按意识形态硬性规范设计,而是照个体一时感触筹划,生活因此不再是寓言,而是真实的细节的河流,但这条河流容易失去堤坝,四处流泻,无所归依。

坚执思想,蔑视生活,你就可以说,"太阳底下无新事",那样的文学往往沦为观念的演绎和寓言化写作,那样的作家就会躲在自己的思想硬壳里渐渐枯萎。坚执生活之流,蔑视思想和思想必然要遭遇的命中跟定它的问题,你也可以说,"苟日新,日日新",那样的文学往往就是堆砌细节,是炫耀新奇百怪的故事,是并不指向某个思想目标也不参与某个思想传统的随处流传也随处和随时消散的传奇;那样的作家,很容易随波逐流,最终沉没于自己所拥抱的生活之流。

我想聪明的作家不应该听任这两种倾向背道而驰,而应该努力将尊重传统的思想探索与忠实于当下的生活探索融会起来,像大胆地跳入生活海洋那样大胆地踏入古往今来圣经贤传联络而成的思想传统,让思想和生活相互激励,而不是彼此分离不顾。但这种聪明的作家,就要经受莫大的熬炼了。

现代文史上曾经把我上面讲的问题表述为"源"(生活)和"流"(思想文化

的传统)的关系,并认为文学的依托首先是"源","流"只是辅助性次生性的,后来就导致作家的非学者化、"题材(生活)决定论"的偏颇。我觉得今天年轻作家的问题,某种程度上也还是这个历史问题的延续,就是迷信只要抓住当下生活,就抓住了文学的"源头活水",拼命挖掘当下最新的生活现象,在这上面展开竞争,而把与思想史上一些根本问题展开对话、对文学和文化史上的一些经验与传统进行批判的借鉴,都看成"流"而不屑一顾。这种偏颇是把"源流"分得太清楚了,以至于发生误导。尼采说,没有赤裸裸的现实而只有被这样那样解释过的现实,如果是这样的话,所谓"源流"就裹在一起分拆不开了。我们不应该把眼光心思全部集中于当下新起的生活现象,而罔顾贯穿人类历史的基本的思想文化命题。只讲生活不讲思想的写作,正如只炫耀思想和文学形式而漠视生活的写作,都是片面的,它们或许可以轻易造成潮流,引领时尚,但消失得也快。

扯远了!请不要误会,这些题外话并非针对你而发,但我也确实愿意将此时此刻想到的和盘托出,供你参考,说不定什么时候你也会碰到和我一样的困惑呢。

有的作家看评论,有的并不看。评论并不总能也并不总需要冲着创作实际而发,它也可以是朋友的聊天,而聊天是很随意的,如果聊天时每句话都针对聊天者,那就太累,也少有益处。你就把这封信当作一次任意的聊天罢,若能一笑解颐,于愿足矣。

谨祝
秋安

郜元宝
2008 年 10 月 20 日写
2009 年 5 月 13 日改

原载《山花》2009 年第 13 期

乔叶小说创作论

李遇春

一

在新世纪的中国文坛,乔叶是一位逐渐显示出艺术大气象的小说家。乔叶的九十年代是属于散文的,初登文坛的她沉醉于写"美文",这种文体曾让她声名鹊起,但外形上的纤小和骨子里的无力也是毋庸讳言的事实;而乔叶的新世纪显然是属于小说的,她的一系列长、中短篇小说佳作一反其"美文"的亮色,转而着意开掘人性的心理暗角,在依旧唯美的语言外衣下泄露心底的黑色,这种悖反的风格给乔叶的小说带来了极大的艺术张力,乔叶也因此成为了当下中国文坛以心理现实主义为显著特色的女性小说家。

乔叶的小说处女作是发表在《十月》1998年第1期上的短篇《一个下午的延伸》。如今看来,这个最初的尝试实际上给她后来的小说创作奠定了艺术基调。这篇小说讲述了一个女下属与她的男上司之间近乎无痕的婚外恋情,但作者的笔力几乎全部用来描述两个人的这场悄无声息的心理角逐,心理描写曲折有致,心理细节繁复多姿,把男女主人公各自内心深处那块看不见的"黑暗的陆地"①呈现在读者眼前,展现了乔叶在小说创作上的巨大潜能。关于自己为何要从散文转向小说写作,乔叶曾说过这样耐人寻味的话:"小说的种子经过了漫长的埋伏,已然到了最合适的时候,它必得破土而出。而孕育这颗种子的肥料也在我心中经过了充分的发酵,再不写的话,我就会病倒。写散文的这些年里,我把一条条的鲜鱼捧上了餐桌,可作为厨师,我怎么会不知道厨房里还有什么呢:破碎的鱼鳞,鲜红的内脏,暧昧黏缠的腥气,以及尖锐狼藉的骨和刺……如果不诉诸小说,这些东西就会成为我心灵里越来越重的麻烦和越来越深的毒。""感谢小说。它接纳了我的这些麻烦和毒。接纳就够了。接纳本身就意味着调理和医治。我把这些麻烦和毒在小说中释放了出来。……小说慷慨地给了我一片最广袤的空间,任我把心里带罂粟花色调的邪火儿和野性儿开绽出

---

① 〔法〕米歇丽·蒙特雷:《女性本质研究》,张京媛主编:《当代女性主义文学批评》,北京大学出版社,1992年,第422页。

来。——这便是一种最珍贵的精神礼物。"①对于乔叶来说,"好小说是打进大地心脏的利器,能掘出一个个洞来。功力有多深,就能掘多深。……最好能深到看见百米千米地层下的河流、矿藏和岩浆。——如何毫不留情地逼近我们内心的真实,如何把我们最黑暗的那些东西挖出纸面:那些最深沉的悲伤、最隐匿的秘密、最疯狂的梦想、最浑浊的罪恶,如何把这些运出我们的内心,如同煤从地下乘罐而出,然后投入炉中,投入小说的世界,燃烧出蓝紫色的火焰,这便是小说最牵人魂魄的力量和美。"②这就是乔叶的小说观,坚定、鲜明而富于挑战性。小说就是为了挖掘人心的黑暗,就是为了刮骨疗毒,因此小说就是治疗,小说家由此也成了心理医生,无论救死扶伤还是自我疗救,小说都是庄严的精神行动。对于法国著名女性主义小说家西苏的一段话,想必乔叶也会感同身受,西苏说:"我不是那种喜欢黑暗的人,我只是身处黑暗之中。通过生存于黑暗,往返于黑暗,把黑暗付诸文字,我眼前的黑暗似乎澄明起来,或者简单说,它逐渐变得可以接受了。"③正是在对内心黑暗的体验和书写中,乔叶逐步实现着自我心理治疗和精神救赎。

在中国当代文坛能形成自己个性化小说观的作家本不多见,而能锤炼出自己的小说观并在写作中一以贯之的小说家就更属凤毛麟角了。大多数小说家盲目地跟风写作,不但不配引领小说潮流,反而在小说时尚中迷失了自己。而半路出家的乔叶,凭借其鲜明的女性心理现实主义写作,在新世纪乃至于整个新时期的中国文坛迅速找到了属于自己的艺术位置。新时期以来,女性小说家占领了小说界的半壁江山,她们的小说异彩纷呈、争奇斗艳,要想在这个年代的女性小说界赢得一席之地,并不容易。但乔叶做到了,这不难从新时期女性写作的精神谱系或者艺术谱系中分辨出来。大体而言,新时期女性小说写作可以划分为以下三种形态。一种是自恋型写作,八十年代以张洁为代表,进入九十年代又加入了陈染和林白两位女性主义小说家推波助澜。她们的小说都带有强烈的女性自恋色彩,无论是张洁痛苦的女性理想主义,还是陈染和林白激进而执拗的"姐妹情谊",在对当代中国女性自恋心理的开掘上都功不可没。与自恋相对立而构成了另一极的是自渎型写作,这在九十年代末以来的"70后"和"80后"所谓美女作家的笔下屡见不鲜,尤其是名噪一时而后转入沉寂的卫慧和棉棉,她们的小说中充满了当代城市前卫青年女性的自渎或者自毁书写,而

---

① 乔叶:《我和小说》,《我承认我最怕天黑》,山东文艺出版社,2007年,第4页。
② 乔叶:《我和小说》,《我承认我最怕天黑》,山东文艺出版社,2007年,第4页。
③ [法]埃莱娜·西苏:《从潜意识场景到历史场景》,张京媛主编:《当代女性主义文学批评》,北京大学出版社,1992年,第212页。

且在身体写作或者欲望写作的幌子下大肆贩卖残酷的青春物语,至于后继者春树的小说,则有过之而无不及。然而,新时期还有一种特别的女性自审型写作,它介于自恋与自渎之间,虽然也处在自恋的对立面,但毕竟不同于极端的自渎,自渎是自我放逐,是颓废写作,而自审是自我审视和自我审判,以期寻找并重建新的自我,这对于当前的中国女性写作具有不可或缺的意义。毫无疑问,铁凝的小说是新时期女性文学中自审型写作的典范,而在新世纪以来涌现出的女作家中,笔者以为乔叶属于自审型女性写作的后起之秀。

在乔叶迄今发表的大多数小说中,无论是对沦落风尘的城市妓女的变态心理拷问,还是对当代都市白领丽人的畸形婚恋心理透视,抑或是对家族题材中不同代际女性的历史心理挖掘,都带有强烈的女性自审意味。这从乔叶的心理治疗型小说观中可见一斑。乔叶的女性小说无意于借所谓身体写作招徕读者,与生理写作相比,她看重的是心理写作,是对女性深度心理或者潜意识心理场景的描摹,而且这种深度心理描摹与自恋无关,更与自渎无涉,它是一种充满了女性自审精神的心理现实主义形态。与陈染和林白那种自恋型女性写作相比,乔叶的女性小说显然实现了潜意识场景与历史场景描摹的结合,而不是把二者对立或者隔离起来,故而乔叶的小说祛除了自恋型女性写作逸出社会历史场景所带来的幽僻孤峭,而呈现出与读者亲和的状态,所以乔叶的自审型写作显得自然朴实。

即使是与铁凝的同类小说相比,我们也能够看得出乔叶挣脱前辈影响的一种努力。同样是女性的自审,铁凝的小说中有一种挥之不去的原罪感,而在乔叶的小说中,那种浓郁的带有西方宗教色彩的压抑不见了,取而代之的是平实的日常生活心理状态的描摹,其中的优秀之作庶几乎臻于中国化的境界,要知道这种自审型写作基本上是西方文化和文学影响的产物。

二

在乔叶并不算长的小说创作历程中,她对当代城市中的畸形女性边缘群体——妓女的生活和心理进行过集中的艺术观照,她写得最好的两部长篇小说《我是真的热爱你》和《底片》都是所谓妓女题材。事实上,妓女题材在中外文学史上堪称一大母题。这类作品有两种叙事模式比较受人尊重:一是凸现妓女在重要历史关头所表现出的令正常人汗颜的行动,如孔尚任的《桃花扇》写李香君,还有莫泊桑的《羊脂球》,都写出了妓女不让巾帼不让须眉的民族气节,属于宏大的民族国家叙事范畴;另一种则是通过写妓女的悲苦命运,来折射社会的黑暗和国家的腐朽,如老舍的中篇《月牙儿》即是代表,其意在社会批判,而悬置道德或伦理谴责,这一种属于典型的现代启蒙叙事形态。至于站在传统的道德立场上或者以颓废纵欲姿态讲述妓女故事的小说,尽管数量庞杂,但佳作鲜见。

《杜十娘怒沉百宝箱》是中国古代小说史上写妓女人生的名篇,乔叶对这个精彩的古典短篇似乎格外重视,其中一个很重要的原因就在于,这篇妓女题材的小说写出了一个妓女心中真正的爱情,那是一种超凡脱俗的爱情,足以让任何以正人君子自居的女性和男性汗颜。在绝望的时刻杜十娘可以为爱情而死,绝不苟且,坚决不向现实和命运妥协。这可不是一般俗套的殉情模式可比拟的,而且,虽然表面上还未摆脱"始乱终弃"的情爱模式,但骨子里的境界委实有高下之别。乔叶说:"读杜十娘的时候,我不得不落泪。这样一个烟花女子,却有着如此清洁纯粹的爱情精神。我相信,面对她的勇敢与决绝,有太多活在当下的口口声声标榜个性和自由的酷男酷女都会汗颜。""也许对于吃喝穿戴,我们都还能够去讲求完美,但对于情感和内心,我们却更像是烟花女子——早已经见惯了苟且,也习惯了苟且。而杜十娘,她拒绝苟且。她死了。她因为拒绝苟且而死。"①不能不佩服乔叶的犀利,她看得很准,烟花女子杜十娘"拒绝苟且"的精神确实是她足以笑傲人间的资本,而我们所谓正常社会中的红男绿女,却早已见惯了也习惯了苟且,我们在苟且中不能自拔,也不思自拔,我们在苟且中忍辱负重,我们在苟且中随遇而安,"苟且"成了我们的精神底片或者心理原型。用乔叶不无刻薄的话来说,这种苟且心理其实就是所谓"小姐意识"②。曾几何时,妓女这个古老的称谓在当代中国被置换成了"小姐",这显然不是简单的语言或者符号更替,其中隐含了当今国人内心世界中比一般妓女更为苟且的心理,红尘俗世中人已经习惯了在面具下生活,殊不知"小姐"已经无法掩饰妓女的实质,把妓女称作小姐不过是掩耳盗铃的可笑行径罢了。在乔叶看来,比肉体上沦落为妓更可怕的是精神上的沦落为妓,当今中国社会最可怕的事莫过于四处泛滥且无形渗透的"小姐意识"或者"小姐心理"。乔叶写妓女题材的小说由此超越了题材本身,而直抵我们这个时代的中国社会深层心理结构。

这使笔者想起了胡风,胡风是20世纪中国倡导心理现实主义最有力的文艺理论斗士,他坚决反对"对于生活的卖笑的态度"。他说"文艺家如果在主观

---

① 乔叶:《一个女人的自杀史》,《薄荷一样美好的事》,江苏文艺出版社,2010年,第73~74页。
② 乔叶:《我是真的热爱你》后记,长江文艺出版社,2004年,第356页。

精神上失去了方向,在客观现实里面又感受不到人生的迫力"①,那就只能堕落为向读者献媚的写作。卖笑也好,媚俗也罢,都属于写作上的妓女心理,即乔叶所谓"小姐意识"。胡风的文艺观要求作家对生活和人生采取绝不妥协、绝不苟且的价值立场,这是现代中国文学史上现实主义创作中最宝贵的精神传统。乔叶的小说无疑继承了这种精神传统,但她并不像胡风那一代人那样呈现出激烈峻急的战斗型文风,而是采取更为内敛的客观冷静型叙述。她把自己对现实人生的批判情绪隐含在繁密细腻的客观心理现实的描摹中,尽管常常掩盖不住内心挣扎的痛苦。乔叶要致力于反映我们这个时代的心理动态,就必须要承担这个时代的精神痛苦,包括正常人和畸形人(比如妓女)的心理痛苦,更何况这两种人的心理痛苦具有内在的同一性。

  作为一个具有现实担当情怀的作家,乔叶并不满足于对外在现实生活的浅层描绘,她感兴趣的是对女性人物心理现实的复杂描摹。选择当代城市妓女作为书写对象,这种题材显然带有一定风险,容易被误解为欲望化写作的标本之类,不仅如此,选择这种题材也面临着突破既有的叙事模式的难题。乔叶当然无意于写那种有关妓女的宏大民族国家叙事,她甚至也不满足于仅仅是借书写妓女的悲苦命运而对现实社会制度进行批判性的思考,她的艺术贡献在于,客观地、集中地揭示当今中国妓女群体复杂的精神心理状态,尤其是揭示她们沦落为妓的心理轨迹,包括沦落为妓之前和之后的精神变异和心理变迁,其中有她们麻木后的欢乐和清醒时的痛苦,有她们反抗的绝望和惯性的滑行,甚至还有她们偷偷从良后的隐忧和隐痛。虽然乔叶对杜十娘表达了自己的尊敬,但她并不想塑造杜十娘的翻版形象。与杜十娘拒绝苟且的刚烈形象不同,乔叶笔下的妓女形象大致有两种类型比较吸引人们的注意:一种是安于苟且、惯于苟且的妓女形象;另一种是想拒绝苟且而不得的妓女形象。前一种形象以《我是真的热爱你》中的姐姐冷红为代表,作者不仅真实地揭示了冷红沦落为妓的各种现实社会原因,写出了一个清纯的农村姑娘在城市中被迫走上卖淫道路的社会心理逻辑,更重要的是还着力写出了冷红在沦落为妓之后苟且偷生或者谋生的妓女心理,即"小姐意识"。这种惯性心理已经根深蒂固、积重难返,即使是外在客观条件完全允许她改变自己生存状态的时候,她也不想改变或者脱离既定的生活陷阱。总之,乔叶写出了冷红步步陷落的轨迹,深刻地揭示了冷红们由被动到主动,由无奈到迎合,并逐步形成了一套自我心理平衡系统的内在心理机制。与冷红惯于苟且不同,冷紫想拒绝苟且而不可得,她只能清醒地堕落,她想

---

① 胡风:《文艺工作的发展及其努力的方向》,《胡风全集》(第3卷),湖北人民出版社,1999年,第178~180页。

反抗但个人力量太微薄,所以等待她的只有死亡的结局。但冷紫的死不同于杜十娘的死,杜十娘的死是刚烈的拒绝苟且的死,而冷紫的死却笼罩着一层荒谬的色彩。她是遭到一个越狱的抢劫犯的报复而死的,而当初她冒着生命危险举报这个抢劫犯却并没有被社会所肯定和接纳,这不能不说是一出荒诞的悲剧。但毕竟冷紫又是为了救自己的姐姐冷红而被抢劫犯枪杀的,透过冷紫心底浓浓的亲情和她对于爱情的无限希冀,乔叶写出了妓女形象的另一面。正如乔叶所说:"我相信的是:所有人的阳光笑脸下,都有难以触及和丈量的黑暗。当然,我也相信:所有黑暗的角落里,也都有不能泯灭的阳光。"[1]印象中,只有苏童《红粉》中的两个妓女形象——小萼和秋仪在心理类型上与乔叶笔下的冷红与冷紫异曲同工。但与苏童刻画女性时善于写意的飘逸风格相比,乔叶在摹写妓女心理现实的过程中更为精细入微,也更为沉痛!

  长篇小说《底片》中的女主人公刘小丫是一个介于冷红与冷紫之间的妓女形象。这部长篇其实是根据作者的中篇小说《紫蔷薇影楼》改写或扩写而成。这种改写本身就说明了作者对这种题材的迷恋。乔叶感兴趣的是女主人公的心理底片或者精神潜影,她把这种"底片"情结推而广之,以此窥视所谓正常人暗中的心理真相。对于小丫而言,一方面,她在南方城市当妓女的几年里由被动到迎合,逐渐安于苟且和惯于苟且;另一方面,她回到家乡从良嫁人后,想拒绝苟且而不可得。这不光是因为她在故乡重新遭逢了早年的嫖客窦新成,且窦又对她百般勾引;更重要的还在于她的心魔,因为她内心深处的"底片"时刻都有曝光的可能性,它就像一个病毒,只是暂时地被抑制和隔离,一旦出现了外在诱因,便迅即被激活,甚至是复制性的传播。不幸小丫就遭遇到了这种心理困境。尽管她理性上拒绝苟且,但她还是身不由己地做了前嫖客的情人。虽然她对丈夫也心存愧疚,但她无法拒绝内心潜匿的"小姐意识",她欲罢不能,重新走了回头路,由明妓变成了暗娼。她本想回归正常的社会生活秩序,回到光明的世界,但事实证明,一个曾经堕落的人要想获得真正的精神拯救并不容易,黑暗中的阳光原本微弱,而阳光中的黑暗却更加刺目!乔叶的不同凡响在于,她不仅在《我是真的热爱你》中写出了黑暗中的一缕微光,而且在《底片》中又写出了光明背后无边的黑暗。乔叶对当今中国社会中妓女复杂心理现实精细深微的摹写,令人惊叹!

---

[1] 乔叶:《写作的第一道德》,《薄荷一样美好的事》,江苏文艺出版社,2010年,第136页。

三

早在"美文"写作时期,乔叶就对当今中国城市女性的婚恋情感问题表现出了浓厚的兴趣。转行写小说之后,关注城市女性的婚恋心理困境自然也就成了乔叶小说创作的一大母题。身为女性,乔叶习惯于从女性视角透视当今中国社会日益突出的婚恋病象,她的很多小说都涉及婚外恋题材,婚外恋已然成了我们这个时代的城市文明病。乔叶对婚男和婚女婚外出轨的理由有着独到的认识,她说:"婚姻渐渐疲惫,疲惫点却不同。婚男们不满足于熟悉的身体,婚女们不满足于稀释的爱情,因此出轨就有了本质的区别:婚男们最重要的是体验不同于妻子的那个身体,而婚女们则多是为了爱情,最重要的就是爱情,为了重新听到爱情的声音。"①显然,乔叶是一个女性主义的爱情理想主义者,她站在女性的立场上批判性地审视男性的身体欲望诉求。她申明自己特别喜欢杜拉斯的名言"女人就是殉道者",因为爱情就是女人的灵魂,就是女人的道,婚女的出轨大多属于置世俗道德规范于不顾,像飞蛾扑火般为爱情而殉道。但乔叶并没有因此而把自己装扮成为那种自恋型的女性写作者,因为在她的那些婚外恋故事中,乔叶的女性爱情理想只是作为内心深处的终极目标而存在,可望而不可即;相反,她把更多的笔墨用于揭示或者暗示围城中的女性们的深度心理困境。

其实,乔叶关于婚女出轨的小说并不回避女性自身的身体欲望诉求,只不过她不像那些流行小说那样把女性身体书写当作招徕读者的诱饵罢了。与身体出轨相比,乔叶更多关注的是精神出轨,关注的是女性隐秘的心理突围欲望。换句话说,乔叶关注的是隐性出轨而不是显性出轨。这不仅把她的小说与那种专门兜售女性身体隐私的流行小说区别开来,而且把她的小说与那种抗拒男性的自恋型女权主义小说区别开来。就爱情理想主义而言,乔叶也许是传统的,但就女性心理困境而言,乔叶又是绝望的,她的婚女出轨小说在骨子里散发出现代主义气息。她总是不厌其烦地挖掘和描述婚女(亦包括婚男)的深度心理状态,许多微妙而复杂的变态心理和无意识心理状态是乔叶小说中反复表现的话题。作者热衷于对人物进行繁密深刻的心理细节描写②,这种心理细节不同于外在的日常生活细节,后者是具象的,是可以直接感知到的,而前者是抽象

---

① 乔叶:《婚女出轨的理由》,《薄荷一样美好的事》,江苏文艺出版社,2010年,第191页。
② 郜元宝:《从"寓言"到"传奇"——致乔叶》,上海市作家协会编:《姹紫嫣红开遍——上海首届作家研究生班作品集》(上),上海文艺出版社,2009年,第64页。

的,如果没有十分锐敏的心理感受力和洞察力,乃至惊人的语言表现力,一个作者是无法把人物的内在心理细节完整而深入地呈现出来的。而乔叶却具备了这种突出的艺术才华,把女性人物的内在心理状态用精彩的心理细节表现出来是她的强项,她笔下的女性心理细节如同令人眼花缭乱的语言流甚至语言瀑布,常常令人叹为观止,其中渗透的通感或博喻等修辞手段,把乔叶的心理细节描写能力展露无遗。正是通过卓越的心理细节描写,乔叶把当今城市女性出轨心理揭示得淋漓尽致,而且围绕婚女的出轨心理或非常态心理的书写,乔叶实现了更高层面上的对当代城市文明病的批判性审视。乔叶对婚女的深度心理分析是与她在小说创作中追求人性深度的精神旨趣分不开的。人性的压抑和扭曲,身体与灵魂的分裂,作为精神底色埋伏在乔叶的女性心理现实主义书写之中,隐含着强烈的女性自审色彩。

中篇小说《打火机》是乔叶写婚女出轨的一篇代表作。作者没有把这篇小说讲述成一个俗套的婚外恋故事,而是把笔墨集中在对女主人公余真的深度心理开掘上。在余真的内心深处,青春期的一次强暴事件酿成了巨大的心理创伤,使她从一个喜欢玩闹的街头坏女孩陡然间变成了一个沉静斯文的好学生。这种由"坏"到"好"的裂变不过是生活的表象而已,骨子里的余真依然渴望做一个无拘束的"坏孩子"。但她被压抑的"坏毒"只有在脱离正常的生活秩序的时候才能偶露峥嵘,比如在北戴河休闲胜地,她举手投足间的"坏习气"猛然暴露在胡厅长的眼前,难怪胡要说她是一个童年还没有过完的孩子了。于是她半推半就地接受了胡的暧昧调情,因为这个坏男人身上的坏习气与余真身上长期被压抑的破坏冲动有着潜在的默契,余真渴望摆脱日常婚姻平庸状态的内心隐秘在胡的引诱下蓬勃兴起,就像夜晚打火机的微光熠熠生辉。虽然作者说,他们达成的只是"坏与坏的默契情谊",这种情谊"与爱无关"①,但是谁又能否认,女主人公的内心深处的确是残留着对真正的爱情的渴望呢?像余真身上这样被压抑的爱情婚姻心理状态在乔叶的小说中还有过不同的书写,但乔叶并没有简单地重复自己,而是写出了新的特色。比如中篇小说《他一定很爱你》,讲述了婚女小雅与骗子陈歌之间的一场奇异的婚外爱情故事。小雅并非不爱自己的丈夫,但她只是把丈夫当作父亲或者兄长的替代角色看待,他们之间亲情大于爱情,她总觉得自己的人生好像缺了一堂课,即爱情课,因为她与陈歌之间的爱情刚开始就煞了尾。陈歌八年后再度出现,这时的他其实是一个骗子,他也曾尝试着骗过小雅,小雅也警觉地与他保持一种暧昧的距离。事实证明,这个骗子男人欺骗了其他所有与他结识的女人,唯独没有欺骗小雅,这主要不是因

---

①乔叶:《创作之外,小说之内》,《薄荷一样美好的事》,江苏文艺出版社,2010 年,第 158 页。

为小雅的精明和警惕，而是因为陈歌内心深处对小雅充满了爱。作者以第三人称限制性视角，从女性的角度来审视男性，把小雅与陈歌之间博弈和较量的心理现实写得微妙而深透。小说的结局，读者看到的是小雅的自省与领悟，在骗子陈歌的身上，小雅看见了自己世俗心灵中的斑点。就这样，乔叶把世俗的婚外恋故事提升到了女性自审和人性反思的境界。

  长篇小说《爱情互助组》敏锐地介入当前中国城市社会中出现的一种新型的婚姻家庭形态。所谓"爱情互助组"，其实是城市青年男女私下选择的一种过渡性的婚姻方案，按照私密契约，男女双方在婚后继续保持各自寻找爱情的自由，一旦双方都寻找到了理想的爱情伴侣，婚姻即自动解除。这种婚姻往往是隐婚，它的出现，折射了当下中国城市青年男女的精神心理困境。小说中"熟女"宁子冬迫于父母逼婚的压力，与"剩男"耿建组成了家庭，双方亲友都以为他们是因爱情而缔结的婚姻，而实际上两人只是临时组建了一个"爱情互助组"。他们在既定的婚姻家庭内部保持各自的独立性，子冬与老成重逢，但旧情复燃后带给她的是更大的痛苦和欺骗；耿建也与初恋情人安纺邂逅，但他发现两个人之间已失去了真正的信任。他们以友谊的方式构建婚姻，以婚姻的方式寻找爱情，到头来发现所谓的爱情在友谊面前不堪一击，由此他们体会到了人生的虚无与荒谬。与《爱情互助组》表现非常态的婚姻不同，中篇小说《我承认我最怕天黑》（又名《从窗而降》）反映的是离婚女子刘帕的非常态爱情。刘帕不仅拒绝了前夫小罗的多次复婚请求，她还多次拒绝了上司张建宏的暧昧行动，但她却接受了一个民工的性爱，这个破窗而入的民工身上有着张处长所缺乏的野性的激情，他那不计后果的激情与张建宏"浑浊的苛刻与恶劣的投机"形成了截然对比。刘帕在民工的身上奇异地体验到了纯粹的爱情感觉，所以她在民工被现场抓获后敢于为他辩护，这让所有正常的人都表示不解，然而，就在这种不解或者误解中，作品的荒诞意识油然而生。乔叶的城市女性婚恋小说的现代派意味由此可见一斑。

  在乔叶的城市婚恋题材小说中，除了以写实为主的作品之外，还有一类偏重写意的作品，这类小说带有明显的浪漫情绪，或者笼罩着浓郁的诗意氛围。这样说并不意味着乔叶写实性的前一类小说中没有浪漫情绪，事实上，在《打火机》等小说里暗中涌动着强烈的爱情理想主义潜流，只不过与后一类写意性的小说相比，前者的浪漫情绪更加内敛和克制，后者则颇有几分散文化或者诗化小说的神韵。乔叶本是写散文写美文的出身，写这类散文化或者诗化的小说其实是发挥了她的写作特长，同时也增添了她小说创作风格的多样性。这方面的代表作首推中篇小说《山楂树》。少妇爱如在火车上与男画家邂逅，一个返回山乡的婆家探亲，一个是逃回故乡的杀人犯，但直至小说结束，爱如才知晓画家是逃犯,而此前的他们则度过了短暂、温馨而暧昧的一段时光。他们悉数诉说着各自的情感遭遇,这里面有婆媳之间的纷争,也有夫妻之间的裂痕,但一切都在红山楂的诗意语境中被化解了,如同入口的红山楂酸酸甜甜,回味无穷。乔叶说过写这篇小说的初衷,就是她特喜欢前苏联的老歌《山楂树》,但那首老歌抒写的是一个少女在两个男人的爱慕之间犹豫不决的心情,而她的这篇同名小说则写的是一对陌生男女的短暂婚外情谊,虽不免有几分暧昧,但骨子里却渗透出纯美的诗意。用作者的话来说:"其间有理解,理解得有限,也理解得温暖。其间也有意会,意会得隐约,也意会得契合。"①正是这种无法定位的模糊而暧昧的男女情谊,成为了涌动于小说文本字里行间的情感溪流,让读者唏嘘不已。然而,乔叶毕竟是冷峻的,即使是在写意性的诗化小说中,她也没忘记在最后关头予以致命一击,当得知画家是一名杀死妻子及其情人的逃犯时,爱如在丈夫面前已经无法掩饰自己内心的恍惚,这当然可以理解为诗意的消解,也就是浪漫的破碎。

　　乔叶写意性的诗化或散文化小说往往都会设置一个中心意象,如同《山楂树》中的红山楂一样,《那是我写的情书》中出现的是芹菜雨的意象。其实,这部中篇又名《芹菜雨》,小说中女主人公麦子站在地上,迎接房顶上的男子韦抛下来的雨一般的芹菜,那个场景的描绘委实诗意盎然,让人心碎。已婚的麦子因为暗恋韦而给他写了一封匿名的情书,由此加剧了韦的婚姻危机,而韦明知是麦子所为,暗中承受着无尽的痛苦。两个婚内男女之间的婚外恋情被乔叶写得隐忍而缠绵,引而不发,具有强大的心理张力。不过,乔叶并没有轻易赦免笔下的女主人公,作者写到麦子在韦妻被人劫杀的那一晚没有及时报警的细节,虽是一笔带过,却有随时消解小说诗意的力量。尽管短篇小说《像天堂在放小小的焰火》如同标题一样充满了诗意,但天宇中美丽的流星雨暗喻了小说中男女主人公超性别的友谊神话或者爱情神话必将走向破灭的结局。而短篇《月牙泉》也有一个诗意的名字,但在诗意的外衣下却包裹着一对姐妹的婚外私情。作者无意于对婚外情作简单的道德评价,她关心的是女主人公精神生活中的隐秘渴望。诚如作者在散文《月牙泉外》里所言:"它(婚外恋)在婚外,婚姻所有的功能和用处,它都不必考虑。它是最纯粹的那点儿爱,它是最朴素的那点儿爱,它是最简单的那点儿爱,它也是最可怜的那点儿爱。它的存在,除了爱本身以外,不再有任何意味。忽然想起那年我去敦煌看到的月牙泉。月牙泉,它孤零零地汪在那里,如一只无辜的眼睛,让人心疼,仿佛一汪稍纵即逝的奇迹。在

---

① 乔叶:《创作之外,小说之内》,《薄荷一样美好的事》,江苏文艺出版社,2010年,第159页。

我的想象中,真正优质的婚外恋就是这样的奇迹。"①有意思的是,作者把这段文字巧妙地镶嵌进了这篇小说中,可惜小说中姐妹们的婚外恋暧昧掩盖了纯真,这就不是奇迹而是尴尬了。

四

除了另类的妓女题材和常见的婚恋题材之外,乔叶的小说创作中还有一类特殊的"历史"题材,这种题材是相对于前两种题材往往只关注当下中国社会现实而言的,它把笔触深入到现实的背后,延伸到民国时期或者新中国成立后的前三十年间,由此获得了叙述上纵深的历史感。应该说,这类"历史"题材小说的集中出现,预示着乔叶小说创作思想上的深化与日益成熟。尽管在这类小说中她仍然不免要触及到自己喜爱的婚恋情感困境问题,但显然,她的视野更开阔了,不仅历史感在增强,而且生命意识更浓烈了。值得注意的是,除却写知青的《锈锄头》和写抗战的《深呼吸》之外,乔叶的这类"历史"小说主要与她的家族历史相关,所以在广义上又可称之为"家族历史小说"。当然,这样说并不意味着乔叶的这类小说是她的家族历史的真实再现,这就如同说小说是作家的自叙传并不意味着是作者的生活实录一样。我们只能说,这类"家族历史小说"是乔叶对于自己或者他人的家族历史的一种回忆、连接和想象的聚合体。

乔叶的"家族历史小说"都是从女性视角切入的,她关注的是家族历史中不同代际的女性人物的历史命运,以及她们命运之间的历史关联性,由此书写她们的抑或作者自己的深层生命历史体验。自然,这些小说中也少不了男性人物,有时候这些男性人物在小说中也占据着比较重要的地位,但毋庸讳言,他们更多的是作为弱者的形象,甚至是孱弱者形象而出现的,由此也显示出乔叶的家族历史小说具有鲜明的女性意识。然而在笔者看来,乔叶的家族历史小说中的女性意识更重要的还是体现在小说中的时间意识上。乔叶曾经说过一段意味深长的话:"精神生活,真的就是慢的,低的,软的。慢得像银杏的生长。因这慢,我们得以饱满和从容。低得像广袤的大地。因这低,我们得以丰饶和深沉。软得像清水和阳光。因这软,我们得以柔韧和慈悲。而对于我,一个写作者来说,慢的、低的和软的还可以另有意味和解释:慢是人性的本质,低是心灵的根系,软是情感的样态。"②从这些阴性的词语群落中不难发现,乔叶坚守着并不

---

①乔叶:《月牙泉外》,《薄荷一样美好的事》,江苏文艺出版社,2010年,第84页。
②乔叶:《慢的,低的,软的……》,《薄荷一样美好的事》,江苏文艺出版社,2010年,第4页。

同于主流男性写作话语规范的另一种女性文学观,她不屑于接受所谓"更快,更高,更强"的阳性或男性观念,她所理解的精神生活是与现时代快节奏的物化生活样态格格不入的,这种精神生活中隐含着一种女性的时间观。按照法国著名女性主义批评家克里斯多娃的说法,男性时间是线性的时间、历史的时间,有计划有目的的理性时间,它内在于任何给定的文明逻辑或者本体价值之中,因此是一种"强迫性时间";而女性时间与自然节律和生物节律保持一致,是一种非线性、非历史的时间,主观的或心理的非理性时间,这种时间像想象空间一样①。事实上,在乔叶的家族历史小说中,我们看到的正是这种慢节奏的带有神秘色彩的自然循环时间观念。这类小说所折射的精神生活以"慢、低、软"为质地,既是对女性生活或生命史的艺术观照,也是对人类现有物化生活的一种反讽。

中篇小说《最慢的是活着》曾获鲁迅文学奖,这是乔叶的家族历史小说中最有代表性的一部作品。这部中篇的叙述节奏完全符合乔叶"慢、低、软"的文学观和女性时间观,小说中对祖母和"我"的心理细节的内在和外在的刻画都是细腻深入且繁密多姿的,直抵人性最柔软、最饱满、最深沉的地带。这也是乔叶的家族历史小说中最具有自叙传色彩的一部作品,小说中的祖母形象几乎可以看成是作者老祖母的艺术翻版,这在乔叶的散文《没有什么会不见了》中交代得很分明,读者可以把散文中对祖母的人生简述与小说中的祖母形象相比照进行考察,甚至还可以发现散文中阐发哲理和人生感慨的句子与小说中如出一辙②。这部作品中塑造的老祖母王兰香的形象令人难以忘怀。在她80多年的生命里程中经历了太多的历史沧桑,更经受了太多的生命困境,中年亡夫,晚年丧子,在"我"的眼中,她就是整个家族的母亲形象,她早逝的丈夫像她的孩子,她那盛年早亡的儿子在她面前一直就像长不大的孩子,连她的儿媳活到晚年也像一个长不大的女儿,她就是所有人的母亲!她活得"坚韧",也活得"无耻",她与住队干部有过私情,她还愚昧、自私和封建,但她赢得了人们的尊敬,最终也赢得了长大后的"我"的尊敬。她是"我"童年的仇敌,却也是"我"成年后唯一依靠的亲人。"我的新貌,在某种意义上,就是她的陈颜。"尽管"我"和她在外在方面一直在做离心运动,但在内在方面却一直在做向心运动。两个人表面上很远,骨子里却很近。祖母的一切生命细节都"反刍"在"我"现在的日常生活中,她的生命在"我"的生命中复现。在这个意义上,生命成了精神密码的复制和绵

---

① 〔法〕朱莉亚·克里斯多娃:《妇女的时间》,张京媛主编:《当代女性主义文学批评》,北京大学出版社,1992年,第350~351页。
② 乔叶:《没有什么会不见了》,《薄荷一样美好的事》,江苏文艺出版社,2010年,第144~145页。

延。小说所内含的时间观是带有循环色彩和永恒底色的女性时间观,线性的生活叙述掩盖不住神秘的生命叙述。不同代际的两位家族女性的生命史由此实现了内在沟通。

无独有偶,这种用"我"的女性视角来审视上一代人生命史的叙事模式在《解决》、《龙袍》和《轮椅》等小说中也得到了体现。在《解决》中,作者通过"我"的视角审视了祖母与六爷之间的旷古私情,祖父早逝后,祖母把小叔子六爷抚养成人并帮他结婚成家,她和六爷的私生女月姑被独居的三爷收养,直到两位当事人死去,弥留之际的三爷才最终吐露心声,时间成了生命困境最好的"解决"方式。与此同时,在六爷的葬礼上,大哥因嫖妓而导致的麻烦也获得了一种戏剧化的"解决",两相对照,构成了有力的反讽。在《龙袍》中,"我"不再是单纯的叙述者,而是变成了主角之一。小说除了写到父母兄嫂的家事之外,还通过"我"的视角重点写到了老支书老忠,"我"童年时被老忠从啤酒池中救起后,赤身裸体躺在他怀抱中的身体记忆,居然在多年后"我"与老女婿老李同床共枕时神秘地重现了。无论是《解决》还是《龙袍》,作者所要传递的生命历史体验都是神秘的时间力量使然,尽管一个是反讽的,一个是温情的,但生命历史中的精神密码却是相通的,或者人生中并不存在简单的断裂,而是时刻埋伏着生命的玄机。还有《轮椅》,晏琪假装残疾人去体验生活,她所经受的尴尬遭际让她想起了少年时的记忆,那时身患残疾的姑父躺在轮椅里寄居在她家里治病深受厌弃。晏琪终于明白自从少年时看到姑父的残疾身体开始,她就开始厌弃起自己的身体,她成年后四处俘获男人对她的爱情,不过是为了反向补偿她厌弃身体的隐秘心理罢了。显然,《轮椅》中的时间观属于典型的女性时间观,女主人公的生命史拥有非理性的时间体验。

与以上作品偏重写实性不同,《指甲花开》和《旦角》属于乔叶"家族历史小说"中偏重写意性的两部中篇。相对而言,《指甲花开》类似于诗化小说,《旦角》接近散文化小说,前者写得清新灵动,诗境辽远,后者写得华丽丰盈,移步换景,古风弥漫。尽管风格不同,但两部作品的写意性或者寓言性都相当明显,究其实则还是为了反映不同家族历史中不同代际的女性命运,凸显她们在不同历史时期的心理现实或者潜意识场景,揭示她们在历史命运中的精神关联性。《指甲花开》从女孩小春的儿童视角透视了她的母亲柴枝和姨妈柴禾与姥姥柳月香之间两代女性的畸形命运。红红的指甲花美丽动人,但它也是柴枝和柴禾姊妹俩共同的心结和梦魇,更隐含了她们的养母柳月香早年不堪回首的妓女生涯。因染指甲花,柴禾被柴枝绑缚双手,以致被老蔡强暴,由此带来了她日后巨大的心理创伤和不幸的婚姻。老蔡从房顶坠亡后,寡妇柴禾回到娘家居住,而柴枝的丈夫正是当年柴禾的恋人,由此悄然上演了一出畸情剧。她们的隐秘被老母亲所掌握,也被小春所知晓,最后老母亲的人生隐秘也在卒后浮出历史地表。她们的痛苦、耻辱、善良、隐忍和坚韧,如同精神密码或者命运符咒,隐藏在两代并没有血缘的女性的人生历程中。这在第三代女性小春和小青的眼中,仿佛时空倒错,幻化成了不可思议的女性人生之谜。而在《旦角》中,伴随着各种流光溢彩的豫剧旦角粉墨登场,作者穿插叙述了陈双和母亲两代女性之间神秘的命运之缘。母女两代人颇为暗合的不幸爱情婚姻故事,就如同简陋的舞台上走马灯似的旦角变换,在繁华的舞台装里掩饰不住命运的补丁。

在女性视角的家族历史小说之外,乔叶近年来还创作了一些历史感和社会性比较强的小说,如"后知青小说"《锈锄头》、"抗战小说"《深呼吸》、"犯罪小说"《取暖》、"底层小说"《良宵》、"非虚构小说"《盖楼记》等。这些作品中不乏优秀之作,但总体上看,与前面重点论及的三类小说相比较而言,乔叶还处在进一步的艺术拓展中,还正处在形成新的艺术空间和艺术生长点的过程之中。这对一个目前正值小说创作黄金时段的作家来说,既是挑战,更是希望之所在!

原载《华中师范大学学报》(人文社会科学版)2012年第3期

乔叶小说中的世俗心和悲悯心

任 瑜

一

女性作家的文字，通常比较细腻、绵柔，这一特点常被归因于性别因素，因而许多女性书写者，尤其是受"女性主义"影响或有性别反抗意识的写作者，要么有意识地对之加以回避和克制，要么努力追求一种男性化或性别模糊的风格，以求突破性别的局限，扩大自己的文学疆域。写作"美文"出身的乔叶，在小说创作时，对这一特征采取的是顺其自然的态度，不忌讳，也不刻意回避，而是放松笔端随性发挥，反倒使之成为己之所长。她的文字，尤为精细灵透、心思绵密，对人物，尤其是女性人物心理和感受的体察和描写，细致入微，纤毫毕现。

但是，就乔叶近年的作品，如中篇小说集《最慢的是活着》、《失语症》和非虚构长篇小说《拆楼记》而言，这一特长，与其说是由性别而生的天成，不如说是源自对生活的体察、思考和感悟，因为那些细腻、敏锐、轻灵、通透，大多体现、渗透在对日常生活的具体描写之中。比如，《指甲花开》通过少女小春的双眼，讲述了柴禾、柴枝两姐妹的"共事一夫"以及姥姥平凡表象之后的特别人生，对小春敏感细微的少女心思、三人之间的深厚情意所进行的细致渲染，是以女孩子染指甲、种指甲花这种生活小事为引子，以吃饭、睡觉、劳作、过节等家庭生活的细节为经纬的；《叶小灵病史》中叶小灵对城市生活欲求不得欲罢不能的执着、纠结和失落，都具体落实在她与众不同的衣食住行、恋爱结婚生子、卖肉等生活事件之中；《失语症》以尤优千丝万缕的心思和感受来写女人眼里的官场，细腻绵密的叙述围绕着家庭生活的琐细和尤优在丈夫车祸后经历的生活变化而展开；《旦角》在豫剧剧情与现实生活的相互呼应中，细节化地将陈双所体会和观察到的生活的苦涩与现实的无奈娓娓道来；《最慢的是活着》以深厚内敛的情感回忆祖母和"我"共度的生活点滴，在朴实而动人的生活细节中勾画出祖母的平凡人生；《拆楼记》则深入翔实地描写了乡人的生活因拆迁而发生的奇特变化，毫不容情地展示了人性的暗角。

由此也可见乔叶小说另一个显著的特色：从日常生活出发，"从柴米油盐、肥皂、水与太阳之中去找寻实际的人生"（张爱玲语）。其实，不需仔细观察也能发现,乔叶近年的作品,有一个最基本的立足点:世俗生活。从《指甲花开》、《像天堂在放小小的焰火》到《拆楼记》,关注的都是普通之人、寻常之辈,描写的都是日常琐细、世俗人生。小说中的人,像小春、云平、尤优、陈双、祖母等,是乡村少女、小职员、小学老师、打工者、农村老人,也有官员,但最大不过是科长、局长,这些人物在乔叶精微饱满地刻画中,格外熟悉亲切,分明就是我们的左邻右舍、亲朋好友、兄弟姐妹,就是我们每一个人自己。小说中的事,是挣钱、吃饭、穿衣、恋爱,诸等家长里短、人情往来,最轰轰烈烈的,就是离婚、车祸、拆迁,或者老人故去,这些事件经过乔叶精准细致的描绘,尤为真实可感,分明就是我们正在过的最平凡最普通最正常的市井生活。

这样的小说,与现实之间的联结是紧密无间、具体而微的,是生发于生活、扎根于现实的书写。作家王安忆在谈到文学写作的问题时说:"从现实中汲取写作的材料,这抓住了文学,尤其是小说的要领,那就是世俗心。"[①]乔叶的小说充分说明,在她身上,生长着一颗强韧的、生机勃勃的世俗心,所以她才会有如此的热心和细心,去大量捕捉现实生活中的经验和材料,又能以极大的耐心和慧心,将之转化成具体、细密的文字,营造出可信又贴切的叙事效果。

小说中那些家常化、生活化的小细节和小场景,最能显现这颗世俗心的所无不在,比如,唱功精湛、颇有些孤傲的"黑羽绒",沉浸在隐喻自己命运的苦情唱段之中,几近崩溃被人扶下舞台之后,接过最后一块烤得焦黄的红薯,"缓缓地撕掉红薯皮,热气顺着皮掉的地方漾漾地荡出来。黑羽绒用手背擦一把脸,把红薯送到了嘴边"。寒夜中的这块烤红薯,暖的是她的胃,也是她的心。悲痛和凄苦再多再深,也要从艺术回到现实中,用手背擦把脸,继续生活下去(《旦角》);祖母在儿子死后一直躲着不出来,"等到入殓的时候,她才猛然掀开了西里间的门帘,把身子掷到了地上,叫了一声:'我的小胜啊——'"。一个"掷"字,尽显祖母的无尽悲痛。祖母病危,"我"却出去挣钱,回来的深夜在烩面摊吃宵夜,见到炒菜的伙计,"他的眼下有一颗黑痣。如一滴脏兮兮的泪"。这不是伙计脸上的痣,而是混迹尘世的"我"在心底流着的羞惭的泪(《最慢的是活着》)。诸如此类的细节和描写在小说中俯拾即是,仿佛信手拈来,自然而然,简简单单,不过是生活中常见的举动、普通的场景,却是只有敏锐细致的世俗心才能捕捉到的人间烟火,整篇小说就因此变得生动鲜活,有了更浓郁的生活气息和世俗风味。

而这样一段描述则充分显示了这颗世俗心的洞明和锐利:"奶奶,我的亲人,请你原谅我。你要死了,我还是需要挣钱。你要死了,我吃饭还吃得那么香

[①] 王安忆:《导修报告》,《小说界》2006 年第 2 期。

甜。你要死了,我还喜欢看路边盛开的野花。你要死了,我还想和男人做爱。你要死了,我还是要喝汇源果汁、嗑洽洽瓜子,拥有并感受着所有美妙的生之乐趣。"(《最慢的是活着》)这就是乔叶在小说中向我们宣示的生活的真理,真实地活着、真正的生活,正是如此的明确、残酷、无耻、强韧。没有一颗热爱生活、浸淫于生活的世俗心,怎么能写出这般简单具体又无比深刻的生活真相?

怀着这颗强大的世俗心,乔叶的创作正变得越来越"入世"——从由外而内地观察生活变为切入其中、由内而外地分析解剖,也越来越"简单"——从婉约、轻柔的"为赋新词强说愁"到平实、厚重的"欲说还休"。越是深入生活、了解生活、尊重生活,阅历与经验越丰富,小说就会写得越发日常而朴素,因为在小说这个虚构之地,同在现实生活中一样,最普遍最深刻的,往往就是最平常的,最有力最持久的,常常也是最简单的。于是我们就看到了《最慢的是活着》直陈生活的冷暖和明确,深情饱满、张力十足,却是"回忆录"式的素朴平易,《拆楼记》直面人性的不堪和斑杂,真实深切、震撼人心,却有着"纪实"般的直白简洁。这就是那种以朴白写出深切、以个别写出普遍性的小说,它们不仅彰显了乔叶世俗心的强韧有力,更说明了乔叶写作时充足的底气和信心,也标示出她的书写所具有的"化繁为简"的功力以及所达到的"返璞归真"的境界。

也正是这颗世俗心,让乔叶屏蔽了那些脱离现实的虚妄和高蹈,回避了那些宏大话语和极端话语,在写作中踏足于生活的坚实之地,以普通人的世俗生活为基点,用可靠而富有说服力的个人叙事、日常叙事,非常贴合地弥补着小说和事实之间先天的裂缝,举重若轻地在"虚构之地抓住了事实的尾巴"[1],建造出一个具自我风格的现实主义写作根据地——可谓"极致"现实主义的非虚构作品《拆楼记》,即乔叶现实主义书写的又一记鲜明标志。

二

近年来乔叶的小说创作,除了在笔调、风格上越来越"平常",越来越有"老僧说家常话"的淡定从容、言浅意深,还有一个耐人寻味的变化:"无情"话语增多。生活的沧桑、磨难,现实的功利、争斗,人心的贪婪、冷硬,这些"无情"的话语越来越多地出现在乔叶的书写之中。比如,《旦角》中陈双兄妹间不仅亲情淡薄,甚而互相算计。陈双与初恋情人保持暧昧关系,就当枯燥现实中的一个梦,但是这个梦并不白做,她竟是要依仗他的职位,迫前夫还债。这既是陈双的精

---

[1] 乔叶:《坦白从宽》,《小说选刊》2009 年第 10 期。

明和心机,也是她作为生活弱势者的无奈自保;《拥抱至死》中王和规有了以拥抱使人消失的能力,本想用来帮助人,但来雇他拥抱别人的,多是出于仇恨、绝望、算计和谋害的动机。最后王竟然因富招妒,遭遇到了妻女被绑架撕票的残酷结局;《失语症》中的男人们,包括在车祸中身体严重受损的李确,动用各种心机,使出种种明的暗的卑劣的堂皇的手段,不过是为了争夺一个不大的官职;《最慢的是活着》坦诚写出了祖母病重时各人等待甚至盼望她死去的冷硬心态,点出了人们"反正都是要死"的无情现实;《拆楼记》中众人为自身利益而结盟,继而相互背叛,利益各方从费尽心机地暗斗到撕破脸皮地明争,尽现人性之贪恶。

这些生活中的脏和丑、浑浊和可疑、无情与冷酷,即人世中无处不在的"恶"。刘小枫在《拯救与逍遥》一书中说:"恶是人生在世的基本问题,除非像道家、佛家那样让生命退出历史时间,生命不可能不沾恶。任何一种严肃的思想、一种真正的哲学,都不可能不认真对待恶。"①作为一个置身生活、立足现实的写作者,不可能不在作品中写到恶,而且,对生活和人性的理解和描写越深入,作品中的恶就会出现得越多。

然而,风格变冷硬也好,"无情"话语增加也罢,无论怎么变化,在乔叶的小说中,有一样坚固的东西是贯穿始终、一直未变的,那就是乔叶的悲悯之心。在《失语症》的创作谈《坦白从宽》中,乔叶就明确而具体地谈到了自己的悲悯意识:

"在一堵坚硬的墙和一只撞向它的蛋之间,我会永远站在蛋这一边……我们每一个人,都或多或少地,是一枚鸡蛋。我们每一个人,程度或轻或重地,都在面对着一面高大的、坚固的墙。"

这是村上春树获奖演讲里的另一段话。他说他认为的高墙就是体制。而在我的意识里,这堵坚硬的墙,则意味着巨测的命运,意味着我们每个人灵魂中深藏的污浊、脆弱、贪婪、丑陋……面对着这些墙,我们都是一只脆弱的蛋。我们——当然包括《失语症》中的所有人——都在蛋这一边。面对着太多的墙和太多的蛋,我常常觉得怜从中来。不,可怜的不是蛋和墙的斗争。蛋碰向墙,一般都是会碎的。结局似乎早已注定。可是只要有蛋在不断地撞向墙,就不能说已经失败。谁知道最后的结局?谁敢确定最后的结局?我甚至认为:蛋撞向墙这事情本身所意味的东西,就已经足够丰饶。可怜的是什么呢?是蛋和墙的斗争中,还大量夹杂着蛋和蛋之间的疯狂倾

---

① 刘小枫:《拯救与逍遥》(修订本),生活·读书·新知三联书店,2001年,第336页。

轧——不，这还不是最可怜的，最可怜的是：在蛋与蛋之间疯狂倾轧的同时，有无数的蛋还认识不到这种疯狂倾轧的可怜。

可怜，亦可解读为悲悯，这就是我创作过程中贯穿始终的认识。①

这里所说的创作过程，不止是《失语症》这一篇小说，也应包括《旦角》《最慢的是活着》《拆楼记》等。这些作品，虽然是直面丑恶，但更在意于用生活的绵延、生命的强韧来展示生活中的勇气和对生命的信心，更愿意对人性报以尽可能的同情、理解和包容，也更乐意对这个世界怀抱希望、施予温暖。这些，便是乔叶的悲悯之心在作品中的具体表现。

乔叶笔下的人生是平凡的、琐细的，也是坚韧的、绵延不息的。谁能阻挡往复不止、川流不息的生活之流？揭开形式的浅表，所有人的生活，又何曾有本质的不同？就像"我"和"我"的祖母，在日复一日的柴米油盐之中，"我的新貌，在某种意义上，就是她的旧颜。我必须在她的根里成长，她必须在我的身体里复现，如同我和我的孩子，我的孩子和我孩子的孩子，所有人的孩子和所有人孩子的孩子。——活着这件原本最快的事，也因此，变成了最慢。"②最普通最日常的生活，因为这样的传承、接续，具有了巨大、不可阻挡、不可割断的绵延之力。被裹挟于其中的人们，也因此而变得生生不息、韧而不绝，这便是乔叶在小说中昭示并肯定的生活的意义；谁又能反抗强大、莫测的命运？处于生活之流的普通人，由命运所摆布，固然是被动、无奈的，却更是积极、坚强的，即便是面临一片黑暗，他们还是要"跨出自己的脚"，比如失学、丧夫的黑羽绒，在戏剧中寄托和发泄自己的苦和泪，比如中年丧夫老年丧子的祖母，在儿子去世六年之后通过逐渐消肿的心尽情释放了泪水。面对生活的磨耗和命运的叵测，他们是悲痛的，但在具体琐碎的生活中，他们的悲痛也是踏实的，"有着具体的，可触摸的，一圈一圈的纹理，一旦实践，就都是幸福和安慰。哪怕这幸福和安慰十分短暂，也足以让人欣慰"（《旦角》）。一旦有了生活中的简单寄托，那些看着不可调和的疼痛和煎熬，会得到奇异的简化和消解。这种蕴藏于普通人身上、浸透在日常生活之中的力量，是一种"真正的勇"，在乔叶看来，"活着的每个人，每天早上睁开眼睛，面对这个世界的时候，其实都很勇。"（《指甲花开》）因为有这种勇，生命就变得无比强大和坚韧。这正是乔叶小说中所传达并赞美的生命的力量。

---

① 乔叶：《坦白从宽》，《小说选刊》2009 年第 10 期。
② 乔叶：《最慢的是活着》，江苏文艺出版社，2011 年，第 97 页。

三

也许是因为对生活的意义和生命的力量有着积极的肯定和信心,所以乔叶在冷静省察人性之时,能够始终抱以善意的理解。对恶,她当然也是愤怒的,但是,她的愤怒,就像智慧幽默的佘太君对宋王想纳杨八姐为妃的愤怒,不是"闪着寒光的锃锃刀剑,而是一只有温度的巴掌,是暖和的"(《旦角》)。因而她的小说,总是带有人道主义式的温情和宽厚,总会以最大的善意体谅在生活磨碾中的各种存在,并不以简单、绝对的善恶做文章,没有大风浪,也没有大奸恶,每件事,都有其发生的可能性和合理性,每个人,都有出于自身处境的缘由或无奈。即便是在赤裸裸反映现实浑浊、展示人性贪欲的《拆楼记》中,也看不到不分青红皂白的决绝谴责,倒是处处可见对各方立场和苦衷的理解和体谅。因为理解,所以怜悯,所以同情,对人性的暗角和隐疾,乔叶在锐利分析的同时,也饱含同情之意,一句"看在我们都很可怜的份儿上,请原谅我吧。她默默地对所有人说"(《失语症》),已经尽显乔叶的同情之心。是的,在生活的碾压和命运的叵测之中,我们,所有的人,不管善、恶、美、丑,都是可怜的,是需要原谅的。能意识到这一点,已是可贵,能去原谅,则是慈悲了。乔叶通过尤优之口,发出了原谅的请求,也表达了自己同情的谅解,是自省,也是宽宥和包容。

这样的乔叶是不会做绝望之言的,事实上,我们看到的乔叶,即便在毫不容情地解读人情世事的时候,也并不遮蔽美好和希望。她总是情不自禁地为自己的人物安排一些宽慰、给予几丝温暖、增添一些美好:柴禾最终进了祖坟,因为人们毕竟是仁义的(《指甲花开》);祖母的人生有了一位毛干部,苦涩中添加了几丝柔情和浪漫(《最慢的是活着》);历经沧桑的陈双,还有做梦的机会,而生活也正走向她期望的轨道(《旦角》);李确对官职的争夺,毕竟也出于为民众做些事情的动机,而尤优最终还是要去追求自己要想的生活(《失语症》)。也许可以说,尤优过上"水一样柔软和流动的生活,春天的树叶一样的生活"的心愿,也是乔叶对她的人物的希望和祝愿。这希望和美好本身并不宏大高远,不过是真实地活着、平凡地活着,然而在乔叶的眼中和笔下,生命却会因这"最慢的活着"而变得"更加简约,博大,丰美,深邃和慈悲"。这一份温润、深沉的悲悯,是乔叶小说叙事的底色,比恶更普遍也更强有力地真实存在于乔叶的小说之中。的确,恶是生命中的固有成分,让人无可逃避,有时甚至无力抵抗,但最可怕的,并不是没有反抗的能力,而是失去反抗的意愿,或一味沉浸于对恶的控诉,这两者都是被恶所控制,是对恶的投降。难能可贵的是,乔叶的作品,既不以无力反抗为由对恶袖手旁观,也不以反抗恶为由沉浸于道德控诉和伤疤展示,而是以悲悯之心守护着温暖和希望,这种守护,温情而执着,柔弱却有力,正是一种对恶的反抗,是意义丰饶的"蛋撞向墙"。因为这颗贯穿始终的悲悯之心,乔叶的现实主义写作,就不再是对现实世界、对日常生活的简单复制,而是因着对普通人所代表的个体生命的关注,因着对温暖和希望的守护,对现实的反映就被注入了深切而宽厚的精神品质,具有了可珍重的心灵维度,成为对存在的关怀、对灵魂的建设。这样的现实主义,不仅写出了我们的经验,也写出了我们的心灵,具有超越现实之上的意义,正如评论家谢有顺所说:"如果我们把现实主义看作作家精神在场的根本处境的话,你就会发现,它决不像过去那样仅仅是模仿现实的形象,而是为了写出现实更多的可能性;它也决不是简单地复制世界的外在面貌,而是有力地参与到对一个精神世界的建筑之中,并发现它的内在秘密。"①

原载《文艺争鸣》2013 年第 4 期

---

① 谢有顺:《现实主义是作家的根本处境——〈2001 中国最佳中短篇小说选〉》序,《当代作家评论》2002 年第 2 期。

穿越苦难的阴霾
——关于乔叶笔下的"底层叙事"

翟文铖

作为"70后"的主力作家之一,乔叶也注重写底层民众生活的作品,但她并未局限底层生活的苦难与艰辛的书写,而是着力透过苦难勘察人性的奥秘,表现人性的美好。因此她的作品超出了一般"乡下人进城"的叙事模式,把城乡的巨大差别投射到人物的内心世界,表现农村人的身份焦虑、都市情结以及被都市接纳后的欢欣。我以为,乔叶的这些作品克服了当下普遍存在的"苦难焦虑症",触摸到了底层民众的灵魂世界,是值得予以讨论探究的。

一

中国的社会正处在急剧的转型过程中,结构性矛盾日渐突出,社会阶层分化加剧,而底层民众的生活状况是其中一个最为触目惊心的症结。近年来,众多作家在这一问题的处理和书写上体现出了强烈的责任感,写出了数量可观的作品。不过,在大量的此类书写中也存在着表面化和概念化的问题,使这些作品与过去文学史中不时出现的"问题小说"有同样的局限和毛病。比较而言,在这些小说中,乔叶的作品可以说是有值得称道之处的。在她的长篇小说《守口如瓶》、《紫蔷薇影楼》、《良宵》、《锈锄头》、《叶小灵病史》、《防盗窗》、《指甲花开》等中短篇小说中,尽管就对现实的暴露性而论并无太多令人震惊之处,但若就艺术含量而论,则明显有过人之处。

有批评家曾认为,当代底层写作存在"苦难焦虑症","他们的审美理想中似乎隐含着这样一种叙事逻辑:作品要深刻,就必须让它体现出某种极端的情感冲击力;而要使叙事具备这种情感冲击力,就必须让人物呼天抢地、凄苦无边。"[①]在此逻辑之下,作家们一味地比"残酷"、比"心狠",写极度贫穷的威逼,社会不平的碾压,民间伦理的崩毁,邪恶人性的胁迫,在苦难的叠加之下,身处

[①] 洪治纲:《底层写作与苦难焦虑症》,《文艺争鸣》2007年第10期,第43页。

底层的弱势者变得体无完肤。乔叶的作品也涉及苦难,但绝不以"苦肉计"取胜,相反却往往带有一点喜剧色彩。在许多作家笔下,妓女题材的作品都悲悲戚戚、血泪斑斑,乔叶的《紫蔷薇影楼》虽也写妓女,却把故事写得极富戏剧性和传统意味。小说中的刘小丫在少年时自愿做妓女,几年风尘赚得了财富,就收手回到故乡小城,隐瞒历史,帮助老实忠厚的张长河建起了紫蔷薇影楼,并顺利地嫁给了他,过起了良家妇女的生活,一切仿佛尽在掌控之中。但是,往日嫖客窦新成的出现打破了生活的宁静。窦新成对她别有企图,一心从良的刘小丫拒绝了他。窦新成就调动各种行政力量干扰影楼的经营,迫使她就范。刘小丫被迫屈服,却也从中体验到了温馨的呵护和身体的愉悦,甚至怀恋起往日做妓女的美好时光。不料窦新成的老婆嗅到了气息,找上门来大闹,骂小丫是"婊子",一番波折之后,窦新成带着被制服的老婆登门谢罪,小丫的儿子还认了他做干爹。这个故事实际上是陆文夫的《小巷深处》的现代版,不过已经由控诉旧社会歌颂新生活的正剧演化成了一场闹剧,虽有戏谑但不失真实,因为"小人物本身就带着天然的喜剧性,他们的弱点甚至愚昧和他们的不幸与屈辱一起,构成了丰富的人生内涵"①。其实,乔叶真正感兴趣的也不是这外在的喜剧性,而是人物内心的隐痛。刘小丫虽然对自己的卖身生涯并无愧疚,但是妓女毕竟为社会伦理所鄙视。为了获取最为普通的婚姻和家庭,她要依靠一场精心设置的骗局;为了维护这正常的生活,她又不得不接受窦新成的讹诈,而这讹诈本身又成了自己正常生活的一个潜在颠覆因素,由此生出了一系列麻烦。妓女是她逃脱不掉的历史,挣脱不了的身份,她要拼命地隐瞒这个身份,不惜牺牲一切,甚至对于"妓女"之类的词汇她也讳莫如深,所以当窦新成的老婆骂她"婊子"之后,她会找到窦新成用头顶住他没命地撒泼,警告他什么都可以骂,就是不能骂"婊子"。乔叶对《紫蔷薇影楼》的创作相当满意,她曾这样总结:"我真切地找到了她的软,她的痛,她回归正常生活之后的坚定和清晰,暧昧和恍惚。"②说到家,刘小丫的软和痛,都来自她出身底层的先天亏欠,假如刘小丫生在富贵之家,她就没有必要通过妓女生涯换取丰裕的生活。当然,她本可以过普通人的生活,但选择了极端手段赢得财富,这也映射出当代底层世界对物质和欲望的极度渴求,反映了他们的价值取向。

当代底层小说表现的主要是社会学层面的苦难,对这样的题材,乔叶也有所涉猎,比如长篇小说《守口如瓶》(单行本更名为《我是真的热爱你》)对此就有比较充分的表现。冷红的家庭灾难不断,父亲去世、母亲有病、妹妹上学,为

---

① 张清华:《穿越尘埃与冰雪》,西北大学出版社,2010年,第83页。
② 乔叶:《我的文学自传》,《十月》2005年第2期。

了应对家庭困境,她被迫退学到城里做苦工、筛石灰、当服务员,甚至卖血,但菲薄的收入远远不能支付生活的需求。最后,因借了洗浴中心老板方捷的钱,落入圈套,被强暴了,经历一番挣扎之后,她心甘情愿地做起了妓女。妹妹冷紫本要拯救姐姐,却几乎重复了一遍姐姐的命运,沦落风尘。表面看来,是恶劣的社会环境把她们推进了苦难的深渊,但是,乔叶的深刻之处在于,她并不把社会原因看成苦难的真正根源,而是探究了人性的缺陷在苦难中扮演的角色。冷红在失身之后决定开始做妓女的时候,作为导演的方捷对她做了分析。在方捷看来,家庭的不幸、他人的胁迫只是导致冷红堕落的"外在的命",起到决定作用的却是"内在的命":

  内在的命就是你的恐惧。方捷说:当初,你可以拒绝在这儿工作,可是你没有。后来,你被强暴,你可以去告发,你也没有。你和刘先生最开始的时候,你也可以不陪他,你还没有。为什么?
  因为每次都有你在劝我。冷红笑道。
  对,我是劝了你。但是我的劝告并不是命令,你完全可以不听。方捷看了冷红一眼:你听了。因为我的劝告和你的恐惧相吻合了。你没有拒绝我给你的工作,因为你怕欠我的人情。你没有去告发,因为你怕失去名声。你去陪刘先生,因为你怕他报案后你会失去自由。当然,你的这些选择还可以获得一个你很需要的东西,钱。你能否认这些么?①

  苦难貌似完全是外界的强加之物,却有着人性深处的内在依据,人性的灾难和命运的苦难是同构的。在这里,乔叶的笔触已经由单纯的社会批判,转向了对人类灵魂的拷问。循此思路,在乔叶看来,人性的灾难不仅是现实苦难的诱因,而且是人们放弃反抗、忍受苦难的惰性力量。在小说单行本的序言中,乔叶把这种惰性力量概括为"小姐意识":"我惊奇地发现她们(妓女)看待自己生活的态度并不像我想象的那样水深火热,除了回忆起刚进入这行时的情形她们会有些暗淡和难过外,其余的时刻她们都是平静的、认命的,甚至是满足的。她们很快便由无奈变成了主动,由被迫变成了自觉,并且几乎有能力形成一种完整的为人处世规则和一套独立的道德评价系统,为自己寻求着最佳的心理平衡点。"小说中有这样的情节:包括冷红在内的一批妓女被扫黄收监,她们混在一处,讨论着妓女对社会的贡献,嘲讽公安干警的微薄收入,炫耀欲望满足的畅快,毫无自我谴责之意,却颇有些精神上的优越感。乔叶进一步认为,这种"小姐意识"不为妓女所独有,而且是人性的共同弱点,"在物质世界的洪流中,有无

---

① 乔叶:《守口如瓶》,《中国作家》2003 年第 10 期。

数面貌纷纭但实质相近的'小姐意识'隐藏在我们安宁富足的生活背面"。无论人们身处何种苦难或罪恶境地,为了获得内心平衡就需要不断证明自身存在的合法性,并由此形成新的价值标准和行为方式。在此意义上,需要拯救的绝不仅仅是"小姐",而是我们所有的人。中国传统文化,对于人识辨善恶的能力充满了自信,认为"人皆有不忍之心"(《孟子》),只要"反身而诚",按照人的本心办事,就能自然地产生道德行为。乔叶对"小姐意识"的发现,实际上说明人性脆弱,人有不断为自己的行为辩护的本能,却很难持守恒常不变的道德标准。

与"苦难焦虑症"紧密相连的是片面书写人性的丑陋,因为人性黑暗是社会苦难的重要来源。在当代的底层写作中,描摹负面人性的作品数不胜数,或者穷凶极恶,或者阴险狡诈,或者冷漠寡情,却绝少有表现人性之美的作品。有人因此慨叹从这些作品中很少感受到"来自灵魂深处的宽厚、广袤和悲悯,也很少感受到那些人之为人的亲情、荣耀和梦想。它们带给我的,常常是惊悚、绝望、凄迷和无奈,间或还有些堕落式的玩味和暴力化的戏谑"①。乔叶笔下的人性比较复杂,善恶混杂,相互转化往往在一念之间,但在总体上她更愿意表现人性中善的一面。《良宵》中的"她"被丈夫抛弃,生存压力激起了"她"的责任感和独立意识,靠同时干几份工作支撑家庭。她每天晚上都到洗浴中心给人搓澡,也从中收获劳动的充实与愉悦。一天,她给一对生活条件优越的母女搓澡,竟发现她们就是前夫的妻子和孩子。丈夫为了她们而抛弃了自己和儿子,而自己现在却要为她们搓澡,生活就用这种残忍的方式撕扯她的创伤。夺走丈夫的嫉恨、被抛弃的羞辱、谋生的辛酸,强烈的情绪一时间令她难以自持,但她很快控制了自己,以最大的善良与宽容容纳了这一切,像对待普通客人一样对待她们,还呼喊着追出去,送还那个女人遗忘的岫玉镯子。在这个小说里,生活的苦难并没有能够毁灭"她",反而激发了"她"的责任感、自立意识和自尊,最后在宽恕中化解仇恨,把人性提升到了一种新的境界。乔叶对人的理解是积极的、宽容的,在她笔下,即使那些杀人犯、骗子、小偷、强奸犯之类的人物身上,也都存在温柔善良的一面。比如《取暖》,写的是一个刑满释放的强奸犯被父亲逐出家门,"他"随意坐车来到一个小镇,除夕之夜却找不到去处。最后,一个因遭受强奸而生活破碎的女人小春,在知晓"他"身份的情况下,不顾村民的恶意猜忌收留了"他"。当"他"得知小春的遭遇时,深感震惊,并为自己一度骚动的情欲而惭愧。在这些作品中,乔叶把她的主人公放到苦难的深渊之中,让宽容之心化解世俗恩怨,显示出了人性的慈悲和宽广。这些作品达到了一种近乎宗教的精神境界,很容易让我们联想到许地山的《缀网劳蛛》、《商人妇》等优秀之作。有

---

①洪治纲:《底层写作与苦难焦虑症》,《文艺争鸣》2007 年第 10 期,第 39 页。

人也许认为,以美好的人性化解苦难就是回避现实矛盾,在某种程度上起到欺骗作用,但我认为苦难中激发的博大之爱恰恰最能折射出人性的光芒,正因如此,俄罗斯作家向来就喜欢表现"在苦难中爱"的人生至高境界。

二

从内容上看,乔叶的底层小说主要分两类,一类写下层民众生活的艰辛,上述小说都属于这一类;另一类小说则专门写城乡差别问题。城乡差别并不是一个新鲜现象,很久以前就有乡下人进城的故事,乡下人历来都是被鄙视、被嘲讽的对象。在古代,城市主要是政治、文化中心,而近代以来,城市的职能得到了强化,进一步变成了经济中心,因此城乡差距更大了。中国新时期以来的现代化进程,并没有改变城乡二元结构,国家优先发展工业,城市在社会资源配给过程中确立了绝对的优先权,从农村获得了大量廉价的生产、生活资源。在某种程度上可以说,城市的飞速发展是建立在长期牺牲农民利益的基础之上的。城乡差距过大,实际上就构成了一种对立关系,《锈锄头》就这一问题做了探讨。李忠民来到了情人小青的住处,和入室行窃的石二宝撞了个正着,遭到了绑架,一种尖锐的敌对关系形成了。李忠民是靠食品厂发家的城市富商,食品厂的原料自然来自农村;石二宝行窃是因为贫穷,而贫穷的重要根源就是农产品价格过低。表面看来,石二宝与李忠民的对立关系,是由石二宝入室偷窃造成的;从深层看,李忠民这类人的原始资本积累才是这种对立关系形成的根本原因。在此意义上,他们二者的对立隐喻了城乡利益的尖锐冲突。此时对立的强者无疑是石二宝,但接下来一切都发生了逆转。从李忠民收藏的一把锈锄头开始,两个人进行了一番对话,李忠民谈起了自己的知青生活,谈起了农民的淳朴,谈起了乡间生活的艰辛,于是,他们找到了共同的生活经验,产生了共鸣,关系逐步贴近,敌对关系一时化为无形,石二宝不仅告诉了李忠民自己的住址、姓名,还返还了巨额存折。在石二宝最为松懈的一刻,蓄谋已久的李忠民就用那把记载着自己农村经历的锈锄头,给了他致命一击。应该说,返城知青是当下城市与农村真正血肉相连的一族,当年他们带着消灭城乡差别的美好理想踏向农村,和农民兄弟共同经历了一段艰苦岁月。在当代知青作家笔下,他们大都怀有虔诚的"遥远的清平湾"之恋,乡村俨然是精神圣地,农民俨然是再生父母。当年的知青李忠民也表现出了对下乡驻地的怀恋,功成名就之后,他曾回去探望乡亲,拿回了马槽、斗笠和一把锈锄头,摆放在自己的豪华住宅里,表明自己不忘本,对农民兄弟情深义重。但事实证明,一旦和石二宝那样的农民产生尖锐利益冲突的时候,他就会毫不犹豫地为保全自己而致对方于死地——这一刻,中国都市与乡村、富人与穷人之间的巨大鸿沟一下子显露了出来,知青对农民的绵绵深情也在瞬间变得虚伪乏力了。李忠民大约当时就领悟了这一点,成功脱险后他没有重获新生的喜悦,而是颤抖着在那里哭泣不止。故事发展到最后,害人者和被害者已然换位,隐含作者的情感也陡然转折,由对抢劫者的讥讽变成了对一场历史悲剧的震惊。

  城市意味着特权,城市人处处受到国家体制保护,他们占有都市的环境和资源,各种物资优先供给城市,医疗条件、教育条件、生活条件等,都和农村不可同日而语。只有拥有城市户口才能参与工业生产和较高层次的国家管理,获得数倍乃至数十倍于农民的收入,由此,城市人天然地获得了巨大的身份优势和精神优势。对农村人而言,城市意味着现代文明,意味着理想生活,逃离农村、走向都市,成了大多数农村人的共同梦想。乔叶的《叶小灵病史》写的就是一个农村人对现代都市的极度向往。叶小灵生在杨树村,很小的时候,生活在杨树市(和村庄同名的城市)的二姨就把她打扮得花枝招展,村里人都把她看成"生就一个城市坯子"。作为一个农村人,当时还没有打工潮,叶小灵缺乏进城当临时工的门路,因此通向都市的路只有两条:高考和婚姻。叶小灵曾经想方设法到城里念高中,并复读了三年,但还是高考落榜回到农村,第一条道路就这样被堵死了。叶小灵有六年的都市经历,城市生活拉大了她和农村生活的差距,虽然回到农村,她却固执地保持着城市的生活方式:城市是卫生的,她就把自家清扫得一尘不染;城市女孩最爱美,她到地里送"贴晌"还要穿上白裙子打小花伞。通向城市的路还剩下一条,那就是嫁给城市人。一次次相亲,一次次失败,她一度和一个做工人的跛子订了婚——实际上,那一条腿的差距,就是一个农村人和一个城市人社会地位的差距。这种差距毕竟太让人难以接受了,于是叶小灵犹豫再三之后退了彩礼。最后,她嫁给了同村的丁九顺,因为丁九顺给自己订了一份报纸和一份杂志,而报纸和杂志代表一座虚拟的城市。结婚时,她家里有两样东西与众不同:马桶和煤气灶,这两样东西在农村没有用处,却代表了都市的生活方式。此后,生活的困顿迫使叶小灵去卖肉,她每天借进货到心爱的城里转一圈,还在记录账目的小黑板上不断更新食品小常识,卖肉她也要卖出都市文化色彩。她还策划丈夫当上了村委主任,借助丈夫的权力,她把杨树村改造成一个微缩的杨树城,仿照杨树城的大街命名街道,安装了路灯,办起了图书室。不能进城就把乡村仿造成都市,至此,叶小灵的都市情结已经转化为惊人的改造力量。在都市和乡村物质文化巨大差距的映照之下,叶小灵身在农村心在都市,这种人生错位内化为叶小灵灵魂深处的尖锐对抗,使她产生了严重的身份焦虑。令人欣慰的是,这种焦虑并没有导致自暴自弃,而是转化为一种超越精神。由此，她的生活更浪漫了，更有文化品位了，进而转化为一种改造社会的力量。最具有反讽意味的是，在小说的末尾，当杨树村因城市扩建被正式划归都市的时候，叶小灵一下子丧失了理想和目标，生活变得懒散而庸俗了。在当下底层文学中，"乡下人进城"已经变成了一种固定的叙事模式，大致内容无非是写乡下生活的艰难，写对都市生活的向往，写打工生涯的艰难，写无处不在的歧视，表现城乡的巨大差距。乔叶却笔走侧锋，不正面写都市与乡村的差距，而是把一切都投射为叶小灵对现代都市的极度向往，理想不能实现的伤痛，由自卑生出的超越倾向，而所有的创伤都化成了灵魂的闪光。

叶小灵所处的年代，还处于改革开放的初期，城乡之间还保持着计划经济时代的僵硬状态。随着市场经济的深化，农民在城市获得了越来越多的就业机会，在体制上作为市民与农民身份区分的旧有户籍制度开始松动，某种程度上为农民进入城市降低了门槛。乔叶以敏锐的嗅觉抓到了这种时代信息。《防盗窗》就反映了这种社会新变因素。老杠夫妇在家乡生活不下去了，就到郑州打工。租了间门脸房开了个小米线店，渐渐做大。后来他们付了首期，买下了一套三室一厅的房子，买房子能带户口，一家三口就把户口迁到了都市。变成城市户口就意味着他们正式被城市接纳了，从此摆脱了备受歧视的乡下人身份，社会地位发生了巨大变化。回老家迁户口的时候，他享尽了羡慕和荣耀，晚上在被窝里，老杠就拧着牙说："他妈的，老子就是郑州人了！"一句粗话，传达了一个底层民工摆脱身份焦虑后的由衷喜悦。住进新房，老杠雇了另一个在城市打工的小老板给自己装防盗窗。小说用大量的篇幅写安装过程的艰难危险：往上拉的时候卡在四楼，叫土豆的伙计到楼外装空调的地方调整，侧着身体高空作业，用尽全力也没有成功，老板就冒着风险爬出去帮忙，最后总算弄妥帖了。防盗窗老板偷工减料，老杠则借此狠劲杀价，在一番争执之后，双方在一百元上僵持不下。《防盗窗》实际上是一个氛围小说，两个小老板的生活经历被压缩在极少的篇幅里交代，大量的文字正面写安装防盗窗的艰难危险，两个小老板在价钱上的锱铢必较——正是这种吃苦耐劳和近乎吝啬的品格，才使得他们获得了立足都市的资本。当两个男人为了一百元彼此算计的时候，两个人的妻子在后台闲谈，聊起各自在城市谋生的艰难，都眼泪汪汪，最后，老杠的妻子体谅对方吃苦冒险的艰难生活，出面做主，做了让步——这是神来之笔。一个小说写出了他们人性深处的质朴善良，写出了他们同命相怜的悲悯情怀，更写出了农民走向现代都市的艰难历程。

当下文坛的底层叙事，习惯于对下层民众艰难的生存环境予以暴露，批判锋芒直指社会的不公，意义指向主要局限于社会层面。但是，大部分小说重视了社会问题的暴露，而忽视了对艺术的关注。鲁迅先生早有忠告："我以为一切文艺固是宣传,而一切宣传却并非全是文艺,这正如一切花皆有色(我将白也算作色),而凡颜色未必都是花一样。"(鲁迅:《文艺与革命·三闲集》)用今天的话说,鲁迅先生这是在强调"文学性"。追求"文学性",不仅要求形式的上达,而且要有深刻的思想和独特的见解。关于艺术形式,乔叶算得上文体家,此处存而不论。乔叶底层小说在思想层面上的贡献在于,它突破了社会学局限,向底层民众的内在世界深入掘进。她没有简单地把苦难归因于社会不公,而是通过苦难写出了人性的复杂。她不仅深刻地认识到正是受难者自身的弱点构成了苦难的内在根源,而且还表现出了他们在苦难中折射出的人性光辉;她写城乡的差别,却很少正面表现乡下人进城遭受的歧视与磨难,而着力表现乡下人的身份焦虑、都市情结,以及被都市接纳后的欢欣;即便写最为尖锐的城乡对立,最能打动我们的依然不是石二宝被杀的场面,而是李忠民对自己背叛行为的哭泣。可以说,乔叶已经穿越了现实的表象,穿越了苦难的阴霾,直抵底层民众的精神世界,触摸到了他们灵魂内里的隐痛与欢欣,探视到了人性深处的黑暗与光明。

原载《文艺争鸣》2011 年第 16 期

底层女性的生存与精神
——论乔叶的底层叙事

潘 磊

底层文学自2004年前后发轫以来,许多中青年作家都介入进来,形成了一股底层文学创作的潮流。河南女作家乔叶也推出了关注底层的作品——长篇小说《我是真的热爱你》(长江文艺出版社,2004年)和短篇小说《良宵》(《人民文学》2008年第2期)。以女作家特有的细腻与敏感,乔叶聚焦于挣扎在都市边缘的底层女性,书写了社会转型期都市底层女性的生存苦难与精神救赎。

长篇小说《我是真的热爱你》触及到了底层文学的一个敏感问题——乡下少女在城市的"沦陷"。这部小说描摹出了城乡差别语境中乡下少女进入城市之后的命运沉浮与生存现状。孪生姐妹冷红、冷紫出生于贫寒的农村家庭,父亲在一次运煤路上的意外丧命使得这样一个原本就贫寒的家庭即刻陷入窘境,姐姐冷红不得不挑起家庭的重担,进入城市打工。但城市却以它的冷漠拒斥着这样一个只想凭自己的劳动谋生的农村少女。在火车站,她被黑中介骗到一个职业介绍所,在收取了她七十元的中介费(她身上仅有100元钱)后,介绍了两个根本就不打算招人的单位来搪塞她。孤独无助之中,有人让她也去火车站当捐客骗外地来的打工者,善良的她拒绝了——即使身无分文,她也倔强地想凭自己的双手在城市谋得一席之地——她到漂白粉厂工作了,工作的艰辛远远超出了她的想象:为了防止石灰粉腐蚀皮肤,再热的天也必须穿上三层以上的衣服,扎上裤脚衣袖,围紧脖子,嘴上再扣一个笨重的防毒面罩,"汗水像雨一样淋遍全身","无孔不入的石灰粉末和汗水融会时所产生的那种火辣辣的疼。……仿佛有无数个蚂蚁在噬咬着,在细细地,津津有味地,流连忘返地品尝着她用身体创造的一道盛宴。偶尔防毒面罩一松动,一团粉尘便会迎面扑来,把冷红呛得满面泪水"。即便如此,冷红却从中得到了快乐与安慰:对于那些"不务正业"的女孩子,她十分鄙夷,"每次从这些女孩子面前走过的时候她都高高地昂着头"。然而好景不长,厂子倒闭了,重病的母亲和正在上学的妹妹却仍在期待着她,走投无路的冷红走进洗浴中心,沦为"小姐",并最终将妹妹冷紫也拉了进来。

在书写姐妹两人在都市命运沉浮的同时,乔叶也写出了她们成为"小姐"后处处被歧视的悲凉处境：城市排斥她们，乡土文化基于其伦理道德也不再接纳她们。在城市，她们作为"小姐"只不过是被消费的对象，没有做人的尊严，得不到基本的尊重。姐妹俩巧设计谋抓住了警方正在通缉的抢劫犯，为警方破案立了大功，但在所有的报道中，都没有提到冷红和冷紫，在她们要求兑现警方承诺的奖金时，"冷红从他（警察）的表情里看到了答案：对于你们这种人来说，公安机关对你们的事情既往不咎已经是很给面子了，如果还奢望什么奖金，就太不知趣了吧？"连抢劫犯也不能接受自己被两个妓女举报，"如果换上那些规矩过日子的人，这件事我也就认了。可是你们不行，你们太贱了。……至于见义勇为的事儿，你们还没有资格去做。你们太把自己当人了。"在城市被人歧视的她们，在乡村由于其特殊身份同样不被接纳。冷红在做了妓女之后，回到家乡给母亲办葬礼，冷紫和村人都不让冷红给母亲穿"净手鞋"，也不让她执孝子棍，这让冷红内心无比痛苦。

相对于姐妹两人的命运沉浮与悲凉处境，乔叶对她们的救赎之路也给予了极大关注，亲情与爱情对冷红和冷紫的精神救赎成为这部小说的特色。学习成绩优异的妹妹冷紫为了拯救陷入歧途的姐姐，毅然放弃了决定自己重大前程的高考，到洗浴中心时时跟踪监视着冷红以防她与客人接触。沦为"小姐"后，为了满足姐姐挣够一百万的愿望，冷紫违心地在妓女的路途上愈陷愈深，内心充满了矛盾和挣扎——她的堕落是一种清醒的堕落，相对于冷红，她的精神更加痛苦。最后，已不再做"小姐"的冷紫为了拯救被抢劫犯囚禁的冷红而被枪杀，冷紫的死终于唤醒了冷红的良知，她决心放弃过去，重新开始生活。与冷紫以死拯救冷红相比，冷紫与恋人张朝晖的爱情更加理想化。尽管两人的身份悬殊，一个是大学毕业的医生，一个是洗浴中心的"小姐"，张朝晖对冷紫却一往情深，并未改变，这份深厚的感情成为冷紫最终摆脱"小姐"生涯的最重要的动力。正因为如此，这部现实题材的小说泛着某种浪漫色彩，对此，作者乔叶说："我知道这部小说是书生气的，可我想要的，也许正是种书生气。我是一个理想主义者，那种我认为生活中应当有而实际上却没有或者很少有的美好事物一直是我创作中最重要的激情和动力。"①

然而，我们也不得不承认，小说的亲情与爱情救赎是一把双刃剑，它是亮色，让读者觉得美好、温馨；但对于一部反映底层生活的现实题材的长篇小说来说，这种过于理想化、浪漫化的处理影响到了作家对人物的反思与审视，削弱了作品批判现实的力度。没有深入到一个底层妓女的内心世界，来展示她在一步一步沦落过程中复杂的精神挣扎与痛苦，而仅仅将其心灵的矛盾与挣扎归结为

---

① 乔叶：《我是真的热爱你》后记，长江文艺出版社，2004年，第357页。

"有用无用"的论辩——"她越来越发现,有用没用已经成为她衡量事物的一个经常性准则了":在这种"无用"思维的支配下,她放弃了自己的原则成了一个任由他人操纵的木偶。这样的处理大大简化了冷红精神世界的复杂性。乔叶在写作中是有着某种社会批判诉求的,她说:"在物质世界的洪流中,有无数面貌纷纭但实质相近的'小姐意识'隐藏在我们安宁富足的生活背面,在这背面里,良知被麻木失落,真诚被冷漠占有,信任成为最陌生的词语之一,理想成为濒临灭绝的珍稀话题,——甚至成为愚蠢的标志……需要被拯救的,决不仅仅是这些'小姐','小姐'不过是……常常被人们着意托出平面的魔鬼的狂欢聚居地和集中呈现体而已。"①但遗憾的是,由于生活积累和思考力的欠缺,作者的批判不能通过富于生活质感的写实体现出来,而只能代以大段大段的抒情辩论,因此小说的社会批判只是限于牢骚、抱怨,不能深入,难以发掘出这样一个消费时代给人造成的心理冲击和精神困惑。尤其是如冷红一样的乡下女子,她们既非当代都市的主体消费者,也非都市市民,只是飘荡于城市边缘的游民,但难逃消费文化的影响,深陷其中,并被扭曲,迷失自我,其心理和精神上的矛盾和痛苦是巨大的,但作者乔叶并未能在小说中对此给予有力的揭示。老舍的《月牙儿》也是写城市底层贫民女子为生活所迫沦为妓女的故事,但其人物形象塑造和社会批判力度均是《我是真的热爱你》无法企及的。《月牙儿》中底层妓女的形象饱满感人,"我"自尊、要强,母亲为生活所迫做了妓女之后,"我"恨她,但又不能恨,因为她"顾了我们的嘴"。母亲年纪大了,想让"我"做这行代替她来挣钱,"我"不愿意。及至新校长来了,丢掉了文书工作,出去找事又一无所获,"我"才开始原谅母亲。即使如此,"我"仍然洁身自好,被骗取爱情始乱终弃之后,"我"仍不愿沉沦,到了一个小饭馆当了"二号"女招待,"我"不肯学"一号"女招待向客人卖笑。被辞退没有任何生活来源后,"我"幻想能做交际花"浪漫"地挣饭吃,可这只是"我"一厢情愿的幻想,"我"缺乏那种资本。在所有的道路都被堵死之后,"我"才无奈步了母亲的后尘。正因为老舍写出了"我"做妓女心理转换的艰难,映射出了当时的社会没有给底层女性提供生存途径,所以《月牙儿》才有着深厚的社会批判力度。因此,总体来说乔叶的这部长篇并不十分成功,连作者自己也说当年的自己"冒失"了,写了以后才知道写长篇的难处,在没有把握之前,不会再轻易尝试长篇创作②。

相对于长篇小说《我是真的热爱你》,乔叶于 2008 年推出的短篇小说《良宵》则要成熟、圆润许多,是书写底层的佳作。这篇小说在题材上别具一格,讲

---

①乔叶:《我是真的热爱你》后记,长江文艺出版社,2004 年,第 356 页。
②乔叶:《写作引我走向明亮》,http://www.wangcang.gov.cn/html/ar‐ticle/view/1688.html。

述混迹于城市底层角落的一个群体——洗浴中心女搓澡工的故事。从小说的行文看,作者对女搓澡工这一底层群体的生活是非常熟悉的,是做了周详勘察的,从洗浴中心的环境设施到女搓澡工们娴熟地与各色人等周旋推销美容产品再至她们之间的职业行话、家长里短,这一切都在细密的写实中由作者娴熟、从容不迫地娓娓道来。小说构思精巧,仅仅通过"她"在一个晚上的遭遇就揭示出了女搓澡工这一群体的生存状态:"她"依次接触了三类女性的身体:"皱"——老年女性的身体,"棉"——中年女性的身体,"瓶"——少妇的身体。在三种身体的依次叙述中,故事情节也在逐渐演进,并向高潮发展。"皱"引出主人公的家庭纠葛;"棉"叙述了主人公在洗浴中心搓澡以来,由生涩到熟练的历程;"瓶"是故事的高潮,同伴手下的"水"(女孩儿的身体)无意中喊出了爸爸的名字,使"她"发现自己手下的"瓶"女人原来是丈夫后来的妻子。

《良宵》感人至深的是小说所展现的底层女性在苦难中努力保持自尊的生存姿态。乔叶并没有刻意地去渲染底层女性的生存苦难,而是重在揭示其平和、坚韧的生存情怀。小说中的"她",丈夫是一个厂里的推销员,在外面与别的女人有了一个女儿,她却被蒙在鼓里,丈夫与她离婚抛弃了她们母子之后,她才知道他很快又结婚了。离婚不久,她下了岗,生活一下子陷入困顿。为了生活,她只能"使出浑身解数去挣。儿子一天三顿饭少不了,这三顿饭也把她的时间切成了三截。于是她上午去做钟点工,下午去超市买菜,晚上来这里搓澡"。生活如此辛苦,不争气的儿子又迷恋于上网,她既恨儿子又恨自己,用水果刀割腕,被救起之后,母亲劝她想开些,她伤心地对母亲嚷:"想开些,想开些,谁不知道想开些?你们告诉我怎么想开些!"但到洗浴中心做了搓澡工之后,她由最初的不合群到完全融入这里的生活:起初,"她是不爱说话的,后来渐渐地说开了。不说不行,一是整天闷闷的,别人看着别扭,自己也觉得和别人格格不入,合不了群,就孤单生分。而且不说话就只能搓平常的澡,她们行话叫做'普搓',一个普搓她们只能抽三块钱";后来,她日渐老练,学会了观察判断客人的身份,她只要开口,就能成功推销出美容产品,从中得到不少提成。渐渐地,"她"从这份简单、有些"低贱"(她曾被客人骂作"臭搓澡的")的工作中找到了乐趣,"她越来越喜欢这里了。听着客人们的闲言碎语,和这些个搓澡工说说笑笑,一晚一晚就打发过去了。等到客人散尽的时候,她们冲个澡,互相搓搓,孩子般地打打闹闹一番,回到家,倒在床上就睡到天亮。如此这般,夜复一夜,虽然累,却因为有趣,因为挣钱,居然也眨眨眼就过去了",因为愉快,她甚至觉得在洗浴中心的每一晚都是"良宵"。正因为喜欢上了这份工作,"她"在给人搓澡时甚至达到了物我交融的境界,找到了尊严,不再觉得这是一份苦差,"一个又一个身体在她手下娴熟地翻动,脖颈,肩胛,乳房,肋骨,后腰,大腿根儿,小腿背儿,脚指头,手指缝儿……手到之处,泥垢滚滚而下,白花花的肉体前,她居高临下,是技法超群的医生,是手艺出众的厨师,是胸有成竹的导演,是指点江山的统帅,是不可一世的君王"。这一处的描写让人联想到老舍对祥子拉车的诗意描写:"拉过了半年来的,仿佛处处都有了知觉与感情,祥子的一扭腰,一蹲腿,或一直脊背,它都会马上应合着,给祥子以最顺心的帮助,他与它之间没有一点隔膜别扭的地方。"①正因为祥子对车有着深厚的感情,他才从中体会到了莫大的欢欣与快乐。赵园指出:"这是普通人的诗——无论老舍之前还是之后,不曾有人将拉洋车这种劳作写得如此诗意。"②

在这篇小说中,底层女性的救赎力量不是来自于外界——如《我是真的热爱你》中理想化的爱情与亲情,而是来自于自身。对于底层女性而言,外界没有任何救赎之光更是生活的常态,爱情与亲情也无法解决实质性的问题,面对生活的诸多苦难,她们需要自己去背负,自己去化解。正是在这个向度上,这篇小说体现出了乔叶撇开理想化的单纯想象向生活的纵深处开掘的努力。短篇小说《良宵》的精彩和长篇小说《我是真的热爱你》的失败形成了鲜明的对比。《良宵》的成功得益于作者对搓澡女工这一群体生活的熟悉以及精巧的构思。作者在这一方面深厚的生活积累使得这篇小说颇具生活质感。而长篇小说《我是真的热爱你》的缺陷在很大程度上是由于作者缺乏深厚的生活积累,因此不能以富于现实力度的情节来结构小说。更重要的是,《我是真的热爱你》既没有对都市消费文化进行有力的反思与批判,也没有对变革中的乡土文化做出深厚的揭示,这反映出作者思考力的欠缺,而这对于写作长篇小说来讲是至关重要的。

原载《文艺争鸣》2010 年第 13 期

---

① 老舍:《骆驼祥子》,人民文学出版社,1962 年,第 16 页。
② 赵园:《永远的洋车夫——读〈骆驼祥子〉》,《〈中国现当代文学名著导读〉自学指导》,北京大学出版社,2004 年,第 110 页。

乔叶小说中的耻感意识

徐红芹

什么是耻感意识？孟子讲："无羞恶之心，非人也。"羞恶之心，就是耻感。耻感意识是乔叶小说的关键词，也是乔叶小说中人物的普遍感受。活着并不是幸福，活着是一场羞辱。人生并不是一个轻灵的梦境，而是一个挣不脱的牢笼。乔叶小说正是以如此真实有力的笔触沉重地拷问着现代人的生存意义。

一

乔叶的长篇小说《守口如瓶》是一部理念性较强的小说，尽管如此，它还是有着自身独特的价值。它的价值在于它把小说人物的耻之痛公诸世人面前。小说写沦落风尘的姊妹花冷红与冷紫的悲惨生涯。冷红是因为母亲生病、被人诱骗最终当上妓女的，而妹妹冷紫是因为要拯救姐姐而不幸落入虎口。姊妹俩的不同在于冷红甘心做一个妓女，因而是一个快乐的妓女，而冷紫被迫卖身，因而是一个痛苦的妓女。经过一番思想斗争，冷红形成了自己的妓女哲学，她说："妓女是世界上最古老的行业，权势者靠权势生存，骗子靠骗术生存，妓女靠那个地方生存。我们既不伤人，又不骗人，我们为社会提供服务，社会就不应看轻我们。"①而冷紫虽然做了妓女，却并不像她姐姐那样将其职业化，而试图使妓女生涯人性化，她说："妓女也是人。妓女也有尊严，也有爱。"②冷紫努力在风尘之中维护人的尊严，在肉体的沉沦中寻求清醒的爱情，这无疑是痴人说梦，可也正因为此，正因为有耻辱感，她才更接近于一个人。冷红是将自己的耻辱感隐藏在对钞票的幻梦中，最初她是因为贫困而卖身，可是现在她们已积攒了二十七八万元了，她仍然疯狂地出卖青春。为什么？为了生存吗？冷紫说，姐姐是被欲望吞噬了，被虚荣迷惑了，被面子诱导了。冷红的哲学是，妓女不仅仅要生存，更要发展，不仅仅要活着，更要好好地活着，可是她也被一种巨大的耻辱

---

① 乔叶：《守口如瓶》，《中国作家》2003 年第 10 期。
② 乔叶：《守口如瓶》，《中国作家》2003 年第 10 期。

感紧紧地攫住了,那就是绝不允许别人将她的身份公开化。母亲去世那年,她回家奔丧,在村长严厉的目光下,她被剥夺了拿孝子棍的权利。作为长女,她有绝对的权力拿孝子棍;可是作为一个妓女,她只有屈辱地埋下头的资格。作为一个女人,一旦被判为不孝,一旦被命名为"婊子",她还有什么脸面生存于亲人的目光中?她所能做到的,只有疯狂的肉体报复,企求在肉体的沉迷中忘却耻辱。

乔叶的其他小说实际上大多数以这篇小说所奠定的耻辱意识为基础,描写了不同身份、不同层次人物内心的耻辱感,具体说来,主要有三种类型的耻感。

一是强暴者与被强暴者的耻辱感。这主要表现在小说《取暖》、《打火机》等篇什中。《取暖》的主人公是一个强奸犯,小说没有过多叙述他出事的具体过程,只是用父母在这件事上的反应,揭示了他内心无限的屈辱。父亲听说他强奸了一个中年妇女,第一句话就是,这还不如杀个人呢!在他父亲的潜意识里,儿子出了这件事,使他丢尽脸面,他宁可希望儿子去死,也不要将这种屈辱带给他。因此,当他大年三十从牢里被放出来后,却是有家不能回,母亲看过他一次,可是她只是哭,那眼中流出的何止是耻辱的眼泪啊,那简直是在祭奠虽生犹死的儿子。小说的主人公走向寒风中的大街,把屈辱冻死在寒冷中,把屈辱抛掷在大街上。而另一女主人公阿春则是一个被人强暴过的女人。她现在虽然开着一家饭店,可是不得不承受丈夫在押与村人凌辱的目光。村人对他说:"去阿春家吧!""阿春家好着呢!"这些暧昧的言词与猥亵的语气深刻反映出他们对一个被人强暴过的女子的极度轻蔑。他们认为女人一旦被强暴,就已失去了做人的尊严,任何人都可以看轻她、侮辱她、嘲笑她,甚至玩弄她。小说中的阿春就是在这样一个环境里含辱忍垢地生活,她默默地背负着自己的耻辱,承受着生活的磨难,同时也坚韧地生存着、活着并爱着。《打火机》中的余真则是为了挣脱十六岁那年被强暴的记忆而付出多年的努力,强迫自己成为众人认可的"好"的俘虏,却永远地失去了本属于她的自由与快乐。

二是残障者肉体与精神上的双重耻辱。这主要反映在小说《轮椅》中。故事的结构是独具匠心的,一位在社会上已经颇有成绩的女记者不无调侃之意地面对生活,兴致勃勃地参加了报社组织的"一米高度看安城"的社会调查,可当她真正地坐到轮椅上,全心全意地去体验生活时,才发现最大的心痛不仅是身体的不便带来的麻烦与沮丧,更是社会上对残障人士的歧视居然如此严重。街上行人的异样的目光,刻意规避地排斥,超市里售货小姐的没有掩饰的不信任与嘲弄,故友相逢的尴尬与虚伪的关怀,即使是最亲密的爱人也会在瞬间理智地调整好自己的言词,拉开彼此的距离。所有貌似温情脉脉、情深义重的面纱被这戏剧性的设计轻轻揭开,惨白得耀眼却又真实得让人恐惧。更为深刻的用笔还在于作者不仅捕捉到了常人对残障人士的歧视与伤害,还敏锐地体察到了那些真正的残障人士,他们的或多或少的变异了的心理状况与生活态度,有几个人能真正超脱这种肉体的隐痛?不过是故作达观、掩人耳目罢了,他们深知自己的卑微,看透了自己对亲人的沉重,只能委曲求全地生活在这残缺的世界,以比谁都更清楚的程度,一夜一夜地感知着死亡。这种肉体与精神上的双重耻辱正是常人所无法理解与领会的啊!

三是杀人者产生行凶动机的耻辱感。这主要反映在小说《锈锄头》中。这部作品写了一个收破烂的农民石二宝在入室行窃时,被突然返回的主人——民营企业家李忠民砍杀的故事。石二宝是从农村流浪到城里的庄稼汉,他大半生抱着锄头锄地,却最终被锄头砍死。他不甘心于做个农民,在农村,土地越来越少,教育医药的开支却越来越大,小小的锄头再也刨不出一家人的口粮,所以他来到城里收破烂兼干私活。主人李忠民是一个返城知青,他曾在农村度过一段痛苦但十分有教益的时光,他返城后运用锄头给予他的智慧发了家,成了一个家资百万的暴发户,并包养了一个"二奶"小青。可是他万万没有想到的是,在石二宝的洗劫中,竟翻拣出小青私藏的五十万元支票和一个假阳具。他是众人眼中的成功人士,却被自己心爱的女人所骗,他的价值比不过几张支票,甚至连假阳具都不如。他的自尊心遭到前所未有的摧残,他在一个收破烂的人面前丢尽颜面,饱受屈辱,他举起了锈锄头,砍死的不仅仅是一个人,更是一个女人带给他的耻辱。

二

乔叶小说中人物的耻辱感,具有多重的痛感。陷入耻辱中的人物,仿佛掉进了一个命运的漩涡,只能做徒劳的挣扎,一切努力都无济于事。乔叶小说之所以取得成功还在于她大胆细腻地揭示了产生多重耻辱感的原因。

首先是小说人物的身体意识。"身体"是乔叶小说潜在的主人公,妓女被人使用的身体,遭强暴者被人玷污的身体,残障者被人轻蔑的身体,性无能者被人鄙视的身体。在乔叶小说中,身体一直处于被言说的中心,正因为身体的存在,人物耻辱感就越加明显。长篇小说《守口如瓶》(单行本更名为《我是真的热爱你》)中冷红与冷紫失身的过程,用小说中雅娟的话说,一个是文戏,一个是武戏。文戏就是用迷魂汤灌醉,使其在不自觉的情况下失身,武戏就是用暴力强制使其就范而失去贞操。冷红与冷紫都是在极不情愿的情况下被方捷诱骗的女孩。冷红在失身之后,想狂叫,想杀人,可是她无能为力。她默默地看着自己的身体,"这就是她的身体么?这就是她浸透了一梦梦的爱情未来还没来得及羞涩交付的身体么?这就是她挥洒了一雨雨的咸涩汗水也不曾想过要拿去交换什么的身体么?这就是她输出了一脉脉的鲜红血液也不曾想去要拿去作价诱惑的身体么?她一生以为这是她灵魂的载体。她一直觉得什么都不能和这个身体相比。她一直那么深深地为自己欣慰着,骄傲着,觉得在身体这个问题上,自己为自己做了最高价值和最有意义的事情。"可是,当纯洁的身体被人玷污,她才发现身体可以作为买卖的资本,在这个吃人的世界里,身体已无从逃遁。而冷紫失身那天,"她那么直挺挺地躺在那里,身体上罩着一角被单。丰满修长的腿和娇嫩白皙的胳膊都露在被单之外。"①可是到处都说明冷紫被强暴的过程,"她的手上有几块青黑的印迹,小臂上也有,脖颈上也有几道淡红色的血痕。"②冷红与冷紫失身之后,冷红是以欣赏的姿态打量自己的身体,冷紫却是以冷漠的心情厌恶地拒绝着自己的身体。冷红对自己失身之后的价值评判是这有没有用,冷紫对自己失身的价值评判是这里有没有人性。冷红实利主义的身体观与冷紫人性主义的身体意识最终使冷红成为一个纯粹的职业化妓女,而冷紫在做一个痛苦的妓女的同时,仍然保存着人的光芒。

其次是小说人物无处不在的目光意识。乔叶小说中的人物经常处于"看"与"被看"之中。人物以各种暧昧的、狭狎的、同情的或冷酷的眼光看别人,同时也被人看。冷紫在被嫖客剥光衣服之后,觉得自己就像屠夫放置在案板上的一副猪肉,被顾客赤裸裸的目光打量着,而她也要以另一种方式屠宰嫖客,以一种疯狂报复的手段惩罚被人看的痛苦。冷紫虽然做着妓女,可她却是一个清醒的妓女。"她有一种奇妙的感觉一直没有向人说。她一直觉得,她的身体里,有一只很大很亮的眼睛。任何时候,这只眼睛都在睁着。她不是没有努力让这只眼睛闭上,可是从来没有成功过。这是一只让她惊恐的眼睛。"③正是这只眼睛使冷紫清醒,使冷紫痛苦。"肉体已经堕落,精神还在挣扎。"这只睁开的眼睛使冷紫真正意识到耻辱的存在,恐惧的威胁。在小说《锈锄头》中,李忠民最不能忍受的是,自己心爱女人欺骗自己的物什被一个陌生的男人用目光玩弄过,而自己也正被这个男人用目光剥开,一层层地鉴赏着。女人的身体是一次性包装,男人的尊严又何尝不是呢?一旦被人戳穿,任你再有金钱与权势,都会被人耻笑。李忠民最后抡起锄头砍杀的是石二宝的身体,又何尝不是石二宝肆无忌惮的眼睛。

---

① 乔叶:《守口如瓶》,《中国作家》2003 年第 10 期。
② 乔叶:《守口如瓶》,《中国作家》2003 年第 10 期。
③ 乔叶:《守口如瓶》,《中国作家》2003 年第 10 期。

再者是传统文化中的性道德意识。乔叶小说人物的耻辱感另一个重要来源是性道德意识。作为妓女,尊严是最不值钱的东西,可是冷紫却不这么认为,她认为,妓女也是人,也应有最起码的性道德意识。当嫖客将她和她姐姐一起召来,做双飞式游戏。她震惊了,她想吐,她想吐出自己的胃、自己的肝、自己身体中的一切。她觉得耻辱,她觉得一种东西被人摧残着。"一个人,也许能承受隐匿的羞辱,却往往不能忍受一丁点公开的蔑视;能承受角落单独的欺凌,却会反抗两个人以上在场的嘲弄——耻辱的程度。这也是一种自尊心,它是面子的同类品,是虚拟的,然而尽管它是虚拟的,但是对于许多人来说,却也是足以致命的。"①对冷紫来说,耻辱莫过于杀死一个人的尊严,它真的比杀一个人还要可恶。小说《紫蔷薇影楼》写一个弃娼从良的女人小丫在昔日的嫖客认出自己时,她强作镇定,尽力回避,然而最后还是不得不献上自己的身体。嫖客窦新成的老婆冯玉娟怀疑到此事,强迫小丫试戴窦新成为她买的黑色乳罩。小丫在另一个女人的目光逼视下开始脱衣服,她感到莫大的耻辱,这一行为甚至比所有嫖客加在她身上的耻辱更大。这是赤裸裸的耻辱,是言语之上的耻辱。她走出楼房,很小心地一格一格走着,告诉自己千万别崴了脚,可是快到一层的时候,她还是踩了空。这种强作平静的姿态其实暗示出小丫弃良从娼的艰难与苦涩。冯玉娟对小丫性道德上的摧残,使她力图在心底建立起来的自尊心彻底崩溃。崴脚的动作象征自尊心倒塌,一个人一旦被击溃了性道德,那还有什么可以言说呢?

最后是生命深处潜隐的存在意识。乔叶小说人物的耻辱感还来自存在的缺憾。海德格尔在《存在与虚无》中说,人的存在是向无限广大的虚无世界不断跃入的过程。可是实际上,人的存在是一个巨大的缺憾。冷红与冷紫失身之后,是不是一定要做妓女?做妓女难道一定就是她们的命吗?她们之所以别无选择,是因为现实社会里浓厚的妓女文化,冷红失身之后方捷过来诱导她的实利主义妓女观,冷紫失身之后冷红又给她讲述自己的实用主义妓女观,因此她们都没有走出成为妓女的命运。冷红说她们挣钱的目标是一百万,她们已经有二十七八万了,这对普通女孩已是天方夜谭,可是被欲望攫住了心的冷红,不断地向那个吞噬自己的虚无世界跳跃,她要带着冷紫试图用金钱盛起梦的楼台填补自己身体与心灵的缺憾。小说《轮椅》中残障人身体是残缺的,因此他们就寻求精神上的陶醉。那位轮椅上的老太太对女记者大讲自己的幸福生活。女记者忽然意识到:"如果幸福的话,她也就不需要对人宣讲自己的幸福,宣讲的人

---

① 乔叶:《守口如瓶》,《中国作家》2003 年第 10 期。

往往是为了让自己倾听,之所以想让自己倾听,是因为这声音还不够强大。"①轮椅上的老太太故作欢颜的姿态,只不过是一种虚假的幻影。她想让人肯定自己的存在,想让人看到自己的幸福,而实际上,她坐在轮椅上,给人的是不幸福的感觉,给人的是不完整的人的存在。唯有向人宣讲自己的幸福,才能证明自己存在的价值,这种麻醉自身耻辱感的做法,只能加之于自身更多的悲哀。

三

乔叶小说在处理人物耻感意识上,强烈地散发着浓郁的人文主义气息。乔叶小说人物大多都是有过痛之烙印的记忆,或是被强暴、或是被凌辱、或是身体残疾,他们内心都深深地埋藏着巨大的耻辱。如何冲淡人物内心耻辱,是乔叶人文主义终极关怀的落脚点。乔叶的小说善于激发人性,使人性复苏,使人的意念抬头,最终传达出一种暖融融的人间温情。

这一点,小说《取暖》最富代表性。《取暖》的男主人公曾经是个强奸犯,事发之后,他备受凌辱,但他渴望复活、渴望人情、渴望人间的关怀与温暖。他带着一颗残破的心灵落脚在阿春的饭馆里,阿春让他放鞭炮,给他衣服穿,最后还用言语暖和了他那颗冰凉的心。鞭炮一响,他觉得自己内心黑暗的冰块开始被震动,而阿春的一句话,尤其使他感动,阿春说:"不管怎样,家里人也是盼着你过年。"②这个"不管怎样"包蕴着多少亲情。家人总是家人,那是血肉亲骨连成的一体,不管一个人怎样在外面受尽他人的羞辱,家人总会原谅他、温暖他、爱着他,而且家人的爱永远是无私的与无穷无尽的。乔叶的《取暖》是她人文主义价值取向的代表作,她总是力图用一种亲情或关怀使人物走出耻辱感的阴影。

乔叶小说《打火机》则写了一个被强暴过的女孩余真人性复苏的过程。她曾在一个冰冷黑夜被人强暴过,她感到那个人在强暴她身体的同时也强暴了她的野心与自信,她从此停留在那个又冷又黑的夜晚,十六年来一直没有长大,不仅如此,她的心一直在被强暴,被紧缩,被捆绑。她的身体记忆上有着致命的伤痛。她渴望有一个人能给她松绑,用一枚打火机照亮黑夜,给她温暖,使她走出那个一直困扰着她的噩梦。她本能地喜欢脏、乱、坏,可是自从被强暴以后,她便矫情地做着一个好女孩。这个好女孩心中一直潜伏着一个野兽,那就是:"她想偷情,偷情是一件耻辱的事情,是对婚姻的羞辱,是对丈夫的羞辱,是对自己

---

① 乔叶:《轮椅》,《人民文学》2005 年第 9 期。
② 乔叶:《取暖》,《十月》2005 年第 2 期。

的羞辱,是自己和丈夫之间的羞辱,是情人对丈夫的羞辱,是情人身体对丈夫身体的羞辱,是情人身体对自己身体的羞辱。是的,羞辱,但她想偷情。她想羞辱。"①为什么她想羞辱?因为她曾被强暴,曾被羞辱,她想通过一种含情脉脉的羞辱化解冷酷残暴的羞辱。因此,余真与老胡调情,在调情的过程中,以一种不断强加在自己身上的耻辱逐渐赶走了心中潜藏的野兽,她获得自由,她从被俘状态走出。她又成了一个脏、乱、坏的女孩,但她已成为自己,成为一个心中有野性有梦想的正常人。

值得注意的是,乔叶小说耻感意识的消除,人性走向复苏的方式,往往都是通过两颗残破的心灵不断靠拢、互相取暖最终完成的。《取暖》是强暴者"他"与被强暴者"她"两颗受伤的、屈辱的心彼此温暖的过程;《紫蔷薇影楼》是患上阳痿的窦新成与曾做过妓女的小丫不光彩的隐痛的彼此成全。这一独特的小说处理方式,显示出乔叶与众不同的洞察世界的方式。在她的创作观念中,我们都是有着耻辱烙印的人,只有不断靠近他人,用自己的心灵去关照他人、温暖他人,才能最终温暖自己。

原载《山花》2007 年第 11 期

---

① 乔叶:《打火机》,《人民文学》2006 年第 1 期。

安稳的小叙事
——评乔叶的小说

付艳霞

"安稳"是乔叶小说的气质,也是她所有小说的隐含作者的气质。这里的"安稳"是张爱玲所谓人生飞扬与安稳的那个"安稳",是人生飞扬的底子,是最恒久不变的常态的生活。"虽然这种安稳常是不安全的,而且每隔多少时候就要破坏一次,但仍然是永恒的。它存在于一切时代。它是人的神情,也可以说是妇人性。"于是,张爱玲频频用众多的女性形象展现寻求现世安稳的苍凉的手势,用葱绿配桃红的参差对照从世俗不断走向虚无。乔叶也以写女人见长,然而她缺乏张爱玲那样的有关"五四"和"低气压"年代(傅雷语)的时代背景和文学背景,于是乔叶的安稳则往往是从世俗中来到世俗中去,她没有虚无的哲学表象,而只有"生存"这个人生的根部意识。张爱玲在随时面临倾城之险的战乱年代能够看到早已被人们忽略的日常的世俗是她的天才之处,而乔叶在人人面临欲望诱惑的浮躁时代能够穿透喧嚣回归琐碎和日常则是她的特异处。在"下半身写作"、"宝贝叙事"、"玉女叙事"、"暴力·写作"等各种偏执狂写作日益泛滥的年代,乔叶仿佛是生猛海鲜、大鱼大肉之后突然上桌的一盘萝卜青菜,清新爽口自不必说,她让人想起了最常态的生活,想起了"过日子"。

仔细观察,当下的写作一直或隐或显地延续着上个世纪九十年代"个人化"写作和"新写实"写作两个思潮的血脉。从陈染们的个人化开始,文学开始深入到人自身的纵深,包括心理和肉体,弗洛伊德有关死亡和性欲的意识得到了空前的张扬和诠释,身体性叙事也使得文学的叙事伦理不得不一再修正自己的道德规范。而自池莉和刘震云们以后,无论是机关单位的人事纷争还是不断上演的"围城内外"的男女纠葛,文学都不断展现着自己用庸常和琐碎诠释不幸的人们各不相同的"烦恼人生"的娴熟技法。只是,在洞悉了两种写作的弊病之后,如今的写作更能走出逼仄的私人空间而展现个人化的欲望心理,更能超越情感零度而书写庸常生活中孕育的人性魅力。乔叶的写作依然没有脱出这样的套路:"个人化"出发抵达"新写实",然而,她从常态女人世俗却精致的观察生活的角度出发找到了二者的结合点。她遵从了"个人化"写作的私密性而褪去了其自我指涉的女性主义色彩;她遵从了"新写实"叙事的细微性而去掉了其缺少心理支撑的弊病。因而,她没有陈染、林白那样"革命性"的决绝和愤慨,也没有池莉、方方那样怀着崇高的理想和启蒙的信念,回归日常之后的怅惘和不甘。她从一开始就早已容纳和包容了这样的庸常,看到了日子的底色,她更加务实,务实得地道而真诚。乔叶的写作是温情的小叙事,是安稳沉静的日常叙事,是回归了头脑指挥身体而不是身体指挥脑子状态的叙事。

于是,乔叶笔下的人生总是值得回味和掂量的。这主要得益于她笔下人物身份的特殊性。马尔库塞在《单向度的人》中曾经痛心疾首地慨叹现代资本主义社会中"第二向度"的消失。所谓"第二向度"是指"否定性思维和批判性原则,即把现存的世界同哲学所揭示的真实世界相对照的习惯",他认为这一向度的代表人物,"不是宗教、精神和道德的英雄(他们通常支持既定秩序),而是像艺术家、妓女、大罪犯和流浪汉、武士、造反诗人、恶魔、蠢汉这样的破坏性人物——他们不靠工资生活,至少不按有秩序的规范生活"。

从她现有的小说看,所有的人物都是从一种生活秩序跨进另一种生活秩序的人。《紫蔷薇影楼》的刘小丫从妓女变为家庭妇女;《我承认我最怕天黑》(又名《被月光听见》)中的刘帕、《他一定很爱你》中的李娟是从已婚女人重新回归单身状态;《脆弱的普通话》中的英子是从农村青年变成城镇饭店服务员,《从窗而降》中的柳斯是脱离家庭轨迹私奔;《取暖》中的他是从监狱服刑人员变成自由人;《深呼吸》中的她和日本女人是从一对敌人变成了两个女人;《我是真的热爱你》中的冷红、冷紫则是从同胞姐妹变成了出卖身体的同事。本期刊载的小说《解决》则牵扯了更多人的秩序变化,大哥的仕途、东院爷的死亡、月姑的身份、丽的身份和办事能力等等。故事总是在这样的转变之后发生,因为前一种秩序的生活其实并没有消失,它隐匿在一个角落,等待适当的时候猛然现身而冲破所有的平静,一如那个在英子从容甜美的普通话中猛然现身的方言一样。

《脆弱的普通话》是一个写得异常纯净而意味深长的小短篇。城乡的差别、爱情双方的不对称身份等等都被纳入话语的本体,而语言差异本身所蕴涵的文化差异也以强硬的方式直指英子的爱情幻想和生活现实。无辜的父母、弟弟和二婶一如无辜的方言一样,不自觉地在一瞬间给英子的"现代性"进程设置了无法逾越的障碍。

乔叶的特异之处,在于感同身受地再现打破秩序过程中人物的内心风暴,即使在最具破坏性的偶然面前她也能保持足够的沉静和安稳,没有歇斯底里,毫不惨烈悲壮。她的价值判断显示了"70后"写作的一个常态维度:向传统回归,然而回归的不是道德规约的拘谨,而是人性向善避恶、就简去繁的本能。日常生活在乔叶这里以空前醒目的方式展现了兵不血刃的杀伤力,又以令人难以置信的方式显示了包容性和销蚀力。从这个意义上说,乔叶的文本是自足的。

文学在乔叶这里不再是生活的实验室和彩排舞台,而是生活和日子本身。因而,所有的故事和情愫都只不过是必然之中的偶然,是汇聚成生活之流的一个断面。对于乔叶而言,"短的是感叹,长的是人生。"

于是她的小说的结尾总是干净恬淡而意味深长的。她擅长用各种意象作为小说的收束。《脆弱的普通话》中英子鼻尖上感受到的刀锋般的清凉;《取暖》中他眼中如纱布般的雪;《深呼吸》中她在深呼吸之后的眼泪;《从窗而降》中柳斯的像柔软钢筋一样的病号服;《紫蔷薇影楼》中那带着黄花的黑胸罩和孩子"胜利"的呼喊;《我承认我最怕天黑》中刘帕那闪着湖水般光芒的指甲;《他一定很爱你》中那像怪异的钟摆样的排骨等等。尤其是《解决》的结尾,那像蝴蝶般飘飞的孝衣穿过了大楼的影子、东院爷的坟头,抵达了大哥的怀抱。这样富含深意的结局其实洞悉了所有的真相,有关权力、有关情欲、有关生存、有关交易、有关生与死。所有的人在葬礼过后都笑了,生活又以其"以柔克刚"的方式大获全胜。乔叶完全沉潜在生活的底部,像邻居一样观察着小说中的人物,重现现世的快乐、琐细的趣味和平凡的人情物理,重现人在恒久不变的生存面前无可匹敌的韧性。与富有代表性的展现苦难、讽喻权力运作机制的河南作家的气质相比,乔叶更像江浙一带的女子,文字的精巧和细腻也更带有褪掉农耕社会印记的"现代性"特征。于是,她连伤感都没有,这是读她小说的人的东西,她只有呈现和接受,是"静故了群动,空故纳万境"。

从散文而小说的乔叶在这里显示了"跨文体"写作的优势:小说的虚构中吸收了散文的清丽和明媚,小说的故事构架中吸收了散文的生命感悟和浪漫情怀。这样的语言感觉在瞬间爆发的内敛而忧伤的热力很容易同时灼伤人的眼睛和灵魂。她在散文《生命的低语》中曾这样写道:"如果不是猝死,我会遭遇一切坎坷与痛楚,享受一切欢乐和幸福。作为女人,生儿育女,嫁夫做妇;作为人,挣钱养家,周转人情;作为乔叶,用文字倾泻出生命的波浪和激流,沉淀出生命中一切有价值的东西。"读这样的文字,让人猛然想起了张爱玲在婚约上的文字"愿使岁月静好,现世安稳"。这样女人性的祈愿让人想到乔叶的乐天知命和澄净恬淡。

然而,乔叶并不旷达。或者说她对于生活的感悟和人性的洞察并不能给人以超脱的感觉。她以示弱为生活哲学的价值观只能够抚慰躁动的灵魂,让人更加安分守己和以静制动,却无法让人真正从琐碎庸常的生活中全身而退。于是,乔叶又显示出了"跨文体"写作的弊端,那就是用散文式的感悟化解了小说式的质询和追索,用散文的"形散神不散"取消了小说可能达到的更加丰富的"复调"效果。生存在乔叶那里以异常清晰的面目裸露于所有的小说,人物灵魂的焦灼和内心狂乱的风暴都遭到了有效地瓦解,小说也随之丧失了可能带给人的更深远的回味。

  乔叶的写作是小女人式的,但不是数年前小女人散文的那种小女人,而是小城镇女人的状态。这是一种半现代性的状态,是都市启蒙的未完成状态,是遵守规则和打破规则同时存在的状态,是已然没有乡土社会的矜持和羞涩,但又缺乏大都市的彻底放纵和撒野的状态。因而,也是充满了双重探索维度的状态。乡村和城市这样的两极虽然永远不会催生出历史感的厚重和哲学性的虚无,但能够成就现实性的稳健和现时性的踏实。

原载《红豆》2005 年第 7 期

怀旧气息的氤氲
——论乔叶小说的转向

张喜田

作为"70后"女作家的乔叶,以鲜明的河南地域风情、纤细的女性笔触、诗意的情绪书写在散文创作上崭露头角。随着文笔的熟练,为了在创作上突破自我,她开始转入虚构性更强的小说创作,以潜意识的人性深入挖掘为其创作主要特色。其起初的短篇创作以细致的笔触和戏剧性强的情节斗转来结构篇章,如《取暖》(2005)、《打火机》(2006)、《指甲花开》(2007),而2008年的中篇《最慢的是活着》则同以往作品风格大为不同,由注重题材的时尚艳丽、故事情节的奇谲设计和人性潜意识的挖掘转向生命之流的自然流淌,注重感知祖辈丰沛、深邃、坚韧的生命形态。由此,乔叶从散文转向小说领域,也从小说的现代感、杂色感转向怀旧气息和黑白色调平稳的生命阐释,对起初的创作方向和理念做出了补充,形成了她叙述的多样化追求。

一、时尚·斑驳:初期色调

乔叶2004年开始从散文领域转向小说创作,其初期的小说作品呈现出现代性强的特点,生活领域的新奇和巧妙是她倾心的叙述对象,对现代城市化进程中出现的新事物、新心理呈现出的斑驳陆离的色调尤为关注。

2004年《我是真的热爱你》一改以往"妓女从良"的故事套路,以新颖的视角描写城市化进程中,被横流物欲和金钱裹挟的冷红如何从被动、被迫到主动从事"小姐"服务的心理历程。冷红这一现代版的妓女形象与之前的时代大为不同:以往的妓女形象往往是为生活所迫而"被妓女",这些形象大多能引起读者同情,如《杜十娘怒沉百宝箱》是痴情女和负心汉的故事,《骆驼祥子》中的小福子因养家不得不为妓。如今"妓女"一词为"小姐"所取代,在物欲、金钱驱动下的"小姐"则是"由无奈变成主动,由被迫变成了自觉",并且形成了一种"完整的人生处世规则和一套独立的道德评价系统"①。

这个故事应该属于"拯救"类。冷红为支撑困难的家庭、资助妹妹读书,在无意中被欺骗开始从事"小姐"职业。起初她从中国传统的道德层面来否定自己的行为和这个不光彩的职业,但随着金钱的快速敛聚,已具有足够的能力和金钱可以走向新生时,她却因留恋目前的生活状态而不愿抽身离去,甚至将妹妹也拖入其中,曾经美丽好强的她已经转向了不可救药的堕落。唯一能拯救她的只能是妹妹,但妹妹却要因拯救姐姐而付出死亡的代价。然而事实上真正的拯救应该源于妹妹冷紫的男友——张朝晖医生,他象征着心灵的疗救师,承担着拯救灵魂的责任,同现代文学中经常出现的男性启蒙者用先进的理论和思想来引导渴望先进的女性的功能类似。乔叶的《我是真的热爱你》用较为明显的医生"所指",隐喻了沉沦的女性只有通过爱情才能获得新生,一定程度上质疑或否定了"小姐意识"自我解救的可能性。乔叶曾这样在后记中叙述道:我们的纯净和变质的边界是如此模糊如同孪生姊妹,"时时与我们现在的自己作着分离、相聚和牵扯"②。著名文学评论人雷达在《2004,我们记住的文学作品》中这样谈到这部作品:"表现城市化进程中,一些女性被吸入城市的'黑洞'后那种惨烈的经历。这是一种可惧的生存。可贵的是作者并不展览人欲横流,而是充满了悲悯情怀和诗化的理想精神。"浸润作品的色调是斑驳杂乱中一片炫目的红色,灿烂得令人心悸。

乔叶的其他短篇同样体现出时代感强和斑驳的色彩特征。《取暖》(2005)写刑满释放(因生理冲动和无知而造成犯罪,以强奸为名而入狱)的男大学生在除夕之夜无法回家,借宿在小镇的单身妇女家,因受到关怀照顾想入非非之际,关键时刻他终于明白妇女之所以收留他是因为他露出的秋裤恰好是她丈夫所在监狱的囚服。故事戛然而止,小伙子内心的惭愧和感受到的温情,带给他的感动仿佛灰色之中淡橘色的温馨。《锈锄头》(2006)以象征农民身份和农业的"锄头"被悬挂在成功企业家的房间为线索,写出了他进城后自欺欺人的荒诞以及由此象征的现代人灵魂的纠结。正在失去土地的农民窃贼对屋内的锄头产生了好奇,于是"锄头"巧妙地使农民和企业家有了对话的可能,作家则在似乎温馨的黄土地上涂抹上了不协调的灰色。《指甲花开》(2007)则以自由恋爱之风吹进偏远之地时,两姊妹的爱情婚姻选择为题,从这个家庭为何不允许用指甲花染指甲开始,指向了姐妹间曾有的芥蒂和尽释前嫌后姐妹间的包容理解和"仁义"温情(现代版的姐妹共事一夫的奇妙),这种解决的办法似乎有种时空

---

① 乔叶:《我是真的热爱你》,长江文艺出版社,2004 年,第 17 页。
② 乔叶:《我是真的热爱你》,长江文艺出版社,2004 年,第 121 页。

错乱之感,弥漫作品中的是充满朴真气息的油菜黄。乔叶此时的作品情节铺展奇巧,围绕物象构建奇迹的发生,一定程度上表现出对构思的炫耀,但过分倚重奇巧的情节会失去更多对生活多样思考的表达,毕竟生活并不都是奇迹。

创作成为有章可循的模板是作家致命的障碍,乔叶很明白自己需要成长,她努力超越自我,《最慢的是活着》(2008)是其转变的一个里程碑,标志着她转向了对生命自然流淌的铺叙和赞美。

二、怀旧·黑白:转向色调

《最慢的是活着》像是对平静生活的记录和感受,却充满着"充沛活力与元气"(王安忆在 2010 年首届郁达夫小说奖上的终评评语),浑朴、泥土、深情。"我"的奶奶从遥远的乡村生活深处走来,携带着中国人普世的价值观和情感密码,带给我们深深的感动。而"我"则由对奶奶的敌视、对抗和排斥最终走向对她的认同、赞美和承继。与《我是真的热爱你》的"拯救"主题不同,《最慢的是活着》是一个关于女性"成长"的故事。作品明线是具有普世价值观的奶奶的生命轨迹,暗线是"我"随着阅历、年龄的增加对奶奶的认识的重新审视:"我"最终也将会成为我的奶奶。"我"用生命体验了祖母的生活智慧,同时也在"复制"着奶奶:"我和她的真正间距从来就不是太宽。无论年龄,还是生死。如一条河,我在此,她在彼。我们构成了河的两岸……我的新貌,在某种意义上,就是她的陈颜。我必须在她的根里生长,她必须在我的身体里复现。"①

同之前作品的斑驳色彩不同,乔叶的《最慢的是活着》中朴素生活哲理的感悟呈现出黑白基调的怀旧色彩,怀念我们曾有的慢节奏生活,怀念东方文化传统的敦厚精神和道德美感。作品题目也同之前以物象为题有很大区别,这部中篇显示出作家对生活感受的把握,拈来诗友雷平阳"人的一辈子最快的是死,最慢的是活着"的诗句作为对生活、活着的我们的献礼。乔叶曾这样自述道:"精神生活从来就是慢的、低的、软的,慢得像银杏的生长。因这慢,我们得以饱满和从容,我们得以丰饶和深沉,得以柔韧和慈悲。慢是人性的本质,是心灵的根系,是情感的样态。"②

之所以笔者谈到作品的怀旧情结,首先是基于现代文学中家长形象的凝固化,他们往往是封建保守、压制青年理想的指称。如鲁迅《风波》中的九斤老太

---

① 乔叶:《最慢的是活着》,《收获》2008 年第 3 期。
② 张艳庭、乔叶:《中原大地上的紫色牡丹——专访乔叶》,《焦作文学》2010 年第 2 期。

和《离婚》中的爱姑之父、田汉《获虎之夜》中的莲姑父母、茅盾《子夜》中的吴老太爷、曹禺《雷雨》中的周朴园……而在乔叶的转向中,祖辈以正面的表意特征进入文学领域实践,他们代表着的坚韧执著是拯救疲惫心灵的旗帜。作品表达了对代表小农色彩的生活方式和观念的重新认知,对中国传统思想道德品质的赞美,对当下家庭结构崩溃的无奈和重建稳固家庭结构的信心。稍后乔叶的《家常话》以汶川地震中最震撼的震后视角切入,将外祖母作为温暖、踏实的"家"的象征,通篇作品以意识流的形式深入外祖母的内心,她以地母般的坚韧、淳朴承担起了照顾失去双亲的外孙女的责任,文中的她对外孙女的呢喃轻唱和安慰,穿越了时空的隔阂,用她慈爱的声音安抚着我们恐惧不安的灵魂。

  我们的祖辈有足够的理由令我们心生崇敬,她们朴素而不吝啬,隐忍而不苟活,小私而不失善良,传统而不保守。《最慢的是活着》中"我"和奶奶虽然曾在某些观念上(如恋爱观、重男轻女)有隔阂,但从女性、母性而言,又有精神上鲜明的一致。如写到"我"在选择婚姻时竟然发现是在选择对象的长辈,"忽然明白,我心目中的老人标准,就是我生活在豫北乡下的奶奶"。作品中写奶奶对独生儿子的"爱":"没办法。爱极了,就是怕",怕养不好他,怕整个世界亏待他,真实而气脉生动、新颖独到。而"我"也怕,怕失去这个世界,怕失去喜欢和宠爱。祖母的"怕"是养孩子的怕,而"我"的"怕"则是人心难测的怕,"多年之后我才悟出:这是奶奶送给我的最初的精神礼物……她让我知道,这个世界上,总会有人不喜欢你,你会成为别人不愉快的理由。你从来没有资本那么自负、自大、自傲。从而让我怀着无法言喻的隐忍、谦卑和自省,以最快的速度长大成人。"①奶奶和我,一为家庭妇女,一为职业妇女,表面上身份不同,但在精神理路上是归一的。

  《最慢的是活着》获得了第五届鲁迅文学奖中篇小说最高票数,鲁迅精神一向以质疑、批判、否定性为特色,鲁迅文学奖的评委会为何会看好这类平静得类似生活记录的作品?个中味道值得探讨。这似乎印证了我们在疾步前行时更需民族情感的慰藉,而乔叶作品的转向恰好契合了大家的期待,祖母形象的塑造和怀旧情绪的氤氲引起了这个时代的人对抚慰心灵和稳固家庭的渴望。乔叶在《以生命为器》的创作谈里这样写道:"岁月的风霜和历史的沧桑成就了她那一代女人的广大和深阔,但是对这广大和深阔,她们却是无意识的,也是不自知的。她们不可能知道自己以生命为器,酿成了怎样一坛醇酒。可是,也因此我才更心疼,更沉醉,更无法自拔。常常的,我就在她们的酒坛里浸泡着,晕着,

---

① 乔叶:《最慢的是活着》,《收获》2008 年第 3 期。

难以醒来。"① 她们的恬淡自守、基本的道德价值评判标准，反衬着我们迷茫的生活状态，弥漫在《最慢的是活着》中的怀旧情怀氤氲濡湿着我们干燥的心灵。

三、怀旧：走向未来的乌托邦

怀旧，是人类因社会的剧烈变动或现代都市文明的扩张，造成的心灵茫然、惶恐转向寻求既往世事人情的文化心理，因而具有对现状的不安性、美化既往性和以寻求心灵安宁为目的的特征。乔叶从时尚斑驳走向怀旧情绪的作品转向既是她不断否定自己、超越自己的结果，更是她随着年龄、阅历增长而思考的结果，是文学的必然，更是生活的必然，犹如我们从蓬勃的青少年渐渐进入淡定安然的中年。

人类往往以挣脱某种束缚，获得自由状态为生存目的，在追求中，我们的物质条件逐渐提高，但物质的扩张生产并没有带来心灵、精神幸福指数的相应提升。在永远追求不尽的物欲限制下，人们会产生茫然孤独、疲惫厌倦之感。于是现代都市人，把平静安逸的祖辈生活态度和乡村生活当作心灵的安慰剂和栖息地。所以人们开始宣扬普世的人生哲学，追求普世价值观和道德品质，比如精英式的爱国主义和英雄主义情怀、知足守常和坚守道德等美好的心理积淀，成为文学艺术创作目前的路径选择。普列汉诺夫说："任何一个民族的艺术都是由它的心理所决定的；它的心理是由它的境况所决定的，而它的境况归根结底是受它的生产力状况和生产关系制约的。"② 一定时期的艺术作品和文学趣味中都表现着当时的社会文化心理，我们在怀旧金曲中感受流逝的时光，在怀旧电影中感受时代的进步，在回忆检视过往经验时才感受到生活原来可以如此简单安静。诚如丘·勃列克尔在《新的现实》里谈道："我们的时代离开生命的本原愈远，艺术和诗歌就越坚决地渴求回到那里去……向往藏在深处的不变的东西。"③ 当本应最简单的生活方式因物质追求而变得日益复杂沉重时，人们会生发对农耕文明的向往而忽略它的沉滞和缓慢，作家作为心灵诗意化的群体则更愿意相信曾经的简单淳朴然而却厚重深邃的朴素生命哲学。

在《最慢的是活着》中，祖母情结、缓慢的生活节奏和朴素安详的心境正是

---

① 乔叶：《以生命为器——〈最慢的是活着〉创作谈》，《北京文学》2008年7月。
② [俄]普列汉诺夫：《论艺术——没有地址的信》，曹葆华译，生活·读书·新知三联书店，1964年，第47页。
③ 班澜、王晓秦：《外国现代批评方法纵览》，花城出版社，1987年，第201页。

怀旧气息的一种表现。李敬泽在2010年首届郁达夫奖获奖评语中这样写道："深情的和细腻的书写,琐碎平凡的人生因此获得诗意的光辉。《最慢的是活着》这小说也写得慢,慢和沉静,是一种在当下日渐稀缺的价值。"中原地区的安稳保守、封闭性的地域性特征使得生于斯、长于斯的乔叶保留了内心的"集体无意识","这是一个作家人生的命脉与精神中的秩序,是于繁忙尘嚣中稳定的、不为所动的、难以扰乱的内心判断系统,是一种内在的生活方式和内心经验的历史的真实。这种潜结构中少有现实秩序原则的侵扰,是一个相对封闭的体系。"在张扬个性,以推崇个体价值实现的程度为文明发展的尺度标准之际,乔叶能在喧哗鼓噪之中选取更具有群体记忆,符合底层大众价值观的祖母形象,以温婉细腻诗意化的笔触抒发对祖辈生生不息的坚韧品质的歌颂,显示了她对摹写现实文学的反拨和对宏大历史叙述的规避,这样一种反文化的取舍既是她的勇气智慧使然,也是她的公共伦理担当使然。

其实,岂止是乔叶,当代一些作家的作品也呈现出怀旧趋势。王安忆的《天香》更是对上海过往的繁华不厌其烦地细腻刻画,对制墨、刺绣的技艺作了红楼梦式的描摹,有一种盛世已逝、技艺不再的叹息和怀旧之感。

中国现代文学因伴随着民族的耻辱和西方思想的输入而诞生,时代情境也刺激着当时的中国民众,因而当时的作家作品整体表现为亟待改变旧有面貌,有着破旧立新的昂扬挺拔的青春气质,哪怕是叫嚣(如郭沫若的《女神》)抑或是愤激的情绪(如鲁迅的《彷徨》)都折射出时代急切的集体思变求变心理。同中国现代文学表现的整体气质不同,以乔叶为个案的怀旧情结可以说是对现代文学以来"五四"启蒙精神的重新思考,当我们回首来路,检视曾经的得失,会令我们警醒反思。现代都市文明人的脚踏在都市生活的享受之中而情感却游走于小农经济下的朴素民间道德中,怀旧情绪让我们在繁忙的今天拥有了无法估量的心灵滋润。无论如何,如果作家能以真挚朴素的民间情意,描摹朴素美好的人性品质,那么这个作家打量世界和生活的眼光就注定是温情的,他的心也可以盛得下整个世界和生活,他笔下所传达出的就是一个美好的民间,他所表达的民间品质就会是真、善、美和爱,像民间蜡染的印花布,朴素、本色而美丽。

问题是,当作家出现精神后视倾向时,我们是否就可以高枕无忧做起"逍遥游"的自由梦境而永远沉睡不醒?这是很多作家共同编织的一个美丽童话,是一种逃避、一种无奈,更是心灵在文学中的短暂徜徉,因为梦终究会醒来。当然,乔叶在自由滑翔之后,必定会重新着陆选择下次的飞翔。

原载《当代文坛》2011年第6期

论乔叶小说的女性伦理构建

张 明 杨红旗

"70后"女作家是新世纪文坛崛起的一支不可小觑的文学力量。她们的作品大多关注社会底层普通人的复杂人生,探测人性的多种可能,在繁华浮躁的时代追求人性的解放,丰富着新世纪的中国文坛。作为"70后"女作家之一的乔叶,在小说中一直关注生活在社会底层的普通女性真实的生存状态,关注她们生活中的苦难、创伤与耻辱,给予她们关怀与温暖。乔叶在谈到写作的意义时曾说:"生活就像一条波澜壮阔的大河,河水总是奔涌向前的,而文学则好比是河床,无论河水流向何方,河床总是长久地卧在那里。变化的是生活,不变的,则是文学给我们带来的永恒的温暖,文学写作即是挖掘人性河床中存在的宝藏。"①乔叶在她建构的女性世界中努力挖掘着人性河床下的宝藏,带给我们永恒的温暖。

一、苦难、创伤与耻辱的女性故事

"一篇小说反映现实生活的深度广度如何,思想性艺术性的高低,总是凭借它的人物形象的典型性来表现的。我们衡量一个时代的文学水平,也主要是看它创作出了多少具有美学价值的人物形象。"②在乔叶十余年的小说创作中,她为我们塑造了众多特色鲜明的女性形象。这些人物在乔叶建构的小说世界中都是处于社会底层、经历着生活苦难的女性。

乔叶的小说以女性特有的温柔细腻和生命体验去叙述女性的苦难及其诉求。其写作注重在日常生活的描写中抵达女性内心最深处的隐秘和黑暗,表达她们的苦难,给予她们温暖,照亮她们内心最深处的那片黑暗地带。

中篇小说《最慢的是活着》主要塑造了"我"的祖母王兰英这一女性形象。"她终身守寡,勤劳节俭,能干倔强,为家人奉献了自己的全部生命。然而,她又

---

① 乔叶:《作家乔叶谈写作的意义》,《新作文》2012年第4期。
② 刘中桥:《关键在于塑造人物形象》,《当代文坛》1983年第1期。

有着那个年代妇女常有的封建意识:重男轻女、迷信命运、保守固执。"①在漫长的一生中,祖母中年丧夫、老年丧子,到了晚年又失去两个孙子。作为一个女人,祖母支撑起了这个家,为这个家奉献了自己的一生。小说中,乔叶以女性的生命价值为核心,在安稳的日常化叙事中书写了一个在男权文化包裹下的传统农村祖母一生的内部和外部的痛楚和苦难。"在张扬个性,以推崇个体价值实现的程度为文明发展的尺度标准之际,乔叶能在喧哗鼓噪之中选取更具有群体记忆,符合底层大众价值观的祖母形象,以温婉细腻诗意化的笔触抒发对祖辈生生不息的坚韧品质的歌颂,显示了她对摹写现实文学的反拨和对宏大历史叙述的规避。这样一种反文化的取舍既是她的勇气智慧使然,也是她的公共伦理担当使然。"②

对普通女性生活的底层苦难进行关注的同时,乔叶也在时刻关注女性在成长过程中所遭受的创伤隐痛以及内心深处的耻辱感。小说《打火机》是乔叶关注女性在成长过程中所受的创伤隐痛的代表作。小说的主人公余真在16岁之前是不折不扣的小太岁,大错不犯,但是小错不断。在16岁那年她被强暴了,"那个强暴她的男人在强暴她身体的同时也强暴了她对这个世界的勃勃野心和自信。"这给余真带来了身体和心理的双重打击和疼痛,这次疼痛使她明白了自己女性的性别身份。她把自己的真心冰冻了起来,从此之后她做任何事情都要求自己变好,变成社会所公认的乖乖女。终于她大学毕业后有了让人羡慕的家庭和工作。但是这些年她一直都在压迫自己的本性,这不是真实的自己。"那个夜晚以来,她已经平安地生活了十六年,十六年来,她一直觉着那个男人在强暴着自己。每天每天,时时刻刻。她终于被强暴得如此苟且,如此不堪,如此不能让自己忍受。不过三十二岁,她已经把自己的心强暴成了一把骨头。"③余真这十六年来一直忍受着那次强暴给她带来的身体和心理的双重疼痛,内心深处的耻辱感使她始终压抑着自己,压抑着自己天性中的"坏"。日常生活中她是人们眼中的"好"人。只有在一次脱离正常生活轨迹的休闲度假中她才通过与另一个"坏孩子"胡厅长的调情与打火机唤醒了自己内心深处冬眠的那只小兽,重新找回了自我,找回了自己一直没有过完的童年,释放了自己一直被强暴的内心。

小说中,乔叶细腻地描写了余真在身心的成长过程中所遭受的创伤隐痛以

---

① 蓝颜、乔叶:《最慢的是活着》,《作家杂志》2012年第1期。
② 张喜田:《怀旧气息的氤氲——论乔叶小说的转向》,《当代文坛》2011年第6期。
③ 《小说月报》编辑部:《小说月报第十二届百花奖获奖作品集》,百花文艺出版社,2007年,第352页。

及内心深处的耻辱感。她找出了造成余真疼痛的原因并希望她能够走出痛苦的困境。可以说,她给予了日常生活中的女性一种新的韧性精神,体现了人性之美与伦理关怀。

二、祝福、包容与对话的叙事伦理

乔叶小说建构了一个独特的女性世界,女性的底层苦难、女性成长的创伤隐痛以及女性内在的耻辱意识是其小说中女性世界的特质。同时乔叶在建构女性世界的过程中表达了独特的伦理立场与伦理关怀。在乔叶迄今为止发表的大多数小说中,她都设计了一个美好圆满的结局。这是她小说的特色之一,同时也是她运用叙事技巧的有意为之。

小说《紫蔷薇影楼》的结局就是一个大团圆的美好结局设计。小说的结尾,小丫的孩子认冯玉娟做了干亲,两家和好。"完了事,大家都松了口气。女人和女人说话,男人和男人说话。解放了的孩子跑进跑出,上天入地……他得意极了,高声喊:胜利!胜利!"①这胜利不仅仅是属于孩子的,同时也是小丫、窦新成的胜利。对于内心深处仍然隐藏着安于苟且的"小姐意识"的小丫来说,她不再担心冯玉娟会揭穿她以前不堪的经历,她实现了对自己的救赎。作为昔日的嫖客,窦新成在小丫的帮助下也治好了自己身上的病。这是两颗残破的心相互靠近、相互温暖的结果,更是乔叶对两性和谐的期望与祝愿,对女性的关怀与爱护。在乔叶的其他小说中,这种圆满的结尾比比皆是。乔叶在小说中对美好结局的情节设计是她建构女性世界的一种重要方法。

结尾在小说中不可或缺,叙述视角在小说中的作用也是无可替代的。乔叶在小说中多采用超越道德的叙述视角来讲述故事。小说《指甲花开》采用第三人称视角,以小春——一个八九岁孩子——的眼睛来聚焦故事。小说围绕着指甲花讲述了一个特殊的家庭——小春一家五女一男——其乐融融的故事。一般来说在现代社会,姊妹两个同时跟着一个男人是有违社会伦理道德的。但是作者通过儿童小春的视角聚焦了两女共侍一夫的故事,读者感觉到的不是难以接受,而是满怀同情。这包含着小春对自己的妈妈和姨妈的同情,也包含着作者对柴枝和柴禾姐妹的同情,更包含着读者对她们的同情。面对小春家姊妹两个共同跟着一个男人这样一件有违社会伦理的事情,读者原有的价值观念会受到一些质疑和挑战。但乔叶没有以普通的社会伦理道德评判人物,也没有在是

---

① 乔叶:《被月光听见》,二十一世纪出版社,2012 年,第 95 页。

非善恶中挣扎,而是与迟子建一样,温婉地赞扬着普通人人性之美、人情之美。"在命运的道德横线上,自主地完善着人性人情人心的格局。"①以女性的温柔和悲悯来打量我们平凡、琐碎的日常生活中的人和事。她以懵懂无邪的童眸充当透视世界的视角,使读者在不知不觉中从内心深处给予人物理解和同情,人物也就免遭世俗伦理道德的谴责。

小说话语也是乔叶建构女性世界的重要方式之一。在乔叶的小说中,我们聆听到的不是一个而是多个声音,这多重话语在小说中相互交织、相互对话。作者通过多重话语的叙事表达了自己对笔下女性的悲悯和关怀。

中篇小说《最慢的是活着》中"我"的声音与祖母的声音彼此独立,又相互交织,是两代女性的两种世界观的对话。小说中"我"是现代工业社会的代表,而祖母是传统农业社会的代表。起初"我"和祖母两代人之间存在着许多不可调和的观念。在性别问题上,祖母重男轻女,她毫不掩饰自己对男孩子的喜爱,要是家里生了男孩子她就会说:"添人了",要是家里生了女儿她就会说:"是个闺女"。"儿子是人,闺女就只是闺女,闺女不是人。"②但是在"我"看来男女是平等的,生男生女无所谓。在物质生活上,祖母勤俭节约,她可以把家里的破布分成两种并且很合理地把它们利用起来,但是"我"却一发工资就会买各种各样的吃食和玩意儿。在感情生活上,祖母固守着传统观念,为了父亲一直守寡,而"我"却经常带着不同的男人回家。"我"和祖母之间的冲突与对峙是尖锐以至水火不容的。但是随着时间的推移,我渐渐地发现,祖母的保守、传统固然可笑,而"我"的洒脱、现代又真的自在吗?"我"逐渐发现祖母朴素人生背后的博大与智慧,最终理解了另一种爱的方式。而且,随着"我"的女性经验步入成熟,"我"对祖母的态度也逐渐从儿时的恨意与对立,发展为女人对女人的理解与敬意。

这是传统与现代两种世界观的冲突与融合。就像乔叶在小说的最后提到的"我和她的真正间距从来就不是太宽。无论年龄,还是生死。如一条河,我在此,她在彼。我们构成了河的两岸。当她堤石坍塌顺流而下的时候,我也已经泅到了对岸,自觉地站在了她的旧址上。我的新貌,在某种意义上,就是她的陈颜。我必须在她的根里成长,她必须在我的身体里复现。"③这是乔叶最后向广大女性提出的呼吁,在现代浮躁的社会中,广大女性要像祖母一样生活得"无

---

① 施占军:《独特而宽厚的人文伤怀——迟子建小说的文学史意义》,《当代作家评论》2004年第 4 期。
② 乔叶:《最慢的是活着》,浙江文艺出版社,2011 年,第 12 页。
③ 乔叶:《最慢的是活着》,浙江文艺出版社,2011 年,第 55 页。

耻"与"强韧",精神上要强大。她们必须首先保护自己才能学会成长,这是传统与现代的话语冲突与融合。

三、女性文学的伦理构建

20世纪中国的女性文学经历了从萌芽到繁荣的历程。女性文学把女性从被言说、被压抑的男权话语中解放了出来,唤醒了女性的自我主体意识,使得女性走出了被压抑、被束缚的困境。但新世纪的女性文学在"身体写作"的潮流中又不自觉地进入了新的困境之中。一旦把女性的身体和性当作写作的终点,止于赤裸的肉体和隐私的展示,女性文学就不再具有女性解放的积极意义。作为"70后"主力女作家之一的乔叶,以其小说创作实践在女性文学的道路上艰难前行,力图打破女性文学在当下的困境,探索女性文学的出路。

乔叶的小说对女性文学困境的突破首先就是对传统道德主题的女性化重述。乔叶在小说中积极继承传统道德中合理的、有生命活力的部分,在现代社会中对它们进行女性化的重述。在小说《紫蔷薇影楼》中,乔叶重述了现代社会一个新式从良妓女对传统家庭婚姻的追求与维护的艰难。对于一个靠出卖肉体来维持生计的妓女来说,她一心想着要结婚,想要一个家庭,想要一个固定的男人和安静的生活,过普通人平凡的生活。对于一个女人,她要的是一种安稳的家的归属感,这不能不说是刘小丫对传统家庭婚姻的一种回归。这是乔叶在现代社会对传统家庭的重述与呼唤,更是乔叶对传统婚姻的坚守与回归。

乔叶小说中塑造的女性大都具有传统女性的奉献精神,她们在现代社会的日常生活中,能够抵挡住外面灯红酒绿的诱惑,在日常生活中默默奉献自己。在女性解放的时代,这种母性般的奉献显得弥足珍贵。在《最慢的是活着》与《指甲花开》中,乔叶塑造了典型的奶奶形象。她们为了家庭和后代,无怨无悔地奉献了自己的一生。正是这种奉献使得她们的生命得以饱满和从容,使得她们的精神得以强大和强韧。

乔叶的小说能够穿透物质外壳,抵达现代社会日常生活中女性内心深处被压抑、被遮蔽的黑暗地带,把日常生活中女性内心深处埋藏已久的黑暗展示在阳光下,给予她们阳光与希望,以实现对女性的精神救赎。正像乔叶自己说的那样:"如何毫不留情地逼近我们内心的真实,如何把我们最黑暗的那些东西挖出纸面:那些最深沉的悲伤、最隐匿的秘密、最疯狂的梦想、最浑浊的罪恶,如何把这些运出我们的内心,如同煤从地下乘罐而出,然后投入炉中,投入小说的世界,燃烧出蓝紫色的火焰,这便是小说最牵人魂魄的力量和美。"①乔叶正是通过对现代社会日常生活中普通女性内心深处黑暗地带的书写来关照她笔下的女性,给她们以关怀、呵护,对她们进行救赎。乔叶是一个具有十分敏锐的心理感受力与洞察力的作家,她能够把日常生活中女性内心深处细微的心理变化用她卓越的语言文字呈现出来,"她笔下的女性心理细节如同令人眼花缭乱的语言流甚至语言瀑布,常常令人叹为观止。"②乔叶通过将女性的心理细节付诸文字,将她们内心深处被压抑、被隐藏的真实欲望展现出来,寻求女性精神、心理的解放而非肉体的解放,这对于当下女性文学"身体写作"的困境来说,不能不说是一种启示。乔叶小说中的女性世界是温暖的,她对笔下女性的温情与呵护让我们在女性文学的困境中看到了一线希望。

作为无可争议的新世纪文坛的优秀作家之一,乔叶以悲悯和呵护的叙事立场建构笔下的女性形象。她的小说让苦难芬芳,让隐秘明朗,用柔情的爱来隐忍困苦,用温润的心来体会艰难,让人觉得刚毅而不失温柔、悲怆而不失自持。用乔叶自己的话来说就是"在这个物质化的时代,文学能够改变我们的生命质量,让我们的心走得更远。如果一定要探究文学对于我们当下生活的意义,那就在于它可以穿透物质表层,深入我们内心世界,探测人心的秘密"③。

原载《当代文坛》2013 年第 6 期

---

① 乔叶:《我承认我最怕天黑》,山东文艺出版社,2007 年,第 4 页。
② 李遇春:《乔叶小说创作论》,《华中师范大学学报》2012 年第 3 期。
③ 乔叶:《作家乔叶谈写作的意义》,《新作文·金牌读写》2012 年第 4 期。

女性与男性之间的碰撞与和谐
——乔叶小说女性叙事中两性关系分析

王文霞

不同于新时期以来很多女性作家笔下两性之间的紧张关系,乔叶小说中的两性虽有碰撞,但结果总是归于和谐。乔叶在描写两性关系时,着笔在两性,用意却在更广阔的地方。通过两性之间的纠葛,乔叶关注的是社会,探讨的是人心,描摹的是世情。在当前文学消费性的社会环境中,读者的需求成了作者创作的指南针。在读者猎奇与窥隐的阅读心理期待下,在"娱乐至死"的导向下,文学创作失去了它自身的精神向标。"今天时代的热点不在精神而在物质,不在追求完美而在追求舒适。形而上的道远水救不了近火,形而下的器则有益于生存……我们面临的将是一个世俗的、浅表的、消费文化繁荣的时期。"[1]在这样的社会氛围中,男女之间的关系有多种被想象的类型,作家可以通过多种构思来满足读者猎奇的欲望。乔叶作为一名土生土长的河南作家,具有河南作家特有的一种朴实,在描写两性关系方面,她的作品不以猎奇取胜,乔叶不想通过渲染男女之情赢取读者,她的作品只是想通过男女关系的桥梁努力到达我们忽视、扭曲的思想、风尚与习俗。在男女正常与不正常的交往过程描写中,她关注的是在时代的浪潮中,一些社会表象背后的真实。这样的作品中处在男性另一面的女性,多数是小人物。例如《紫蔷薇影楼》中做过小姐的女主人公小丫,《取暖》中的劳改犯妻子小春,《像天堂在放小小的焰火》中的小职员,《打火机》与《我真的害怕天黑》中的小公务员。这些呼吸于小说文本中的普通女性,大多为人妇,为人母,因此,她们与文中男主角的关系不可能是青春恋情,更多的是烦恼人生的情感插曲。而这样的文本中的男性,也多是一些平凡普通的男性,他们对于与之发生情感纠葛的女性,没有恶意的侵犯或仇怨,多是情景中的自然流露。对于这样的两性关系的描写,乔叶没有将之庸俗化为俗套的婚外情,也没有将之拔至"恨不相逢未嫁时"的爱情高度,乔叶只是将其还原至生活本来面目,以一种安稳的女性叙事来写出生活的艰辛、感情的纠结。在她的笔下,男女两性之间或是同盟者,或是对立者,但无论哪一种状态,他们的情感关系都不是

---

[1] 宋遂良:《漂流的文学》,《当代文学评论》1992年第6期。

乔叶所要描写的重点，传统文化及市场经济下人们对两性关系的认识是乔叶要思索的重点。

两性之间的关系之一是误解与尴尬，这种情形的形成有多种社会原因。《取暖》中的男女主人公的尴尬与误解是男权社会与传统思想的合谋而形成的。故事的男主人公之所以会对女主人公想入非非，读者阅读时之所以会感到文本中两性之间有暧昧的关系并引起进一步阅读的兴趣，并不是因为女主人公本身的言语或身体暗示，而是来自于他人的暗示。而这种暗示本身是男权社会对女性的一种歧视。小春在邻人的眼中是耐不住寂寞的不良妇女，故事的另一个主角是一个被家人赶走的刚释放的劳改犯，他在大年三十彷徨于异地小镇，望着日渐点亮的万家灯火，心里的凄苦可想而知。万般无奈之下，他在一些人的指点下走进了"方便得不能再方便"的"小春饭店"，吃饭，留宿，他不断地琢磨小春的言行举止，有一些暧昧的想象，读者也跟随着这暧昧的想象。结尾，乔叶延续她一贯的情节奇崛的结构方法，揭出了小春善待他的原因：小春的丈夫为维护她的尊严伤了一个流氓，也在监狱里，小春对他好，是同病相怜。邻里对小春的"方便得不能再方便"的流言与猜测只是因为婚姻中女性的丈夫不在身边，这样情形下的女性给予流言一种极好的材料。因此"取暖"于小说文本表面是这个刚释放的劳改犯于雪夜中寻求温暖住所的显在行动，而在小说文本深处，则是无辜、善良、被伤害的小春得不到镇上人的同情，反被嘲笑、歧视，因而内心需要温暖的社会现状。小说批判的矛头指向的是残忍的社会风尚，女性被侮辱、被伤害后非但得不到世人的同情，反倒会成为无聊之人茶余饭后的谈资，在市场经济发展的今天，在女权运动发展的当代，在某些村镇，女性的处境仍有待改善。经济的发展可以走快车道，女权运动可以高举旗帜，都市里的女性可以自由地处置自己的情感与身体，后现代的女作家可以用"身体写作"向世界宣布自己的独立与自由。但这只是部分女性生存的环境，还有更多的女性生活在类似小春生活的环境中，在这样广阔的领域里，男女两性关系如何仍然取决于传统的思想与习俗。文末他与小春之间的理解不是普遍意义上的男女两性的理解，而是两颗被冰冷世情伤害的心的相互取暖。

男女两性关系中有一种比较特殊，他们可能是陌生人，相遇可能是一种偶然，相遇之后的关系发展会有多种可能，但最基本的是女性处于被动地位，这种特殊关系就是嫖客与"小姐"的关系，金钱与肉体是他们关系的重点。对于这类两性关系会有多种描写，乔叶关注的是我们忽视的但生活中却经常存在的这样的两性关系中的一种情况，那就是："小姐"去职以后的生活。《紫蔷薇影楼》中的小丫的经历是市场经济浪潮下进城打工无学历有相貌的部分农村女性的形象描绘，她们冀图利用青春在短时间内改变自身命运，城市为这种希望提供了可能。"城市的出现,为女性走出传统、走出封建宗法制度的束缚创造了必要的社会条件。"①在遥远的他乡,她们用身体积聚未来生活所需的原始资本,三五年后,她们携带着这些钱回家乡,找一个丈夫结婚生子过安稳的后半生。对于这部分人的这种生活经历与脱贫途径,主流社会意识是避而不谈的,无法正视,因为一些问题是发展过程中不可避免的,任何时代,任何国家,在发展中都会有灰色的成分,经济发展的滚滚大潮中总会有一些泥沙。《紫蔷薇影楼》中的小丫是个聪明的女子,做"小姐"时有明确的职业取向与职业价值观念,她并不认为做小姐是多么不道德的事情,认为与其他工作一样,身体不过是工作的手段而已。在诸如小丫这些人的价值观中,在青春时期利用身体与社会交换回自己迫切需要的金钱,改变自己的经济状况,感觉虽不光彩,但作为一种原始资本的积累方式,也是可以谅解的事情,只要洗手不干回老家过正常的生活时无人知晓即可。回到家乡后,生活也在她的谋划下平静地向前延伸着,她恋爱、结婚、生子,一切如普通女子一般,那段青春岁月被小丫雪藏了,直到旧日"客人"窦新成的出现,才打破了生活的平静。小丫与窦新成的较量,表面上是一个旧日嫖客对"从良妓女"的纠缠,他们几番交手,小丫为了保护自己的影楼,不得不向窦新成屈服,窦新成如愿以偿,重温旧梦。这两个男女间的较量看起来是强势的男权社会对弱势女性的压迫,男女之间的对抗应是尖锐的,但故事在尖锐中突然显出了一种柔软。小丫在屈服的时候,理性上应该厌恶窦新成,但事实上是她的身体却感到了愉悦,如果说第一次是被逼无奈,之后的一而再、再而三却与逼迫没有太大的关系,而是小丫身体的需要,因了这种需要,也冲淡了小丫对窦新成应有的仇恨,相反,他们之间产生了一种奇怪的感情,文末两家的握手言和让小丫与窦新成达成了最后的和解。我们无法预知他们二人在未来的生活中是否还会相互纠缠,但乔叶描写小丫向窦新成屈服的经历,给我们印象最深的是"小姐"生涯对小丫身心的改变。小丫可以妓女从良,可以滴水不漏地过完余生,但她的身体、她的心灵永远不可能回归到离开家乡出去打工前的状态。这样,《紫蔷薇影楼》的探索指向就不再是男女两性,而是如小丫一般的女性人生,她们能与男性和解,不能和解的是她们的现状与过去经历对身心的影响。乔叶通过此种两性叙事的手法最终使批判的矛头仍指向女性自身,改变女性身心的不只是两性关系,而是经历。

男女两性关系中的一种是婚外情,在这个过程中,男女双方在感情进行中都会有一定的灵魂挣扎,这种挣扎来自于各种原因,或对家庭本身不满意,或是

---

① 李小江:《阅读的维度与女性主义解读——析张抗抗的〈作女〉》,《文学评论》2003 年第 4 期,第 34~41 页。

自我情感的发泄。人们容易关注的是如物质、感情方面的原因,但生活本身往往比我们想象得更复杂。如果说《紫蔷薇影楼》中女性自身灵魂的挣扎在文本中处于隐性地位,需要仔细琢磨才能看得出来的话,《打火机》中的余真的灵魂挣扎与斗争却是明白透彻。故事披着一个老套的外衣,胡厅长休假时追求艳遇与刺激,偶遇了有几分姿色的下属余真,故事在追逐与反追逐中展开,得力于乔叶语言的细腻流畅,只是这样叙事也可以是一个可读性较强的故事,但《打火机》的意义探讨显然并不满足于此。细腻的性心理描写带给读者的是余真伤痛的过去,以及这种过去对余真脱胎换骨的改变。余真在 16 岁时遭到强暴,从此由一个"坏孩子"变为一个彻底的好孩子,以后又是好职员、好妻子、好母亲,她也习惯了这种好,以为自己忘了曾经的坏。如果说每个人都曾有一个本真的自己,那么,适应社会的过程就是本真渐渐丢弃的过程,在层层裹起的帷幕里,呈现给世人的是个外在的帷幕,内心曾有的本真永远地封存在心底,这一社会化的过程对于女性要求更甚。因此,女性本真被包裹得最严密,女性欲望被雪藏得最彻底,外人眼中的"好"未必是女性真实愿望,女性心中有许多不为人知的秘密与欲望,这种欲望与秘密泄漏出来也未必能得到世人的理解。而颇为吊诡的是,余真的本真消失源于男性的侵害,她本真的恢复仍然来自于男性,只是这次是在"艳遇"的幌子下。由此可见,在 21 世纪的今天,女性自由和男性还是有很大关系,两性关系还是会决定女性的生活走向。因此,不管多少女性心中有疯狂的想法,多少女性在午夜梦回时不满足于现实,女性的内心真实欲望仍须男性唤醒,乔叶关注了这些人不为人知的灵魂挣扎暗流。《我是真的害怕天黑》中的刘帕,一个有着稳定工作的公务员,表面上是因为丈夫嫖娼离婚,实际上是她主动与平淡婚姻告别,乔叶用诗一样的语言描写了她夜里的自慰,不过是写出了她于社会中得不到安慰,她隐秘的需求无处安放。只有在夜黑人静时,刘帕才遵从了自己内心的真正呼声,"我们是我们的境况:我们的过去,我们的瞬间;同时,我们是某种不能被降低成那些状态的东西,无论这些状态如何制约我们。"①在白天,在单位,在别人眼中,她仍是个尽职的公务员,这种白天社会化的角色表现与夜里私密的行动之间难以通融。普通人无法理解她会与一个由窗而入的民工窃贼达到身体上的和谐,也就无法理解她的身心需要。刘帕对男性的期望体现在同事张建宏与民工身上,这种期望体现了刘帕理想的两性关系,白天的男性对女性的理解、呵护、关爱,是灵魂的和谐,晚上则是身体的放纵与和谐,这样的两性关系也许是许多现代女性都期望的,也应该是最简单最容

---

① 〔墨西哥〕奥克塔维奥·帕斯:《纪念萨特》,林贤治、章德宁主编,《记忆》(第三卷),中国工人出版社,2002 年,第 139~148 页。

易实现的。但现实社会里,刘帕只能与张建宏在道德许可的范围内有一种有节制的好感,晚上她的欲望发泄只能通过从窗户进来的民工实现,文末这种关系的暴露说明了这样一种关系不能为世人所理解与接受,女性对于心仪的两性关系的期望永远是一种奢望,女性真实的欲望只能在社会中雪藏。《失语症》中的尤优作为一个官太太,有着别人羡慕的一切,但她并不开心,表面上她需要的是一种平淡的生活,实际上她想要的是一种"本真",乔叶以李确、程意与尤优来构造了一个一女二男的故事基型,但在这一基型中,因为李确不知程意的存在,在叙述上仍然是尤优与程意、尤优与李确的两两相对。文本表面上是尤优的婚外情爱对婚姻产生了冲击,尤优在选择上进退两难,实质上,与程意的婚外情不过是尤优对现实不满的一种表现,她爱的不是程意,只是一种别人不知的自在。和这种心灵的自在是不能为人道的相似,尤优的真实想法也是不能为人道的。如果说她的丈夫患上的是外在"失语症"疾病,尤优却是心灵的"失语",因为她的本真需求一旦说出来,不会被一般的社会标准所容纳。人们判断你活得幸福不幸福,并不是你的现状与你内心之间有无冲突,而是你生活的外在表现,在这一标准面前,女性只有失语。在尤优的精心照顾下,李确的失语症治愈了,而尤优的失语症只怕还要继续下去。尤优们对本真生活的渴望不可能和整个文明对抗,因此,她们只能失语。

乔叶关注的两性关系中,婚姻中的女性面对异性有多种态度,但这多种关系有一个共同点,即两性关系在碰撞中有和谐。两性关系有误解,有伤害,有斗争,有屈服,但最终都走向了谅解。如果说作品的主题反映了作者本人的思想意识,那么,乔叶作品中描述的这样的两性关系也体现了乔叶对人生的认知态度。不管用什么样的技巧来结构故事,不管用什么样的手法来吸引读者,对于生活本身来说,两性的和谐相处是这个社会进步的主要动力。婚姻带给人疲惫,外遇给两性一定的诱惑,但社会上沸沸扬扬的男性找"小三"、"二奶",富婆寻刺激的报道归根结底是为了炒作,是为了吸引眼球。也许男女两性在长期的婚姻关系中会偶尔失足,但最终婚姻与家庭的稳定永远是人们的期望。这样的创作思想底蕴来自于乔叶的出生与经历,作为一名出生于中原的"70后"作家,对社会的温和态度,对人生积极面的倡导,是她这样的女性叙事的根源。积极地面对生活,将探索的目光从两性关系的表面深入引起这些现象的社会原因中,在温馨的叙事中引发读者的思考,通过巧妙的故事结构引起读者阅读的兴趣,乔叶的作品本不是为了主流意识形态,但她的作品给读者的却是引起探索真相的冲动。在欲望泛滥的当代,乔叶对于两性关系探索的小说给读者带来了阅读快感的同时也引起了读者内心的温柔之情,而这一点在当代创作界尤为重要。任何作品都离不开男女两性关系,但乔叶的作品并不媚俗,也许乔叶的小说还不够深刻与境界阔大,但在当下的文学消费时代,作家有自己一个"审美"的向标并在作品中表现自己的思考,同时显露出一颗对于社会的温柔之心,这样的创作已经值得欣赏。

原载《山花》2011 年第 20 期

让苦难芬芳,使隐秘明朗
——论乔叶的小说创作

孔会侠

新世纪以来的文学进程中,"70 后"女作家以不可小觑的实力证明着她们写作水平的日趋成熟,也证明着她们对文学发展承前启后历史性作用的积极准备与自觉意识。她们越来越关注普通人的广阔社会人生,越来越执著探测人性可能的复杂,越来越沉实地寻找作品多重意义与文体多元叙述的结合。乔叶、葛水平、鲁敏、魏微、戴来、盛可以、杨映川、朱文颖、金仁顺、安妮宝贝等是这个群体中的代表性作家。她们的创作各自妖娆,每个人的风格与优劣亦各有不同。乔叶的创作特征比较明显,她对生活的体悟与观察敏锐机警,刹那间的直觉洞察会抵达人性或人心藏于深处的未知。乔叶精于铺设环环相扣、不流于俗、引人入胜的故事,故事进行"峰回路转",故事结尾"出人意料",显示出乔叶积极而认真的写作态度以及自觉而严谨的结构意识;乔叶的语言丰富机敏,在小说的叙述中时常点缀出露珠般的清新与明亮,哲理性语句的不时闪现标志着作家对生活、人性、情感等问题的把握与思索。

概括而言,乔叶近些年的小说创作成就不错,主要表现出尊重"底层"的书写和对人性隐秘的挖掘这两个方面的特征,显示出她作为一个年轻作家不可替代的文本价值。

一、让苦难芬芳

几年来,对于某些作家想当然以自己的武断认识表述"底层"的现象,我一直耿耿于怀不吐不快。"底层文学"中的"底层",是一个阶级性的词语,它特指在贫富差距背景下的中国,那一大群在城乡辛苦奔波、收入菲薄的农民和工人。顾名思义,"底层文学"就是以他们为表现对象的文学作品。关注"底层"在这个年代的生存困境和灵魂漂泊以及精神创伤,对文学来讲,是对人道主义品格的弘扬,是作家对社会性责任的主动担当。但某些作家笔下的"底层"不是作为有血肉的生命形象出现,而是作为例证性的标签存在,一方面印证底层人苦难生活,一方面象征写作者的社会正义道德高尚。事实上,从鲁迅开始,"底层"一直就是被言说的他者,而当下的区别在于:一些作家怀着尊重与爱,把他们作为人的形象来表达,以悉心聆听的姿态探取底层丰富而形色各异的广袤世界;一些作家是远距离地不加辨识,粗暴地类同化理解,把从媒体那里接受到的有关信息作为苦难事例一股脑地叠加到人物的身上,"底层"作为人之为人的精神层面被简单化,甚至根本缺失。其实,"底层民众的生存空间是一个上天入地、大起大落、大开大合的世界,它的丰富性、原始性、草根性常常是精英群体的文化想象力所不可抵达的。"①那么,到底如何表达"底层"?一定要尊重"底层",他们是有着丰富内心体验的生命个体,他们的精神世界也繁浩多彩,他们的生活有辛劳的汗水,有酸楚的泪水,也有欢欣的喜悦,有收获的幸福;他们的内心有不平的涌动,有屈辱的折磨,也有温善的光芒,有理想的守望。深入底层生活,深入底层内心,不居高临下地疏离冷漠,不用貌似关怀做道德脂粉,表现出广阔底层形形色色的生活真实和沟沟壑壑的灵魂真实,让他们在文本中是主体性的存在。我想这应该是通达真实底层的方法。这个方面,迟子建对"底层"一贯的温情写作不期然地提供了途径与态度的参考。从《亲亲土豆》到《雾月牛栏》,到《清水洗尘》,到《世界上所有的夜晚》等,迟子建笔下的"底层"不是让人带着自得去怜悯的"下层",而是让人油然起敬反思自身的"上层"精神主体。确实"底层"是被冠名的身份表征,不意味着人性领域、精神领域低等,相反,在艰难生活之外,还可能饱蕴着更为原始、更为浓郁的人性光华、灵魂高洁。迟子建致力于此,她亦深情亦沉思地挖掘着"底层"足以照亮这个世道的精神光芒。

无独有偶,带着直觉的本能和生命情感的深层认同,乔叶对"底层"的表述也是不拘于生活艰难的灵动自然,她自然地使"创作的作品始终朝着一个方向努力,那就是人性和人心"②。她亦不着力渲染"底层"的苦难,而是书写苦难开花的明艳与芬芳,这朵花,与非苦难的优裕人群,形成心灵海拔的对比与反衬。"如果把苦难只视为苦难,那它真的就只是苦难。但如果你让它与你精神世界里最广阔的那片土地去结合,它就会成为一种宝贵的营养,让你在困难中体会到特别的甘甜和美好。"③乔叶在这方面的代表性作品是《良宵》和《指甲花开》。

《良宵》是乔叶发表在2008年《人民文学》第二期上的短篇小说,篇幅虽短,一个下岗离异女性的艰难生活过程和艰难心路历程却勾勒详细,感人至深。2床在洗浴中心为人搓澡,曾经要死要活地嫁给了花志强,有了儿子,生活好了,

---

① 刘继明:《我们怎样叙述底层?》,《天涯》2005年第3期,第34页。
② 乔叶:《文学,我相信》,http://www.chinawriter.com,2011年8月24日。
③ 乔叶:《让苦难芬芳》,《文学与人生》2005年第1期。

花志强却花了心,在外有了人。离婚后下岗,生活艰难,儿子学习也出现滑坡,2床自杀过,儿子后来变得懂事勤奋,2床也在辛苦忙碌中开始活得开朗坚强。但就在这个晚上,真正的考验不期而至。2床搓了一个伶牙俐齿讨人喜欢的小姑娘,也是一个身材优越心态优越的"瓶"。女孩突然在电话中叫道:"花志强,你敢!"互不相识互不相干的人竟然以这种方式刹那间对接了关系,形成了对比。因为一个男人的倾斜取舍,两个女人竟然是这样错位的生活,不平、委屈裹挟着伤害的匕首朝着心脏再次刺来。2床心意难平,在淋浴下泪水滚滚,但最后却平静而出,在床上发现那"瓶"遗忘的镯子,"雾蒙蒙的水汽中,她顿了顿,终于高高地举起了那只镯子,仿佛举起了一个饱盈盈翠生生的句号。然后,她使出了全身的力量,朝着两个即将转弯的身影喊道:'哎——'"。就是这么一个漂亮的句号,2床经受住了考验,在水与火中完成了自我尊严维护与精神美善的涅槃。苦难无法选择的时候只能承受,屈辱无法选择的时候也只能承受,尊严却可以依然挺拔地生长,宽善却可以依然朴实地绽放。

《指甲花开》是一个"底层"生存场域温情美善气场的营造,这温美发于自然不染世事的人性,发于人性中那软乎乎暖柔柔的爱意。小春家的女人不能染指甲花,小姑娘充满疑惑暗地里违抗,却原来是自己姨妈年轻时因为包指甲花而被那个男人强行要了身子,被迫嫁过去却经常遭受虐待。姨妈带着小青姐来娘家住,姨妈跟父亲竟然在地里卿卿我我,而母亲和姥姥竟然心知肚明自然接受。原来父亲年轻时爱上的就是姨妈,原来姥姥不是亲生母亲,母亲和姨妈都是收养的。这个故事很脱俗,全家人融洽生活互相关爱互相包容的原因是:爱。因为爱心而组成一个家,因为爱心而能让出乎伦常、不合律法的事情合乎人情人性地自然发生,因为爱心邻里间互重互恤和谐美好地生活在一起。"我尽力在我的文学世界中表达出尽可能丰富的道德图景和尽可能多彩的精神风貌,期待人们能从中得到火焰般的理解、悲悯和安慰。"[①]与迟子建一样,乔叶温婉地赞扬着底层人悲苦命运轴上的人性之美、人情之美,"在命运的道德横线之上,自主地完善着人性人情人心的格局"[②]。她们以女性的温柔宽悯坚持着"对生命抱有一贯的暖意关爱的写作",彰显着当代女作家包含热度与理想的仁爱情怀。

[①] 乔叶:《文学,我相信》,http://www.chinawriter.com,2011年8月24日。
[②] 施占军:《独特而宽厚的人文伤怀——迟子建小说的文学史意义》,《当代作家评论》2004年第4期。

二、使隐秘明朗

除了心怀善意,乔叶另一个突出特点就是眼光敏锐,洞察入微,对人意识深处波动的基本真实有强烈好奇心和探测把握的强韧欲望。在庸常而循规蹈矩生活的表象下,每个人的内心在日常忙碌的掩映下有多少树影婆娑的幽暗角落?人们在自以为是的认定中又有多少不为人知、不为己知而实际为非的反差?夜深人静的时候,身体又会突如其来涌动哪些势不可挡的暧昧念头与情绪?其实,从陀思妥耶夫斯基的《罪与罚》开始,作家就开始了对心灵世界探寻的漫漫征程,其后现代主义的很多作家致力于对人潜在心理、直觉反应的洞识与把握。但对心灵世界的认识没有穷尽,隐秘深埋在每个人心里的那个黑暗领域,乔叶以锋利而不带寒光的笔锋予以形象揭示并公然坦然地放到桌面,让它清晰而明朗地裸呈在大家面前。乔叶以不扭捏不掩饰的真诚,把人们日常遮蔽起来的关于情爱、关于欲望等的生命体验写得正大光明、理所当然、天经地义,刺激着人们的接受习惯,逼迫着人们自我经验认同后的暗自承认。

具体到作品而言,我觉得乔叶对隐秘的明朗化揭示主要体现在两个方面:一是对女性潜在欲望的表述;二是对正常人性残酷本质的揭示。

一是对女性潜在欲望的表述。在女性贤妻良母的面纱下,女性有什么样的过往情愫梗在生命中?女性的身体在暗里发出怎样执著而响亮的呼喊?女性正常婚恋后面是否有非正常的隐隐作痛?在乔叶笔下,男人女人平静表层下那皱褶着的灵肉世界的芜杂微妙,被细致地熨平展开。当隐秘明朗的时刻,隐秘所携带的生命本能元素和人性元素逼使着人去正视、去审思。乔叶是挑战性的,她挑衅着女人的本能欲求与社会性道德要求之间的差别,并自觉且带有宽厚地认可或肯定着前者。但有时乔叶也会犹豫地倾向后者,女人在一番犹豫、几番试探后选择婚姻家庭所赋予女性的框架规矩,只是心灵出了轨。乔叶此起彼伏的心理描写相当出彩,道德标尺对她构不成局限,她好像根本不用迟疑自然就跨了过去,男人女人见不得阳光的出界心理被她写得如在自己心中。主要体现在《打火机》、《我承认我最害怕天黑》、《紫蔷薇影楼》、《像天堂在放小小的火焰》、《失语症》、《妊娠纹》等。《打火机》中余真出差遇到大她两轮多次离婚的厅长,两个人一番番你进我退地调情试探,余真前世今生的心理压抑与顾虑,那曾经自由的野马在这一次次挑逗中放开了缰绳。《我承认我最害怕天黑》中,刘帕因为老公的外遇离了婚,在单位与同事张建宏有些浅淡的暧昧之情。晚上,一个翻窗而进的抢劫犯却让她的身体产生了反应和迷恋,意外发生时她敢作敢当地承认不是强奸。女性的脆弱与刚强,女性抵抗不住的身体渴望,这人类生理上的本能欲求与人群社会的划分无关,与理性而有秩序的白天无关。《妊娠纹》中的"她"是个青春将逝、生活寡淡的普通女性。一次偶然机会遇到"苏",两个人暧昧短信、电话调情后,心里的火苗水到渠成地点燃了。房间开过后,女人在卫生间抚摸着自己肚皮上的一道道妊娠纹,关于女性的潜在道德、家庭意识逐渐强烈,关于偷情双方的心理本质也刹那间清明。在这篇小说中,平淡婚姻中的女性那不安分的蠢蠢欲动与隐在自律冲突间的甘与不甘,内心泛起的自责与解脱,尽在字里行间。

不知不觉间,她已经默许和顺受了他的许多言辞,甚至开始有些纵容和挑逗。偶尔,她的心是不安的。但更多的时候,她的心是安的。她心安的强大依据就是:她和他还没有上过床。身体的贞洁让道德安宁。虽然,贞洁得有点儿像伪贞洁,道德得有点儿像伪道德,安宁得也有点儿像伪安宁。——但是,怎么说呢?伪的时间长了,也似乎就像是真的了,而且会越来越像。

二是对正常人性残酷本质的揭示。这揭示并非乔叶作品的主要特征,但个别篇幅中的这种开掘与挺进,丰厚了乔叶小说的内涵。人性的画卷赤裸裸打开,真善美之外的空间,虚伪、自私、卑下等的存在也让人心惊并且心痛。乔叶对真实保存着持久的关注与费力的表述,她不回避人性硬币另一面的图景。主要作品有《不可抗力》、《锈锄头》、《轮椅》。《不可抗力》批判的是群体性的自私麻木、同情心的缺失和自愧意识的空白。细芹带大家逃票走村路到山里旅游,突然一棵大树倒下,她被砸成残废。小范追问着同去的所有人,但每个人都躲闪着小范的质疑和自己内心良知的谴责,把责任推给不可抗的自然灾难,有着认定与己无关后就真的与己无关的安然。《锈锄头》中的大老板李忠民为纪念自己的知青岁月,在装饰豪华的房间中醒目地悬挂着一把锄头,但当他原来下乡地方的民工潜入他家被他发现,阴差阳错的交谈后,两个人好像贴了心,但最后他还是放不下防卫意识地用那把锄头砍死了他。这份在岁月中沉淀下的情感好像真挚动人,其实那么虚假自欺。在这样的小说中,"乔叶饱含着对人物的同情和关爱,却不吝惜将我们内心最痛楚的部分撕扯开来,这一真实而痛彻的行为实则打破了我们日常生活中诸多伪装、瞒骗、自欺欺人,令我们无法回避人性中的卑微、疼痛、受到的伤害及隐秘的情欲,从而慢慢正视自身的生存意义有多复杂"①。

---

① 王宁:《撕开我们内心的隐痛——评乔叶的中短篇小说》,《艺术广角》2009 年第 5 期。

三、转折的端倪

必须警醒的是,如一枚硬币的两面,作家的优势常常也是劣势,擅长不知不觉会构成桎梏。乔叶的小说创作也概莫能外,她多把洞察和探寻局限于男人女人身体欲望与情感欲望游离本分的领域,文学视野不够宽阔;她精于营造故事,但在某些篇章中有刻意失真、有违生活多歧繁阔逻辑特征的嫌疑;有时语言不自觉地过多地铺排,使思想的传达散碎而难以结晶,某些字句的冗赘遗憾地销蚀了文字对灵魂深层地剖析。当然,作家的写作会受到时代主潮的影响,而主潮的弊端也会或多或少在作家的文字中有所体现。乔叶的不足其实也体现着这个时代文学的共同困境。一是文学想象与表达过多局限在日常现实的范围,从而显出叙述上大同小异的特点,创作个性不足,超脱现实的想象力不足,叙述形式单调缺乏多元性。二是贴近现实但实际上接"地气"不够,大多停留在现象层面不能真正深入现实生活内部去认识、体验,不能把握社会底部的复杂性和真实性。乔叶的写作同样存在这两个方面的问题,主题意蕴显得有些单薄,叙述方式多雷同化。

但乔叶积极地通过新的写作方式扬长避短,她的创作生长性相当坚韧,她近来的《拥抱至死》、《盖楼记》、《拆楼记》表现出她迎难而上的勇气,对自己局限性的认识与主动突破的努力,也内隐着她创作流向可能性的变化。当然她还会有更长的探索道路要走。

《拥抱至死》仍然是讲一个不同俗常的故事。但不是靠一系列的偶然巧合,或者柳暗花明的明暗交错,而是靠一个非现实的超验事件:王和规的拥抱能让人消失 24 小时。这个环节贯穿全文,虽然过多的现实逻辑的情理和日常性细节使这个荒诞的非现实结构没有体现出更多的先验性意味,但这个尝试——非现实的想象,对乔叶来讲是关键的一步。《盖楼记》、《拆楼记》写几户人家在拆迁过程中的种种表现,使常常局限于两三个人两三件事的乔叶小说格局宽敞了,因为牵涉的人事复杂性多了,其内蕴指向的单一性就被突破,事关社会、国民性、人性的认知混杂在这两篇非虚构小说中,使作品内蕴的复调或者多声部成为一种可能,真正接了广阔、真实而深厚的"地气",作家的认知与表达与书斋内的凭空构思自然大相径庭。就像文中所说:"有很多事情,我曾经以为我知道。但是,现在,我必须得承认:我并不知道。而我曾经以为的那些知道,其实使得我反而远离了那种真正的知道。——此时,如果一定要确认一下我的知道,我只能说:我最知道的是,张庄事件之前的我,和之后的我,已不太一样。"①

我想,随着年龄阅历的增长、写作经验的丰富,乔叶的转折会导向开阔与深厚的境界吧!

原载《平顶山学院学报》2011年第6期

---

① 乔叶:《拆楼记》,《人民文学》2011年第9期。

"后文革"时代的忏悔与生活
——读《认罪书》

梁 鸿

如何处理"文革"题材,这已经成为"70后"作家非常重要的课题。作为"文革"后一代,经验、亲历已经不适用,与此同时,这段历史在公共生活中又以空白和禁忌的方式存在。放眼望去,一切风清月白,繁花似锦。但是,如果历史只是过去,而与现在无关,人类就无所谓"历史"而言。恰恰因为人类精神的连续性和因袭性,历史才成为一条绵延不断的河流,携带着前行的力量和顽强的破坏力,泥沙俱下,奔流不止。从这个意义上讲,如果不对"文革",或者如"文革"这样的全民运动进行反思的话,那么,它会逐渐成为一种基因,一个不断闪回的记忆,出其不意而又必然地出现在某一时刻、某一空间和某一场景之中。乔叶的《认罪书》可以说是一部"后文革"时代的追寻之书。

从表层来看,《认罪书》给我们讲了一个世俗的当代故事。一个年轻漂亮的姑娘,傍了一个略有点知识见地的官员,经历了"爱—不爱—报复—死亡"的漫长过程,最后,女主人公也因病死亡,留下了一本忏悔日记,作为自我赎罪。如果把作品中的枝蔓抽取出来,故事、情节和人物都极为通俗,但正是在这样一个通俗的故事中,我们看到了历史的血盆大口如何影响乃至于吞噬人的灵魂。阴影并没有过去,它正以碎片式的却又不易觉察的方式深刻地嵌入当代精神的结构之中。

时间从当下开始,呈现在我们面前的是烂熟了的中国生活景象。破败了的乡村,一个四分五裂的家庭,一个拼上身体和青春也要逃离乡村的姑娘,无边无际的楼房,城中村,四面八方的打工者,"这城中村就比城市还像城市——除了楼就是街,没有院子,没有绿地,没有楼间距。鉴于房子的密集度之高和住户的享受度之低,房租也只有如此之廉:一个一居室月租才一百五十块,算下来才五块钱一天。……美的是吃,尤其是夜市。德庄白天看来是这城市的一块癞头疤,到了夜晚却是一朵非常奇丽的玫瑰花:每栋楼都闪烁着色彩斑斓的霓虹灯,路面上同样也是彩光闪耀:饭馆和旅馆的灯自不必说,仅是那些夜市小摊的灯就汇成了一条光的河。这些小摊还自觉地凑成了一个河南地方小吃大全:周口的粉浆面条,开封的炒凉粉,南阳的砂锅,逍遥镇的胡辣汤……"

这就是我们的生活，现世、猥琐，又热烈、蓬勃，灰尘满面，但也好像崭新无比。久远又充满流动性，随着时间的流逝永远消失，不留痕迹。这古老而又崭新的生活，它来自何处？这一生活的式样、精神的式样究竟何时形成？乔叶从一个日常化的、普遍的生活开始，以一个侦探家的热情和冒险精神，带着我们，追根溯源，去寻找生活的和人类精神的真相。

主人公金金一头牵着乡村，另一头又伸向城市。在乡村，母亲为了生存，而生下几个不同父亲的儿女，这给幼小的金金带来巨大的伦理困惑。哑巴的关怀像一个污点提醒着金金不洁的身世，她从童年起就奋起反抗，反抗别人的眼光，反抗母亲的暗示，反抗哑巴父亲对她的谄媚，但是，这是她身上的原罪。她没有办法改变自己的出生，这黑暗和阴影是她的基因和血缘，是历史在她身上刻下的印记。她唯一能做的就是冷酷的拒绝和逃离。作者没有正面书写大的历史场景，像合作社、"大跃进"、三年自然灾害、"文革"等等，而是通过母亲临死前对金金的"交代"作以简单的回顾，"后来就是那三年鬼年景，没啥吃的，快饿死了，俩孩儿都快翻白眼儿了，就是想叫他们啃我，身上都没肉。我去找司务长讨粮食，讨一回给他一回。他好叫我跪那儿，我就跪那儿，脸前老是有一堆大铁锅……就叫铁生。文生，是'文革'里，我是破鞋，我这样的人咋会不是破鞋？破鞋要斗，要挨打，有人拦着，叫我少受罪，我就给他了。是你的本家伯，死了三年了。……你，就是哑巴的。"

完全的白描。在这里，乔叶舍弃了她最为擅长的抒情，没有任何渲染和过多的描述，没有撕心裂肺的哭喊，只是陈述一个事实，干巴巴的，连筋带骨，打击着人的心。这短短几句话，融含了一个乡村女性苦难的一生，她的耻辱、强韧和无奈。历史并非只是一个抽象的概念，不是某种激情、口号和理想，而是一天天地渗透于个体的生活中。死了丈夫的母亲，为了养活第一个孩子，而生了第二个孩子，为了养活前两个孩子，不得不生第三、四、五个孩子，每一个孩子都来路不明，都是和别人通奸的证据。作者没有写母亲如何活在别人的眼光里，也没有写那些能够给她一点粮食的人凌辱母亲时，母亲是什么样的感情，她只写，"他好叫我跪那儿，我就跪那儿，脸前老是一堆大铁锅……就叫铁生"，就这么简单几十个字，朴素、真实，它是一种无声的控诉。"如果已经活不下去了，那么，死了也好。她活着就是耻辱的证明，她死了，耻辱就死了。从此以后，我和那所谓的四个哥哥再也不用因为母亲的存在而别别扭扭地纠扯在一起，再也不用被迫想起各自的父亲，尤其是我，更是再也不用被催逼着去看那个仍然苟延残喘的倒霉哑巴。"对于年轻的金金而言，对于小说中那时那刻的金金而言，她能够感受母亲的悲苦，却无从探明那历史的深渊有多深，她不愿意，也无法承担这一悲苦所带来的长久阴影。这不是无情，而是绝望，是对于这阴影的本能害怕和拒绝。但同时,乡村、母亲和她暧昧的身世是她向历史探源的动力,是一粒种子,一旦有机会,就会萌芽。

携带着耻辱记号的金金逃离乡村,来到城市(乡村从来都是一定要逃离的,只不过,逃离的原因和途径各不相同),却陷入了另外一场早已被预谋的历史陷阱。因为与某一位已逝的女性相似,她被强拉进一个家庭的爱恨情仇中(金金半推半就,这与她早年为离开乡村而献身的思维是一致的)。与金金的义无反顾相比,梁知的爱则混杂着过去、忏悔、赎罪和自我麻醉。作为官员的梁知,把金金作为逝去的梅梅的化身,给以无限的宠爱。作者借金金进入梁知的家庭,并由此进入更为宽阔的历史空间。

在此,乔叶显示出她的凶狠。人性的黑暗没有尽头,我们小心翼翼地伪饰着自己,以防被人看到,但这逃不过作家犀利的眼睛。梁知对金金的爱是因为对梅梅的怀念,他把没有对梅梅的好和爱给予金金,以获得心灵的弥补。但是,作家没有让梁知止于深情和一般意义的忏悔,她不无颤抖地写出了梁知兄弟的深圳之旅。正是这趟歧义重重的旅程和见面,梅梅跳楼自杀。在那场劝说中,梅梅看到了梁知内心最深最深的地方,她看到,他希望她死,以使自己升迁顺利,以使自己合法合理地走向一直向往的生活。梅梅用身体换来梁知的升迁,此时,必须把这沉重的身体拿开,梁知才能清白而轻盈。而梁知,在自我欺骗中把梅梅推向死亡,或者不如说,在梁知内心深处,是希望梅梅死的。如果不是金金顽固地,如层层剥笋般把每个人的内心一层层剥开,把最细微的心理拿出来晾晒,恐怕连当事人也意识不到这些。或者,我们小心翼翼地伪饰自己,以使自己也遗忘掉不利于自己的证据。

历史经不起考察,或者不如说,即使是世人都相信的爱,也经不起考察。作为一位深谙也擅长于书写人类情感的作家,乔叶的细腻并不表现在对爱、对真善美的叙述和理解上,而是表现在她对潜伏在情感深处的自私、冷酷和无情的准确把握上。梅梅的父亲梁文道,眼看着妻子走向冰冷的湖水而不相助,表面上看来是让梅好有所解脱,实则是因为他自己想解脱这份责任;梁知的母亲,一个B角对A角的恨导致她对梅好的无情和对梅梅的冷漠;甚至是金金,作者也不放过,她对哑巴父亲的无情,对梁知既爱又利用的心理,对梁新冷酷的伤害,都让我们意识到人类精神内部的复杂性和混沌之处。

《认罪书》的结构和文体具有一定的实验性。小说开头以金金的死亡书稿为引子把故事带出来,接收书稿的"我"看起来好像是书中无关紧要的人物,但却因为旁观者的视线而使得故事多了一重空间和维度,同时,也把故事的可容度扩张到一个更为年轻的人那里。这个年轻的"我"几乎没有听说过"文革",更不知道"文革"中一条条鲜活生命遭遇了怎样的事情。这部书稿到了她的手上,从那一天起,她也与"文革"发生了联系,就像我们每个阅读这部书的人一样。在这个意义上,这部书具有结构的开放性。还有书中的"碎片",小说几乎每一节后面都有"碎片"。它在文中起的作用是多向的:有对行文中关键词、事件的一种解释,譬如对"合作社"、"大跃进"的解释,是客观的补充,在正文中没有合适的地方呈现,但又对没有此背景知识的人来说很重要,作为"碎片"呈现非常恰当;还有一种起解构作用,和正文之间构成反讽效果,很有张力,充满幽默和思考性;有的则是一种呓语式的喃喃自语,它仿佛是一种溢出,情感和心灵的感受满溢到无法承载的地步。这些"碎片"犹如多棱镜折射出各种光,和小说主题形成互相映照,增加了小说的路径和维度。

特别值得一提的是,《认罪书》借用了类型小说的写法,以侦探小说为壳,草蛇灰线,用推理、揭秘、多线并进的方式层层推进故事,读起来引人入胜,充满趣味。这一叙述方式非常冒险,它很容易被带入到通俗剧的巧合、戏剧化和过于故事化中,譬如梁新、梁知和梁安的死,都略有些仓促和戏剧化。作者在此走了一个钢丝,她能够在戏剧化的边缘拉回读者,让读者重回到思考状态。有一点不容忽略,这一叙述方式的内部逻辑非常符合作者所要追寻的历史形态。我们的生活本身就充满戏剧化,"文革"中个体人生突然的反转,形同儿戏的大规模的批斗、丧失身份和死亡;在当代生活中,这一具体的政治形态消失了,取而代之的是日常生活的戏剧性,正如作者在"碎片"中所写到的,我们吃的食物、走的道路、装修的房子随时都置人于死地。"文革"的思维、逻辑和精神方式离我们并不远,仍嵌入在我们生活的阴影和褶皱处。作者从自我到他人,再到自我,反复追踪、追问,不只寻找别人灵魂深处的"罪",最后也发现自己的"罪",这一回环往复的过程蕴含着一种不断深入的对话关系。宏大的历史场景被浓缩在一个家庭的隐秘心灵中。切入点很小,却不断挖掘、拓展,如剥洋葱般,一层层递进,一层层接近真相,最后,我们看到了人性深处的战栗。这正如"人民文学奖"授奖辞所写:"《认罪书》一如既往地发挥了作者特别丰富和细腻的女性感觉,去叩问人的耻感和罪感,并体现出作者在思想认知上的深化。在她浓郁的伦理情怀里渗入了深沉的济世情怀,在揭示人性善与恶的复杂纠葛的同时,抵达了忏悔与救赎的精神高度,在文体探索上显现出难得的自信和成熟。"

小说最后,作者把疑问的笔触伸向了更为普遍的"人群"。他们既没有发动"文革",也没有干特别伤天害理的事情,甚至自己也是受害者。《认罪书》中一个最惊心动魄的情节是"文革"中梅好的被凌辱。在那一场景中,除了反派头目王爱国,还有甲、乙、丙、丁,有钟潮,他们或帮助王爱国,或做默默的旁观者。可以相信,他们当时也很害怕王爱国,当时的形势也确实不容许他们有更多的反抗。但是,他们是否就是无辜者?在这一场狂热的运动中,如果以此类推,每个人都可能是无辜者,所有的责任都可以只推向制度和最高领导。但是,是否就只是这样?历史的逻辑如果只是如此简单,那人类社会恐怕就没有这么多灾难和混沌之处。我们必须追问的是:"普通人"在"文革"这样一场集体性的运动中究竟扮演了什么样的角色?

乔叶以富于想象力的设置,以奇特、残酷而又细致漫长的书写还原了"梅好之死"中每一个人的表情、心理和情感。我们看到了"美"的被损害和被摧毁的过程,看到了窗户外的旁观者私欲的不断膨胀。没人能从法律上追究他们的责任,但是,道德的审判却必然来临。与此同时,作者又重返现实,通过金金如侦探般的顽强追踪,去寻找、探查仍然活着的甲乙丙丁、王爱国的精神倾向和表现形态。"历史"和"当下"在这里得到了连接,我们从现在的"冷漠"中看到了当时的"害怕"背后遮蔽的更深远的东西。是的,不只是"害怕",不只是专制、强权,而是"冷漠"、"与我无关"、"一己之私",它们到今天为止依然影响并决定着我们这一生存群体的精神和面目。汉娜·阿伦特在《耶路撒冷的艾希曼》中提出了"平庸的'恶'"这一概念。艾希曼是一个非常普通的、一心想着能够在职位上有所进步的人,他所做的就是要听从命令。阿伦特认为,艾希曼用权威的命令来代替个人的道德判断,放弃思考,拒绝正视自己行为所产生的后果,也无法意识到自己行为的本质和意义,这正是"平庸的'恶'"的表现。这种"恶"对人类社会是一种更广大也更本质的伤害。"'恶'绝不是根本的东西,只是一种单纯的极端的东西,并不具有恶魔那种很深的维度。'恶'正犹如覆盖在毒菇表面霉菌那样繁衍,常会使整个世界毁灭。'恶是不曾思考过的东西。'思考要达到某一深度、逼近其根源。何况,涉及恶的瞬间,因为那里什么也没有,带来思考的挫折。这就是'恶'的平庸。"[1]"平庸的'恶'"犹如霉菌蔓生在人性的角角落落,腐蚀着人类精神并一次次使灾难成功着陆。

通过对梅好之死的追问,作者从当下生活回溯到"文革",从对集体政治的控诉回到对个体责任的反思。认罪容易,知罪难。道歉需要勇气,但为了什么而道歉,我们的错究竟在哪里?我们的"罪"到底是哪一种意义上的"罪"和"责"?这更需要思考。作者让我们意识到,今天时代精神中的"冷漠"其实并不只是因为"改革开放",更不是因为金钱、消费、大众,而是来自我们的历史深处,它是我们的基因和思维的一部分,不能只把原因归结于时代、制度的变化上,这容易使我们找到原谅自己的理由,而忽略了真正的问题。

应该说,乔叶试图通过《认罪书》,通过金金的故事,去发现历史的结构方

---

[1]〔美〕杰尔肖姆·肖莱姆、汉娜·阿伦特:《关于〈耶路撒冷的艾希曼〉的往来书信》,《〈耶路撒冷的艾希曼〉:伦理的现代困境》,吉林人民出版社,2011年,第158页。

式,这需要高超的想象力和对历史的把握能力。她让我们看到,在当代生活中,历史仍在延续,它的运行逻辑里面仍然包含着过去的逻辑。"在洪水中,每一滴水珠都是有罪的/在雪崩中,每一颗雪末都是有罪的/在沙尘暴中,每一粒沙子都是有罪的/灾难里的一切,都是有罪的。"面对恶行,即使旁观也是罪。

如果不对"文革"进行来自个体的真正的反思,我想,我们就始终处于"后文革"时代。要想走出"后文革"时代,必须把"自我"也纳入到忏悔、赎罪的结构之中。并不只是为了确定谁对谁错,也不仅仅为了赎罪,而是为了找出我们这个民族内部的病症。历史思维并不会自动消除,如果忏悔不包含着彻底的"自我"清理,不包含着面对公众、法律和道德维度的审判,那么,即使"忏悔",也只是自我欺骗式的良心安慰。赎罪并没有完成。如果只止于此,"文革"终将还会以另外一种面目重新出现在中国生活中,因为它从来就没有消失过。

在此意义上,《认罪书》显示了"70后"作家的野心,亲历和经验只是写作的一部分,还有其他进入大历史的方式。从更个人的"我",从更当下的生活入手,去发现并叙述历史与个体、历史与我的关系,或者,这会带来新的对历史观念的思考,也会使当代文学产生新的形态和新的精神。

原载《南方文坛》2014年第4期

历史照进现实后的罪与罚
——论乔叶的《认罪书》

吕东亮

《认罪书》是青年作家乔叶最新推出的长篇小说,也是她迄今为止最见功力的作品。《认罪书》集大成式地显现了乔叶的才华:灵魂追问的力度、世事洞明的深度、叙事技艺的娴熟、语言表述的精准。更值得关注的是《认罪书》在当下文化语境中的症候式意义,在这个意义上,《认罪书》不仅仅是乔叶个体的产品,更是我们现时代精神状况的一个标本。

一、罪感的普遍与救赎的艰难

《认罪书》的开篇题记写道:"是时候了,我要在这里认知,认证,认定,认领,认罚这些罪。"罪与罚,这是整部小说的关键词,也是整部小说的叙述的核心动力。"罪与罚",不是一个新颖的文学话题,但在《认罪书》中,这个话题被书写得惊心动魄,令人叹为观止。

《认罪书》中的每个人都是有罪的,在道德上都是有瑕疵的。主人公同时也是主要叙事人的金金是一个自我道德定位不高因而心灵坚硬、眼光犀利、语言尖刻的女性。这样一个女性人物形象在乔叶小说的形象谱系中是具有连续性的,出身贫寒、备受屈辱、不甘低贱、勇于奋斗、不受拘束、率性而为是这一形象的人格特征。用乔叶在一些作品中的表述来说,就是这些女性心中积蓄了满满的毒,这毒是由不公平的命运所注入,又必将在命运的挣扎中释放出来。金金也是这样一个蓄毒又放毒的女性,她憎恨令自己耻辱的出身、厌恶虚伪的亲情,她出卖自己、利用别人,却没有什么好的结果,她没有固定的人生理想却也无所忌惮地寻找真爱,不成之后展开疯狂的报复,以至于造成毁灭性的后果。但和以往小说中此类女性相比有所不同的是,金金不仅仅是一个为爱蓄毒又放毒的女性,她同时也是另外一些故事的叙述人,或者更确切地说是这些故事的勘探者、追踪者,她的复仇实践、恶的释放带来了更为繁复、更为幽暗的人性经验,这也使得她呈现出和以往小说中此类女性相比明显不同的特征:认罪。一向对自己伤害别人的行为心无挂碍的不羁女性,开始意识到自己的罪,开始道歉,并且以认祖归宗的形式试图从根源上清洗自己的罪孽,这不能不说是一个重要的文本信号和文化信号。

　　与金金相似,梁知和梁新这兄弟俩也以自己的方式清洗了自己的罪责,尽管方式有些惨烈,但是他们的罪孽无疑也是深重的。作为名字的谐音,良知和良心也有意思地隐喻了罪孽的无可逃脱,人毕竟要面对自己的本心。张小英、梁文道、王爱国、钟潮、赵小军、秦红、金金的妈妈等都是有罪的,就连作为受害者的梅梅不也要承担着自己因为恋爱而导致的父亲死亡的罪责吗?尽管这罪责是非直接的,是部分的。我们都是有罪的人,即便无辜如婴儿安安,也不能幸免地成为一些罪恶的交集者。我们都是有罪的人,这似乎是人类社会的宿命。在拥有基督教文化传统的国度里,人生来是有罪的,这是人的原罪,而导致罪恶的因由无疑是欲望。当然,《认罪书》不是要讲述一个西方式的原罪与救赎的故事,恰恰相反,其讲述的是一个地地道道的中国式故事。在《认罪书》的诸多故事里,我们看到的更多是中国式的情节模式,其中比较重要的是因果报应。金金因肺癌而死,梁知自杀而死,梁新因车祸而死,安安因白血病而死,一直坚信自己应该"享受好的寿数"的张小英在顽强挣扎之后还是无奈地因绒毛癌而死。在小说的最后部分,这些非正常死亡接踵而来,文字的氛围无疑是黑暗、压抑和沉重的。唯一的亮光是有罪者进行自我救赎的努力。金金的认祖归宗、梁知的放弃仕途以便活得"更有人样",张小英对金金母女的悉心照料,如此等等,展示了人性的暖意。

　　救赎并不是每一个有罪者的自觉行为,更多人对自己的罪是逃避、是掩盖、是讳莫如深。"文革"中参与凌辱梅好的那些当事人,要么避重就轻,要么矢口否认,要么推给历史和抽象的集体,但无论如何,这些罪责是无法逃逸的,只要良知和良心存在。在《认罪书》的叙述中,这些深埋的罪孽迟早会打开,罪孽的臭味迟早会散发出来。小说对罪孽的呈现采取的是金金追问、他人讲述的方式,但这一方式的根本前提在于,金金如何进入到追问的程序中去。小说向我们提供了一个巧合般的情节——金金和梅梅长得极为相像。这又是一个中国式的情节,即投胎转世。本来,梁知、梁新、张小英一家可以安稳尊贵地在既有的生活中幸福下去,但梁知偏偏遇到了和梅梅相似的金金,或者在隐喻的意义上说,良知被触碰了。这虽然是极其偶然的,但也是必然的;虽然是个别的,但也是典型的。张小英和梁文道在"文革"中的静悄悄的晚上放任梅好投河的事情看起来似乎没有人看到,但是白信封的到来还是提示了"要想人不知,除非己莫为";而小说结尾那个一袭白裙的靓丽女孩之所以被叙述者确定"那就是我",不过是在揭示金金作为典型的"这一个",其实在生活中有很多个,因为"我们都是有罪的人"。既然我们有罪,那么认罪就是必须要承受的事情,这种认罪几乎就是自我救赎的一种本能,不管我们是否愿意,是否明确地意识到。这似乎是小说所要表达的主题。小说也一再通过诸如"洗屁股是为了自己干净",赵小军所说的"我的心就净了"等表述来强化这一主题。

《认罪书》的主题并不含蓄高深,值得思考的是乔叶为什么要讲述这样一个故事。在我以前的阅读印象里,乔叶有许多作品是张扬那些火辣辣、赤裸裸的欲望的,至少在客观上是如此的,这些被很多人解读为"70后"作家的文化符码。因而,《认罪书》的出现不能不使人感到一些惊奇。从《认罪书》里,我们可以看到作者乔叶思考并书写一个时代的雄心。这种对整体性或者借用西方马克思主义的术语总体性的追求,时常在男性作家的长篇小说里可以看到——比如李佩甫先生的《生命册》,就试图对时代进行长时段、总体性的把握,试图对人物形象作盖棺论定的分析和书写,试图对社会人生有一个确定性的结论——而在女作家那里,我们更多地看到人物的未完成性和生活的碎片感。在这个意义上,乔叶的《认罪书》不能不说是一个突破,她在小说中写了生生死死几代人,也借助传统中国因果报应、投胎转世等想象的伦理资源,试图为整个时代心灵状况立此存照,不能不说是一件有抱负的事情。而且,这样的书写并不脆弱,其展现的生命情状是那样的丰沛,因而其追求的总体性和确定性并不像后现代论者所先验地认为的那般虚假。

二、呈现为"幽灵"的历史

《人民文学》的编者在卷首语中写道:"曾经有过一段时间,新潮书写的标志是断裂'个人'与'历史'的逻辑联系,考掘隐秘,规避共识。这样的趣味,渗透在乔叶这一代作家最初的文学成长背景之中。"是的,相比于前代作家而言,"70后"作家对历史缺乏兴趣,即便是书写历史,也往往呈现出解构或戏说的意趣,不具备严肃的文化含义。不过,情况正在改变,情形也似乎不可一概而论。乔叶或许就是一个例外。对于关注"70后"创作的读者而言,《认罪书》中最值得注意的是关于"文革"的书写,尽管这些书写在篇幅上甚至占不到三分之一。大概是关于"文革"的话题虽然尚属自由言说的禁忌,但还是具有讨论的吸引力和价值吧,《认罪书》的文本焦点很可能被误判为对"文革"历史劫难的深度反思和灵魂叩问。从大历史的角度来解读《认罪书》,不能说没有道理;但《认罪书》毕竟不是"正面强攻"地进入历史书写,而且关于历史书写的实际笔墨也实在不多。《认罪书》关注的是历史照进现实后的情形,是活在现实中的历史,这种历史不是博物馆中的历史,也不是封存在原有时空中的历史,而是生长进我们生命、怎么也摆脱不了的历史,是小历史,是个人史或者个人的身前史,也是个人对大历史承担的历史,这种承担是一生一世的事,在《认罪书》中具体地表现为罪与罚。

《认罪书》中历史的呈现是通过当事人的回忆完成的,回忆则是由心灵的触动、良知和良心的发现启动的。但是这启动有一个契机,那就是金金的介入。金金和这些历史的中心人物梅梅长得极像,从而遭遇了梁知,这成为开启历史大门的第一把钥匙。进而,金金一次次地打开或者撞开历史的一扇扇门,进入到历史的内核。在这样一个过程中,金金是一个机智而又凌厉的追问者,但单凭这些她是无法完成打开历史的使命的,具有决定性的是她和梅梅、梅梅的妈妈梅好极为相像。她是她们的幽灵,至少在当事人心灵的层面上是如此。"幽灵"这个概念在中国文化中是个很容易理解的概念,它和"鬼魂"近似,成为我们日常生活不仅仅是精神生活中常常触碰到的事物,尽管它在现代科学的意义上是迷信,但事实上在我们的生活中却一直是不在场的"在场",影响着人们的生存。对此,法国哲学家雅克·德里达阐释得最为到位也最为深刻。他在《马克思的幽灵》一书中说:"幽灵不仅是精神的肉体显圣,是它的现象躯体,它的堕落的和有罪的躯体,而且也是对一种救赎,亦即——又一次———种精神焦急的和怀乡式的等待。"①德里达此番论述的深刻之处在于既揭示了幽灵的存在是源于精神的有罪和堕落,又指明了幽灵所象征的救赎进而安顿灵魂的诉求。《认罪书》中对于故事情节的设置和人物心灵状态的呈现是颇为契合德里达的此番论述的。原本处于仕途事业上升期的梁知,压制了内心深处的罪感,本来可以风风光光地持续自己的成功和幸福,但幽灵还是不期而遇地降临了,作为梁知罪感的投射物,作为良知的"堕落的和有罪的躯体"的金金,引发了梁知强烈的救赎愿望,进而展开一系列的认罪实践。同样,梁新也是如此,张小英也是如此。张小英试图抗拒幽灵的逼近,一直顽强挣扎在认罪与避罪之间,但还是选择了救赎,这归根结底是心灵的需要,是精神还乡的需要。事实上,即便金金不出现在婆婆张小英面前,张小英还有梁文道还是无法逃避幽灵的追踪,那些神秘的、按时来临的白信封虽然没有人的躯体,却同样具有幽灵的效力。说到此,不能不提及《认罪书》有悬疑的成分,虽然我们不能把《认罪书》视为悬疑小说,但其中悬疑感甚至惊悚感却是分明存在的,这使得《认罪书》的灵魂叩问有一种辛辣的刺痛感。因此《认罪书》对悬疑元素的借用是值得肯定的一个尝试。

《认罪书》对于历史的处理就是这样以幽灵化的方式完成的。而事实上,幽

---

① 〔法〕雅克·德里达:《马克思的幽灵》,人民大学出版社,1999年,第190页。

灵化可能是历史显形最为有效的方式,尤其是对历史的个体承担者而言。它诉诸每一个个体的成长历史,也携带着丰富的大历史的信息。凡是在历史中发生过的事情,总会在人的内心中留下印迹,以罪恶形态出现的历史情形,必然会在人的内心留下罪感。历史过程中有很多对于美好的事物进行毁灭的事情,虽然在当时通过强力或者其他非正常的手段得以解决,事后又强加掩盖,但总有一天,幽灵会显形,会困扰、影响我们的生活感觉和幸福设计,历史也会被重新打捞、重新认知。《认罪书》中有一个不雅的意象:冰箱里冷冻的一坨屎。它隐喻人的罪行尽管被强行封冻而变得了无气息,但它毕竟是罪行,迟早会发出臭得让人窒息的气味。这个意象可能会使一贯风雅的正人君子们感到不适,但对于罪感的尤其是那种对于罪恶的呕吐感的形容却不能不说是恰切的。而幽灵的出现,则可能使得这个让人感到不适的比喻以更为让人接受的形象出现,但实质是一样的。

三、怎样讲述他人的故事

在乔叶以往的小说中,叙述的故事多半是关于一个女性情感爱欲的故事。作者讲起这些故事来,也常常显得本色当行、笔墨纷飞。这在《认罪书》中尤其是关于金金形象的叙述中同样可以看得出来。作者在讲述"自己"的故事中所表现出来的酣畅是令人印象深刻的,以至于故事中的"他者"形象较为暗淡和模糊,往往是作为女性情感爱欲的投射的功能化形象,其自身生活世界的完整性是有所缺失的。但是,这样一种创作症候在《认罪书》被抑制了,这无疑值得肯定。这表明乔叶所拥有的社会经验和人生认知有了较为重要的发展甚或说突破,原来单一依靠个人化经验进行的表述已经不再成为小说的支撑了。乔叶已经开始了"讲述他人的故事"的探索。

"五四"新文学小说名家郁达夫曾说"小说都是作家个人的自叙传",这种论断是有一定的指称效力的,尤其是在主体解放的"五四"新文化语境中。但从毛泽东的《在延安文艺座谈会上讲话》发布始,新文学一直在顽强地进行从"讲述自己的故事"到"讲述他人的故事"的转变。从新文学内在的话语逻辑来看,"讲述他人的故事"的出现有一个政治上的前提,即平等主义的承诺,尤其是对于底层卑微的他者的尊重。除此之外,如何讲好他者的故事,对于写作者还提出了生活经验和叙事能力的挑战。贯彻"讲述他人的故事"的文化主张的左翼文学传统,从解放区文学到新世纪的底层文学,一直面临着重重的困扰,有些甚至是难以克服的困扰。西方马克思主义学者雷蒙·威廉斯在分析西方社会主义倾向的文学创作所面临的困境时曾遗憾地指出:"如果某种致力于政治观点的小说将会采取的策略是着眼经济和社会中的最高决策层,那么你能前进到何种程度呢?大部分人对现实中的统治阶级的了解目前仍是通过阅读来实现。然而,创造出你没有从内心深处有所感受的人物是极其困难的,在某种程度上,如果你不了解他们是什么样的人,可能你就没有足够的激情去表现他们。工人阶级只能把工厂作为社会统治秩序的替代来对待。"①雷蒙·威廉斯的论述虽然针对的是西方的具有新左派倾向的文学创作,但对于任何一种对总体性有所追求的文学都是值得思考的。在当下中国的文学场域中,从个人有限的经验出发的创作颇为流行,作品也多是碎片化的社会场景,所反映的现实也多是"最外层"的现实。而试图对时代、社会作整体性思考的创作则因为题材来源的知识化和人物形象的缺乏感受,往往呈现出抽象化的状态,这对于文学创作当然是极为不利的。因而,致力于此的作家们必须要解决理解他者进而成功讲述"他人的故事"的问题。这也诚如小说《认罪书》里所说的:"也许,只有先去真正地理解,才有可能抵达真正的谴责。同样,想要真正地谴责,必须要先去真正地理解。不然,所谓的理解和谴责,都只是表面功夫。"对于小说中的人物是这样,对于写作所处理的现实中的人物也是这样。

乔叶的《认罪书》已经表现出了对时代总体性的兴趣,基于个人不断扩大的视野和逐渐丰富的经验,乔叶在《认罪书》中表达的似乎是对"罪与罚"这一整个时代心灵状况的理解。小说是以叙述者的自叙传形式完成的,金金是叙述人,由她而追问出一个又一个叙述人自述自己的故事,小说的结构也得以水到渠成。值得注意的是,以人物自述形式出现的叙事,有效地规避作者过于强烈的主观干预,这些干预在很多作品中很有可能是潜在的,作者意识不到的。因而人物形象的生长就都显得相当的自然和饱满。以往在乔叶小说中较为模糊的他者形象在这部作品中得到了切实的改善。一个突出的例证是,不仅金金形象夺人眼球,梁知和梁新等男性形象也塑造得较为成功。当然,这不是说,叙事人对叙述没有干预。事实上,恰恰相反,金金作为后来的叙事者不断地对自述者进行提问,并且在内心发表看法,并通过作者注的形式进行深度分析和评论。但这是另一回事。作者设置的叙述人的干预首先不同于作者在创作时潜意识的干预,这种干预是为了凸显现实的复杂性和人性的幽暗,而且也的确没有影响自述者的自我塑形。因而,从整体上说,"讲述他人的故事"这个任务在《认罪书》中是完成得不错的。

《认罪书》设置了一个套盒式的多重叙事结构,以编辑管静为最外层的笼罩

---

① [英]雷蒙·威廉斯:《政治与文学》,河南大学出版社,2010年,第298页。

性叙述人,金金是内层比较核心的叙述人,既叙述自己,又叙述他人;在叙述他人的一部分里,他人又成了最里层的叙述人。这样的结构说不上巧妙和新鲜,但用在这里,却显得最为妥帖。而且,作者有效地调动和发挥如此结构的长处,尤其是赋予金金这个叙述者以较多的话语权力和叙述能量,不仅使得自我灵魂叩问显得自然,而且使得最里层的叙述人的叙述相互辩驳、相互印证、相互补充,在矛盾冲突中完成既具有整体性又存在诸多裂隙的叙事,具有强烈的现实逼近感。值得思考的是,编辑管静这一叙述层面的设置有何深意?在我看来,作者设置这一叙述层面,可能是出于一种退守的考虑,即对于这样的叙事以及叙事背后的总体性追求既没有真实与否的判断,又没有确认、赞同或质疑的能力。的确,在这样一个碎片化、个人化叙事成为根本主导的时代,讲述他人的故事进而讲述时代的总故事实在是过于迂阔和不可思议了。但这种迂阔、这种不可思议可能正是文学的意义所在。

原载《南方文坛》2014 年第 4 期

残酷历史呈现与深度人性拷问
——评乔叶长篇小说《认罪书》

王春林

尽管已经读完有一段时间了，但认真想来，乔叶《认罪书》(《人民文学》2013年第5期)留给我的阅读震撼却一直未有消减。此种情形就充分说明，乔叶这部无论精神内涵还是表现形式都颇为煞费苦心的长篇小说，不仅是她本人迄今为止最重要的一部作品，而且，也还应该被看作新锐作家在长篇小说写作方面的一个重要收获。从小说文体的角度来看，近些年来，主要包括所谓"70"与"80"后在内的一批新锐作家在中短篇小说领域所取得的突出成就，是有目共睹的。这一点，只要看一看这些年来新锐作家在鲁迅文学奖中短篇小说评选过程中的屡有斩获，就不难得到有力的证明。与此同时，我们也应该承认，与中短篇小说写作上所取得的骄人成绩相比较，尽管他们实际上也做出了很多努力，但一个不容否认的事实却是，他们在长篇小说写作方面的具体表现还是显得不能尽如人意。虽然制约影响新锐作家长篇小说写作取得更大成功的原因较为复杂，但其中不容忽视的一个重要原因，恐怕却是"历史感"的一种普遍匮乏。关于历史感，批评家张艳梅曾经有过很好的解说："历史感到底是什么？写历史，不一定有历史感；写现实，也不一定没有历史感。历史感是看取生活的角度，是思考生活的人文立场，是细碎的生活表象背后的本质探求。"[①]非常明显，只有在拥有了这种"历史感"之后，这些新锐作家的长篇小说才可能拥有某种特别的厚重感，才可能抵达一种全新的思想艺术境界。

倘若说"历史感"的匮乏的确是制约影响新锐作家长篇小说创作的一大瓶颈，那么，乔叶这部《认罪书》的难能可贵，首先就突出地表现为一种深邃"历史感"的具备。对于这一点，明眼人其实早有清醒的洞悉："曾经有一段时间，新潮书写的标志是断裂'个人'与'历史'的逻辑联系，考掘隐秘，规避共识。这样的趣味，渗透在乔叶这一代作家最初的文学成长背景之中"，"随着视野的扩张和写作的成熟，青年作家定会建构出自己的话语世界。置身其中的生活，何尝不是个人与历史血肉相连的旅程。言语、动作、神情、感触……一经沉淀和梳理，

[①] 张艳梅：《陈克海〈都是因为我们穷〉》，新浪博客，2012年11月17日。

'个人'便不再孤立和单薄,更不可能只是奇趣甚至怪癖的承载者。自我的人生、经历和经验,不能不和他人的心思以及繁多的关系交织缠绕,从而再自然不过地参与了对生命、时代、历史的精神整合。"①非常明显,杂志编者在这里所反复讨论的,也正是乔叶《认罪书》中"历史感"的具备。在这里,需要引起我们高度关注的,其实是"历史感"在乔叶小说中何以成为可能的问题。

  作为一部强烈凸显着乔叶艺术野心的长篇小说,作家的苦心孤诣,突出体现在艺术表现方式的特别设定上。首先是多达三个层面的套盒式叙事层次。最外在一个层面的叙述者"我"名叫管静,具体身份是郑州一家出版社的编辑。一次偶然的机会,她认识了供职于源城市旅游局一位名叫金金的女职员。她们之间本来是要协商出版一本关于源城旅游的宣传用书,没想到,金金却提供给了管静一部特别的书稿。一部在金金自己看来,既非诗歌、散文,也不是小说,只是关于"她自己的一些事"的书稿。只不过,等到管静收到这部书稿的时候,金金自己已经辞别了这个人世。"书尚未出,作者已逝,这在我的工作经历中还是第一次。把稿子全部看完后,我面对的第一个问题就是应该把它看成散文还是小说。既然金金说写的是她自己的事,那似乎应该是散文。但根据它的故事性来看,也完全可以当成是小说。犹豫了两天,我和几个同事商量了之后,决定还是把它当成小说。"需要特别强调的,一个是小说的标题"认罪书"乃出自管静之手,另一个则是管静对于金金这部书稿的基本评价:"总而言之,这个作品超出了我的阅读常规。我只能说:如果这是个自传的话,那就是个很特别的自传;如果这是个小说的话,那就是部很特别的小说。"作为小说中最外一个层面的叙述者,给书稿命名之外,管静还进行了两方面的工作,其一是划分章节,其二是给书稿增加了必要的"编者注"。以上三点之外,管静可以说是一位并没有直接介入到故事之中的旁观者。归根到底,她最主要的使命,就是向读者提供金金的"认罪书"书稿。

  第二个层面的叙述者"我",就是金金。与管静的旁观者角色不同,金金既是故事的叙述者,也是故事的有效介入者,是小说中不可或缺的主要人物之一。虽然说小说存在着多达三个层次的叙述者,但从地位的重要性来说,其中承担最主要叙述功能的,却只能是金金。除了小说开头处管静关于金金书稿由来的介绍与评价,除了管静所提供的"编者注",小说中其他的文字部分可以说全部出自于金金之手。细细数来,小说中先后登场的主要人物,有十人左右。某种意义上说,包括梁知、梁新、梅梅、梅好在内的这些人物之间的故事,才算得上是小说的主体故事所在。与他们的主体故事相比较,金金个人的故事固然也不可

---

① 《卷首》,《人民文学》2013 年第 5 期。

或缺,但在重要性方面却难以与前者相提并论。就此而言,金金存在的根本价值,就是要把自身作为撕开既往历史的一个有效切入点。非常明显,假若没有金金这样一个故事叙述者兼介入者的存在,那么,作为小说主体故事的那一段黑暗历史,恐怕就将永远沉没于语言的地平线之下。无法忽略的,反倒是金金得以介入主体故事的那种特定方式,也即她与梅梅相貌外形上的酷肖。她之所以能够引起梁知的注意并成为梁知的情人,之所以能够被梁新以一见钟情的方式迅速接受,皆缘于这一点。然而,需要质疑的地方,恐怕也恰恰在此。尽管乔叶的文本确实做到了能够自圆其说,但仅仅依靠所谓相貌外形上的相似酷肖来维系金金与历史之间的联系,认真推敲起来,其实显得十分脆弱。由此看来,在此种方式之外,能不能有更牢靠的方式切入幽深的历史,依然是需要引起乔叶认真思考的一个问题。

第三个层面的叙述者,就是小说中除了金金之外的那许多人物了。从文本来看,乔叶的《认罪书》明显由现实与历史两个部分构成。现实部分,金金无需借助其他人的帮助,就可以直接进入并感知触摸。但历史部分,因为不在现场,金金单凭自己的力量就无能为力了。她只能够凭借那些历史参与者的回忆才可能反顾接近历史现场。在这个意义上,金金所扮演的,其实又是一位历史探访者的角色。这个时候的金金,非常类似于正在进行采访报道的新闻记者,她的全部努力,就是要通过对于那些历史当事人的探访追问,最终达到有效还原历史现场的叙事意图。就此而言,无论是梁知、梁新,还是婆婆、钟潮,甚或老姑、秦红,都应该被看作被探访的历史知情者。这样,我们自然可以看到,这些被探访的历史知情者,实际上也就成为了第三个层面的叙述者。细读文本,即不难发现,构成了金金书稿一个非常重要部分的,正是这些历史知情者对于历史的反顾与回忆。然而,无论如何都不能回避的,是这些历史记忆的可靠性问题。比如,按照钟潮的回忆,"文革"期间,当他内心中万分迷恋的女神梅好惨遭心灵严重扭曲变态的红卫兵头头王爱国折磨的时候,他自己只是窗户之外实在无能为力的旁观者。但只有到金金千方百计找到钟潮叙述中所提及的"丙"之后,方才从"丙"的口中证实,实际上,钟潮当时并没有能够置身其外,他本人就是迫于王爱国淫威的现场作恶者之一。这就充分说明,出于自保的本能,钟潮在回顾历史时自觉不自觉地对于历史进行着切合自身利益的改写。问题在于,钟潮可以改写历史,其他的那些历史知情者难道就不会改写历史吗?实际的情形是,改写是必然的,不改写是不可能的,尽管在有些时候,这种改写并非是叙述者一种刻意为之的明知故犯行为。既然改写是必然的,那么,作为读者的我们,实际上也就面临着一个辨识叙事话语真伪的问题。辨识叙事话语的真伪之外,更加不容忽视的,恐怕就是这些叙事话语究竟为什么会真、为什么会伪的问题。比如说,当金金的婆婆张小英回忆往事的时候,出于自身荣誉声名的考虑,她必然会对自己曾经的情敌梅好,以及梅好和梁文道的女儿梅梅,有所贬抑和排斥。这样,我们在面对出自张小英的叙事话语的时候,一个必要的工作,就是如何把渗透于其中的情感因素成功剥离掉。只有如此,才能够达至尽可能真实地还原历史现场的叙事目的。

不能不追问的一个问题是,乔叶为什么要在这部《认罪书》中设计多达三层的叙述者呢?又或者,她设计如此复杂的叙事层次究竟意欲何为呢?这个问题的答案,只能够到乔叶试图描摹呈示现实与历史的复杂性的写作意图那里去寻找。前面曾经说过,《认罪书》明显由现实和历史两大部分组成。与这样两个部分相对应,乔叶的写作意图,一方面是要对当下时代不合理的社会现实进行不失尖锐犀利的批判性表达,另一方面则是要尽可能地呈现既往历史的复杂性。历史景观的呈现部分,重头戏显然是对于一向被称为十年浩劫的"文革"所进行的深入反思。尽管乔叶在现实与历史这两大部分都使足了劲,但相比较而言,从实际达到的艺术效果来看,历史部分却明显地要好于现实部分。之所以如此,恐怕与乔叶处理现实问题时的过于简单直接有关。比如,所谓的瘦肉精事件,乔叶直截了当地就把这一事件和小说中身为卫生局长的梁知的被免职联系在一起。再比如,无论是只有31岁的金金自己的身患绝症,抑或还是金金女儿安安的罹患白血病,自然与当下时代假冒伪劣产品的盛行有直接的干系。虽然说这样的描写都不错,都有现实生活的依据,但设若从更高的艺术标准来加以衡量,乔叶的这种艺术处理方式,却明显地少了一些艺术作品所本来应该具备的曲折幽婉,而多了一些"急功近利"的色彩。说到底,尖锐的现实批判固然是必要的,但采取怎样的方式才能够使这种现实批判更加艺术化,恐怕就是包括乔叶在内的中国作家必须认真面对的一个重要问题。相比较而言,乔叶关于"文革"那段黑暗历史的处理,就要曲折从容得多。我们所谓的艺术性因素,实际上也正潜藏于这样的一种曲折从容之中。本文的标题中之所以要特别强调"残酷历史呈现",根本原因其实正在于此。但无论如何,从乔叶基本的艺术构想来看,描摹呈示现实与历史的复杂性却是毫无疑问的事情。而要想达到这样的一种艺术意图,缺少了叙事层次的复杂,显然是不可能的一件事情。

除多达三个层次的叙述者的特别设定之外,乔叶《认罪书》的开头方式也非常引人注目。对于一部现代小说而言,以什么样的方式开头是一件相当重要的事情。一个好的开头,不仅可以为整部小说的艺术成功奠定最初的基础,而且更能够以象征隐喻的方式统领全篇。乔叶《认罪书》的开头,显然就可以做这种理解。那么,乔叶所采用的究竟是怎样的一种开头方式呢?"就从洗屁股开始吧。""听母亲说,我还没有学会洗脸的时候,就已经学会了洗屁股,是在三岁那年。"金金的洗屁股这一生活习惯,自然是母亲教诲的结果。母亲说:"你洗要是为了让别人看,那就是假干净。这洗屁股呢,就是不洗也没人知道,没人整天跟在你屁股后头闻味儿,那这种洗呢,就不是为了别人看,就只是为了自己干净。这就是真干净。"一部旨在对历史和现实进行深度反思的长篇小说,其开头处为什么要对洗屁股这个细节大书特书呢?二者之间究竟有什么内在的联系呢?一般意义上,说到屁股,应该是人体上最具有隐私意味的部位所在,可以说是最见不得人的一个部位。这一部位的私密意味,恰如一句广告词所言:"难言之隐,一洗了之。"而乔叶的这部小说之所以要命名为"认罪书",根本原因就在于,作家要通过这种书写清洗人之罪:"——我当然知道自己罪孽深重。而罪孽深重的我,面对我犯过罪的那些人,居然从来没有道过歉,一次都没有。写这本书,就算一次郑重的道歉吧。是我能够做的最认真的道歉了。""这也是我赎罪的方式。许多人喜欢用抄佛经的方式为自己赎罪,相比之下,我觉得还是自己的选择更有意思。佛经,多少人念的都是一样。我自己的事,在这世上只属于我一个人。佛经,是佛的著作权。我的故事,是我这俗人的著作权。当然,更相形见绌的是,佛经,字字莲花。我的故事,字字污泥——没错,我清楚地知道,我写出来会被人骂。如果有幸的话,可能还会被骂得很长久,中大奖的话,还会遗臭万年。"金金的这番说辞,毫无疑问可以被理解为是作家乔叶的一种夫子自道。金金自感罪孽深重,所以,一直都在强调自己的写作行为本身就是为了清洗自身的罪。既然是罪,那当然就是不可告人的羞耻。非常明显,屁股不可告人的隐私性与罪孽不可告人的私密性,其实有着殊途同归的突出意味。就此而言,乔叶《认罪书》开头处关于"洗屁股"这一细节的反复渲染描写,自然也就拥有了突出的象征隐喻意味。作家用这样一个意味格外深长的细节展示来统领这部旨在实现罪感追问的《认罪书》,所突出体现的,正是乔叶的一种艺术智慧。

但在充分肯定乔叶的总体艺术设计用心细密别有寄寓的同时,我们也需看到,其中一些地方,却也似乎有着用力过度的嫌疑。具体来说,以下两个方面可以有所商榷。首先就是关于字谜的设定。具体来说,也就是梁知那个神秘的练字本。小说中,金金曾经旷日持久地对此展开研究,最终揭开谜底。这个练字本,实际上是梁知一本隐性的日记。出现在这个练字本上的所有单个汉字,只有与"心"字旁联系在一起方能得到恰切的解释。比如"上"与"下","心字底:上——忐,下——忑,写这两个字的日期是一九七七年六月,这应该是他和梅梅初见的心吧?他的心如鹿撞般忐忑跃蹦"。就这样,梁知那个貌似杂乱无章没有头绪的练字本,便获得了一种准确到位的解读。把这些看起来无关的汉字连缀起来,实际上就是梁知与梅梅之间一部只能够以复杂称之的情感史。字谜细节的设定,初看起来,作家如此煞费苦心所设定出的,确实是一个别具艺术个性的精彩细节,能够取得良好的艺术效果。但倘或细细推敲一下,却不难发现会有问题存在。在让人颇觉有些矫情的同时,可信度也是不容忽略的一个问题。尽管乔叶企图借助于这个练字本达到有力揭示梁知内心世界奥秘的意图本身无可厚非,但对梁知一方面希望利用恋人梅梅献身钟潮达到官场升迁的目的,另一方面却已经有所悔恨有所自责甚至于妒恨交加的处理,却很有些自相矛盾的意味。不仅如此,练字本上的汉字,最早出现在一九七七年,仿佛那个时候的梁知就已经预知到自己的练字本有朝一日会被别人看到,所以才会采取如此严密的设防手段一样。与此同时,同样不可思议的一点是,你只要看一看那些小说中提到的与心字旁相关的字眼,你就可以发现,在电脑尚未普及的时代,要想凭借自己的记忆,寻找到恰如其分地记载自我心情的汉字,也不是一件轻而易举的事情。如此一种细节设定,细细想来,其实明显违背着日常生活情理。惟其不合乎日常情理,所以可信度才大大降低。

这一点,与小说关于梅梅日记设定的自然品质,显然形成了鲜明的对照。对于梅梅那看似"流水账"一般的日记,叙述者金金也有所解读:"平白,极简。由此回溯梅梅的人生轨迹,几乎一望尽知。虽然有那么几条有点令我费解,不过稍一琢磨也就能明白:我有罪——是梁文道心脏病发作去世给她带来的罪恶感。Kiss——是和梁知第一次接吻……"关键在于,作品中给出的梅梅日记写作的理由是充足可信的。"梅梅所谓的日记,是从和梁知恋爱开始记的,每次记都是挑日子的。都是对她来说重要的日子。这个沉默温顺的女孩子,永远的女孩子,她为什么要记呢?肯定不是为了忘记,也不是为了怕忘记。想了很久很久之后,我才明白,她之所以记,是因为她在纠结……每当百爪挠心无可适从的时候,她就写下一行字,最简单最简单的一行字。"一个在生活中备受蹂躏伤害的女孩子,以这样一种"平白、极简"的"流水账"方式记录自己的人生历程,对于一贯软弱内敛的梅梅来说,是非常自然的一件事情。具备了此种合理性,乔叶关于梅梅日记设定这一细节的艺术说服力也就大大加强了。

其次,则是人物命名过程中谐音的运用。这一点,在小说中的诸多人物身上都有明显的体现。梁知——良知,梁新——良心,梅梅——美美,梅好——美好,等等,皆是如此。至于少一代中类似于梁远、钟未未、梁安这样一种命名中的美好寄托,也是显而易见的事情。这里,乔叶显然在自觉利用着汉语发音中的谐音技巧以完成自己的某种叙事意图。一方面,在中国文学传统中,确实存在着命名中的谐音传统。《红楼梦》中诸如元春、迎春、探春、惜春这贾家四姐妹命名中所隐含的"原应叹息"意味,就是非常明显的例证。就此而言,乔叶的谐音运用,可以被看作对于传统的一种自觉传承。但在另一方面,我们也需看到,随着时间的游移,到了当下时代,在中国现代文学也已经存在发展了近百年的历史之后，依然简单地袭用谐音技巧，尽管乔叶的设定动机可谓用心良苦，但从客观的艺术效果来看，却多少显得有点小儿科，有点矫揉造作了。在我看来，假若乔叶放弃这种谐音技巧，艺术意图的传达不仅不会受到任何伤害，反而还会显得特别朴质大气。

通过以上的分析，即不难看出，乔叶在小说总体艺术表现方式的设定方面的确花费了不少心思。作为一位正处于写作上升期的青年作家，能够在一部长篇小说的写作过程中设定使用如此繁复的艺术表现方式，所强烈昭示出的，正是她难能可贵的一种高远艺术追求。对于作家如此一种强烈突出的艺术形式探索精神，我们无论如何都必须给以积极的肯定。与此同时，不能忽略的是，尽管说作家的艺术探求总体上取得了良好的艺术效果，但在诸如梁知的那个特别的练字本与谐音的运用这样一些方面却依然有明显的不尽如人意之感。不是说作家不应该在艺术表现方式上进行必要的艺术探索，关键问题在于，怎样才能够使得这种艺术探索具有更加充分的艺术说服力。常言说得好，大巧若拙，大美不言。从一种更为根本也更为阔大的文学视野来说，我们认为，真正优秀的文学作品应该体现出一种返璞归真的艺术气质来。毫无疑问，年轻的乔叶的确也还无法企及这种高远艺术境界。由简到繁难，由繁再到简更难。前一个"简"，是简单的"简"，后一个"简"，则是简朴大气的"简"。在充分肯定乔叶《认罪书》在艺术表现方式探索上所取得突出成绩的同时，我们希望她在今后的写作中能够渐次实现自我超越，能够抵达质朴大气的思想艺术境界。

虽然从更高的艺术标准来要求，乔叶的《认罪书》在艺术表现方式上确实存在着一些不尽如人意处，但就总体而言，乔叶在艺术表现方式上所做出的种种努力却还是为深厚思想题旨的表达奠定了相当坚实的基础。也正是在这种前提下，我们才得以充分展开以下关于小说所具深刻历史与人性内涵的探讨。前面曾经强调乔叶《认罪书》是一部贯通游走于现实和历史之间的长篇小说，乔叶对于现实部分的设定，一方面固然是要对当下现实的不合理性进行尖锐批判，另一方面则是为了勾连牵扯出已经逝去久远的沉重历史。通过第二层叙述者金金的出场追问，在现实与历史之间建立内在有机的联系，把现实与历史的罪恶以并置的方式呈现在读者面前。但正如同前面已经指出的，由于乔叶的现实批判过于峻急过于"急功近利"，尽管也仍然给读者留下了足够深刻的印象，但从艺术性的角度来衡量，却实在难以令人满意。相比较而言，乔叶对于历史残酷一面的有力揭示与对于深度人性的挖掘表现，却给我们留下了殊难磨灭的阅读记忆。不能忽视的一点是，在实际的艺术处理过程中，乔叶往往把历史与人性纠结缠绕在一起成为一个有机整体。正因为如此，所以，我们的分析过程，也就自然而然地把二者联系在一起而渐次展开。

我们首先要提及的,就是乔叶关于"文革"那段幽暗历史的真切表现。虽然就总体情形来说,很难简单地把这部《认罪书》归结为关于"文革"的长篇小说,但作家对于"文革"所进行的反思性描写,却无论如何都应该被看作小说思想艺术上最成功的一个部分。这一方面,一个令人过目难忘的艺术场景,就是有钟潮现场参与的红卫兵造反派头头王爱国对于梅好进行的那场惨无人道的残酷折磨。在得知父亲梅校长第二天就要被枪毙的消息之后,救父心切的梅好急急忙忙赶来找王爱国,企图替父亲向王爱国求情。没想到,这王爱国居然是一个心理严重畸形的变态者。在钟潮眼里,"我们的头叫王爱国,是个女人。可是她根本就不像个女的。要不是肩窄点儿腰细点儿,那就是一个男的。她没有胸。完全是平的,现在人怎么说?飞机场,太平公主。她就是那样的。她能成为头儿,没别的,就是狠。她革起命来比我们这些男的都狠。"王爱国的革命行为,一方面固然是受到时代潮流席卷裹挟的缘故,另一方面却也和她容貌外形的不够光彩密切相关。这样一位缺少女人味道的革命女性,在面对素以漂亮著称的梅好的时候,那样一种妒恨交加的心理状态就是可想而知的。尤其是她们之间还存在着身份上的巨大差异。一位是高高在上的掌握着生死予夺大权的造反派头头,另一个则是作为"人为刀俎我为鱼肉"中的"鱼肉"存在的"反革命分子"梅校长的女儿。处于此种对比强烈的状况之下,梅好却偏偏还要来为自己的父亲求情。她遭受巨大凌辱,也就势在必然了。人都说被强奸可以对女性形成巨大的精神创伤,而且在老姑她们的叙述中,梅好最后的精神失常,也的确与她的被强奸之间存在着一种内在的逻辑链条联系。然而,梅好实际上所遭受的凌辱却比这个要严重得多。文本中,王爱国所设想出的凌辱"绝招"是,既然你梅好口口声声"忠于人民忠于党",那么,你就应该把你的"忠心"充分地展示出来。怎么样才能够展示自己的"忠心"呢?那就是主动把自己的衣服脱掉袒露出自己的胸部来。王爱国无胸,是"飞机场",是"太平公主",而梅好却有着足以骄人的高挺胸部。这样一来,王爱国革命行动背后潜藏着的猥琐动机,自然也就一目了然了。更有甚者,在梅好自己脱掉上衣之后,王爱国不仅唆使部下动手剥掉了梅好的裤子,而且她还用那支"黑幽幽的毛笔"在梅好的身体上写下了一个硕大的"忠"字。"这个时候的梅好,一直静静地躺在那里。闭着眼,不再说话,连低吟和自语都没有了。像死了一样。"很显然,所谓的心如死灰,大约也就是这个样子了。"身体"、"毛笔"、"书写",把这样的一个细节与"文革"那段特别的历史联系在一起,其中一种象征隐喻意味的存在,就是一件显而易见的事情。在这处,不是强奸胜似强奸了。对于这一点,作家借助于钟潮之口,有着尖锐的洞穿:"这个女人,这个看起来比谁都革命的女人——不,此刻,她已经不再是个女人,她已经是个男人了。她的眼睛暴露了一切:她对梅好有想法,有那种脏的想法——她当然不能像男人那样把梅好怎么样,她的那种脏,就是想侮辱梅好作践梅好的那种脏,就是把一块想吃却吃不到嘴里的糖扔进粪坑的那种脏。"一方面是堂而皇之的革命行动,一方面是不可告人的卑劣人性,二者就这样被乔叶巧妙地编织到了一起。在有力揭示历史残酷的同时,王爱国的变态人性也得到了可谓是淋漓尽致的艺术表现。

但更加令人倍感震惊的是,这人性的卑劣与龌龊,实际上也存在于深爱着梅好的丈夫梁文道身上。需要注意的是,关于梁文道的这段叙述,出自于梅好的情敌张小英之口。由于惨遭王爱国的蹂躏,梅好终于精神失常,梅好常常一个人在晚上从家里跑出来。"那天晚上,我一直跟着梅好。""其实,我不是为了跟她,我是为了跟你爸。我知道我跟着她,就能看到你爸。"让张小英都无法预料的是,她居然看到了一幕难以想象的场景:"你猜不到的,谁都猜不到的——眼看着梅好离河越来越近,我以为你爸要上前去抓她,可是,他没有。""他没有。我在后面看得真真儿的,他没有。他就那么悄没声息地站着,看着梅好朝河里走去。""当我清楚你爸的目的之后,有那么一小会儿,我是想喊的——没错,我想让梅好死。我比你爸还想让她死。可我没想到,他真的会让她死。"说实在话,读到这里的时候,我确实产生了一种彻骨寒冷的感觉。难道这就是所谓真切的爱情吗?如此真心相爱的人,怎么能够做出这样匪夷所思的事情呢?我想,无论如何,我们都不能不折服于乔叶笔锋的尖锐犀利了。一个业已精神失常的妻子,从日常生活的角度来看,怎么说都是一个沉甸甸的负担。尽管叙述者在这里并没有详尽展开关于梁文道的心理描写,但我们却不难推想出他心理矛盾的客观存在。经过了一番肯定非常激烈的思想斗争之后,梁文道终于眼睁睁地看着自己的妻子梅好,就那样一点一点地消失在了河水之中。至此,我们方才能够真切地体会认识到,乔叶的难能可贵之处,不仅在于写出了"文革"的残酷,写出了类似于王爱国这样的红卫兵造反派头头的人性卑劣,而且更写出了如同梁文道这样一种"文革"受难者的人性中所潜藏着的恶。众所周知,面对着"二战"中德国纳粹的暴行,思想家阿伦特曾经借助于艾希曼这一个案提出过所谓"平庸的恶"①的重要命题。我不知道,面对着如同梁文道这样的一种情形,阿伦特又会做出什么样的一种深刻论断。某种意义上说,类似于梁文道这样的一种行为,把它称之为"平庸的恶",恐怕也还是有一定道理的。

然而,同样是恋人之间的强烈伤害,与梁知后来的所作所为相比较,梁文道的作为就显得有点小巫见大巫了。读过《认罪书》之后,不管怎么都得承认,梁

---

① 徐贲:《现代性与大屠杀》,《自由的思想——海外学人访谈录》,生活·读书·新知三联书店,2012年,第100~101页。

知与梅梅之间感情上的恩怨纠葛,乃是小说文本中最不容忽略的一个重要部分。梁知与梅梅,是异父异母的一对兄妹。梁知的生父是一个肛肠科医生。按照张小英的叙述,自己本来对于医生丈夫谈不上什么感情,只因为自己的暗恋对象梁文道与梅好有了婚约,又气又急,很快就和医生丈夫结了婚。梁知就是他们的儿子。"文革"期间的1973年,业已精神失常的梅好丧身于群英河里。这个时候,与张小英的告密有关,她的医生丈夫也已经先于梅好投群英河自尽。于是,张小英就带着梁知嫁给了心仪已久的梁文道。而梅梅,则是梁文道与前妻梅好的女儿。梁文道和张小英的结合,就这样使得梁知和梅梅成为没有任何血缘联系的兄妹关系。实际上,也正因为他们之间没有任何的血缘联系,才导致了两位名义上的兄妹之间爱情的萌生。无论怎么说,虽然他们之间没有血缘联系,但名义上兄妹关系的存在,却使得他们相爱本身,既带有乱伦色彩,也带有一种显而易见的罪恶感。此种罪恶感,一方面存在于他们各自的内心深处,另一方面则给他们的父母造成了巨大的道德压力。张小英之所以总是看梅梅不顺眼,固然与她的后母身份有关,但梁知和梅梅之间的不伦之恋,显然也是不可忽略的一个重要因素。梁文道的心脏病突发去世,这件事情显然也是重要的诱因之一。正因为如此,梅梅才会在那个时期的日记中反复强调"我有罪"。套用陀思妥耶夫斯基的小说名,梅梅是《认罪书》中一位生性特别善良柔弱的不折不扣的"被侮辱与被损害者"。从罪的角度来说,她一生最大的一个罪过,就是因为自己和梁知的爱情而导致了父亲的不幸死亡。除此之外,梅梅别无罪恶可言。

与善良柔弱的梅梅相比较,梁知就可谓罪莫大焉。因为不伦之恋导致继父死亡且不说,他的罪过,集中体现在与梅梅之间的种种纠葛上。尽管梁知对于梅梅的爱显然是真实的,但较之于梅梅对待爱情的纯粹程度,梁知的爱过多地掺杂了包括功利在内的其他一些因素却是难以否认的一种客观事实。具体来说,梁知之罪,首先体现在利用梅梅达到了自己官职升迁的目的。明明自己深爱着梅梅,明明知道梅梅进入钟潮家等于羊入狼口凶多吉少,但为了自己的官职升迁,梁知却硬是眼睁睁地看着梅梅一步一步地步入深渊。对于梁知当时的矛盾心理,作家借助于金金之口做出过尖锐有力的揭示:"妈让梅梅去钟潮家,其实你很清楚这是为了你,可你又不想承认自己对这事的默许,所以是'惑'。梅梅到钟家后,你肯定觉得她的处境很危险,所以又'患','忱','怍','忡'……不过,够讽刺的是,当知道梅梅被钟潮欺负后,你最强烈的情绪居然是'忮',这份嫉妒可真复杂的啊……"我们当然不能说梁知内心里不爱梅梅,否则他也不会生出"忮"的感觉了。但在有意无意之间利用梅梅以达到个人升迁的目的,却无论如何都是一件非常可耻的事情。

其实，梁知更严重的罪过，却在于和弟弟梁新一起联手逼迫梅梅自杀。梅梅被钟潮欺负之后，带着身孕南下东莞打工。在东莞，梅梅不仅生下了私生子未未，而且还遭遇了她后来的男友赵小军。没想到的是，与赵小军的相遇，反而给她带来了万劫不复的更大灾难：赵小军为了五万元钱，居然与钟潮暗自联手，把梅梅视如自己身家性命的未未送给了盼子心切的钟潮。如此一种行为，对于梅梅而言，自然构成了一种巨大的精神打击。为了讨回未未，梅梅跑回老家，大闹源城。她希望能够以这种方式迫使钟潮把儿子交还自己。梅梅的大闹，实际上对于梁知的官职形成了极大的威胁。这一点，梁知自己说得很清楚："梅梅回来要孩子的时候，我就知道自己帮不了她。我斗不过钟潮，没能力斗，所以压根儿也就没想斗。我能做的就是自保。她在市政府门口那么闹，影响太坏了。那时候我和庄雅已经订了婚，副处的事庄雅的爸爸正在帮我做工作，这是我的一个大坎儿，我输不起，我必须得迈过去，所以我必须让梅梅离开源城，必须把她送回东莞……"然而，关键问题在于，梁知对于梅梅的伤害并没有截止于把她骗回东莞，而是变本加厉地把她逼上了自杀的绝路："到了东莞，我又生怕她再回来，让我功亏一篑……没错，是我杀了她，是我杀了她……"这里，也就真的用得上所谓"无毒不丈夫"那句老话了。除了这句老话，你简直不知道对于梁知这样一种十恶不赦的罪过还能够做出怎样的评价。难道这就是爱吗？一个口口声声爱着对方的人，居然可以为了一己私欲的满足而做出这般令人不齿的罪行吗？就这样，梅梅对于梁知毫无保留的爱，与梁知以"爱"的名义对梅梅实际造成的巨大伤害，形成了极其鲜明的反差与对照。梅梅被侮辱被损害得越是无辜，梁知对于梅梅犯下的罪过就越大越难以饶恕。

但梁知的罪过，并未随着梅梅的弃世而告终止。这就必须提及他那个奇特的练字本，提及他和金金之间的恩怨关系了。按照乔叶的设计理念，那个练字本记载着的，是梁知的一段心路历程。而这段心路历程，某种意义上又可以被理解为梁知的"忏悔录"。以如此一种他人难以辨识的方式进行记录，本身就有着不可告人的私密性质。惟其私密，城府颇深的梁知才能够凭此而完成一种自我袒露式的真实心理书写。一边是发自内心的对于梅梅的爱，一边是极具功利色彩的对于梅梅的利用和伤害，二者之间的缠绕纠结，事实上构成了梁知这一人物形象的人性深度。然后，就是梁知和金金的相遇了。非常明显，梁知之所以对金金产生强烈的兴趣，原因就在于她和梅梅外形容貌上的酷肖相似。惟其如此，梁知才会通过对金金的示好获得一种自我心理补偿赎罪的感觉。在这里，一种心理转换机制的存在，显然不容忽略。关键问题在于，一旦感觉到这种自我救赎的方式有可能给自己带来麻烦，梁知就会迅速退缩："是，你是想在我身上赎罪。因为我勾起了你的旧念想，你想让自己的心更踏实一些。可当你发现事情不好收拾之后，就害怕了，就惮了，就惧了，就懦了，就怯了……你的赎罪，有多少诚意？在你看似完美的一切现状都不受影响的情况下，或许你愿意通过这肤浅的赎罪来让自己的心得到那么一些安慰。但是，当你发现这赎罪有可能会影响到你看似完美的一切现状时，你就退缩了，后悔了，终止了，甚至你宁可罪上加罪了。"实际的情形恰如金金所言，从根本上说，梁知是一个过分爱惜自己羽毛的自私自利者。一旦他的所谓"自我救赎"逾越自我利益的底线，他就会如同缩头乌龟一般迅速退回到自我保护的躯壳当中。金金用"叶公好龙"来评价他的这样一种赎罪行为，非常恰如其分。正因为如此，他的赎罪才往往会演变成一种新的犯罪。他之所以要对金金示好，本意是要自我救赎。没想到，金金不仅彻底地迷恋上了他，而且竟然还怀了他的孩子。正因为梁知在此种情形之下必然要退缩，所以金金才会不管不顾地穷追猛打，才成为了梁知弟弟梁新的妻子。身为梁新的妻子，肚里怀着的却是梁知的孩子。就这样，梁知在伤害金金的同时，也严重地伤害了自己的弟弟梁新。梁新可以接受安安的非婚生这样一种事实，却无论如何都无法接受安安实际上的父亲居然是自己的大哥这样一种残酷真相。从这个意义上说，导致他车祸身亡的真正罪魁祸首，不是别人，正是梁知。梁新之死，毫无疑问对于梁知构成了无法承受的打击。本来，梁知和金金还希望能够再生一个孩子以挽救安安的生命，但梁新之死却使得梁知完全丧失了做爱的能力。尤其是在得知自己身患"死精症"之后，梁知彻底陷入了绝望的状态。彻底绝望之后，梁知最后采取的一个主动行为，就是切脉自杀。关于梁知最后的自杀行为，我曾经一度产生过怀疑：这样一位过于爱惜自身羽毛的自私自利者，难道真的有勇气去自杀吗？但细细想来，却发现乔叶的这种艺术处理，其实有着相当的合理性。梁知的自杀，固然与其绝望有关，但他的这种貌似决绝的行为，所映射出的，实质上却依然是其内心的孱弱与怯懦。你根本就无法指望这样一位极端自私者能够有勇气与金金一起来面对生活的苦难。从这个角度来说，乔叶关于梁知自杀的这一笔就透出了某种特别的狠。正是借助于这特别狠的一笔，乔叶最终完成了对于梁知这一人物人性深度的艺术揭示。

从以上的分析中，不难看出，作家在刻画塑造上述人物形象时，都是围绕着"罪"这样一个关键词而进行的。实际上，也并不只是以上这些分析到的人物形象，作品中的其他一些人物形象，诸如张小英、钟潮、梁新、梁文道、秦红，甚至包括"文革"中曾经助纣为虐的甲乙丙丁几位，也都与"罪"密切相关。众所周知，中国是一个宗教意识严重匮乏的国度。与之相对应，罪感意识的普遍缺失，也是显而易见的一种状况，对于这一点，李泽厚有过深入的论述："作为论语首章，并不必具有深意。但由于首章突出的'悦'、'乐'二字，似可借此简略谈论《今读》的一个基本看法:即与西方'罪感文化'、日本'耻感文化'(从 Ruth Benedict 及某些日本学者说)相比较,以儒学为骨干的中国文化的精神是'乐感文化'。'乐感文化'的关键在于它的'一个世界'(即此世间)的设定,即不谈论、不构想超越此世间的形上世界(哲学)或天堂地狱(宗教)。它具体呈现为'实用理性'(思维方式或理论习惯)和'情感本体'(以此为生活真谛或人生归宿,或曰天地境界,即道德之上的准宗教体验)。'乐感文化''实用理性'乃华夏传统的精神核心。"[①]一种严格的宗教禁忌意识的缺乏,所导致的一个直接后果,就是中国人罪感意识的普遍缺失。很可能是受制于这样一种本土文化制约影响的缘故,所以,无论古今,中国的文学作品中很少能够看到对于罪感心理与忏悔意识的深度表现。在这样一种文化背景下,乔叶这部以"罪"为关键词的《认罪书》的出现,自然有其不容轻视的思想艺术价值。说到"罪",就应该注意到小说的题记:"是时候了。我要在这里认知,认证,认定,认领,认罚这些罪。"非常明显,作家在这里给出的,正是关于小说题名"认罪书"命名由来。"罪"之外,作家所特别强调的是"认"中所包含的"认知,认证,认定,认领,认罚"意味。从"知"到"证"、"定"、"领",一直到"罚",我们明显可以感觉到其中有一种渐次深入的排列。乔叶借助于"题记"所道出的,实质上也正是她自己写作这部长篇小说的根本动机。

　　说到《认罪书》中对于罪感意识的挖掘与表达,除了以上各位人物之外,无法被忽略的,还有同时身兼叙述者功能的金金自己。虽然很难说金金就是一位自传性的人物形象,但在这一人物身上多少有着乔叶自己的一点影子,恐怕也还是无可置疑的一种事实。能够在挖掘表现其他人物身上所具罪过的同时,也把批判的矛头对准叙述者自身,对叙述者金金自己的罪过作一种真切的艺术追问,是《认罪书》人性表现不可或缺的一个方面。具而言之,金金之罪,主要体现在以下两点。其一,是她的出现和强势介入,才使得梁知这个家庭的全部罪恶被揭示了出来。尽管从根本上说,如果没有金金的出现,就不会有"认罪书"这个小说文本的成形,金金对于既往历史不依不饶的追问,正是这一小说得以存在的一个必然前提,但在另一个方面,金金揭开历史谜底的过程,对于梁知他们这个家庭而言,却也构成了一种无法避免的严重伤害。设若梁知没有遇到金金,设若金金不是想方设法进入了梁知家庭,那么,一切历史真相都将仍然处于沉睡状态。然而,不能不指出的一点是,乔叶如此一种情节的设计过程中,确实充满了巧合的戏剧性因素。都说无巧不成书,但过多巧合性因素的存在,显然也在某种程度上损害着小说本应具有的自然品格。其二,金金自己的身世也有

---

① 李泽厚:《论语今读》,生活·读书·新知三联书店,2004 年。

突出的罪恶感存在。金金兄妹几人之间，都属于同母异父的关系。同一个母亲，父亲却各不相同。这样的一种身世来历，本身就给金金带来了强烈的耻辱感。更何况，属于自己的那个父亲，居然还是一个不会说话的哑巴。揆度于常情常理，任谁都会为这样的一种身世来历痛感羞耻。因此，金金对于哑巴的厌憎就是可想而知的："当然，我更怨恨哑巴。因为不能痛痛快快怨恨母亲的缘故，我便更怨恨他。为了撇清和他的关系，为了让包括母亲在内的别人看清楚这种撇清，我比任何人都表现得更鄙视他，更欺负他。""不，这些都还不够。我想要他死。"一个女儿，不仅不知道感恩自己的生身之父，反而寻找机会不断欺侮他，甚至还盼着他能够早一天离开这个世界。这样的行为，自然只能够被视为一种忤逆的罪过了。

但是请注意，金金到最后终于意识到了自己所犯的罪过，并且以实实在在的行为实现着一种难能可贵的自我救赎。无论是她以女儿金金的名义为哑巴父亲立碑纪念，抑或是这本题名为"认罪书"的书稿的书写行为，都毫无疑问可以被看作金金自我救赎精神的一种外化体现。一个不容回避的问题是，曾经对这个世界充满仇恨的金金，究竟凭借着什么方才得以实现了这样一种艰难的精神蜕变？根据我自己的阅读体会，金金精神蜕变的实现，很大程度上与她在自己短暂的人生历程中目睹了过多的死亡场景有关。金金未能谋面的梅好、梅梅母女且不说，单只是母亲、哑巴、梁知、梁新、婆婆张小英、安安，就是一长串名字。不管怎么说，这些不断出现的死亡场景，对于金金来说，都不啻于是一场接一场的精神洗礼。当她自己也身患绝症，只能无奈地静候死亡来临的时候，金金终于意识到了自己短暂一生中其实犯下了许多罪恶。她之所以执意在生前完成"认罪书"这样一部书稿的写作，正是希望凭此实现某种自我精神救赎。应该注意到，尽管乔叶在小说中设定了多达三个层次的众多叙述者，但其中最主要的叙述者，却是金金。从这个意义上说，金金的存在以及她的强烈倾诉欲望，乃是《认罪书》这部长篇小说得以现身的一个必要逻辑前提。归根到底，有了金金的存在及其精神的自我超越，才在叙事学的层面上保证了《认罪书》问世的可能，乔叶那样一种在呈现残酷历史景象的同时诘问人性奥秘的艺术追求也才得以变成文字的现实。

原载《百家评论》2013 年第 4 期

作品年表

乔叶作品年表

1993 年

《别同情我》(散文),《中国青年报》副刊 1993 年 2 月。

1994 年

《不做情人》,《价格与市场》1994 年第 2 期。
《另一种珍爱》,《人民论坛》1994 年第 3 期。
《想起母亲(二首)》,《诗刊》1994 年第 6 期。
《爱情躲在落叶丛中(外一首)》,《绿风》1994 年第 4 期。
《爱情田野(组诗)》,《诗刊》1994 年第 9 期。
《把路走绝》,《深圳青年》1994 年第 9 期。

1995 年

《旧式女人》,《医学美学美容》1995 年第 3 期。
《抬头望天》,《艺术广角》1995 年第 3 期。
《坐在最后一排》,《深圳青年》1995 年第 4 期。
《课间操(三首)》,《诗刊》1995 年第 7 期。
《风花雪月——关于一个词的解释》,《青年文学》1995 年第 7 期。
《我的机关生活(组诗)》,《诗刊》1995 年第 12 期。

1996 年

《走过三峡(组诗)》,《诗刊》1996 年第 4 期。
《别让我哭泣》,《牡丹》1996 年第 6 期。
《天堂何在》,《读者》1996 年第 7 期。
《做善事的勇气》,《青年博览》1996 年第 10 期。
《孤独的纸灯笼》,上海人民出版社,1996 年。

1997 年

《掀起布帘之后》,《青年文摘》1997 年第 1 期。

《一本字典的故事》,《教师博览》1997年2月。

《一个下午的延伸》,《牡丹》1997年第4期。(编者注:此为乔叶发表的第一篇短篇小说,1998年第1期《十月》亦刊发了本篇小说。)

《幸运之泉》,《风流一代》1997年第6期。

《女为知己者容》,《医学美学美容》1997年第8期。

《最后一个愚人节》,《青年月刊》1997年第8期。

《沉默的棋盘》,《青年月刊》1997年第9期。

《五月,与母亲的絮语》,《诗刊》1997年第11期。

《机遇与月光》,《青年博览》1997年第11期。

《感谢的理由》,《散文》1997年第12期。

《尴尬人生事》,《现代交际》1997年第12期。

1998年

《私奔》,《牡丹》1998年第1期。

《读过去的信(三首)》,《诗刊》1998年第2期。

《情感》,《公安月刊》1998年第5期。

《消气》,《青年月刊》1998年第6期。

《一片绿叶的声音》,《现代交际》1998年第6期。

《失恋的圣诞老人》,《现代交际》1998年第6期。

《走不出深情的海》,《山东农业》1998年第7期。

《阳光和灯光》,《公安月刊》1998年第8期。

《财产公证》,《民族大家庭》1998年第6期。

《阳光地带》,《现代交际》1998年第12期。

《坐在我的左边·乔叶青春美文》,中国青年出版社,1998年。

1999年

《婚姻的尊严》,《公安月刊》1999年第1期。

《没有斑点的山楂》,《人民公安》1999年第4期。

《无题四首》,《诗刊》1999年第3期。

《对自己负责》,《教育艺术》1999年第3期。

《六岁的爱情》,《青年文学》1999年第5期。

《生命的启示》,《青年文学》1999年第5期。

《幸运之泉》,《乡镇论坛》1999年第6期。

《最美的书包》,《中外期刊文萃》1999年第6期。

《遥远的创可贴》,《人民公安》1999 年第 15 期。
《把钥匙挂在心口》,《散文选刊》1999 年第 8 期。
《有那样一个下午》,《大众文摘》1999 年第 10 期。
《鸟语·花香》,《诗刊》1999 年第 11 期。
《邀人共舞》,《现代交际》1999 年第 11 期。
《穿裙子的故事》,《中外期刊文萃》1999 年第 22 期。
《爱情的底片》,《中外期刊文萃》1999 年第 24 期。

2000 年

《那是我写的情书》,《人民公安》2000 年第 2 期。
《吹着口哨回家》,《黄河·黄土·黄种人》2000 年第 2 期。
《一个女人的故事》,《人民公安》2000 年第 4 期。
《过马路,左右看》,《现代交际》2000 年第 3 期。
《沉重的土豆丝》,《青年文摘》(人物版)2000 年第 3 期。
《老人的爱情像核桃》,《家庭科技》2000 年第 5 期。
《每天抱我一分钟》,《河南林业》2000 年第 5 期。
《缆车里有一双高举的手》,《妇女生活》2000 年第 6 期。
《求你们不要说话》,《河南消防》2000 年第 6 期。
《来自特殊世界的思索》,《辽宁青年》2000 年第 14 期。
《在水上写字》,《青年文学》2000 年第 7 期。
《穿心米线》,《青年博览》2000 年第 7 期。
《一夜胸针》,《今日文摘》2000 年第 8 期。
《尽力就是最好》,《人间方圆》2000 年第 9 期。
《桥与路》,《大众科技》2000 年第 9 期。
《迷失》,《人间方圆》2000 年第 10 期。
《刀爱》,《青年文摘》2000 年第 11 期。
《门在哪里》,《中国青年》2000 年第 22 期。
《天堂伞》,《心理辅导杂志》2000 年第 12 期。
《父亲的请帖》,《青年文摘》2000 年第 12 期。
《种植春天》,《读者》2000 年第 24 期。
《迎着灰尘跳舞·乔叶随笔》,福建人民出版社,2000 年。
《喜欢和爱之间》,中国国际广播出版社,2000 年。
《薄冰之舞》,长江文艺出版社,2000 年。
《爱情底片》,浙江人民出版社,2000 年。

2001年

《最后一枚金币》,《兵团工运》2001年第2期。
《老板的选择》,《秘书之友》2001年第2期。
《等待的石桥》,《青年博览》2001年第2期。
《我的弟弟》,《人民公安》2001年第3期。
《自己的观音》,《绿叶》2001年第5期。
《他不知道》,《语文世界》2001年第6期。
《轻视与尊重》,《生活之友》2001年第7期。
《生活拾零》,《读者》2001年第15期。
《自己的观音》,中国青年出版社,2001年。

2002年

《尽力就是最好》,《语文世界》2002年第4期。
《尊严是人的精神衣裳》,《中学生百科》2002年第5期。
《生命常常是如此之美》、《扫帚》,《广西文学》2002年第9期。
《爱的针法(二则)》,《辽宁青年》2002年第10期。
《母亲的纯净水(外一章)》,《散文百家》2002年第10期。
《每一朵乌云都镶有银边》,《辽宁青年》2002年第17期。
《生命的递减》,《心理辅导》2002年第11期。
《伤害尊严的代价》,《希望月报》2002年第22期。
《"你查字典了吗?"》,《希望月报》2002年第12期。
《比明天年轻》,《考试》(中考版)2002年第12期。
《社区中的普通人》,《社区》2002年第24期。
《让苦难芬芳》,《中国供销合作经济》2002年Z1期。

2003年

《婚恋断想》,《家庭科技》2003年第4期。
《你是我的温暖》(小说),《牡丹》2003年第2期。
《有了阳光》,《辽宁青年》2003年第11期。
《小泥人过河》,《读者》2003年第16期。
《青春叛逆史》,《中学生阅读》(初中版)2003年第10期。
《入微的关怀》,《家庭护士》2003年第5期。
《幸福的本能》,《青年文摘·绿版》2003年第7期。
《守口如瓶》,《中国作家》2003年第10期。(编者注:2004年出版单行本,

更名为《我是真的热爱你》)

《森林里处处都有水》,《辽宁青年》2003 年第 16 期。

《听,雪花在歌唱》,《少年读者》2003 年第 12 期。

《人多的地方没有积雪》,《辽宁青年》2003 年第 13 期。

《缺少一点儿缺少》,《辽宁青年》2003 年第 18 期。

《做个愚不可及的人》,《中学生阅读》(初中版)2003 年第 11 期。

2004 年

《谁说此刻的我不够幸福》,《农家女》2004 年第 1 期。

《爱如香茶》,《新世纪文学选刊》2004 年第 1 期。

《让她牵挂也是爱》,《文苑》2004 年第 2 期。

《盘点愿望》,《读者》2004 年第 3 期。

《我是真的热爱你》,长江文艺出版社,2004 年。

《我承认我最怕天黑》(小说),《牡丹》2004 年第 4 期。

《一种深久的不安》,《大河报》2004 年 4 月 19 日。

《一顿夜宵》,《春风·意林》2004 年第 5 期。

《每个人都有酒窝》,《晚报文萃》2004 年第 6 期。

《纯粹的勇气》,《春风·意林》2004 年第 6 期。

《洗脚的感觉》,《散文百家》2004 年第 14 期。

《散文四题》(《因为有爱,所以多情》、《不要担心完美》、《有些事情,我不想知道》、《母亲的底线》),《青海湖文学月刊》2004 年第 7 期。

《如果没有那只鸟》,《春风·意林》2004 年第 7 期。

《杨赤的家长会》,《青年文摘·绿版》2004 年第 7 期。

《曾经这样爱过你》,《读者》2004 年第 8 期。

《一些琐碎的时光(组诗)》,《诗刊》2004 年第 17 期。

《旧衣的整理过程》,《青海湖文学月刊》2004 年第 9 期。

《留一些给自己》,《青年博览》2004 年第 9 期。

《和火车恋爱》,《诗刊》2004 年第 20 期。

《回到本真》,《读者》2004 年第 11 期。

《学会爱自己》,《中学生阅读》(初中版)2004 年第 11 期。

《紫蔷薇影楼》(小说),《人民文学》2004 年第 11 期。

《破碎的美丽》,《中学生阅读》(高中版)2004 年第 12 期。

《成长的路有盏灯》,《语文世界》2004 年 Z2 期。

《和自己下棋》,《当代学生》2004 年 Z2 期。

《普通话》,《都市小说》2004 年第 12 期。

2005 年

《我们的翅膀店》,中国青年出版社,2005 年。
《做一件终生后悔的事》,《出版参考》2005 年第 2 期。
《深呼吸》,《上海文学》2005 年第 2 期。
《我的文学自传》,《十月》2005 年第 2 期。
《取暖》,《十月》2005 年第 2 期。
《他一定很爱你》,《十月》2005 年第 2 期。
《从窗而降》,《十月》2005 年第 2 期。
《黑布白雪上的花朵》,《中年人》2005 年第 2 期。
《金莲川(外一首)》,《绿风》2005 年第 2 期。
《爱情六周记》,《都市小说》2005 年第 2 期。
《无耻适合每个夜晚》,《小说林》2005 年第 3 期。
《母亲的作业》,《南腔北调》2005 年第 2 期。
《钻石心》,《杉乡文学》2005 年第 7 期。
《永不言痛》,《小作家选刊》2005 年第 6 期。
《我曾在月光下奔跑》,《青年文摘·红版》2005 年第 6 期。
《解决》,《红豆》2005 年第 7 期。
《热爱的理由,沉默的瞬间》,《红豆》2005 年第 7 期。
《5 分钟和 20 年》,《东西南北》2005 年第 7 期。
《哈提雅的第 28 个馅饼》,《读者》2005 年第 15 期。
《半匹白马》,《都市小说》2005 年第 2 期。
《芹菜雨》,《都市小说》2005 年第 9 期。
《轮椅》,《人民文学》2005 年第 9 期。
《插花的艺术》,《中年人》2005 年第 10 期。
《阳光的故事》,《意林》2005 年第 10 期。
《柴火妞》,《中学生阅读》(高中版)2005 年 Z2 期。
《感谢生活》,《辽宁青年》2005 年第 24 期。
《消雪时分的朋友》,《小品文选刊》2005 年第 24 期。

2006 年

《打火机》,《人民文学》2006 年第 1 期。
《爱一定很痛》,《小说月报·原创版》2006 年第 1 期。

《酷时代的爱》,《中国青年报》2006年2月5日。
《只输爱情》,《跨世纪》(时文博览)2006年第3期。
《请你把我当外人》,《中国青年报》2006年2月15日。
《遍地棉花》,《芒种》2006年第7期。
《锈锄头》,《人民文学》2006年第8期。
《跟着爱情回家》,《中国青年报》2006年8月13日。
《不可抗力》,《中国作家》2006年第16期。
《无话不说,天使路过》,《读者》(原创版)2006年第9期。
《山楂树》,《北京文学·中篇小说月报》2006年第12期。

2007年

《谢谢你说你恨我》,《中国青年》2007年第1期。
《底片》,《长江文艺》2007年第1期。
《什么都不是的虫子》,《青年文摘·绿版》2007年第12期。
《永远的主角》,《思维与智慧》2007年第2期。
《如果爱请花钱》,《文化博览》2007年第3期。
《心穷心富》,《哲思·下半月》2007年第3期。
《旦角——献给我的河南》,《西部》2007年第4期。
《心和心总是碰不到面》,《散文选刊》2007年第4期。
《我承认我最怕天黑》,山东文艺出版社,2007年。
《一个和五个》,《读者俱乐部》(b版)2007年第5期。
《朴素(外二首)》,《诗刊》2007年第5期。
《婚恋的思绪》,《传奇文学选刊》(情话)2007年第5期。
《结婚互助组》,《西部》2007年第6期。
《结婚互助组》,江苏文艺出版社,2007年。
《音乐在哪里》,《意林》2007年第13期。
《请你们为我离婚》,《少年文摘》2007年第7期。
《像天堂在放小小的焰火》,《收获》2007年第4期。
《花之蕊》,《回族文学》2007年第4期。
《他真的爱你吗》,《中国青年报》2007年8月26日。
《海滨心居》,《飞天》2007年第9期。
《人与动物 谁更聪明》,《东西南北》2007年第9期。
《心的高原》,《青年博览》2007年第17期。
《决断之美》,《读者》(原创版)2007年第9期。

《小乔流水:她的"如果"和她的"就"》,《爱人品味》2007年第9期。

《浓后淡》,《中国青年报》2007年9月30日。

《五颗樱桃》,江苏文艺出版社,2007年。

《在一些诗的郊外》,《读者》(原创版)2007年第10期。

《防盗窗》,《滇池》2007年第11期。

《请让爱情亲吻金钱》,《读书文摘》(青年版)2007年第9期。

《孩子的真理》,《女子文摘》(上半月刊)2007年第9期。

《亲爱的底层》(创作谈),《滇池》2007年第11期。

《备用的情话(组诗)》,《滇池》2007年第11期。

《指甲花开》,《上海文学》2007年第11期。

《我不在服务区》,《读者》(原创版)2007年第11期。

《每个人的天使》,《课堂内外》(小学版)2007年第12期。

《一幅吻照的四张底片》,《读者》(原创版)2007年第12期。

《五颗樱桃》,《畅销书摘》2007年第12期。

《内补丁》,《读者俱乐部》2007年第36期。

《身边有佛》,《大河报》2007年12月24日。

《虽然·但是》,河南文艺出版社,2007年。

《天使路过》,哈尔滨出版社,2007年。

2008年

《近视之心》,《读者》(原创版)2008年第1期。

《小小的细节》,《阅读》2008年第1期。

《我和小说的初恋》,《长篇小说选刊》2008年第1期。

《并不微小的礼遇》,《中国青年报》2008年1月13日。

《泡沫的下面是酒》,《读者》(原创版)2008年第2期。

《针心》,《读者》(原创版)2008年第2期。

《苍耳》,《意林》2008年第2期。

《良宵》,《人民文学》2008年第2期。

《为新年欢呼》,《北方音乐》2008年第2期。

《最后的爆米花》,《山花》2008年第2期。

《那第一个字》,《山花》2008年第2期。

《我是谁》,《读者》(原创版)2008年第3期。

《如果我是维拉》,《幸福》(女读者)2008年第3期。

《噩梦醒来是幸福》,《中国青年报》2008年2月24日。

《最老的女生》,《幸福》(女读者)2008年第4期。
《"纯净水"的来源》,《中国校园文学》2008年第10期。
《刻舟求剑的友谊》,《半月选读》2008年第12期。
《观音山七记》,《人民公安》2008年第12期。
《最慢的是活着》,《收获》2008年第3期。
《长跑之爱》,《人民公安》2008年第13期。
《爱情传说》,《小说界》2008年第4期。
《家常话——献给汶川大地震遇难同胞及其家属》,《上海文学》2008年第7期。
黎延玮、乔叶:《我爱你的样子:访青年作家乔叶》,《作品》2008年第8期。
《创作谈:以生命为器》,《北京文学》(中篇小说月报)2008年第7期。
《醒了的天使》,《意林》2008年第14期。
《抗夸力》,《大河报》2008年7月15日。
《旗袍和睡衣,珠贝和小蟹》,《作品》2008年第8期。
《难系的扣子》,《智慧》2008年第8期。
《底片》,群众出版社,2008年。
《男人都是专卖店》,《中国青年报》2008年9月16日。
《只要平安,不要顺风》,《新民晚报》2008年10月20日。
《没有什么会不见了》,《读者》(原创版)2008年第10期。
《我愿意越开花的轨》,《人民公安》2008年第19期。
《和金三顺一样》,《读者》(原创版)2008年第11期。
《技法爱情》,《意林》2008年第21期。
《雪梨花落泪简史》,《西部》2008年第23期。
《在淮阳听戏》,《人民文学》2008年第12期。
《拥抱至死》,《青年文学》2008年第12期。
《一个作业》,《青年文学》2008年第12期。
《成长是一件怎样的事》,《中国青年报》2008年11月11日。
《那棵树呢?》,《中国青年报》2008年12月9日。

2009年

《猜猜我有多爱你》,《读者》(原创版)2009年第1期。
《情人备忘录》,《中国青年报》2009年2月10日。
《黑布白雪上的花朵》,安徽少年儿童出版社,2009年。
《明明是你的》,《读者》(原创版)2009年第3期。

《你为什么会怀才不遇》,《读者》(原创版)2009年第4期。

《巫婆短信》,《读者》(原创版)2009年第5期。

《不是苟且》,《东方剑》2009年第5期。

《与你为敌》,《羊城晚报》2009年6月2日。

《薄荷一样美好的事》,《新民晚报》2009年7月8日。

《水世界》,《读者》(原创版)2009年第8期。

《最慢的是活着》,万卷出版公司,2009年。

《叶小灵病史》,《北京文学》(精彩阅读)2009年第9期。

《姐姐的械》,《北京文学》(精彩阅读)2009年第9期。

《失语症》,《人民文学》2009年第9期。

《就好了》,《青年文摘》2009年第18期。

《可爱的城墙》,《安徽文学》2009年第Z1期。

《开封 美味之城》,《东西南北》2009年第11期。

《我是一片瓦》,《大河报》2009年11月27日。

《捧着这束火焰回家》,《草原》2009年第12期。

《我信》,《芒种》2009年第10期。

2010年

《纸衣》,《文苑》2010年第1期。

张艳庭、乔叶:《中原大地上的紫色牡丹——专访乔叶》,《焦作文学》2010年第2期。

《天使的声音》,《阅读与鉴赏》(初中版)2010年第3期。

《绷住》,《新民晚报》2010年3月17日。

《单薄世界》,《新民晚报》2010年3月31日。

《龙袍》,《绿洲》2010年第4期。

《闲在上海》,《上海采风》2010年第4期。

《审丑疲劳》,《恋爱婚姻家庭》(养生)2010年第4期。

《他们的话——来自黔西南抗旱救灾第一线》,《中国监察》2010年4月12日。

《玫瑰态度》,《新民晚报》2010年6月16日。

《日记本唱着年少的歌》,《读书文摘·青年版》2010年第7期。

《母猪河,香水海》,《读者》(原创版)2010年第8期。

《薄荷一样美好的事》,江苏文艺出版社,2010年。

《车生活》,《党建文汇》(下半月刊)2010年第5期。

《妊娠纹》,《北京文学》(精彩阅读)2010年第10期。
《夜话世界杯(二则)》,《东方剑》2010年第10期。
《语文课》,《延河》2010年第10期。
《文学就是这么一棵树》,《文艺报》2010年10月25日。
《走马观花话"海保"》,《东方剑》2010年第11期。
《有友鱼禾》,《中华读书报》2010年11月3日。
《情意很轻 身体很重》,《大众日报》2010年11月5日。
《红绿灯》,《河南科技报》2010年12月21日。

2011 年

《阳光下的利润》,《幸福》(悦读)2011年第2期。
《月牙泉》,《西部》2011年第3期。
《被鼓掌》,《新民晚报》2011年3月30日。
《这样的90后》,《语文报》2011年4月6日。
《桥非桥》,《都市小说》2011年第5期。
《最慢的是活着》,浙江文艺出版社,2011年。
《自己的观音》,中国青年出版社,2011年。
《幸福两种》,《新民晚报》2011年5月18日。
《罗斯哈尔德》,《光明日报》2011年5月23日。
《我家的女人》,《当代学生》2011年第5期。
《最慢的是活着》,江苏文艺出版社,2011年。
《文学,我相信》,《文艺报》2011年6月1日。
《盖楼记》,《人民文学》2011年第6期。
《草香嘹亮》,《散文海外版》2011年第6期。
《写作的第一道德》,《光明日报》2011年7月11日。
《都好起来吧》,《羊城晚报》2011年7月12日。
《旧宝》,《新民晚报》2011年7月13日。
《月光》,《文苑》2011年第8期。
《没错,我就是幸灾乐祸的人》,《读者》(原创版)2011年第8期。
《"可以"这条线》,《北京晚报》2011年8月14日。
《月牙泉外》,《兰州晚报》2011年8月18日。
《美梦》,《文苑》2011年第9期。
《别以为你看到的就是整个世界》,《青年文摘》2011年第18期。
《拆楼记》,《人民文学》2011年第9期。

《玫瑰态度》,上海辞书出版社,2011年。

《树下的孩子》,《艺术广角》2011年第5期。

《婚姻如鞋,真的》,《新民晚报》2011年10月5日。

《半天等于一生》,《羊城晚报》2011年12月27日。

《残忍之爱》,《小品文选刊》2011年第23期。

《馈赠感动》,《中学生故事与阅读》2011年第12期。

《不用你负责》,《今晚报》2011年12月16日。

2012年

《叶生活健在》,《新民晚报》2012年1月4日。

《失语症》,中国工人出版社,2012年。

《阅读笔记五篇》,《黄河文学》2012年第2期。

《乖》,《今晚报》2012年2月14日。

《爱情"理论"》,《今晚报》2012年2月24日。

《无数个理由感谢时间》,《今晚报》2012年2月29日。

《读书与化妆》,《语文教学与研究》2012年第3期。

《如果能用笑容》,《现代青年》(细节版)2012年第3期。

《一点盐》,《新民晚报》2012年3月14日。

《另外一课》,《爱情婚姻家庭》2012年第12期。

《被月光听见》,二十一世纪出版社,2012年。

《保洁工的泪水与微笑》,《现代青年》(细节版)2012年第4期。

《作家乔叶谈写作的意义》,《新作文·金牌读写》2012年第4期。

《拆楼记》,河南文艺出版社,2012年。

《秋疙瘩》,《羊城晚报》2012年6月12日。

《向诗靠近》,《西部》2012年第9期。

《扇子的故事》,《山花》2012年第9期。

《要慢,要低,要软》,《文苑》2012年第9期。

《伤害是爱的一部分》,《北方新报》2012年5月21日。

《电梯与命运》,《初中生优秀作文》2012年第12期。

《在陕北》,《延安文学》2012年第4期。

乔叶、周大新、梁鸿:《拆迁深处的人性真相——银川书博会〈拆楼记〉对话实录》,《黄河文学》2012年第10期。

《乔叶散文》,《延安文学》2012年第5期。

《半天等于一生》(共三则:《天马行空半日》、《写账的方式》、《奈曼旗的宝贝》),《天涯》2012 年第 6 期。

《拆拆〈拆楼记〉》,《文艺报》2012 年 7 月 16 日。

《红杏出墙的理由》,《今晚报》2012 年 9 月 12 日。

《为生命记笔账》,《求学》(理科版)2012 年第 11 期。

《那棵树呢》,《今晚报》2012 年 11 月 20 日。

《"异乡爱好者"》,《今晚报》2012 年 11 月 28 日。

2013 年

《谁会深夜给你打电话》,《爱情婚姻家庭》(生活纪实)2013 年第 1 期。

《她的心》,《大河报》2013 年 1 月 16 日。

《冰河》,《今晚报》2013 年 1 月 20 日。

《断线如珠》,《思维与智慧》2013 年第 2 期。

《拾梦庄》,《长江文艺》2013 年第 2 期。

《伊犁的那些金》,《西部》2013 年第 3 期。

《大雨后,去黄河边吃鱼》,《鸭绿江》(上半月版)2013 年第 2 期。

《惭愧》,《时代青年》(悦读)2013 年第 3 期。

《散文写作的三个关键词》,《山东文学》2013 年第 3 期。

《她改写着我的人生》,《中国青年报》2013 年 3 月 31 日。

《她的火》,《大河报》2013 年 4 月 24 日。

《怀着爱,好好活着》,《大河报》2013 年 4 月 26 日。

《认罪书》,《人民文学》2013 年第 5 期。

《耳上有茧》,《思维与智慧》2013 年第 6 期。

《随笔一束》(《在异地复述另一种真理》、《古茶山之夜》、《苦楝树》、《心头有月》四篇),《朔方》2013 年第 4 期。

吕东亮、乔叶:《成为一个具有小说道德的小说家——乔叶访谈录》,《小说评论》2013 年第 3 期。

《树下的孩子——自述》,《小说评论》2013 年第 3 期。

《在云里喝茶》,《西部》2013 年第 15 期。

《以路之名》,《上海文学》2013 年第 8 期。

《甲乙丙丁香港人》,《光明日报》2013 年 4 月 19 日。

《该说什么话呢》,《时代文学》(上半月)2013 年第 8 期。

《对话,有关椰子和椰树》,《海南日报》2013 年 6 月 20 日。

《悼纸质书》,《读者》(原创版)2013 年第 7 期。

《冰山上,冰山下》,《四川文学》2013 年第 9 期。

乔叶、张庆国:《乔叶:我的写作经历(访谈)》,《滇池》2013 年第 9 期。

乔叶、姜广平:《"小说的伦理就是要走自己的独木桥"》,《西湖》2013 年第 10 期。

《那匹白马》,《博览群书》2013 年第 10 期。

《根河的事物(组诗)》,《骏马》2013 年第 5 期。

《认罪书》,北京十月文艺出版社,2013 年。

葛一敏、乔叶:《屠格涅夫的奇特恋情》,《晚报文萃》2013 年第 22 期。

《最珍贵的第四种》,《文艺报》2013 年 11 月 20 日。

《在土耳其合唱》,《莽原》2013 年第 5 期。

《慢慢活,慢慢写》,《牡丹》2013 年第 12 期。

《刀爱》,新疆电子音像出版社、新疆美术摄影出版社,2013 年。

《锦树繁花》,《新民晚报》2013 年 12 月 19 日。

2014 年

《博格达的存在(外一篇)》,《回族文学》2014 年第 1 期。

《黄金时间》,《花城》2014 年第 1 期。

《鲈鱼的理由》,《时代文学》(上半月)2014 年第 1 期。

《在这故事世界》,《时代文学》(上半月)2014 年第 1 期。

《月牙泉》,中国言实出版社,2014 年。

《新年心年》,《重庆日报》2014 年 2 月 1 日。

《求是实事》,《文艺报》2014 年 2 月 14 日。

《一些念想,关于河流》,《清明》2014 年第 2 期。

《回溯与延伸》,《青年文学》2014 年第 4 期。

《河北三记》,《黄河文学》2014 年第 4 期。

《如玉青葙子》,《大河报》2014 年 4 月 15 日。

《最慢的是活着》,现代出版社,2014 年。

《在呼伦贝尔的郊外》,《上海文学》2014 年第 5 期。

《红豆生南国》,《羊城晚报》2014 年 6 月 24 日。

《伪球迷的世界杯》,《重庆日报》2014 年 6 月 26 日。

《在乡下茶馆里》,《光明日报》2014 年 6 月 27 日。

《沙砾或小蟹——创作杂谈》,《新文学评论》2014 年第 2 期。

《穷人》、《托尔斯泰的声音》,《回族文学》2014 年第 4 期。

研究资料索引

乔叶研究资料索引

报纸期刊文章

建红:《自己点燃的心灯不再孤独——读乔叶文集〈孤独的纸灯笼〉》,《学子》2003年第1期。

流连:《如何热爱——评长篇小说〈我是真的热爱你〉》,《北京晚报》2004年6月13日。

李洱:《乔叶的另一只眼睛——评长篇小说〈我是真的热爱你〉》,《新京报》2004年7月15日。

康志刚:《身体里有蓝天——评长篇小说〈我是真的热爱你〉》,《中华工商时报》2004年8月6日。

王巨才:《为了被污辱与被损害的——读长篇小说〈守口如瓶〉》,《小说评论》2004年第4期。

张志忠:《扣人心弦的灵魂追问与抗争——关于乔叶的〈守口如瓶〉》,《中国女性文学·新名篇·新解读》,中国文联出版社,2004年8月。(编者注:《守口如瓶》在出单行本时更名为《我是真的热爱你》。)

郑彦英:《印象·感觉乔叶》,《十月》2005年第2期。

赵秀芹:《刘帕不再怕天黑——〈我承认我最怕天黑〉解读》,《当代文坛》2005年第2期。

付艳霞:《安稳的小叙事——评乔叶的小说》,《红豆》2005年第7期。

戴来:《家常乔叶》,《红豆》2005年第7期。

林万里:《另面乔叶》,《中华文学选刊》2005年第8期。

李敬泽:《故事爱好者乔叶——评〈打火机〉》,《中华文学选刊》2006年第2期。

管西莉:《青春美文作家:乔叶》,《语文世界》(初中版)2006年第6期。

张启智:《时代与女性身体的政治——评〈遍地棉花〉》,《中华文学选刊》2006年第8期。

李敬泽:《上香的时候不说话——评〈锈锄头〉》,《小说选刊》2006年第9期。

付慧芳、汲安庆:《咬定"青山"不放松——读〈坐在最后一排〉》,《语文月刊》2006年第9期。

童献纲:《现实原则的女性思考及其意义——评〈我承认我最怕天黑〉》,《长春大学学报》2006年第11期。

高启龙:《为活着寻找理由——对乔叶〈山楂树〉的文本解读》,《当代文坛》2007年第5期。

李遇春:《无法重返的伊甸园——评乔叶的〈像天堂在放小小的焰火〉》,《文学教育》(上)2007年第11期。

徐红芹:《乔叶小说中的耻感意识》,《山花》2007年第11期。

张宇:《小的地方说说》,《长篇小说选刊》2008年第1期。

李遇春:《底层叙述的突围——评乔叶的〈良宵〉》,《文学教育》(上)2008年第3期。

王曦:《冷暖自知的悲悯情怀——论乔叶小说创作的女性倾注》,《现代语文》(文学研究版)2008年第13期。

孟文彬:《拿什么拯救你,我的婚姻——乔叶小说〈我承认我最怕天黑〉解读》,《科技信息》2009年第9期。

郜元宝:《从"寓言"到"传奇"——致乔叶》,《山花》2009年第13期。

王宁:《撕开我们内心的隐痛——评乔叶的中短篇小说》,《艺术广角》2009年第5期。

金立群:《我站在桥上看风景……——读乔叶的〈最后的爆米花〉》,《语文教学与研究》2009年第35期。

王文霞:《植根于中原文化的现实性与理性——论乔叶的小说创作》,《昭通师范高等专科学校学报》2009年第6期。

付艳霞:《变的是体悟,不变的是情怀》,《作品与争鸣》2009年第12期。

刘一诺:《充满别扭感的书写》,《作品与争鸣》2009年第12期。

潘磊:《底层女性的生存与精神——论乔叶的底层叙事》,《文艺争鸣》2010年第13期。

潘磊:《底层苦难叙事的突围——读乔叶〈良宵〉》,《名作欣赏》2010年第23期。

申霞艳:《把善良和温暖还给文学——乔叶论》,《黄河文学》2010年第8期。

安静:《乔叶〈龙袍〉游走的龙袍》,《文艺报》2010年9月17日。

李勇:《可批判的现实与可批判的文学》,《文艺报》2010年9月22日。

王凤玲:《女性生命意识与男权文化的博弈——乔叶小说〈最慢的是活着〉

解读》,《名作欣赏》2010年第30期。

牛玉秋:《爱情、偷情与算计——读乔叶的短篇小说〈妊娠纹〉》,《北京文学》(精彩阅读)2010年第10期。

卞秋华:《乔叶〈妊娠纹〉:生活的突围》,《文艺报》2010年11月8日。

孔会侠:《乔叶的写作,在路上》,《文艺报》2010年12月6日。

李遇春:《最后的幻灭——评乔叶的〈妊娠纹〉》,《文学教育》(上)2011年第1期。

王雪梅:《一朵美丽的罂粟花——评乔叶的〈破碎的美丽〉》,《中学教学参考》2011年第1期。

王玲:《女人·世界·疼痛——乔叶小说创作论》,《大众文艺》2011年第7期。

太平:《论乔叶笔下无法抗拒的女性痛》,《现代妇女》(下旬)2011年第4期。

王晖:《叙事的突围——浅谈乔叶中篇小说集〈最慢的是活着〉》,《小说评论》2011年S1期。

王安忆:《经验性写作》,《书城》2011年第7期。

李勇:《卑微者及其对卑微的坦承》,《文艺报》2011年8月17日。

陈劲松:《中国当下都市生存背景中的文学书写》,《文艺评论》2011年第9期。

洪迪:《一场注定失败的博弈》,《文艺报》2011年10月12日。

翟文铖:《穿越苦难的阴霾——关于乔叶笔下的"底层叙事"》,《文艺争鸣》2011年第16期。

王文霞:《女性与男性之间的碰撞与和谐——乔叶小说女性叙事中两性关系分析》,《山花》2011年第20期。

张喜田:《怀旧气息的氤氲——论乔叶小说的转向》,《当代文坛》2011年第6期。

孔会侠:《让苦难芬芳,使隐秘明朗——论乔叶的小说创作》,《平顶山学院学报》2011年第6期。

李振明:《乔叶小说:后现代状态的散文化书写》,《平顶山学院学报》2011年第6期。

吕东亮:《意象与世相——乔叶〈锈锄头〉细读》,《平顶山学院学报》2011年第6期。

旧海棠:《文学给人带来心灵的安宁——专访女作家乔叶》,《深圳特区报》2012年1月5日。

王文霞:《乔叶小说女性叙事中女性关系探讨》,《山花》2012年第2期。

蓝颜:《乔叶:最慢的是活着》,《作家》2012年第2期。

张凤梅:《论乔叶〈最慢的是活着〉之"慢"的内涵》,《作家》2012年第2期。

童献纲:《关于另一类身体写作》,《长春大学学报》2012年第1期。

于莉:《对峙与相融——乔叶〈最慢的是活着〉解读》,《文艺争鸣》2012年第3期。

刘海燕:《河南青年女作家论》,《小说评论》2012年第2期。

平原:《锈掉的生活——乔叶小说〈锈锄头〉的道德诉求》,《名作欣赏》2012年第10期。

李遇春:《乔叶小说创作论》,《华中师范大学学报》(人文社会科学版)2012年第3期。

刘芸:《被树爱着的孩子:试论乔叶的小说世界》,《中州大学学报》2012年第3期。

李勇:《乔叶小说批判话语解析》,《文艺报》2012年6月11日。

刘涛:《直面生活中的问题——评乔叶〈拆楼记〉》,《西湖》2012年第4期。

李琦:《析乔叶小说的语言特色》,《山花》2012年第14期。

郑来:《底层女性身份认同的艰难》,《短篇小说》(原创版)2012年第8期。

李浩:《乔叶写作的个人标识》,《文艺报》2012年9月10日。

吕晓洁:《论1990年代以来河南籍女作家的小说创作》,《齐鲁学刊》2012年第5期。

碎碎:《迁拆背后的中国现实与人性真相》,《文苑》(经典美文)2012年第9期。

赵瑜:《〈拆楼记〉小札》,《书城》2012年第11期。

李青:《乔叶底层小说的人文关怀》,《北方文学》(下旬)2012年第11期。

苗梅玲:《在文字的田野上:乔叶访谈》,《东京文学》2012年第12期。

妍妍:《乔叶研究拆迁的背后》,《出版参考》(业内资讯版)2012年第12期。

刘恪:《什么在改变我们的空间?——评乔叶的〈语文课〉》,《东京文学》2012年第12期。

李明刚:《人情之暖与救赎之力——谈乔叶的〈取暖〉》,《名作欣赏》2013年第3期。

火东霞:《传统观念与现代意识的温暖相融——解读乔叶的〈最慢的是活着〉》,《产业与科技论坛》2013年第3期。

张莉:《非虚构女性写作:新世纪女性写作的新成就》,《博览群书》2013年第3期。

任瑜:《乔叶小说中的世俗心和悲悯心》,《文艺争鸣》2013年第4期。

吕东亮:《乔叶论》,《小说评论》2013年第3期。

岳雯:《说吧,说出你的秘密——读长篇小说〈认罪书〉》,《光明日报》2013年5月28日。

王春林:《残酷历史呈现与深度人性拷问——评乔叶长篇小说〈认罪书〉》,《百家评论》2013年第4期。

韩传喜:《疼痛与成长的精神向度》,《文艺报》2013年8月23日。

郝丹:《乔叶小说〈最慢的是活着〉母性意识初探》,《南京航空航天大学学报》(社会科学版),2013年第3期。

白草:《落空在真实与虚构之间——谈乔叶长篇小说〈认罪书〉及其他》,《文学报》2013年10月10日。

张明、杨红旗:《论乔叶小说的女性伦理构建》,《当代文坛》2013年第6期。

王琪:《乔叶:写作者存在的意义在路上》,《延河》(绿色文学)2013年第6期。

王晓:《花落人还在》,《福建文学》2013年第11期。

吕东亮:《乔叶长篇小说〈认罪书〉:历史照进现实后的罪与罚》,《文艺报》2013年11月20日。

陈余:《"小说"而"非虚构"——浅谈乔叶的非虚构小说创作及其意义》,《文教资料》2013年第35期。

陈涛:《〈认罪书〉:自己与自己的战争及和解》,《文艺报》2013年12月20日。

任瑜:《跨越历史与现实的省思——读乔叶新作〈认罪书〉》,《博览群书》2014年第1期。

李勇:《社会转型时期的时代认知与文学表达——论乔叶的小说创作》,《时代文学》(上半月)2014年第1期。

胡学文:《魔法师乔叶》,《时代文学》(上半月)2014年第1期。

葛水平:《笑如花开——乔叶印象》,《时代文学》(上半月)2014年第1期。

鲁敏:《与乔叶长谈》,《时代文学》(上半月)2014年第1期。

刘玉栋:《绿色的乔叶》,《时代文学》(上半月)2014年第1期。

傅爱毛:《村妇看乔叶》,《时代文学》(上半月)2014年第1期。

孔会侠:《"由表及里"说乔叶》,《时代文学》(上半月)2014年第1期。

郑新:《论乔叶小说的温情叙事》,《南都学坛》2014年第1期。

奚同发:《乔叶:〈认罪书〉希望阅读中能停顿一下》,《河南工人日报》2014年1月7日。

陈娇华:《当代两性情感关系的症候分析——解读乔叶的〈我承认我最怕天黑〉》,《名作欣赏》2014年第6期。

陈余:《"接地气"的写作——乔叶〈盖楼记〉〈拆楼记〉探析》,《山东文学》2014 年第 2 期。

王觅:《乔叶长篇小说〈认罪书〉细微探察复杂的人性》,《文艺报》2014 年 3 月 3 日。

廖忠扬:《〈黄金时间〉中的"她"叙事》,《西江月》(中旬)2014 年第 8 期。

王程荣:《他乡安处是吾乡——读乔叶的小说〈在土耳其合唱〉》,《名作欣赏》2014 年第 15 期。

闵嘉健:《时光磨灭不了的人性善——读乔叶的小说〈扇子的故事〉》,《名作欣赏》2014 年第 15 期。

何雯:《雌心的栖居——读乔叶的小说〈认罪书〉》,《名作欣赏》2014 年第 15 期。

张玉琼:《美好的瞬间——读乔叶的散文集〈天使路过〉》,《名作欣赏》2014 年第 15 期。

邓文芳:《〈认罪书〉:打破沉默,俯首认罪》,《天水师范学院学报》2014 年第 3 期。

李遇春:《文学新势力·乔叶 主持人语》,《新文学评论》2014 年第 2 期。

杨建兵:《拯救——乔叶小说的关键词》,《新文学评论》2014 年第 2 期。

刘宏志:《小说与经验——以乔叶的小说为例》,《新文学评论》2014 年第 2 期。

李勇:《如何认识和书写我们眼下的时代——以乔叶的小说创作为例》,《新文学评论》2014 年第 2 期。

吕东亮:《市场、文坛与可塑性——试论青年作家成长机制中的乔叶》,《新文学评论》2014 年第 2 期。

孟繁华:《接续一个伟大的文学传统——评乔叶的〈认罪书〉》,《南方文坛》2014 年第 4 期。

梁鸿:《"后文革"时代的忏悔与生活——读〈认罪书〉》,《南方文坛》2014 年第 4 期。

吕东亮:《历史照进现实后的罪与罚——论乔叶的〈认罪书〉》,《南方文坛》2014 年第 4 期。

项静:《政治正确的轮船与漂浮的故事》,《上海文化》2014 年第 7 期。

贺绍俊:《当代文学的政治正确思维定势》,《文艺争鸣》2014 年第 7 期。

博士、硕士学位论文

雷颜丽:《乔叶散文的修辞探析》,漳州师范学院硕士学位论文,2012年。
张苏丽:《论乔叶的小说创作》,山西大学硕士学位论文,2013年。
张利平:《乔叶小说中的苦难书写》,山东师范大学硕士学位论文,2013年。

计文君研究

自述·访谈

千足虫之舞

计文君

我刚刚开始学习写作的时候,一位文坛前辈语重心长地给我讲了一个蜈蚣和它的腿的故事。

蜈蚣在轻巧地爬行,树上的鸟儿看着蜈蚣那么多条腿完美地协调配合,非常感兴趣。鸟儿们把蜈蚣的腿分别予以了编号,前后左右,甲乙丙丁,一二三四,然后开始叽叽喳喳地分析那些腿的运动方式。鸟儿们分析了半天,各执一词,争执不下,就去问蜈蚣。蜈蚣从来没有想过自己的腿是如何运动的,自然回答不出来。鸟儿们失望而去,蜈蚣却被鸟儿们的问题害惨了——它再也无法摆脱鸟儿的问题,结果它在研究左前43号腿的时候,右后16号腿绊住了右后17号腿……这条倒霉的蜈蚣在地上可笑地扭来扭去,一步也爬不了了。

故事的寓意简单清楚,那位前辈讲给我,也是用心良苦。他看过当时我写的一些作品,有一类相对显得流畅、完整,而另外一些则很不成"体统"。他认为我应该顺应作为女性的天赋性情,"扬长避短",而不该"一篇一个样子"。之所以会"一篇一个样子",是因为我在"学步"——我想弄清楚各种步态之下,那些腿是如何运动的。前辈担心我这种"学步"的结果,会使我的创作变成那只可笑的蜈蚣。

我始终有些执迷不悟。我不信任所谓的"女性天性",我渴望着自觉!我甚至偏执地认为,任何未经审视的"自发"、"本能"地创作,其价值终究是有限的。我不大相信"独特的女性视角"、"女性天生的细腻敏感"等等诸如此类遮蔽大于揭示的标签,至于所谓的"身体"或"欲望"的女性写作,也常常让我觉得似是而非。任何人的创作都必然纳入自己的生命经验,身体经验是生命经验重要的组成部分,这原本是很自然的事情。某些创作冒犯或者谄媚着阅读者的目光——未必都是男人的目光,因此集中凸显女性身体经验,特别是极端的个体经验,至少在21世纪的此刻,这样的创作,既谈不上有勇气,也谈不上有难度。这里仅指作者诚实地自我表达,不包括那些以"女"和"性"为符号的"策略"写作。

追求自觉的写作,是一个漫长而艰苦的修炼过程。而且通常在起步的阶段,会因为顾此失彼而显得笨拙可笑,就像多年前,那位前辈故事里试图了解自己的腿如何运动的蜈蚣。后来,在罗伯特·麦基那本著名的《故事》里,我读到了一个和蜈蚣故事情节相似的千足虫的故事。不过麦基的故事,还有第二幕。

千足虫在第一幕中,和那只蜈蚣一样,被自己的腿纠缠着不能爬行。千足虫又慌乱,又困惑,而且被其他鸟虫嘲笑,自尊心伤痕累累。接下来,"那只千足虫慢慢地、小心翼翼地、一只脚一只脚地把自己解脱出来。通过耐心和努力,它研究、舒展并测试自己的附肢,直到自己能够站立并行走。曾经只是本能的东西现在变成了知识。它意识到,它不一定要按照自己过去那种迟缓而机械的步态来行走。它能够轻松自如地控制自己的步态,可以从容漫步,可以大摇大摆,可以昂首阔步,甚至还能连跑带跳。于是,它找到了一种从未有过的感觉,听到鸣鸟们的交响乐,让音乐触及自己的心灵。现在,那一千对天赐的腿可以任其指挥,它以自己独特的方式起舞、起舞,跳起了令人炫目的舞蹈,令它世界中的所有造物都惊叹不已。"

麦基的故事,把寓言变成了神话。也许,不是每一条千足虫最终都能自如地指挥着那一千条天赐的腿,舞倾天下,但至少,我听到了关于千足虫起舞的传说。我迷信这样的传说。

我以为写作的真正难度在于写作者对自我的审视和判断。自觉不只是了解自己,同时还要了解世界,寻找如何在这个世界中安放自己。在这一点上,我并不认为对于女性创作者要加上"尤其"两个字。从"自觉"的层面上,写作的难度对于所有的写作者都是一样的,无论是男作家还是女作家,只是各有各的难处罢了。

我丝毫无意抹煞男女有别——那些区别一定是在的。只是作为写作者,我们应该有意识地去努力甄别,那些形形色色的"区别"到底是什么——哪些是幻象,哪些是真实;哪些是迷障,哪些是道路……

自觉的另一个维度,是要清楚参照系的存在。我想对于今天的中国作家,至少有两个庞大的参照系不能假装它不存在,那就是中国文学史和世界文学史。作为一个小说作者,我很清楚,无论我的创作多么微不足道,但每当我开始书写一个新的文本时,我都得面对小说此前的全部历史。昆德拉和曹雪芹都表达过类似的意思,我想他们都是足够自觉的小说作者。

我渴望一种清明智慧、有价值的写作,不会身陷窠臼而不自知,更不会长久地被某种狭隘、偏执、扭曲的心态掌控而不自省。弗吉尼亚·伍尔夫在一篇文章中赞美简·奥斯汀:"竟然有这样一个女人,她在1800年前后就能心平气和地写作,不怨恨,不哀诉,不恐惧,也不说教。"(弗吉尼亚·伍尔夫:《伍尔夫读书随笔》)即使放在今天,这样的写作也是值得钦佩的,更不要说奥斯汀写出了那样杰出的小说。在伍尔夫的文章中,奥斯汀和莎士比亚是比肩而立的。我想,《傲慢与偏见》与《哈姆雷特》,应该都是传说中的千足虫之舞。

原载《文艺报》2012 年 8 月 10 日

"七〇后"的尴尬与可能

计文君

将作家以十年为届作代际划分,唯一的好处是用以报刊标题,方便、醒目。虽然我对这一略显粗率的命名并不认同,却也能理解。它从一个角度,折射出最近30年,中国社会在迅速而深刻地变化着,以至于出生不过相差数百周的人,就拥有了迥然不同的成长环境和文化资源,进而影响到他们作品的整体样貌。这是一种从现象到现象的简单的比附思维,社会生活和文化资源与作家的关系,不是染缸和布匹,丢进靛缸里出来的就是蓝布。

时至今日,以"0"后为标志的命名在丧失市场价值之后也成了旧话,出于讨论的方便,我们沿用这一称谓,但我将"70后"作家定义为:在中国文学结束上世纪80年代所谓"黄金时期"之后,开始文学实践,与中国的市场经济和消费文化一起成长的、非类型化写作的青年作家。

所有整体性概念都是可疑的,他们,或者说我们(因为我在"他们"之中)之间的相异远远大于相似。然而,因为时间轴上的刻度被归类的"我们",无疑有着某种共同的命运。

我们面对着一个"全媒体时代","十分尴尬"。我们的评论家观察到的是:"被淹没感往往替代了先锋新锐的意识感受力,被媒体牵引着关注社会热点和重大事件,纠缠于复杂沉重的社会现实与平凡无力的个人生存之间……整体上却呈现出某种程度的犹疑、徘徊和无力感。"(郭艳:《全媒体时代的青年写作及其境遇》)我认同这样的描述。一方面,发达的传媒和海量的信息,渗入社会生活的方方面面,价值多元多得近乎虚无,小说家那一点儿可怜的个人经验和想象力,在中心离散、碎片化且以几何基数自我复制的现实面前,如同遭遇通货膨胀的货币,迅速贬值,生活变得比小说更小说;另一方面,叙事虚构已经成为产值巨大的文化工业,从事严肃叙事的小说艺术,边缘化得再推一推就掉进死亡之渊了——我们进退维谷,处境尴尬。

面对市场、面对传媒表达出刚烈决绝的纯文学立场的小说家,我充满敬意。但我认为,"坚守"、"独立"这样不无理想主义殉道色彩的表达,只是对文学的抒情,而非建设性的认识,更不是摆脱尴尬处境的道路。当我们的小说叙事正在逐渐失去掌握现实的能力时,我们守在哪里,立于何处?

"小说的叙事因素或讲故事的能力,表面上看似乎只是被文化工业,被电影、电视连续剧和报纸副刊上的通俗连载小说取代了。其实小说叙事形式的真正深刻的危机恰恰在于：我们身处其中的复杂的历史境况已经不再能够使用经典的小说叙述模式来加以描述。"（耿占春：《叙事美学》）换言之，我们掌握的叙事方式，已无法掌握今天的现实，它失效了。我们的"无力"、"犹疑"、"徘徊"，固然有很多自身的具体原因值得检讨，但叙事本身的危机，我们拥有的叙事方式正在失效，却是更值得思考的深层原因。

以贯穿中外文学史的小说题材——穷人的苦难为例，我们笔下的穷人在暧昧、淡漠、支离破碎的现实里，不明不白地受着苦。我们被质问：在托尔斯泰、陀思妥耶夫斯基那里展现出的作家伟大的同情心，哪儿去了？！中国现当代文学史上一串闪光名字所代表的那份担当现实苦难的作家的良心，哪儿去了？

低头摸摸，我们的良心肯定在。只是我们的穷人，是市场上的穷人，在一个制度化、世俗化、市场化的社会里，穷人的苦难只能是分配和再分配这样的经济问题，是社会福利和个税起征点问题，是政治民主、法律完善问题……一旦开启这个合理化进程，一切不过是时间问题，在此过程中，新闻记者可以随时发言，小说家如果不想撬行，那说什么是有意义的？

如果我们在虚构叙事中还保有对真实的追求，那么就无法给予那些"被凌辱被损害"的穷人以道德上的优越感，更无法给予他们天国的光辉，当然，也没有能力把他们变成进步力量的象征，给予历史发展必然性的光明暗示，我们只能把他们书写为偶然的、卑微的、可怜甚至可笑的、意义微弱的一个受苦人的故事。而且我们的"一件小事"里，不再出现那个从皮袍下压榨出"小"来的"我"，启蒙赋予那个"我"的力量，在今天同样失效了。

于是，我们返回自我的个体经验——这是"70后"作家，特别是女作家经常被人诟病的一点。我们悲哀地发现，曾在现代主义小说实践中因折射人类普遍精神困境而熠熠生辉的个体经验，在我们手里变得黯淡晦涩，难以与读者交流。不能苛求读者，他们正兴致盎然地跟着电视镜头寻找失踪的卡扎菲呢。在技术释放的巨大力量面前，我们的经验贬值了。

固然如此，我们也未必就是"生于末世运偏消"，在我们的尴尬和困难里，也许埋伏着有待发现的可能性。

全面探讨小说的叙事危机和未来的可能性，不是这篇文章所能完成的任务。但我们想寻求创作上的突破，在思考认识、态度乃至技术上的问题之外，以开放的姿态，做一些关于小说本体的思考，是非常必要的。小说的历史，某种意义上就是叙事"失效"与寻找新的可能性的历史——当巴尔扎克的方式失效时，福楼拜给了它新的可能性；当追求心理真实的意识流实践走向末路时，魔幻开始介入现实……小说这一文体的强大的自我更新能力，是由历代作家在充分继承文学遗产的前提下赋予的。用李敬泽的话说,"文学没有重新开始",小说也不会从头再来,我们新的可能性,一定与悠久的人类叙事史密切相关。

微博是"全媒体时代"的典型代表,但即时分享的只是信息,真实生命经验却被隔绝。信息造成了我们"经验的贫乏"(本雅明语)。小说的虚构叙事却有穿越媒介之网,抵达恍如寓言的存在真实的能力。在我有限的思考里,《红楼梦》和《我的名字叫红》这样的小说颇具启示性。《红楼梦》是作家动用中国所有精神遗产来进行的叙事冒险,"百科全书"绝不只是社会历史意义上的比喻;而帕慕克则向我们展现了当下的个体的经验穿透古老文化、打开人类生活的能力。于是,我想象这样一种小说:它以极具吸引力的故事和极富个人色彩的修辞,在真实世界和"太虚幻境"之间形成叙事空间,以复杂、多义的文本与变动不居的现时性和人类历史时间构成对位的互文关系……完成这样叙事的作家,既洞明世事,了解现实,又拥有伟大的梦想,通晓虚构的魔力。

原载《文艺报》2011年9月28日

虚构的魅力,梦的力量

计文君

　　没有开始写作之前,我很喜欢读小说家的创作谈,那感觉类似看魔术师揭秘魔术的关窍。当然,小说家即使在写创作谈时,也未必都会老老实实说话,不过这样读来更有趣味。看他们掏心掏肺,看他们闪烁其词,真真假假,虚虚实实,猜度着哪些是诚挚的肺腑之言,哪些是蕴藉的话里有话……

　　后来轮到自己写创作谈了,才体会到个中的难处。不是人家不肯好好说话,只是好像怎么说都不对。掏心掏肺,未必不会让人觉得矫情;闪烁其词,难免让人以为是故弄玄虚。这种表达的艰难,是我迷恋虚构叙事的根本性力量。只有通过小说的虚构,才能抵达真实,才能触摸到人悖论性的存在和无法逃脱的困境。

　　也许我当时由衷热爱小说家的创作谈,潜意识里还有一个更为深层的原因,自己当时并未察觉——即使潜意识浮出水面,我当时也未必会承认——那就是存着学习的心思。很难说是从何时开始迷恋文学,童年和少年最美好的体验,相当一部分,是文学阅读带给我的。但我从不认为自己能够以文学为业,至少在28岁之前是这样想的。

　　28岁之前,我全部的文学追求就是当一个眼光挑剔的读者,碰上喜欢的小说家就满嘴抹蜜,碰上不喜欢的,自然可以刻薄毒舌。诸如此类的话,在日记里不止一次地说给自己听。偶尔重读那些年的日记,不觉暗笑,不用去请教弗洛伊德,做个"挑剔的读者"云云,不过是一种自我绥靖,对心底那点不安分的文学企图施以怀柔,免得妄念横生,闹出乱子。

　　到底还是生了妄念,过了千禧年,凡心偶炽,开始写小说了。然而并没有像很多善意的亲友担心的那样,文学将我井然有序的生活带入了前途莫测的颠沛流离之中,我反倒如同误入桃花深处的渔人,人生就此豁然开朗,别有天地。如果把离开银行去文联,描述成决绝地割舍金融业的丰厚收入、投身文学那就不只是矫情,几乎可以说是撒谎。薪水固然是收益,精神的愉悦和自由,至少在我的财务报表上,也是同样被计入收益科目的。

　　小说带来的当然不只愉悦,艰苦和困难是从事任何艺术门类的人都必然要遭遇到的。从事任何一项艺术,都需要系统的技艺学习、扎实的基本功训练以及相当的理论储备,如果一个人想当钢琴家,他不会买一台钢琴,回家就开始自己弹,其实小说创作也是一样。某种意义上,当你开始虚构叙事的时候,你就注定走进了人类叙事历史的庞大谱系之中。

应该是昆德拉的话,任何一个真正小说家的作品,都应该包含其对此前小说全部历史的思考,以及对"小说是什么"这个问题的回答。我实在不想让自己给出的答案过于蒙昧、无效。

师友都嫌我写得慢,写得少。我实在写得不多,除了才华有限、性情疏懒之外,勉强可以一辩的是,我写得很小心。我希望完成一种有效的写作,虽然自己对于结果并不乐观。小说写到如今,10年开外了,小说的成色如何,自己说了不算,倒是越写越小心了。小心是因为越来越能体会生命个体的艰难,不肯轻易对任何人任何事下断语,于是暧昧,于是混沌,于是叙事的时候,机关重重地护卫着每个人物的各种可能性……"情不情",说穿了不过是"体恤"二字。然而体恤不是件容易的事,不仅要深情,更要智慧。

我努力去体恤人心,至少尽力去将心比心,虽然这样绵密的、处处打着埋伏、追求不尽之意的叙事未必人人喜欢,但我却执迷不悟。现代之后,意义溃散,触手可及的都是碎片化的现实,不证自明的再现性小说叙事也许是在用真实的材料建构着虚假。"全媒体时代"的我们即时分享着各种信息,真实的生命经验却在隔绝。海量信息使得我们陷入"经验的贫乏"。小说的叙事越发需要虚构、幻想甚至梦的力量,才能抵达恍如寓言的存在真实。现实世界和"太虚幻境"之间,是小说的疆域。

我的故乡,是领过凭证的"中国腊梅之乡"。老宅不远的滨河游园,有几十里的腊梅林。腊梅的香气,不逢迎人,清冽自然,毫无心机,却丝毫不单薄,婉转曲折,含蓄蕴藉,它那里欲语还休,闻到的人却已经身心如洗,神游八极。我感受到的虚构的魅力,该如腊梅香。

《红楼梦》具有这样的虚构的魅力。我在生活中,很少和人谈"红楼"。遇上有高见的专家,我恭聆受教;遇上爱争论的"红迷",我退避三舍。诗无达诂,《红楼梦》的情况更为复杂,何谓正解,何谓误读,冤孽纠缠,不说也罢。只是那腊梅香一般的虚构的魅力之于我,始终是诱惑,是引领……

原载《文艺报》2013年5月31日

经验的容器

计文君

小说是用虚构的容器盛放真实的经验。

我从2000年开始写小说,至今为止几乎全部的作品,都与那个叫"钧州"的地方有关。那是一个中原腹地上的小城,有着悠远的历史,也有着和中国其他城市一样的现代、当代命运。我故事中的人物,在那里生活、出发、远离,或者从异乡归来……我现实中的故乡是河南许昌,读过《三国演义》的人大概知道它的位置。然而钧州并不是许昌,当然不只因为我无中生有地给了它一条白沙河,甚至也不是许昌的象征、比喻或者变形,它只是我的文学之乡——盛放自我经验的容器。

也许最初并不自觉,多少有些有样学样的成分,不知道有多少写作者移山填海地给自己创作了这样一个文学之乡。从索隐的角度来考察与写作者真实故乡的关系,有趣味,却无意义。作为经验容器的文学之乡,固然有些质素来自写作者真实生命经历中地理、文化意义上的故乡,但更为本质的来源,是这一写作者在人类漫长叙事谱系中选择的位置。

一个作家能拥有什么样的容器盛放自己的生命经验,多半由不得自己做主。正所谓一方水土养一方人,又所谓个体永远是时代的人质,一个写作者天生禀赋的文化气质和历史际遇决定了他所能持有的容器。这么说,似乎取消了作家的主体性,很多作家的文学之乡都是他(她)主动建构出来的,而非从命运那里被动领受来的,也就是说,很多作家的容器是自己烧造的,而非被赠与的。只是,这样的主观性和能动性,其本质上的影响力非常有限。

这样的有限性之中,却又蕴含着某种无限性。沈从文的容器宛若一尊绿琉璃,从湘西或者像湘西一样美丽淳朴的自然中国乡村来到都市的现代作家,不只沈从文一个,但也不是人人都带着一尊绿琉璃。上世纪50年代出生的山东作家,也没有人手一只莫言那样的红陶酒坛。作为个体的写作者,既在被动地领受着现实之乡、历史之乡,也在主动地建构着文学之乡,如琢如磨,至于最后能不能成器,成什么样的器,充满了偶然。无论后来的文学史和批评家从这种种偶然中分析出多少论据充分的必然来,对于写作者个体来说,烧造、获得这个容器的过程,依然是充满命运感和未知数的冒险,类似钧瓷中的窑变。

作为上世纪70年代出生的写作者,我非常艳羡前辈作家拥有的斑斓有效的"宝器",也有大手笔已然将自己的文学之乡幻化成了钟鼎一样的"礼器"、"国器"。羡慕只是羡慕,作家和作品都只能领受自己的命运。我不大愿意夸张所谓一代人的艰难——每一代人都有每一代人的艰难,具体内容不同而已。

我时常发现自己的容器千疮百孔,用我的钧州来盛放从动荡繁复的现实世界领受的生命经验,如同以手掬水,满满地捧起来,往往只剩下湿漉漉的两手遗憾,显得徒劳且无效。我不知道这样的无效性与无力感,是不是具有普遍性,就我非常有限的观察和了解,似乎并不是我个人的困难。

对前辈有效的容器,对我辈未必有效,这是基本的清醒。如果今天你还想仿效沈从文打造琉璃樽,最大的可能性是收获廉价、浅薄的塑料瓶,说不定还是没底儿的。我陷在自己的困难中,有时会产生一种可怕的想法,也许我虚构的文学之乡再也无法让人满意地安放真实了……我在最近的一篇小说《无家别》里,借主人公的口,说了这样一番话:

> 祖父的故事是史诗,按照历史的逻辑,有着诗性的悲剧结局;祖母的故事是传奇,按照生活的逻辑,绚烂繁华终归于惨淡艰难;父亲母亲的故事是现实主义小说,无论他们的人生际遇还是人生选择,就连他们最后的去世,都意义鲜明,深刻动人,总有些什么让你仇恨,热爱,赞美,叹息,感动……而我的故事,却是一堆前言不搭后语的段子,禁不起追问,莫名其妙,悲哀也变成了可笑……

如果无立足之地的失乡已是命中注定,那么与其捧着千疮百孔、无法盛放真实经验的旧容器悲哀,不如索性撒手,在碎片中,我们将拥有一种不器之器,也未可知……

原载《文艺报》2013 年 9 月 27 日

面向内心的写作

计文君　张元珂

计文君：河南许昌人，文学博士。2000年开始小说创作，出版有小说集《天河》、《剔红》、《窑变》、《帅旦》等。现供职于中国现代文学馆。其小说作品曾获人民文学奖、杜甫文学奖、中国作家鄂尔多斯文学奖、《人民文学》中篇小说年度金奖等奖项。

一、成长之路

张元珂：前个月和鲁院高研班的学员交流时，有几个青年小说家告诉我，她们把你的《天河》、《剔红》、《白头吟》等作品当作经典文本反复研读，对你崇拜得不得了。那时，我才突然明白，原来在作家圈子里，你也有很多的铁杆粉丝。看来，作家优秀与否，受人喜爱与否，最终还是靠作品来说话。每一个作家从事写作，在其视野中，必然有一群潜在读者群，那么，你认为你的潜在读者是什么样的人？

计文君：我们是"互粉"吧！说实话，我从来没想过"潜在读者"这个问题，也不知道什么样的人会来读我的书。但是，即使没有接受美学的阐释，"读者"依然是文学活动复杂而重要的一个环节，对读者的想象，某种意义可以说，是影响作者小说创作的重要力量。有意思的是，我最初开始写作，是因为身边有一个先于作品的"读者"，她是我在银行的同事，后来成了好朋友，也就是后来喜闻乐见的"闺蜜"。《剔红》里有一段："小娴和秋染散步常常会走到西关城墙上去。是个晴好的冬日黄昏，秋染踢着砖缝里干枯的蒿子棵，对小娴说：'我写小说给你看，好吧？'小娴笑了一下，说：'好啊——写什么呢？'秋染说：'不知道——写心里的东西呗！'"我就是这样，写小说给她看。她是一个人文素养很好的女子，有判断力，也有些偏执。当然，后来写作走向自觉，知道自己面对的不再只是她。但我很清楚，我的小说对读者是有要求的，理想的读者——不是乔纳森·卡勒的概念，是我期待的读者，是有着充分文学阅读经验的读者，能在机关重重的叙事中，找到更多的趣味。

张元珂：你曾在中国银行系统工作过多年,后调至许昌文联,期间获河南大学文学硕士学位。再后来,又考取中国艺术研究院《红楼梦》研究所,攻读"红学"博士学位。2012年毕业后,入职中国现代文学馆。在你的这个人生历程中,有两个选择让我好奇,一是你从银行系统转到文联这样的清水衙门,那么,是什么动力让你做出这种选择的?二是你一边搞学术研究,一边从事创作,思维必然在这两个领域之间经常跳跃,你又是如何处理的?

计文君：人生是一团因果的乱麻,很多力量作用出一个结果。我是在二十一世纪开始写作的,很多和我同龄的"70后"作家,那时候已经是江湖成名人物了。虽然我的写作开始得很晚,但我觉得我的文学生活开始得不算晚。我似乎刚有记忆,阅读就已经开始了,最初的那几本书连纸的质地我都始终没有忘。10岁之前,读各种童话,现在看看存下来的书,别的不说,《安徒生全集》和卡尔维诺的《意大利童话》,很难找那么好的版本了。很快,更有吸引力的对象变成了琼瑶,直到小学四年级暑假,遇到了屠格涅夫的《初恋》,立刻把琼瑶给扔了。然后是莫泊桑、狄更斯、司汤达,家里书架上偷来看的,书架上有我爸毛笔写的大封条"禁止翻阅",我和大弟都去偷,他偷《说岳》、《封神》、《三国》,我只偷外国的,看完大段摘抄,后面写自己的感想,我现在看着那些曾经秘藏在床褥子下面的塑料皮笔记本,里面歪歪扭扭写的幼稚的话,好笑,还有几分惊奇:这个小姑娘在干什么呢?什么力量让她如此执著?当时的热情,完全是一种游戏的热情,是我童年和少年时的自我游戏。一年之后,小学毕业,我读完了《红楼梦》。这在我人生中,应该是件大事。它也许可以解释以后我的很多选择。

至于研究和创作之间,我没有跳跃感,可能我本身也没有什么领域的概念,文学本身有很多问题,创作者面对,研究者也面对,也许角度不同,只要问题是真实的、有价值的,面对同一个问题,从这个角度看看,再从那个角度看看,收获一定比只从一个角度观察要大。再说,理论在我眼里,也是人类经验的一种表达,从这个意义上,理论和小说,对于我来说,是一样的。

张元珂：中国当代的小说家乐于向西方取经,比如先锋作家。我们经常听说这样的话,某位作家的写作像极了卡夫卡,某部作品风格类似《百年孤独》,毫无疑问,西学经验对当代作家的影响无疑是广泛而深刻的。但是,也有一些作家转向中国古代,从史传文学、诗词歌赋、明清小说等传统文化中发掘可资继承的资源,从而很好地实现了文学现代性的转换,比如格非、苏童。你的小说描写细致,刻画精准,有余味,有意境,质地典雅,极富古典韵味,可以看得出,中国的传统文化对你的写作产生了重大影响。你对《西厢记》、《红楼梦》、唐诗宋词都有所研究,能谈谈这方面的心得体会吗?你觉得它们从哪些层面,对你的写作产生了影响?

计文君：批评家和研究者，很容易成为"印象派"，作家的文学资源与作品呈现出来的样貌之间，有着更为复杂和间接的关系，"似是而非"、"貌合神离"也是常见的事情。小说观念对于小说家的作品起着重要的作用，而一个小说家的小说观念不会像孙悟空一样，从石头里蹦出来，它一定是有源流、有谱系的。在这一点上，我认同昆德拉的说法：任何一个真正小说家的作品，都应该包含其对此前小说全部历史的思考，以及对"小说是什么"这个问题的回答。

我的确写过一些关于唐诗和《西厢记》、《牡丹亭》的文章，算不上研究，报纸栏目约稿，就写了一段时间。袁枚在《随园诗话》里说："开口乳要吃得好。"所谓"开口乳"，是指孩子出生二十四小时之内吃的第一口奶，据说这一口奶，能影响一生。袁枚借谚语说创作，初学者如婴儿，"开口乳"意味着学习对象的格调和境界。《红楼梦》中黛玉教香菱学诗，香菱说喜欢陆放翁的句子，"重帘不卷留香久，古砚微凹聚墨多"，黛玉就说，断不可学这样浅近的诗。一入了这个格局，再学不出来了。陆游是大诗人，黛玉说这话，并不是对陆游做整体评价，而是香菱选的那两句，有意趣无境界，自然比不了"大漠孤烟直，长河落日圆"。中国古典文学对于我来说，就是"开口乳"。父亲下班回来，抱我在膝盖上，我跟着他念："远上寒山石径斜。"这情形不是我的记忆，是父亲的讲述，我也无法判断是否含有虚构成分。只是小学一年级时，同班同学拿了本《少儿古诗一百首》，我翻了翻，不会背的只有两首，着实在班里笑傲了一番。那些珠玉一样的句子，太喜欢，不知道该如何拥有，背诵是我占有它们的方式。时间久了，它们渐渐成为了我的一部分，它们是我的基因，是我的来处。

张元珂：评论界把你的成长历程和《红楼梦》、张爱玲联系起来，似乎宿命般成为阐释你作品的主要话题。这会为你的成长带来积极的影响，也会带来消极影响。因此，你要辩证地看待这一评价倾向。具体来说，你通过对《红楼梦》和张爱玲作品的深入研读和学理化总结，既可以此丰盈你的创作经验，扩充你的审美视野，从而提升作品的艺术品位，也可借助它们的轰动效应，让你的作品更快地进入文学批评现场，接受专业读者和普通读者的双重检验。然而，评论界若长时间地对你如此界定，你就必然被固化为一个危险的认知模式，即你的形象、作品风貌、艺术风格都是因《红楼梦》、张爱玲而存在的，在读者心目中，你仿佛不具有主体性。你是继续强化人们对你的这种认知呢，还是修正你在文学场域中的形象？这就看你在以后的创作会出现什么样的质变，最后的决定权在你，而不在读者。说白了，艺术风格的独一无二，经验表现的独特新颖，是一位优秀作家安身立命的根本所在。

计文君：不要吓唬我，胆小！我没想过要沾《红楼梦》、张爱玲的光，但也不担心受"红"与"张"的连累。我认为小说家是摆脱不了谱系关系的，没有遗世独立的小说家。这应该也是一位小说家的话,我不记得是谁说的了,我觉得很有道理,小说家是经由小说家才成为小说家的。新的作者和作品被认识、被评价,都是与固有的文学体系产生了关系,无论是继承还是反叛。小说本身应该是对话的体系,一面与现实对话,一面与整个小说史对话。《红楼梦》与《金瓶梅》,才子佳人小说之间,也存在这样的谱系或对话关系。当代很多作家,与张爱玲之间也存在着对话关系,曾经有一段时间,批评家们罗列了一个"张派"作家名单,虽然在谱的作家们基本都不愿意认账。批评家有批评家的逻辑,作家有作家的道理,这个问题上无所谓谁对谁错。至于我,不会强化,也谈不上修正,作家的精神气质如同容貌,基本是爹妈给的,能改变的到底有限。我想,无论是读者还是批评者,绝大多数还是把计文君当成计文君来接受的,不大会有不开眼的"红迷"和"张迷"在我身上移情。

二、创作之路

张元珂:1970年代出生的作家一般都是在纯文学的氛围中成长起来的,特别是1975年以前出生的部分作家受到先锋文学的影响。先锋文学式微后,就写作趋向、风格而言,"70后"作家出现较大的分化。刘涛最近在《中国现代文学研究丛刊》上发表《"70后"六作家论》,曾将"70后"的转化归为六种路径,即继续坚持先锋的路子,比如李浩;转向现实主义者,比如张楚;转向底层文学,比如李云雷;转向描写摩登都市者,比如卫慧;转向古典,比如东君;转向女性主义者,比如盛可以。他的这种归类当然有合理处,但也有以偏概全之嫌。但是,这没办法,批评家必须以这样的方式,来将更多的作家纳入阐释的视野。我觉得你很难被归为哪一类,你的兴趣点好像比较多,但又很不集中,不知我的这个感觉对不对?你觉得归为那一类较为合适?

计文君:没有第七条路吗?"很难归类"这样的说法,我倒是不止一次听到了,我缺心眼地认为这是一种含蓄的表扬。对世界和人怀有持久而强烈的兴趣,是小说家的天性,也是生命力的体现,如果从作品形态和题材上看,我也听到有人说我"一篇一个样儿",但我一直关注的是人的有限性造成的困境和悲剧,尝试从各个方面来深入这一问题,我的写作还远远没能抵达令我满意的深度。

张元珂:你的处女作是哪一篇?谈谈该作在你创作历程中的地位及影响。

计文君:我的小说处女作是一篇原名《青玉案》,发表时被改作《烟城危澜》的中篇,发在《莽原》上。那是一篇很不成熟的作品,能够发表是因为"语言好",所以在很长一段时间内,"语言好"在我听来就是批评,如同一个女孩子被夸漂亮,因为除了漂亮之外,实在没什么可夸的。但这篇作品的发表对当时的我,是很大鼓励。顺便说一句,它也就是我写给那个闺蜜看的那篇,很香艳。虽然说不悔少作,但我还是勇敢地把它藏起来,不收入作品集,知耻近乎勇嘛!

张元珂:你从 2000 年开始发表作品,一年也就一两个中篇或短篇,在"70后"作家群体中,你的确算不得高产作家。在这样一个重效益、重速度的社会中,你的存在的确也是一个个案。你怎么看待写作的速度问题?

计文君:我写得慢,但我不认为写得慢就是写得好,写得快就是写得不好,这之间没有必然联系。当然,没有质量的快,是粗制滥造,萝卜快了不洗泥。我也不指着卖萝卜养家糊口,所以不急,慢慢洗泥。

张元珂:不注重数量,自然重视作品的艺术质量,你的每一篇作品似乎都经过了字斟句酌、细细打磨,场景、细节、人物心理等都处理得精准到位,经得起推敲。《鹿皮靴子》、《想给你的那座花园》、《飞在空中的红鲫鱼》、《男士止步》、《水流向下》、《阳羡鹅笼》、《天河》、《此岸芦苇》、《开片》、《剔红》、《你我》、《帅旦》、《花儿》、《窑变》、《白头吟》、《卷珠帘》等作品的确都经得起反复阅读和阐释。从外在的主题形态看,这些小说大体可分为三类:书写女性成长,侧重展现女性精神成长过程,比如《天河》、《剔红》;展示人与人之间的隔膜,向内深入开掘人性的隐秘意识,比如《男士止步》;言说女性命运际遇,揭示生活的必然与偶然,比如《开片》、《卷珠帘》。但是,这三类主题也并非明显分开,而是往往在一个文本中同时展现出来,比如《花儿》。尽管我对你的作品作出了如此分类,也不足以将你作品的整体风貌呈现出来,因为相比于其他"70 后"作家,你的作品对人物心灵世界的开掘,对人物精神样态的展现,都要深广而全面。所以,如要想对你的创作作出精准的评价,还必须回到每一个文本中去。我觉得《天河》是你的成名作,也是代表作。记得去年那个下午,我坐在文学馆传达室内,中间没有停顿地将之一口气读完,这至少说明,这个中篇的故事与情节、人物的情感与心灵,都深深地打动了我。你的写作跟着人物走,视点内外的叙述把握得恰到好处,秋小兰在这个文本中自足地长大成人。这个中篇对秋小兰命运际遇的展现,对其精神成长过程的揭示,尤其对场景、细节、氛围的描写,在我的阅读视野中,都堪称上佳表现。《白头吟》中对谈芳与丈夫之间情感生活的多层揭示,对周老爷子所上演的一幕幕悲喜剧的描写,对保姆韩秋月形象的刻画,对侮辱与误解、信任与关爱、悲悯与同情等主题的表达,都给我留下了深刻的印象。《剔红》描写了两个女孩的成长故事,揭示了不同的人生发展历程。秋染深谙世俗,小娴与世无争,她们早年的相处经历、成年后各自的心灵体验与人生轨迹,都在作家沉静、含蓄的叙述语调里,获得了一种非凡的表达意义。《花园》对易红生活轨迹的展现,对其心理细部的描摹,对其命运际遇的揭示,都表现得含而不露、显而不过,在"隐"和"显"之找到了透视其精神世界以及展示复杂现实世界的合适路径。《卷珠帘》通过残疾人大哥与精神病患者李春爱情的描写,通过对我们一家人因这一不速之客的闯入所带来的家庭变故的展现,淋漓尽致地反映了人与人之间微妙复杂的关系,展现了生活本身所具有的无限的偶然性与可能性。《开片》展现了姥姥、母亲秦素梅、殷彤三代女人的命运。六奶奶的繁华往事,残缺不全的情感历程,孤寂凄凉的晚年生活,诉说的是岂止是岁月的沧桑?殷彤与鲁辉的初恋,与张伟因相爱而来的短暂相处,与苏戈跨越代际的相恋,其幸与不幸岂止是她一个人的际遇?就像一个网友所言:或许,就像陶瓷的"开片"一样,美丽既然已经破碎,又何必再被补?女人的美丽即使已经如"开片"一样,"一重一重碎到心里去了",那又何必委曲求全地安顿自己?虽然这样的人生总生生被附着了悲剧的意蕴,但那"美丽完整的破碎"姿态却并不软弱。朱颜辞镜,却依旧留下女人孤独前行的背影;花已辞树,却也要柔弱而不是软弱地展现出生命坚硬的质感。我觉得,他说的真好。

计文君:谢谢你的耐心。读我的小说需要耐心——这不是我的看法,这是给我的颁奖词,听了让人百味杂陈,但我依然故我,写得很小心,如同我在作品集《剔红》后记里说的:"小心是因为越来越能体会生命个体的艰难,不肯轻易对任何人任何事下断语,于是暧昧,于是欲语还休,于是叙事的时候,机关重重地护卫着每个人物的各种可能性……'情不情',说穿了不过是'体恤'二字。然而体恤不是件容易的事,不仅要深情,更要智慧。"

我努力去体恤人心,至少尽力去将心比心,只是这样绵密的、处处打着埋伏、追求不尽之意的叙事,置于以"浅阅读"为时尚的时代,似乎有些"反动"。但我依然愿意在小说中,放任心性的浸淫沉溺,如对万壑松,若读腊梅香……

张元珂:你的小说尤其擅长于形形色色的女性人物心灵世界的营构,其把握的分寸、描写的力度、表现的幅度,往往精准到位,恰到好处。但是,我也注意到,在你大部分小说中,男人是缺席不在场的,或者被你有意给遮蔽掉了。这种现象是不是你有意为之的?这很容易让人联系到"女性话语"、"女性主义"等一类时髦的词汇,我甚至认为,你的这种策略是另一种彰显女性话语、表征自我存在的表意策略。

计文君:有意为之的只有一篇——《天河》。我完全遮蔽了男主角的内心世界。我倒不是专为彰显女性话语,而是出于审美需要的"留白",但作为男性批评家,如何看,我管不了,也管不着。性别之争,我觉得也是不可说,不可说,一说就错,所以不说了。

张元珂:你小说中的人物身份也值得研究。无论是知识分子、公司职员、家庭主妇,还是单身女人,其物质生活大都安逸,但精神生活孤独而自闭。这种孤独和自闭常常让其迷失自我。阅读你的小说,大致可了解这一城市群体的生活现状和精神状态。不过,我总觉得早期的写作向内开掘得比较深,后来慢慢地向外开拓,逐渐融入了一些有关历史、家族、现实的内容,文本的信息含量、主题深度有了一个很大的拓展。我认为,短篇小说虽因体制的狭小而不能给其带来如同中长篇那样的气度和格局,但是,这并不等于说,短篇小说就是小格局、小气场,只表现小情绪、小场景,它的存在应该有着诸多的可能性。我们很大一部分小说家对短篇小说的理解存在着巨大的误区。我们可否说,所有有关艺术本体、时间、梦幻、游戏、现实性、真实性、永恒性等形而上的追求也可借助短篇这一文体得到完美表达呢?实际上,2013年诺贝尔文学奖得主门罗以长篇的构建和思想容量从事短篇创作,就能给我们以很大的启发。无独有偶,鲁迅的《狂人日记》《孔乙己》等短篇小说也具有长篇的气质。我读你的短篇小说《帅旦》,感觉早已不是早期的那种小格局、小情绪了,你似乎给人一个全新的格局和气度。

计文君:我非常认同你对于短篇的看法。《帅旦》是我的作品很少获得关注的一个短篇,我自己很喜欢,因为用了很深的心思来写。谢谢你的鼓励!

张元珂:你现在还一直没有一部长篇发表,你有写作长篇的计划吗?如有,能否透露点消息?

计文君:一直有计划,计划赶不上变化——我盼着鱼龙变幻!

三、文体实验与探索

张元珂:小说的故事固然重要,但讲述方式同样重要。讲述方式不同,效果就不会不一样。这就涉及叙述视角的问题,而你最擅长第三人称叙述视角。我们知道第三人称视角主要有三种表现形式:全知全能式、观察者视角式、人物视角式。一般而言,对于每一位小说家而言,都要慎用全知全能式,而首先要选择后两者。《阳羡鹅笼》采用观察者视角,分别讲述三对男女的情感故事,三则故事并列存在,互不交叉,在叙述者客观冷静的讲述姿态中,我们反而觉察到了文本人物内心的波澜和情绪的起伏。在一次和刘涛聊天时,我说你的这个小说用一个字概括——"隔"——就足够了。具体来说,从结构形式上看,三对男女的三对故事彼此"隔开",互不干涉;从人物本身看,三对男女的情感、心灵彼此"隔开",彼此都走不进对方内心里。内容和形式被你的叙述水乳交融地融合在一起。《天河》采用第三人称人物视角方式,讲述了秋小兰精神成长的过程。既然

"秋小兰"成为叙述的焦点,她就具有了双重叙述功能。它既可表现作为人物的"秋小兰"视角下的个性、心理和情感,也可表现作为视角使用者的个性、心理和情感。所以,文本中不时出现的感性而又富含人生哲理意味的大段议论就具备了艺术上的合法性,而不会让人感觉生硬和游离。

计文君:叙述视角是我最为感兴趣的问题。小说的美学效果来自信息的释放,而叙述视角是控制信息释放的最关键的因素。我对视角的理解,可能和作为批评家的你不大一样,也许从最终作品呈现中可以分门别类地予以确定一二三、你我他,但我的体会,对于视角的控制,更接近一种技术,像驾驶一辆奔跑的车,随时要根据路况来进行调整。视角控制最能检验一个小说家的手艺,越成熟老到的小说家,在这个问题上就越自由。叙事视角的选择和调整当然是服务于小说的美学需要和意义表达,最后它要消失在小说文本之后,技术在这一刻成为艺术。

张元珂:第二人称叙述视角是一个很少被涉足的领域。在三种人称中,它的使用率最低。因为叙述者的每一个叙述动作,都要接受"你"的监控和审视,因而,就必然不能随意叙述,而是小心翼翼、百般思忖。但是,在实际操作中,我们看到,叙述者的叙述反而不是那么严谨,反而变成了一个全能方式。它既可以是故事的叙述者,也可以是被叙述者,还可以变为这个故事的叙述接受者。我知道你在一个中篇中曾经实验过这种叙述方法,不知道你的感受如何?

计文君:《飞在空中的红鲫鱼》,我用了第二人称叙事,我当时也没感觉是一种实验,只是一种很自然的选择,选择一种让我觉得"对"的语调。我认为纯粹的形式实验,价值是有限的,而且第二人称用于叙事,并不新鲜,选择它丝毫没有标新立异的主观故意,只是为了服务于小说表达。那篇小说整体有些诗化和抒情化的倾向,有点儿"为君歌一曲,请君为我倾耳听"的意思,所以用第三人称写初稿的时候,感觉很不舒服,换成第二人称之后,感觉就对了,给了我一种倾诉感,整篇小说也就流水一样出来了。就像你观察到的,那篇小说的"你"很自由,其实"溢出"视角是小说家经常做的事情,只有使用叙事学理论来做病理切片一样的放大分析,这种"溢出"通常不会被普通阅读者觉察,如果小说家没有笨拙地伤害叙事的美感。如何控制和转换视点,是小说叙事艺术的奥妙之处,也是写小说最迷人的地方。

张元珂:作家们善用、乐用第一人称叙述视角,因为,无论采用经验视角,还是使用回顾视角,都可赠予叙述者较大的自由,可灵活处理时间、空间、距离、话语等小说艺术问题。而据我观察,你很少采用这种方式,你是有意避开这种流行方式,还是有另外的考虑?

计文君:第一人称我的确用得不多,但也使用过。《想给你的那座花园》用过,去年的两个中篇《无家别》和《卷珠帘》,很凑巧,都是第一人称,这三个中篇里两个"我"都是中年男人。使用第一人称的好处很多,的确像你说的,但第一人称叙事,很容易让小说陷入一种"独语"的状态,我一般不愿意我的小说用这种腔调说话,除非题材需要,像我前面提到的那两篇,两个被世界驱逐的不断退守的中年男人,第一人称叙事的独语状态,可以强化主人公的孤单和无助。

我希望我的小说"众声喧哗",给予人物尽量多的可能性。这大概和我的小说观念有关,小说是对人的可能性的探索,小说的语调应该是复杂的、不确定的,而不是真理在握的。我喜欢,一个人物与另一个人物互为镜子,一个人物的自我认知和周围世界对他的判断互为对照,我很喜欢这种"菱花交相看"的效果,显然单纯使用第一人称叙事,很难达到这种效果。

张元珂: 互文也是很多作家喜用的修辞策略。在当代小说中,互文已经从单纯的语言修辞方式转变为艺术方法,是作家有意将自有文本与他者文本发生关系的艺术行为。它既指词语与词语、句与句之间的互相指涉的关系,也指不同文本之间的相互关系。戴维·洛奇说:"用一种文本去指涉另一种文本的方式多种多样:滑稽模仿、艺术的模仿、附和、暗指、直接引用、平行的结构等。一些理论家相信,互文性是文学的根本条件,所有的文本都是用其他文本素材编织而成的,不管作者是否意识到这一点。"对于互文的运用,你多采用"艺术的模仿"、"附和"、"直接引用"方式,比如《阳羡鹅笼》引用的《太平广记》中的典故,《帅旦》内置的穆桂英挂帅故事,《天河》对排演《天河配》过程的描写,《剔红》中潜隐着的《倾城之恋》恋爱模式,等等。这些前文本与新文本构成了对话关系,作家有意的互文必然产生全新的意义。当前文本使用了前文本的结构、形象或话语,又加之语境不同,读者互文现象的理解就很不一样,有的能够体会到作家的审美目的,有的则会赋予不同的阐释意义。

计文君: 我也认同互文是文学的根本条件这一说法。任何一部新的小说文本的产生,都必须面对此前文学史中的全部文本,尤其是经典文本。最好不要有自己的作品是亘古以来独此一家的妄念。某种意义上,创作新作品,就是在和此前的固有作品进行对话。过分强调作品与时代和现实的关系,或者强调创新的绝对价值,以此来抗拒、消减这种"影响的焦虑",我觉得大可不必。我们都是我们时代的人质,谁也跑不了,我也追求创新——"新"永远是相对意义上的,但我同样喜欢这种互文的对话关系。埃科在谈《玫瑰的名字》写作时,说到他在向他搜集到的材料发问,那些材料承载着文化的回忆,他能听见这种互文性的回声。在小说的诸多发声的话语中,再调配上适当的互文性的回声,会更丰富、更有意味。

《红楼梦》可以说是中国小说中最具互文性的叙事文本,"互文"这种借力打力、四两拨千斤的艺术手段,被曹雪芹使用得出神入化,这是《红楼梦》气象万千艺术魅力的来源之一。我还在练手艺。

张元珂:你的语言很有特点,可用两个字来概括:"干净"。不拖泥带水,且以短句为主,善用成语、诗句,有些段落、语句富含深意,近于哲理,值得反复阅读、回味。这肯定与你有着深厚的古典文学修养有关。可否谈谈这方面的心得?

计文君:正经说古典文学修养,不要说"深厚",连说"浅薄"都是不知天高地厚的吹牛!人家读了四书、写了《葬花吟》的林黛玉,才"些许识得几个字而已",我们这些"四书"里《论语》背不全,"五经"里《诗经》都没看完,不懂句读平仄的,古汉语只能算个半文盲,我还在努力扫盲中。但汉语本身对我是有魔力的,我在写作时能感觉到语言的质地和色彩,如同琢玉,如同刺绣,自然希望是珠圆玉润,锦绣文章。如果我们认为小说是一门艺术,那么小说的艺术语言就是语言本身,如同舞蹈家需要不断训练肢体来完善她的艺术语言,语言本身也是需要修炼的。

原载《创作与评论》2014 年第 10 期

研究论文选辑

计文君论

孙先科

在这个以"读图"和"观影"为时尚的年代里,以小说创作为主业的计文君还不为许多读者所熟知。除了不去赶时尚凑热闹,她对自己的舞文弄墨似乎也相当地谨慎乃至吝啬。2000年开始发表作品,2009年出版第一部小说集《天河》,其中收录两部中篇和五个短篇。其后相继有《此岸芦苇》、《开片》、《剔红》等中篇和短篇《你我》、《帅旦》问世。尽管不是十年磨一剑,十几年时间里完成十几部中短篇作品,计文君的速度与效率的确算不上高产。慢工出细活并非对所有人都是定则,但计文君的下笔谨慎的确和她对文学的神圣态度有关,也和她对文学所确立的极高的标准及对文学的认知水平和审美趣味有关。一个对《红楼梦》有很深理解,将其奉为圭臬,以《红楼梦》所体现的"小说精神"对张爱玲这样的经典作家也能有理有据地挑三拣四的写作者对自己也不能不是苛刻的[1]。2011年,由人民文学杂志社与盛大文学举办的"未来大家top20"评选中,计文君顺利入围当选。以并不丰盛的作品数量却能当选"未来大家",从一个侧面说明了读者对其小说品质与潜质的肯定。

在《天河》小说集面世时,向来以慧眼识珠著称的评论家李敬泽先生说:"出版第一本书的时候,我认为,计文君已经是一个准备好了的作家。"并说:"很多作家没有准备好,有的作家看样子此生准备不好了;但计文君准备好了。"作为对一个年轻作家的预见性评估,这应当是一个不低的评语。李敬泽先生所说的"准备"指的是艺术家的"才能"与"技艺":"艺术地理解世界的眼光和感受世界的皮肤","足够地表达欲望和耐心","准确敏捷地调用语言"以及"在纷乱零散中将事物组织起来赋予精密形式的能力"。[2] 在我看来,所有这些"才能"当中,最为重要的是"在纷乱零散中将事物组织起来并赋予精密形式的能力",因为它是作家如何理解、进入、穿透世界,如何组织经验与形象及如何建构与现实世界对应关系的文学本体的综合能力,一言以蔽之,它是通过文本体现一个作家美学能力的最佳方式。

让人欣喜的是,计文君具有这种能力。她展示给我们的是一条精密化又不

---

[1] 计文君:《一树春风有两般——〈传奇〉与〈红楼梦〉继承关系再分析》,硕士学位论文。
[2] 李敬泽:《计文君:也许和也许》,《天河》序,作家出版社,2009年。

失开放性的创作路线,力图建构起一个走向人心的策略性的桥梁,但并不一味地"向内转",并不将故事闭锁在纯粹"私密化"、"个人性"的领域,而是以绵密的针线将人与其活动的背景有机缝合在一起,建构起一套能够有效地切入当下生活、不失整体感又能凸现个体心灵的"深度模式",突显出她"在纷乱零散中将事物组织起来赋予精密形式的能力"。

一、视角:以隐蔽的方式进入世界

所谓叙述视角即由谁来完成叙事,实际上包含了"谁说"与"谁看"两个功能有所区别又不可完全分开的层面。"谁说"关涉到的是作者在文本中或隐或显的处身方式问题,即他(她)与叙述内容的远/近距离问题。"谁看"关涉到的则是叙事人以什么样的"视点"看到故事,也即叙事人对故事信息的"知晓方式"和"知晓程度"。从美学的角度来说,作者藏匿得越隐蔽,知晓的方式越复杂,对读者的"劝说"作用愈加潜移默化、润物无声,读者的主体性就得到更充分的尊重。我不确切知道计文君在现代小说理论方面受到怎样的训练,但从她创作伊始似乎就对视角的美学意义有着非凡的自觉。她早期的几部短篇小说基本都采用第三人称限制叙事,但在聚焦人物的选择、知晓方式与知晓程度的控制方面各不相同,且各具神采。

《飞在空中的红鲫鱼》是一个常见的婚外恋故事。这样的故事在小说和影视剧中由于频繁地"被说"引起的不是审美愉悦而是审美疲劳与麻木。但这篇小说即使现在阅读仍然能引起相当的震撼,其原因就在于视角的选择让我们进入了一种身临其境和感同身受的审美境遇。所谓"清官难断家务事",清官是因为外在于"家务事"才产生知情难与裁判难,而对于爱情婚姻这样的"家务事"也只有置身其中,方知其中三昧。《飞在空中的红鲫鱼》让读者"置身其中"的主要修辞策略就是选择故事的男女主人公作为叙事的聚焦点,由他和她感知、讲述自己和对方在婚姻纠缠中的欢欣、苦乐。在讲到内聚焦叙事时,格非提出了"视线聚焦"和"心理聚焦"的概念,对"心理聚焦"所具有的特殊功能与美学意义给予充分肯定[①]。这篇小说不仅交替使用男/女视点,而且交替使用"视线聚焦"和"心理聚焦",不但交互地呈现自己与对方欣悦、痛苦、尴尬等各种各样的情态,而且引导读者进入了人物复杂的内心。更为别出心裁的是作者使用第二人称"你"而不是第三人称"她"来指代女主人公。在小说叙事中,第二人称

---

① 格非:《文学的邀约》,清华大学出版社,2010年,第237页。

"你"通常是作为读者的代称,即叙事人与设想中的读者进行对话的一种口吻与方式。《飞在空中的红鲫鱼》对第二人称的使用显然是为了拉近读者与人物之间的距离,造成一种读者进入文本、进入情境的亲密假象。"子非鱼,安知鱼之乐?"那么,你若是鱼呢?是否就可以深切体会作为鱼的喜怒哀乐呢?作者的修辞努力就是通过调节聚焦方式与读者的知情方式让读者像鱼一样体会在水(婚姻)中的苦乐悲欢。

《男士止步》是通过视角创新对人有独特发现的精彩短篇。柳青是一个结婚多年的银行临柜员,工号卡代表着她的身份,而自己真实的情感和欲望却被程式化的生活遮蔽起来。但别人顺手塞给她的一张即将过期的美容卡让她走进了一家身体美容机构——闪雪女子生活馆。在美丽而神秘的女人闪雪双手的调理下,柳青的身体从肌肤到五脏六腑都经历了一次洗礼。而身体的清洁、柔韧、美丽、芳香则渐次唤醒了她沉睡的欲望、麻木的精神状态和濒死的灵魂,让她新生为一个有冲动、有愿景并准备付诸行动的女性主体。从类型学的角度来说,这是一篇成长小说,是写女性自我意识觉醒的小说。但小说所走的却不是内省式的第一人称叙事,而是选择"身体写作"的路径,通过女性躯体被触摸、洗涤、净化渐趋唤醒已经钝化了的心灵。小说之所以能够出色地完成由身体到灵魂的书写,很大程度上仰赖对视角的选择。小说开始时柳青是一个被隐匿作者讲述的第三人称主人公,处在客体状态,而且作者有意突出了她身体感觉、认知水平均处在酣睡与弱智的水准上。但随着故事的渐次推进,小说的叙述越来越贴近人物,随着柳青身体感觉的复苏、感知能力的提高,对自我欲望的肯定更加确凿,她由一个无语的被讲述者逐渐变成了发现者和讲述者,换句话说,随着沉睡于身体内部、遮蔽在幽暗盲区的自我意识和精神觉悟被照亮、被开掘,那个原本木讷的、失语的柳青变得身体和心灵都在发声。由被叙述的第三人称人物到能够主动发声的叙述者,这一过程正是她由一个客体变成主体的生成仪式。这篇小说的叙述过程本身似乎就是一个不证自明的语言哲学命题:主体是语言生成的,不是人说语言,而是语言说人。它也直观而简洁地让我们重新认识一个文艺学命题:形式本身就是内容。

《水流向下》写发生在家庭内部、亲人之间的伦理悲剧。改是一个没有知识的乡下妇女,在丈夫因病去世后到城里与儿子一家住在一起。初来乍到时,儿子、媳妇和孙女的和谐关系及对自己的尊敬、孝顺,让改感到很幸福。媳妇下岗后,家里的生活捉襟见肘,为了帮助儿子减轻生活压力,改到一位退休教授家里做保姆。由于教授的精神病症使他变成了一个完全依赖他人的孩童,改实际上成了教授全部的依靠,她又变成了一位操劳的母亲,而且是为他人操劳、为儿子挣钱养家的母亲。儿子目睹了母亲的辛劳,坚持让母亲辞掉保姆工作将其接回了家。改是欣慰的,因为体会到了儿子的爱心。重新回到儿子家里的改再也体会不到初来乍到时的其乐融融,不是儿子的不孝,也不是媳妇的乖张,而是生活的流水让这个家处于紧张、躁动、气喘吁吁的状态,物质欲望挤压了温情的空间,人心变得坚硬、粗砺。媳妇有心无心的"授意",儿子委曲求全、半推半就的接受,改重新回到教授家里当起了保姆,而且与教授的女儿签署了一份为期十年、价值不菲的合同。在生活流水的裹挟下,在亲人的合谋中(每个人似乎都是无意的、被迫的),一位母亲被出卖了!看得出,这不是一出刀光剑影、你死我活、矛盾冲突激烈的英雄悲剧,而是鲁迅所说的那种"似乎是无事的悲剧"。惟其如此,这篇小说才有一种震撼人心,但又欲哭无泪的悲剧效果,它让人想到鲁迅的《故乡》和《祥林嫂》,想到柔石的《为了奴隶的母亲》,我真的以为,它有朝一日会成为一篇经典作品被记取下来。

亨利·詹姆斯在叙事方面的理想是让小说拥有戏剧艺术的直接性与客观性,同时又要最大限度地减少全知叙述者的叙述声音。他解决这一方案的方法就是通过人物意识和人物的观察来展示故事的进程,而且告诫,为了实现"直接"、"客观"的叙事理想,中心意识人物不能"太聪明,能够洞见命运的作弄"①。《水流向下》选择改这一没有知识的乡下妇女作为聚焦人物就是极具匠心的。作为一个外来者,一个对城市缺乏知识、对人心也不具有深刻洞察力的人物,改对儿子一家和教授父女具体的了解是通过"看"和一知半解地猜度来完成的。由于知晓程度有限,改由感觉幸福到被出卖的悲剧命运既显示出人为的色彩(儿子、媳妇、教授女儿等人的参与),但由于儿子、媳妇、教授女儿的心理与动机均遮蔽在聚焦之外的盲区,改的悲剧又具有一些非个人的、非道德的因素,至少某个个人道德上的"恶"不是产生改命运悲剧的主要原因。改天生的质朴、善良、一心为他人着想的品性使她的"猜度"也是与人为善的,这个"不太聪明"的视点人物出于本真的善良对儿子、媳妇、孙女的体贴、关照和自我牺牲某种程度上是对儿子、媳妇的辩护和道德罪责的开脱,那么谁来为母亲的被出卖负责?小说将思考的空间导向了城市生活、世风与社会道德状况等更宏大、更浑厚的命题。就是说,作者通过对视点人物别具匠心的选择与精确控制,实现了小说在"深度模式"上的蜕变——既避免把它处理成一篇有关老年问题的问题小说,也避免通俗与流行作品常见的那样将人物道德化,仅以浅薄的伦理激情换取眼泪与同情的审美取向。作者执拗地坚持"往心里拐",通过个人的心灵震颤,写出"人心不古,世风日下"的社会心理悲剧。

小说叙事是一个古老的文学话题,但对视角的自觉却是一个现代事件。亨

---

① 申丹等:《英美小说叙事理论研究》,北京大学出版社,2005年,第119页。

利·詹姆斯因为在创作和理论上对视角问题有着非凡的意识和特殊的贡献,其在文学史上的重要性甚至被认为大过了列夫·托尔斯泰。这种比对肯定会引起争议,因为二者之间存在着许多不可比对的文学史因素。但将詹姆斯与托尔斯泰相比较又是有理论意义的,它告诉我们视角不是一个可有可无的小问题,不是一个纯粹的技术问题,它更大的美学价值在于文学如何进入世界及介入世界的深度问题。詹姆斯所追求的文学穿透世界的直接性与简洁性就来自视角变幻的灵巧性与多样性。计文君被认为"已经准备好了",我以为其中一个重要的因素是她对小说作为一个现代的叙事体裁有深刻体会,尤其是她对视角在小说叙事中的美学价值有独到的体悟,这使她绕过了许多障碍能够得心应手地用小说这种体式简便而迅捷地走入世界的本心。

二、"成长"叙事:在典型化与精神分析之间

典型化被认为是现实主义创作的不二法门,但对典型化理解的偏狭导致了美学上的关门主义。比如,典型化作为一种叙事原则特别强调人物的性格化,强调人物性格构成中的社会历史因素,强调人的理性主义性质。现代人本主义显然拓宽了对人自身的认识路径,丰富了对人的内涵的认识。比如精神分析学就对人的非理性认知有很大的拓展。但精神分析学作为一种美学原则被认为是现代主义的发现,与现实主义和典型化是格格不入的。时至今日,对人的认知已经很难再以理性/非理性作二元论的解释,那么在美学原则上如何实现现实主义与现代主义的融合,如何将典型化与精神分析学实现嫁接,从而实现文学表现人的最大化呢?计文君近几年的中篇小说创作带给我们很多启示。

计文君的中篇小说大都选择与作者对位关系明显的女性角色作为聚焦人物和主人公。作为叙述视角和观察世界的切入点,这一女性角色是敏锐的、易感的,她的"知晓方式"能轻而易举地将读者引领到世界的深层,即人的心灵世界。而作为主人公,作者将其视作一个"成长"型的女性主体,其主体化过程是在与其他主体的对话、询唤、交往中完成的,是一个"间性主体";这一女性主体与"他者"的关系既在精神分析学层面上被关注,其成长过程是一个精神救赎和心灵成长的故事,同时,这种成长又是被充分语境化的,凝聚着深厚的社会历史

内容①。这种以"间性主体"为认知前提,以女性主体的"成长"作为驱力和主轴的叙述模式使她的优秀中篇小说获得了双重深度:精神分析的深度与社会历史的深度。如果不吝惜赞美的话,这实际上实现了一种美学原则的跨越,是在典型化与精神分析学之间架通了一座桥梁。

《想给你的那座花园》是作者的第一个中篇小说,它选择一个潦倒的、易感的精神病医生作为聚焦人物和第一人称叙述人,通过他的旁观、推理来探究一个出生于乡村的漂亮女性易红如何在城市打拼、发达,终至被莫名其妙谋杀的悲剧。小说将侦探小说的玄谜气氛与人物聚焦造成的知晓程度的限制结合在一起,易红的发迹与悲剧性死亡变得扑朔迷离。这篇小说在叙事上倚重第一人称"我"作为视点人物的观察和作为一个认知与分析主体对易红悲剧的或然性的推测来完成城市现代性的批判这一主题,内聚焦叙事的弹性限制以及判断的可然性对主题的达成是有益的、自洽的。但是,由于第一人称内聚焦可知范围有限而且很难作视角的调整,因此无论是对人内心的触探还是对社会生活的描摹都显得局促和逼仄了些,其格局与规制更接近郁达夫《春风沉醉的晚上》等短篇小说,因此,我更愿意将它看作计文君创作中的一个过渡性作品,既是文体学上短篇小说向中篇小说的过渡,也是主体学意义由客体化的观察世界(她的每一个短篇小说都是一个特殊的"小人物"的人生风景,与作者的对位关系十分疏淡)向意向化的理解世界的过渡。

《天河》的出现对计文君的创作来说意义重大。《天河》以某地方剧团排演《天河配》为基本事件,围绕织女 A 角扮演者的争夺,在秋小兰、她的姑妈秋依兰、导演萧舸以及赞助单位支持的选手韩月之间展开矛盾冲突,将社会转型带来人际关系的重组与主人公秋小兰的精神"成长"作为叙述的内驱力与核心线索。

秋小兰是这篇小说的主人公,同时小说也以她作为叙述的聚焦人物。作为一个敏感的女性角色,她的"看"、"听"(包括对姑妈的窥视)、"思虑"等知觉行为像一张铺展开的网一样将故事的开展收拢于她的"聚焦"范围之内,而且通过她"知觉"的过滤,几乎所有事件、人物都被濡染上情感的色彩。因此,故事不仅因为秋小兰的聚焦而被赋予秩序,而且因为无处不在的情感投射,无机的客体

---

① "成长"是来自"成长小说"的一个分析范畴,而"成长小说"是十九世纪西方尤其是德国小说创作中的一种类型,它以个人的传记经验作为故事框架,其内在逻辑则是主人公的"内在性"成长。这种小说强调个人与环境的冲突,人物具有反叛性,它最终体现为主人公的人格成熟,至少应对"自我"有所发现。"主体间性"来自胡塞尔,意指主体不是独立存在的,每一个主体都以另一个主体的存在为前提和条件,都是"间性主体"。

世界变成了意向化的世界,变成了文学色彩的世界。更重要的是,秋小兰不仅是作为一个知觉主体去组织起一个文学化的世界,而且是作为一个知觉主体被组织进一个复杂的、变幻莫测的人际世界中,通过与"他者"的交往与对话促成了自我的成长,从而成为一个"间性主体"。

　　作为一个"成长型"的主人公,秋小兰的性格起点被设计为软弱的、彷徨的、不自信的,但具有可塑造性的、可选择的"准主体"。她与姑妈秋依兰、恋人萧舸内在的询唤与对话促成了她的主体性成长。秋依兰是秋小兰的姑妈,是她成长与事业上的监护者与坚定的支持者。作为当地艺术界叱咤风云的人物,她的庇护与支持是秋小兰担任A角并超越自我的主要动力与条件。但是秋小兰并不心甘情愿地依仗姑妈的提携去战胜对方,而是想通过自己的努力来达到成功。因此姑妈的强势地位既是将她推向前台的助力,同时又是一幢巨大的阴影遮挡、阻碍她前行。更何况,她打童年起就"窥视"到的秘密更是让她顾虑重重。在别人心目中风光无限的秋依兰在家里却是经常被位高权重的丈夫暴力虐待的女人,身体上的伤痕与血腥气息成为秋小兰童年记忆中挥之不去的梦魇,构成了她成长过程中沉重的内心焦虑。秋小兰的"窥视"和想象,使秋依兰作为前辈、作为一个镜像的意义具有了双重色彩:一方面是作为秋小兰的模仿对象召唤着秋小兰的成长;另一方面,镜像反面可怕的景象显然又是她成长道路上一重难以逾越的障碍。秋小兰的徘徊与延宕显然是与姑妈"对话"的一个结果。

　　萧舸与秋小兰的关系是小说中最重要的关系之一,有关爱情的思考和秋小兰的成长都倚重与他的对视和交流,在推动秋小兰战胜懦弱、不自信等负面情绪的所有力量中,萧舸是最重要的一种。因为秋小兰爱着萧舸,她希望通过争取到织女A角的扮演权并胜任这一角色而获得萧舸的青睐,而不是被萧舸看作秋依兰的附庸而被轻视。这种"有尊严的自我"的孕育、成长是与萧舸作为一个"他者"的询唤与对话过程中逐渐被建构起来的。尽管萧舸在此篇小说的意义结构中举足轻重,但在叙述的角度上却被有意"轻视"了。小说将他置于聚焦的盲区,秋小兰作为一个聚焦人物对他的知晓程度被降到最低,他一直是在秋小兰的猜度与想象中进行"对话"的一个拟主体、一个暧昧不明的虚拟在场者。在叙述过程中对他的有意遮蔽和虚拟化处理可能和作者的一种疑虑有关,即在女性主体的建构过程中,男性作为"另一半"、作为"间性主体"是缺席的,至少是不完满、不自足的,与女性的期待之间存在很大的鸿沟。笔者甚至认为对男性缺席的焦虑构成了计文君近期创作的"核心焦虑"之一,既为她的创作带来了深度与风格,但也制造了障碍与局限。

　　竞争者韩月、师姐谷月芬、丈夫、戏剧团团长周祥甫是通常意义上的"次要人物",但他们在小说的意义建构中却不能等闲视之。一方面,他们中的每个人都构成了秋小兰成长过程中的潜在的"对话者",是秋小兰精神成长的助体、介体或反向推动者①。另一方面,这些人物所来自、所代表、所表征的那些社会力量和历史因素使这部以女性主体成长为主轴的作品获得了丰厚的社会历史土壤,使女性的"成长"主题不纯粹是一个精神分析学的命题,而且是发生在真切的社会历史语境中的命题。韩月这位咄咄逼人的竞争者是由赞助企业推荐的织女人选,她代表着资本这只无形而又强有力的手对文化的强行介入。这种力量之强大,让秋依兰在几十年间形成的偶像地位和人脉关系在一夜之间轰然塌崩。资本与文化的这种复杂难言的胶着关系是发生在改革开放以来中国社会文化领域中真实情景的一个微缩景观。韩月带给秋小兰的压力之大在精神领域表现为慌恐与焦虑(韩月谐音寒月,与"天河"一起构成了一个有机的意象群落),其渊源所自恐怕还是韩月所代表的资本这一物质力量带给秋小兰一种切身的袭人寒意。

《天河》之后,计文君又相继发表了三个中篇:《此岸芦苇》、《开片》与《剔红》。《此岸芦苇》是近期影响较大的一个中篇,它以一所大学文学院院长的竞聘为核心事件,权力运作既是展开故事的驱动力,其展开方式也构成了小说的主体情节构架,而穿插其中的"玉照门"和"媛媛门"等风化故事是凸现官场险恶的"情场",是丰富官场生态的情节因素。从类型学上看,它是"官场小说",类似《围城》的知识分子叙事与爱情罗曼司的混合版。由于内聚焦人物过分分散(盛易龄、曹士弘、尹眉),无法形成共同聚焦的心理场域,尤其是与外向性的官场、与权力运作没有形成有机的支撑关系。因此,读后的感觉是作者的视野和气魄在变大,在往外、往大处努力,作品的当下性与现实性明显加强,但小说的气场有些散,其蕴藉程度不如《天河》,更不如其后推出的《剔红》。我以为这篇小说的潜在动机是尝试理解男性并从男性的视角理解世界,盛易龄这个角色实际上就是《天河》中被遮蔽于叙述聚焦之外的萧舸的展开式,但成年、成熟男性的世界对于作者显然有些隔膜,这种身份的男性的"成长"也缺乏足够的心理空间,因此,盛易龄作为一个主人公的面目是模糊的,作为一个男性主体显然缺乏像秋小兰被作为"间性主体"从多个主体对话关系中被塑造起来的丰满感。《开片》则与《此岸芦苇》在生活横断面上和生活空间上"大"不同,它表现为纵向上的"深"与"长",一个与作者对位关系密切的女主人公既是叙事的内聚焦人物,同时她的成长史——与外祖母、母亲以及与父亲、男友、情人之间的关系史,构成了女主人公艰难地自我寻找与自我认同的主体化过程。家族史因素的

---

① 参见勒内·基拉尔《浪漫的谎言与小说的真实》中第一章和第二章中的相关论述,生活·读书·新知三联书店,1998年。

出现使女性成长具有了更多、更强的历史感，这可以看作计文君在思考人的生存问题时延展出的新的、纵深的维度。

《剔红》以一位年轻的女性小说家作为内聚焦人物，以她的"成长"作为叙事的主轴。在人物关系的设计上，有一个和《天河》类似的"三角关系"，即以女性主人公为主体，围绕她的"成长"设计了两个对话者，一个是同性小娴，另一个是异性江天。小娴是喧嚣的现世生活中的另类存在者，尽管经历了爱情和婚姻的不幸，尽管没有事业上的飞黄腾达、物质生活上的富足优渥，但通过和"自己的内心达成了和解"，却能活得清平自在、淡泊宁静。滚滚红尘中人人都浮躁、狂暴、上蹿下跳的时候，唯独她能做到娴雅自适。像她的名字一样，她活出了一种"人闲桂花落"的意境，活出了妙玉（《红楼梦》）那样的"槛外人"的格调。江天是一个在市场经济世界中呼风唤雨的"当代英雄"，他的世俗化的成功、文化商人的身份，赢得了众多女性的青睐。由于处于叙述聚焦之外（内聚焦人物秋染对他的知晓程度非常有限），江天的内心世界被呈现出来的很少，因此，他作为一个形象主体是不丰满的。但是，他作为一个"当代英雄"，一个与社会关联甚深的人物，他的功能是被语境化了的，或者说他本身就是世俗生活、万丈红尘的一个表征化的符号。如果说小娴代表了"空"，江天代表的就是"色"。

熟悉女性主义批评的人很可能会将小娴与秋染的关系看作"姊妹情谊"的关系模式，是一个与男权主义相对抗的女性联盟。但我更愿意将二者的关系看作钗/黛一体美学关系式的摹版。秋染之"染"是"文变染乎世情"的"染"，是"入世"，是"热"与"执"的化身，她的情绪是随事随人千变万化的。而小娴这样一个古典的可人儿对一切都是冷静的、淡然的，她是"出世"的。她是秋染的一个镜像，在对照中进行自我纠偏的一个参照系。或者说，她就是一个完满的女性人格的"另一半"，是秋染主体性成长过程中另一个想象性的自我，是一个"间性主体"。秋染与江天在故事层面上是恋爱关系，而在语义层面上则是一个女性主体如何面对当下世界中物欲和情欲诱惑的人生命题。秋染的成长就是在与小娴和江天的对视与对话中促成的：从小娴这里，秋染学到了退让、不争，学到了平心静气；从江天那里她则看到了执著、抗争、永不言败。那么，所谓秋染的"成长"是否意味着选择其中的一方"择善而从"呢？不是，或者在作者看来，小娴与江天任何一方都不代表着"善"，或者对人生而言，根本就不存在真正的"善"，所谓成长就是去经历、认识，去体验，去看懂人生的沟沟壑壑，甚至不惜被碰撞得头破血流、遍体鳞伤。"剔红"——不停地镂刻、不停地髹染的漆盒工艺本身隐喻着的正是人生铭心刻骨的心路历程。

《天河》与《剔红》的写作，让我们看到一个颇有意味的"形式"——与作者对位关系明显的女性为主体和中心与作为镜像的同性和作为爱情对象的男性构成的两女一男的"三角结构"。计文君的写作实践表明这是一个在美学上有相当分量的"深度模式"。从形态学上来讲,异性恋与"同性联盟"赋予小说一种新颖的故事形态,而潜隐的女性视角与细密的心理触角造成了张弛有致、疏密相间的叙述形态,小说的可读性与耐读性得到保障。从价值功能的角度而言,首先它是一个组织架构,将人物和事件组织成一个有序的微观世界。更重要的是,这一"三角结构"还是一个有机的阐释体系,一方面它是一个有关女性成长的精神分析学结构,女性的创伤、焦虑、挣扎与成长是在与男性"他者"和同性助体的交流与对话中被体现的,女性主体性建构是这种内在性对话的结果;另一方面,这一"三角结构"又是一个社会历史分析的结构框架,女性成长的精神事件反映的是社会历史的深刻律动。如果说这一美学成果稍有不足的话,男性角色的相对弱化多少损伤了这一"三角结构"的美学分量。但很显然这主要不是一个美学问题,而是一个性别导致的视域局限问题。

三、互文与象征:古典化的修辞努力

计文君小说由于在叙述视角上的沉潜与内敛,加之她具有"在纷乱零散中赋予事物以精密形式的能力",她笔下的小说世界与当下世界已经构成了相当密切的对应或同构关系,作为一种叙事话语对现实世界形成了相当强的穿透力与阐释力。但作者显然还不满足于此,她还想提高自己的修辞努力———一种作者话语来"加深"对世界的理解,引领读者"深化"对世界的领悟。具体地说互文与象征是作者经常使用并与她的叙事浑然天成,一同构成意义共同体的最主要的美学方式。

计文君写于 2004 年的一篇短篇小说《阳羡鹅笼》将取自《太平广记·叙齐谐记》中的一篇寓言作为"楔子"置于篇首,后文则叙述了三对男女当下的爱情婚姻关系。从时间与情节关系上看,《太平广记》中的这则寓言与后面的任何一个故事都不存在关联,但是,作者通过楔子/正文的修辞安排,《太平广记》中的这则寓言顺理成章地成为后面故事的"前文本",它的寓意就成为阐释和理解当代婚姻爱情的一条线索。"阳羡鹅笼"这则寓言中的"笼"是爱情自由与牢笼的双重象征,而这种象征意义也正是作者在后面的写实故事中想要赋予当代婚姻的一种内涵。

在一个文本中引述另一个文本从而构成互文是"互文"策略最常见、最浅显的一种,但不是唯一的一种,事实上,"互文"策略可以涉及故事、人物、结构、意象、细节等几乎所有小说的构成因素。无论"互文"在哪种层面上发生,它的功能都是通过不同文本的相互指涉以扩大文本的意义空间。计文君显然深谙"互文"的修辞意义并在写作中大量使用了这种修辞手段。《你我》是对当下都市爱情婚姻的审视与思考,作者有意选择路遥的《人生》和上世纪九十年代的"情感实录小说"作为"互文",八九十年代爱情的真挚与坦诚与当下都市爱情的混乱与暧昧构成了鲜明的比对关系,其意义空间得到延展,作者的批判意识也通过"互文"修辞得以体现。琼瑶的言情小说曾风靡大陆多年,成为影响一代人成长的文化事件。《男士止步》中写到柳青梦境时作者有意戏仿"琼瑶体"的风格,在《剔红》中小娴在调侃秋染小说时说:"人物单薄故事陈旧——琼瑶的底子,张爱玲的调子。"这里,琼瑶作为"互文"显然具有重要的文化意义,表明作者不仅在文学叙事而且在文化上对"琼瑶体"进行严肃的审视与清算。《帅旦》写一个生活于社会底层的中年妇女与命运抗争的故事。被称作"刺货"的赵菊书的半生命运故事在小说中是通过她喜欢听的戏剧《穆桂英挂帅》片断式地被展开的。《穆桂英挂帅》既是一条情节开展的结构线,在意义结构中,它又是一个"前文本",是一个重要的意符,一个"互文",通过穆桂英这一真正的帅旦、女英雄,反衬出了赵菊书为其住房权利做出一系列抗争的既悲壮又悲凉的命运悲剧,她是另外一层意义上的"帅旦"。中篇小说《天河》以重新排演《天河配》为故事线索,尽管小说中并没有引述《天河配》的故事与场景,但人们耳熟能详的《天河配》故事成为理解《天河》所叙述的现实事件及女性成长的无处不在的一个"前文本"与"潜文本"。《剔红》中,秋染与江天的爱情关系被作者与张爱玲《倾城之恋》中男女主人公的爱情关系相比附,《倾城之恋》成为《剔红》的互文,这无疑使《剔红》对当代生活的书写增加了一种历史的沧桑感与人生的悲凉感①。

象征是计文君小说创作中使用的另一种重要的修辞方式,对其使用的普遍性以及在文本中的重要程度使她的小说具有了明显的诗性品质。象征通常被区分为整体性象征和局部性象征两种。在计文君的小说中,像"天河"、"开片"、"剔红"等意象都出现在成长型主人公"醒悟"的最关键时期,它们作为自然与物理现象与主人公的人生际遇与人生感悟具有高度的同质同构的性质,因此而成为主人公生命方式和命运模式的深刻隐喻,这些象征不仅具有高度的美感,而且因为其携带的充盈而饱满的文化与人生内涵而具有深刻的认知意义。而它们作为小说的题目本身也说明了它们在文本意义结构中的统摄地位,它们是整体性的象征符码。计文君在小说中使用局部象征的例证几乎俯拾即是。

---

① 在当代女性作家中受张爱玲影响的人不在少数,但我认为在精神气质上最接近张爱玲的恐怕计文君是其中之一,对世界(包括男性)不可靠、要破碎的不可名状的恐惧、惶悚流布于大部分作品中,沧桑感与悲凉感是其主要的美感特征。

如她在《天河》中通过对秋小兰三次服装的变化来隐喻她成长心态的不同层次。白色T恤牛仔裤象征混沌未开，腥红的缠枝玫瑰的裙子象征着欲望的纠结，茶叶末色的裙子则象征着历练后的沉静。这是一种典型的通过白描而达成象征的表意化途径。通过为人物命名来达到象征的目的是中国古典小说尤其是《红楼梦》的一大特色。计文君受此影响颇深，她的小说人物命名多有深意。比如她多次以"红"为女性人物命名（《想给你的那座花园》中的易红、《阳羡鹅笼》中的红等，《剔红》中的秋染、《开片》中的殷彤其实也是"红"），而这些人物命运都是悲剧性的。这与"红"的象征有关，即"红"暗示了繁花落尽的悲哀，与盛极而衰，与"花辞树"，与"落红"有想象性的关联。

如果我们进一步观察还会发现，计文君在使用"互文"和象征手段来提升她小说的表意功能时，她所选择的"前文本"和象征性的喻体多是来自中国古代文学与文化系统，其中《红楼梦》、中国古典戏曲以及婉约词是她小说创作最重要的"潜文本"资源。而现代文学传统中最受她青睐并施加了影响的则是张爱玲，尤其是她的《倾城之恋》。

小结

如果用目前流行的"代际"观察角度来定位的话，计文君无疑属于"70后"作家群。但"欲望化写作"、"身体写作"、"后现代拼贴"等这些经常用来概括"70后"作家的概念显然并不适合计文君。在我看来，计文君很难被归类。从美学的角度来说，她的小说有很现代的品质，能够以简洁的方式穿透世界，体现出很强的表现力。同时，她的创作又具有明显的古典主义色彩，尤其是在细节写实和象征隐喻等作者话语方面，能看出古典家族世情小说、古典戏曲及婉约风格诗词的遗风流韵，赋予小说优美的形式感。可以说，古典主义与现代主义在计文君的小说创作中大面积、深层次的媾和所取得的成果已经为计文君奠定了相当深厚的美学基础。基于此，说"计文君已经准备好了"显然不是一句虚言，我们有理由对她抱更高的期待。

原载《中国现代文学研究丛刊》2013年第12期

冲突、选择与守成
——计文君小说世界中的三重风景

张维阳 孟繁华

作为"文学豫军"的新生代,计文君从2000年开始文学创作,先后在《人民文学》、《十月》、《莽原》等刊物上发表《水流向下》、《飞在空中的红鲫鱼》、《窑变》、《剔红》、《天河》、《此岸芦苇》等中、短篇小说二十余篇,并多次获得"人民文学奖"、"杜甫文学奖"等重要文学奖项,是一名颇具实力的青年作家。

计文君善于通过敏感纤细的女性视角探寻复杂多变的情感世界,她关注变革时代中普通人的心灵遭遇,以及传统生活意识和当代生存逻辑激烈碰撞下的世道人心。面对幽微莫测的精神领域,她的叙述始终有种朦胧的悲剧意识,在静观世事的同时难掩其对世间的悲悯情怀。

一、现代与传统

中国历史的特殊性决定了"70后"是独特的一代。他们成长在"后革命时代",平淡和世俗生活是他们成长记忆的主旋律,他们没有"50后"与"60后"的文化或精神记忆,也没有"80后"与"90后"狂欢式的叛逆情结,他们是庸常时代的"乖孩子"。虽然缺少激烈的青春记忆,但"70后"并不缺少作为文学表达资源的时代经验,如计文君所说:"从20世纪70年代至今的中国经验,即使放在整个人类文明史的大坐标系中来审视,它都是如此的复杂,令人惊讶。这是一个长达数十年的变化过程,风驰电掣又波诡云谲,让人眩晕,难以理解和掌控,几乎所有中国人的人生记录下来都是跌宕起伏的故事,让虚构小说为之失色。正因为如此,当下的中国经验是最值得文学去表达的人类经验。"[①]当下的中国经验就是中国现代性发展的经验,也是传统和现代激烈碰撞的经验,正如杨耕所言:"从发展哲学的视角看,现代社会发展是在传统与现代性的张力作用

---

① 计文君:《题材意识与个人经验》,《文艺报》2013年1月4日。

下实现的。"①五千年的文明史让中国人心中的传统意识异常顽固,自"五四"以来的改革者不得不用激进的方式反传统,让现代踏着传统的尸体前行。但现代性不可能脱离传统而孤立存在,"从世界范围看,目前已有的发达国家展现出的现代性表明,没有任何一个国家可以在完全割裂自身的本土资源,仅仅依靠外来的因素,形成它的现代性。就是说,这个世界上没有非本土化的现代性……"②传统从未死去,它像一个幽灵,始终伴随着现代前进的脚步,当现代性暴露出自身的缺陷时,传统就会复活,作为民族的精神资源指引灵魂栖息的路径。进入新世纪以来,现代性使中国的经济迅猛发展,极大地改善了人们的物质生活条件,但也带来了道德滑坡、信仰危机等严峻问题。面对这样的问题,作家们纷纷以回顾传统的方式对现代性进行反思,使传统的"复兴"成为新世纪文学中的一个令人瞩目的现象。他们或是展示被埋藏在历史深处的民间文化(如铁凝的《笨花》、关仁山的《白纸门》),或是追忆业已远逝的文人趣味(如贾平凹的《高兴》、李师江的《逍遥游》),或是书写在现代性语境中日益凋零的传统艺术(如贾平凹的《秦腔》、毕飞宇的《青衣》),以此来表达对于传统的怀念和对于现代的警惕。作为"70后"的计文君同样关注现代与传统的关系,她善于通过敏感纤细的女性视角探寻复杂多变的情感世界,以爱情为切入点关照社会转型时期现代逻辑和传统意识在人内心中的碰撞。随着时代的变化,爱情在文学书写中逐渐与道德相剥离,受商品和金钱裹挟的人们对真挚爱情的呼唤使爱情具有了独立的价值。这种逻辑的激进演化,使婚外情也被认作爱情,它伤害了婚姻却成就了爱情,多元主义的价值观使对爱情的宽容变成了对爱情的纵容。计文君无意于宣扬对爱情标新立异的姿态或是维护传统价值取向对爱情的定位,她关心的是当被纵容的爱情观遭遇传统婚姻观念时,人内心中挥之不去的挣扎与迷茫。

《飞在空中的红鲫鱼》讲述了一曲爱情的悲歌。丫头是男人婚姻中的第三者,经过多年的等待,男人终于和妻子离了婚。他拖着疲惫的身子来到丫头身旁,丫头在一场旷日持久的爱情战斗中获得了胜利。爱情,根据福柯的研究,在不同时代具有不同的定义。在丫头这里,爱情成了最高的真理,成了生命意义的所在。为了爱情,她不惜耗尽自己的青春苦苦等待,不惜背负"第三者"的骂名,也不惜让他的情人饱受情感的折磨,体无完肤地脱离婚姻。表面上看来丫头是个为爱痴狂的摩登女孩,但在她的内心深处,传统的婚姻观念却异常坚定。她不满足于对情人身心的占有,她要求与男人结婚,她要用传统的婚姻绑定他

---

①杨耕:《传统与现代性——当代中国社会发展的深层矛盾》,《哲学动态》1995年第10期。
②杜维明、黄万胜:《启蒙的反思》,《开放时代》2005年第3期。

们的关系。但男人的离婚经历使他身心俱疲,破碎的灵魂对婚姻本身产生了不可抑制的恐惧,他害怕婚姻的禁锢,他渴望自由。丫头越是咄咄逼人,男人越是逃避。男人开始夜不归宿,和朋友们鬼混,他们之间开始变得沉默。多年的爱情在这持续的冲突中耗尽,当丫头与男人摊牌时,男人反倒觉得分手对他是种解脱。最终,为爱而生的丫头选择了为爱而死,男人也在痛苦的情感纠缠中成了精神病人。时代奔涌向前,一切变化得太快,人们漂浮于汹涌的生活之流中惴惴不安,丫头用爱情理想锚定自己的生命价值,却在实现爱情理想后依旧摆脱不了对生活的惶惑,极力想借助传统的婚姻获得生活的安全感。怎奈她心中的理想婚姻正是男人极力逃脱的梦魇,自由与稳定这两种不同生活理想冲突碰撞,终将一对爱侣送上了绝路。

二、进退之间

在20世纪中国文学的创作中,知识分子一直是作家所热衷表现的对象。这个群像中有杨沫笔下坚定顽强的革命战士林道静,也有《红岩》中懦弱无耻的叛徒甫志高,有蒋光慈笔下狂热浪漫的王曼英,也有鲁迅作品中颓唐绝望的吕纬甫和魏连殳。知识分子可以是站在时代前沿的启蒙者,也可能是面对历史变革犹疑守旧的启蒙对象。在20世纪的文学画廊中,知识分子最敏感,也最迂腐,最坚强,也最脆弱。在社会转型时代,"现代化导致的世俗化、分层化与分利化,这些社会因素对中国当代知识分子形成前所未有的冲击。"①面对这样的时代新变,知识分子一直在处庙堂之高和处江湖之远的身份选择中犹豫不决,对于计文君来说,对敏感的知识分子的书写更能表现时代变化对人心的触动,在知识分子的生活选择中,更能显露现代与传统在人内心中的碰撞和震荡。计文君在创作中更多地融入了一种反思意识,不仅对知识分子的日常生活加以近距离的审视,而且对于陷入心灵纠葛的知识分子给予了深切的理解和同情。她以理性的眼光挖掘转型时期知识分子身份变化的内因,表达了知识分子对于自身身份的焦虑。

《此岸芦苇》表现的是一个知识分子在争名逐利过程中内心的困惑和挣扎。盛易龄是个人到中年的大学教授,他对时代的变迁有着敏锐的嗅觉。市场经济兴起之初,他就紧跟时代步伐,尝试下海捞金;电视讲座开始走红时,他又开始走向电视荧幕,靠电视评书成为学术明星;当社会上开始竞争当官,他又努力迈

---

① 萧功秦:《中国的大转型:从发展政治学看中国变革》,新星出版社,2008年,第364页。

向仕途之路……他与时代的步伐高度一致,在他身上丝毫见不到知识分子应有的理想主义精神和社会批判的锋芒。但盛易龄毕竟不是一个唯利是图的实用主义者,他的内心中顽强地生长着知识分子的职业操守和道德意识。小说中,为了考取盛易龄的博士,美女尹眉精心策划了和盛易龄的见面,给盛易龄留下了魂牵梦绕的印象,并找到盛易龄的朋友林北和同事曹士弘对他进行游说,施加压力。面对诱惑和压力,盛易龄没有妥协,在尹眉和与她水平相当的副教授之间,他坚决选择了那个副教授。因为盛易龄知道,学术对于尹眉来说不过是众多垫脚石中的一块,而对于那个副教授来说,那就是他的饭碗。在盛易龄与曹士弘竞争当院长的过程中,有人恶意将盛易龄与一个女生的自杀联系在了一起。女生家长闹到了学院,要求盛易龄经济赔偿。对于这子虚乌有的罪名,盛易龄本可不作理会,但当盛易龄得知女孩家里来闹事是由于女孩母亲住院没钱看病时,他毅然选择出钱"赔偿"。他这样做就等于承认了女孩的死和他有关,也许他就要因此与仕途无缘,但在面对一个濒临枯竭的生命时,他抛弃了对个人前途的考量,选择了对生命的挽救。在这个焦虑、浮躁的时代,太多的诱惑摆在他的面前,难免让人造成内心的挣扎,就像盛易龄的独白:

> 他不知道别人心中如何,诚实地说,他从用诗性乌托邦来对抗现实的幼稚中走出来后,就产生了与强有力者共谋、合作的意愿,或者说他一直在寻找合作的机会,谁都需要现实的成功。荒谬的是,他又始终赶不走内心深处那个不知从何时存在的、摆出一副批判与不合作姿态的影子。某些时候,他竟会把他认作更为本质的自我,倍加珍惜;某些时候,他又厌恶他孤芳自赏的自恋姿态……

争名逐利的行为在市场经济条件下具有合法性,人在对名利的追逐过程中,难免会触碰自身的道德选择和尊严界线,而道德和尊严这些精神领域的概念并没有一个普遍意义上的量化标准,当名利和道德、尊严产生纠葛时,对其的取舍就成了个体内心的博弈。道德和尊严有时会在诱人的名利面前让步,但其退守必定要有一个底线。作为一个知识分子,盛易龄不肯为女色出卖自己对于学术的良知,不肯为自己的名声放任一个生命的凋零,他遵守了个人的道德底线,维护了人类的基本价值尺度,守护了一个知识分子的尊严。盛易龄的选择也是一种拒绝,历经内心的挣扎,他终究在众多诱惑的纠缠下守护了内心的良知和尊严,和纷繁的俗世画开了一道界线。

在这里,计文君对人性异化的反思不再只借助集体意识形态的挤压或是市场对人性的侵蚀等外部的历史社会事实,而是指向了人的主观选择,人的异化绝不是历史或社会的单方面挤压造成的,而是人的私欲与社会历史情状的共谋。中国人在学习西方的同时也承袭了对于制度和体系的依赖,由此造成的后果就是在面对由制度不完善所引发的社会问题时怨天尤人,忽视在社会变革时期个体应该承担的责任。计文君对这种倾向做出了深刻的反思,在表现知识分子历史境遇的同时也对知识分子的责任意识提出了质询。人的每次选择都意味着一次认同,社会的现状就是个体选择的集合,每个人都不是被历史胁迫的无辜个体,每个人都是正在发生着的历史的责任人。

三、激进与守成

中国拥有五千年连绵不绝的文明史,这很大程度上依赖于中国人对传统的维护和对于经验的信赖。传统文化,作为历代中国先民经验的集成,始终是走到历史关节处的中国人在寻找新的历史可能性时需要借助的精神资源。当从西方引进的现代性思想把中国带到道德失范、价值失落、彷徨迷茫的历史节点时,回望传统就成了中国人的必然选择。但事实上,中国的传统文化不是某种静态的理论结构,而是个开放、多义、复杂的思想集合。如孟繁华先生所言:"在现代性追求的过程中,社会求新求变的激进演化,总体性的传统文化已经无从表达。在我们感受到的生活中,到处是钢筋水泥的森林和与国际接轨的新近时尚,特别是以电视、网络为中心的新型媒体,几乎彻底改变了我们认知和感受世界的方式。那个总体性的传统日渐淹没于滚滚红尘的现实世界中。"[①]在当代社会,对传统文化做出总体性的梳理已不可能,如何在这丰富却庞杂的思想体系内寻找到某种有利于重建时代精神的思想参照正是学者们当下的焦虑。将其与异质文化进行对比也许是一条重拾传统文化的途径。孙隆基对中西文化深层结构进行了对比:"西方文化的'深层结构'具有动态的'目的'意向性,亦即是一股趋向无限的权力意志,因此,任何'变动'都导致不断地超越与不断的进步……此外,西方文化也在人类史上,首次将'不断成长'的意向带入了经济活动中,以及将'不断进步'的意向注入了社会活动中……这些不断开展、不断超越、不断进步的现象只是肯定了'深层结构'中那个不变的意向,那就是:'不断追求变动,而变动又总是导向超越与进步。'"[②]作为与西方文化对应的中国传统文化的"深层结构"则"具有静态的'目的'意向性……换而言之,就是维持

[①] 孟繁华:《文化批评与知识左翼》,吉林出版集团有限责任公司,2009年,第84页。
[②] 孙隆基:《中国文化的深层结构》,广西师范大学出版社,2004年,第10页。

整个结构之平稳与不变"①。在与西方文化深层结构的对比中,孙隆基发觉了中国传统文化静笃、稳健的文化特质,这并不是说中国传统文化静止、保守,而是说相对于西方文化的狂飙突进、张牙舞爪,中国传统文化更加冷静、内敛。在线性时间观念的支配下,历史常被当作一种过时的存在而被忽视,而生长于历史中的传统往往被认作现代发展的负累而被唾弃。而计文君在小说创作中,以敬仰的姿态面对历史和传统,在其中发觉中国人独特的生存意识和生活经验,以此关照当下急功近利的生存逻辑,引发人们对于生活本质的思考和对他种可能生活方式的探寻。她以塑造一个卓尔不群、不随波逐流的当代隐士形象的方式,表达了她对传统文化的敬意。

《剔红》塑造了一个"当代资深美女版陶渊明"的形象,她叫林小娴。作者从道德觉悟、生活状态、与都市人对照三个方面塑造了这一形象。"事亲之孝、待人之义是隐士被大众尊仰的首要品行"②,林小娴独自赡养母亲,对其饮食起居照料得无微不至,经济不宽裕的她为母亲的房间安装了空调,她虽不能给母亲富足的生活,却能时刻陪伴左右,使母亲在她的关怀中安度晚年。林小娴不仅孝顺,而且仁义,她对他人的宽容似乎只有在宗教的布道书中才能出现。她会定期去照顾她前夫的母亲,还会通过网络安慰她前夫的女友,她以爱和宽恕的方式回答前夫曾带给她的伤害。在这个浮躁的社会中,她像一片竹林、一阵清风,像一个得道的高僧,不为名利所动,平和、安静地生活在自己桃源般的世界里。她在长辈留下的老房子里经营一个小药店,她自己烧煤、养花、打扫院子、照顾母亲和女儿,还喂养一群小野猫,她的生活朴素而丰富,平淡而充实。作者不厌其烦地描写老屋中古朴、淡雅又生机勃勃的氛围,甚至老屋中被打扫起的灰尘都有股翰墨的香气。林小娴的院子充满了阳光和花香,是一个平和静穆的所在,与紧张躁动的都市构成了鲜明的对照。都市中,林小娴的朋友们一个个急功近利或者蝇营狗苟地生活着,秋染、江天、余萍和崔琳共同构成了现代都市人的群像,他们生活在一个快节奏的唯利是图的世界里,来不及思考,来不及感悟,迷茫、彷徨之外沁透着悲伤。他们陷入一个"无物之阵",物质富足却精神贫瘠,他们面对四面楚歌却不知敌人来自何方。余萍作为事业有成的酒店副总,备受旁人的羡慕,却莫名其妙地选择了自杀。正如林小娴所说:

> 我有时觉得我们这个时代比起姥姥姥爷、妈妈他们经历的时代更说不清——你被伤害了,都不知道被什么伤害了——就是死了,也不知道死在谁

---

① 孙隆基:《中国文化的深层结构》,广西师范大学出版社,2004年,第10页。
② 胡翼鹏:《"隐"的生成逻辑与隐士身份的建构机制——一项关于中国隐士的社会史研究》,《开放时代》2012年第2期。

的手里,为什么死了……

在这个"说不清楚"的时代中,这些现代都市人浑浑噩噩,随波逐流,心灵如离岸的孤舟,在黑暗笼罩的海洋中找不到方向。而林小娴却坚持自己的生活逻辑,不为莽撞的时代浪潮所左右,在典雅和恬淡中静观时间的流淌。她的生活方式是对传统的回归,她生活得有条不紊、清心寡欲,她在喧闹吵嚷的时代中守护平静的内心,她不做时代的盲从者,她是传统的守护人。计文君塑造的林小娴形象,为当下不愿随波逐流的个体提供了一种似乎已被遗忘了的生存范式。她回顾了庄周、陶渊明、王维、苏轼一脉的精神传统,提醒人们在激烈竞争之外的另一种生活方式的存在。计文君的创作是一种指引也是一种反思,在作品中,强调入世进取的现代性思维与讲究遁世清幽的佛道文化相互对照,凸显了前者的破坏性与盲目性,但计文君并不是将二者设定为非此即彼的二元对立模式,而是将后者作为前者的参照,使现代性思维在异质文化的关照下具备自我修正的可能。

随着新时期以来深刻的历史转折,中国人被抛到了一个陌生的所在,这里好似一片暗夜中空旷的原野,没有方位,没有中心,这里充满了自由的空气,也弥散着血腥的气息。一体化的消解伴随的是既定价值的终结和集体理想的丧失,在多元主义的统摄下,一切意义与价值都成了以个人为本位的主观选择。在没有中心意义的社会里,结果成了评价事物的标准。正如陶东风所说:"市场的逻辑不认人的好坏,而只认人的能干与否。他把效率的尺度放在道德的尺度之上。市场主导的社会是能人的天堂而不是好人的天堂……伦理主导的农业社会是品质(好人)比能力(能人)吃香,而在现代社会,则倒了一个个儿。"[1]保守主义者喟叹人心不古,道德失范;机会主义者疾呼时不我待,成者王侯败者贼。这还是个高歌猛进的时代,一切变化得太快,让人来不及思考,由不得人等待。这个时代前进的过程本身就是个试错的过程,没有地图,蹚水过河,前进的路径不断根据既得的经验进行修正,这是个行动先于思考的时代,这是个一切都不确定的时代。世界在迅速地变化着,但人内心中的传统意识却具有天然的惰性,正如孟繁华先生所说:"不同地区、种族、群体中,那些具有'超稳定'意义的文化结构,对族群的生活方式、行为方式、思维方式以及道德准则具有支配、控制功能的文化结构……虽然也处在不断被建构或重构之中,但在本质上并不因时代或社会制度的变迁发生变化。"[2]道德、尊严、操守、传统……这些"超稳定"文化意识在人心中挥之不去,与狂飙突进的时代逻辑必然产生激烈的碰撞,

---

[1] 陶东风:《社会转型与当代知识分子》代前言,生活·读书·新知三联书店,1999年。
[2] 孟繁华:《坚韧的叙事——新世纪文学真相》,福建教育出版社,2008年,第49页。

这碰撞震动着人的心灵，撕扯着人的灵魂。人们在冲突中选择，在选择中饱受折磨。计文君的创作关注的就是在这剧烈变革的时代中普通人的心灵遭遇以及在传统意识和当代逻辑激烈碰撞下的世道人心，计文君以如此的眼光进行创作，表现了她思考的深度以及把握现实的高度。此外，诗词歌赋不时出现在她小说的字里行间，她习惯于用这种古老而传统的方式烘托情景气氛或传达主人公细密幽微的生命体验，表现了她对中国古典美学的迷恋，而林小娴、秋小兰等具有古典文人气质人物的设定又突出了她对中国传统文人趣味的认同，这些特点使她的创作带有悠远肃穆的古典韵味而与众不同。仅此一点，计文君在今天的小说创作格局中就卓然不群别具一格。

原载《南方文坛》2014 年第 1 期

"红"范儿作家计文君

刘 涛

计文君的小说数量虽不太多,但其作品质量颇高,在主题、风格和语言等方面逐渐形成了自己的特点。计文君是"红"作家,这个"红"不是大红大紫的红,也不是"又红又专"的红,而是《红楼梦》的红。计文君的作品在诸多方面与红学有关,她沉迷于《红楼梦》世界中有年,后来干脆做了红学博士,多年来,她研究着《红楼梦》,写着《红楼梦》范儿的小说。

貌合神离的张氏风格

很多评论者注意到计文君与张爱玲的关系,以为她深受张氏影响。计文君的小说,或始学于张爱玲,但就目前的作品而言,已与张爱玲貌合神离。计文君曾写过一篇论文《一树春风有两般——〈传奇〉与〈红楼梦〉继承关系再分析》,此文虽讨论张爱玲和《红楼梦》的关系,但也可谓计文君告别张爱玲的宣言,是她的言志之作。计文君说:"张爱玲才情富艳,思力敏锐,一生恋恋踯躅依依盘桓于'红楼'之下,却不无反讽与悲凉地跟真正的'红楼精神'擦肩而过。张爱玲对《红楼梦》的继承,是一种'弃珠取椟'式的继承。"计文君所云"真正的"红楼精神体现在外的是一种"小说精神",具体而言就是"曹雪芹是在不确定性的原则下通过小说把握世界和存在的,这也正是他所禀赋的小说精神。曹雪芹在小说中实现的全部选择都可以看到这一小说精神的存在:人类事件本质上是相对的,世界是暧昧的,人性是复杂的"。正是本此原则,"《红楼梦》成为一个开放的复杂的动态文本,曹雪芹的选择建构出人性在荒诞和美好之间活色生香地绽放出丰富可能性的'红楼'世界。"而张爱玲笔下的作品则被"单一力量掌控","偏执、封闭、狭窄,是一个带着张爱玲独特主观投射的风格化的世界"。

《金锁记》中小叔子季泽来找七巧表白时,张爱玲写道,"七巧低着头,沐浴在光辉里,细细的音乐,细细的喜悦",但旋即七巧机警地考察出季泽的真实目的,此后情节急转直下,七巧也暴怒起来。计文君就此细节评价道:"这里隐藏着一个可以拓展小说人性空间的契机,如果张爱玲肯松开'封锁',注入一种异质力量,让季泽骗钱的真实目的成为情节破损处,那么七巧的内心就有了一次面对善和美好情爱的机会。至于这善和美好是真是假并不重要,而七巧的内心在这样力量作用下的景观才是我们关心的。"计文君不会让女主人公成为"黄金枷锁的奴隶",她所关心的乃是七巧沉浸于喜悦中的"内心景观"。

计文君所弃者是张爱玲的路子,所取者乃是她认为的"真正的红楼精神"。近期颇引人关注的青年作家孙频,倒确是张爱玲的传人。计文君小说的主题与张爱玲小说的主题虽然接近,甚至部分情节也颇类似,但二者气质与精神内核决然不同。可以说,计文君以她之所言"真正的红楼精神"改造了张爱玲,她借用张爱玲的故事框架,以男女三角、四角甚至多角,写出了人与人之间的隔膜,这大概就是计文君的文学风貌和立意。

情感纠葛中的人心之"隔"

就小说主题而言,计文君的小说约有两类:一是写男女之间的纠葛,三角、四角,甚至多角,譬如《飞在空中的红鲫鱼》、《阳羡鹅笼》、《鹿皮靴子》、《想给你的那座花园》等;二是写女性的成长与长成,譬如《天河》等。如此划分,只是方便说法,计文君多将女性成长与男女纠葛结合起来写,譬如《白头吟》、《开片》等。

男女纠葛的故事是计文君小说之表,她要借男女三角、四角的故事写人与人之间的隔膜。虽然男女或为夫妻,或为男女朋友,亲密无间,但彼此之间总是难以知心,计文君所处理者是一个极为现代的主题。计文君笔下的男女们或为白领,混迹于出版界、影视界、公司,或是研究生、教授,混迹于高校,他们或为剩男剩女,或已为人夫、人妇,但他们多是孤独的,他们的心也是飘忽不定的。由计文君的这些小说,大致可以了解城市中产阶级的心态和状况。

《飞在空中的红鲫鱼》是计文君作为小说家的起步之作,体现了其早期作品的风格。小说卷首引卡夫卡写给父亲的信中之言:"我认为,你对我们之间的疏离是完全无罪的,但我也同样是无罪的",文君借卡夫卡父子之间的话转用于男女之间。这是一个三角的故事,于情节而言与《红玫瑰白玫瑰》近似,"他"在两个女人之间抉择不下,最终女人跳楼殉情,男人进入精神病院。计文君比较超然,于男于女都未作道德批判,他们之间所造成的疏离,男女似乎皆没有罪,只是认真地写出了男女各自的心态和事件的复杂。这篇小说在叙事风格上似乎有先锋文学的色彩,总体略显晦涩,小说间或以第二人称叙事,如此可以直陈女人的心态。

《阳羡鹅笼》乃写多角男女,此典出于《太平广记》,原故事带有神话色彩,计文君以现代人对故事进行了演绎。《阳羡鹅笼》小说有一楔子,叙述了这个传说中的东晋故事,为小说奠定了基调,之后转入正文,谈了春、高、红、张、雪之间千丝万缕的联系。这些人表面上各在其位,但背后却有不可示人的秘密和秘而不宣的关系,譬如红曾是高的情人,现在她是张的太太,而张则是高的得力下属,张是好男人,却也同雪颇为暧昧。这篇小说以全知全能的视角进行叙事,每个人都登台表演,如此可以展现众人的内心与各自的秘密,读者亦悉知悉见,于人性之复杂或生慨叹。计文君写了一个复杂的多角故事,但其重心却并不在多角故事本身,她写了人与人之间的隔膜。张元柯曾将《阳羡鹅笼》归结为一个字,就是"隔",这一归纳非常到位,谈出了这篇小说的重心。夫妻似乎亲密无间,但彼此还是各有秘密,秘密若不说破,夫妻相安无事,可是一旦说破,肯定会起风浪。计文君让每个人各就各位,相安无事,恰是应了"水至清则无鱼,人至察则无徒"的老话。

计文君的另一类作品是写女性的成长,这些女子往往经历了波浪与劫难,却能逆增上缘,由蛹化蝶。《天河》是计文君最优秀的作品之一,小说尽管亦写了男女纠葛,但重心却是写秋小兰这个"非遗"传承人如何真正成为了传承人,故可当作成长小说来读。秋依兰是一代名伶,因"一出《白蛇传》,红遍豫鲁晋陕甘,一直唱进北京城"。秋小兰是秋依兰的侄女,一直受到姑妈的教养和保护,但也笼罩在秋依兰的气场之下,如同温室中的花朵。秋小兰从秋依兰学戏,尽管做到了无一句无来历,但她的戏中规中矩,刻板乏味。秋小兰只是秋依兰的影子,未能自立。秋小兰经历了演戏换角风波,经历了丧失姑妈之痛,又经历了家庭纠纷,历经波折,终于从火中炼出了金莲,破茧成蝶。秋小兰放弃了戏角,但却悟道,戏艺由此大进。

《红楼梦》式的古典韵味

计文君的近作,譬如《白头吟》、《开片》等较之于此前的作品,在主题和情节等方面虽无大的变化,但语言却更加凝练、华丽,且极富古典韵味,在当前的文学界独树一帜。青年作家往往以读西方现当代小说为主,受中国传统文化熏染较少,故语言显得粗糙;计文君由于浸染《红楼梦》中久之,所以深得其中三昧,故一下笔自然流露出古典的韵味与气质。

《白头吟》与《开片》则是双管齐下,一方面写情感纠葛,另一方面也写了女性的成长与长成。《白头吟》可谓《飞在空中的红鲫鱼》与《天河》之结合,以男女三角纠葛写女性成长与长成,也写了人与人之间的隔膜与难以沟通。《白头吟》情节貌似《飞在空中的红鲫鱼》,但精神气质却与《天河》更为接近。谈芳在与丈夫疑神疑鬼的斗争中,在耳闻目睹周老爷子和保姆事件之后,"龙场悟道"。"白头吟"典出卓文君,据说司马相如欲纳妾,卓文君吟此以规劝,相如遂止。计文君确实在实践她之所谓"真正的红楼精神",将事件写得异常丰富,其中存在着多种可能性,"白头吟"事件似有若无,不知是心病抑或实有其事,其中纠纷亦难说清。

《开片》也是既写女性成长历程,也写情感纠葛。这篇小说景象阔大,写三代女子——姥姥、母亲和"我"的经历,但以"我"为主,其架构与老舍《月牙儿》近似。《开片》前半部分有底层文学的味道,写了母亲和"我"在北京所经历的诸多困难,但后半部分则回到了男女三角纠葛,甚至这部小说更为大胆,竞争双方竟是母女。《开片》将部分背景放置于高校之中,写了这部分人的精神状态和生活状况,《此岸芦苇》则全写高校,颇似《围城》与《小世界》。

计文君有其理解的"真正的红楼精神",这是她写作的主要精神资源。《红楼梦》过于深厚,每个人可能都有不同的理解,但是每个人的理解就是其人程度的证明,甚至可以从中映照出其人的性格和命运。譬如当年曾有过论争的蔡元培和胡适亦如此,蔡元培从《红楼梦》中看到了排满,这与其辛亥革命前的志向有关;胡适从《红楼梦》中看到了"自传",则与其强调个人主义精神有关。

"红楼精神""真正"与否,见仁见智,亦有程度之别。计文君所理解的"真正的红楼精神"强调不确定性的原则,强调本质上是相对的,世界是暧昧的,人性是复杂的,计文君的小说确实追求这些。譬如《阳羡鹅笼》、《白头吟》等作品确实写出了本质之相对,世界之暧昧,人性之复杂。这些是否就是"真正的红楼精神"尚且不知,但计文君所理解的"真正的红楼精神"或会随着其阅历的再增加、学问的再深厚而产生变化,到时候文君小说的风貌或许依然有变。

原载《文艺报》2013 年 5 月 31 日

现代人乡愁的三重奏
——论计文君的小说创作

杜 昆

在文学梦显得不合时宜的消费时代里,计文君却离开待遇优厚的银行,选择了以文为生的务虚之路。如今,"弃金从文"的计文君已经蜕变成一个颇有影响的小说家,作品近半数发表在《人民文学》上,屡获奖项。虽然作品数量不多,却大都呈现出典雅蕴藉、细腻精巧的文体特征,尤其是《天河》、《开片》、《剔红》等佳作,在卷帙浩繁、泥沙俱下的小说丛林中脱颖而出,充分体现了计文君杰出的文化底蕴和写作能力。计文君擅长刻画情感纠葛中的现代女性,偏爱征引古典诗词来写人状物,使得小说犹如氤氲在婉约意境中的仕女图,更像是现代女性的心灵回旋曲,反复地诉说着她们存在的追求和困惑。然而,计文君并没有拘囿于女性世界的诗性言说中,她对乡村底层人物、男性知识分子的处境和心理的关注,显示出其宽阔的视野以及在艺术上不断突围的开创精神。

现代意义上的乡愁概念具有两种含义,一种是基于地缘、血缘关系对故乡的思念,包含对故乡的人情、风俗、事物(如住宅)等的追忆和怀念;另一种是文化乡愁,即对民族的历史文化的深情眷恋,表现为"对精致文化传统的留恋"①,而就哲学心理学而言,文化乡愁即是无所适从的现代人由于内心的孤独、漂泊、焦虑、迷茫等情绪而产生的对精神家园的永恒依恋,渴求"存在"的稳定、安全、温馨、纯真和皈依。乡愁共有的精神特征是"怀旧"以及总是觉得生活在别处的一种"异乡感"。在时空的对比中,往昔和故乡被浪漫化、审美化,散发出温馨而诗意的光芒,而当下现实则愈发显示出其陌生、丑陋而不温情、美丽的一面。乡愁情结体现了现代人对"家园感"、"归宿感"的执著寻求,根源于人的家园皈依意识和漂泊而孤独的生存状态。钱中文说:"今天的乡愁,在很大程度上已经改变了其性质与面貌,原有的形态仍然存在,但同时新的形态已经出现。这已是一种涉及人的生存的乡愁,是人的精神飘零无依、栖居艰辛的乡愁了。"②由于全球性、现代性的扩张和加剧,故园在变迁中逐渐消失,文化传统在冲击中发生

---

①董桥:《乡愁的理念》自序,生活·读书·新知三联书店,1991年,第1页。
②钱中文:《文学的乡愁:谈文学与人的精神生态》,《社会科学报》2006年1月12日。

断裂,现代人的具体和抽象意义上的"家园"都在失落,自我认同和文化认同成为日益突出的社会问题,这就造成了越来越多的人都在寻求能够"诗意地栖居"的家园,于是,乡愁抽象为现代人的一种泛性的精神体验和心理症候。因此,对爱与家的渴求、对故乡的依恋和回归、对古典文化的怀旧正是乡愁的三重表达方式,计文君小说创作的文化意义也蕴含于此。

一、渴求爱情与家庭:对女性人生归宿的反思

纵观计文君的作品,女性形象着墨最多、用情最深的,也表现得最为出色。如《天河》中的秋小兰、《开片》中的殷彤、《剔红》中的林小娴等,被描绘得蕙质兰心、梨花带雨。不幸的是,她们往往遇人不肖,她们所遭遇的男人要么不够般配,要么自私贪婪,因而她们容易在婚恋生活中感到失望和挫败,体验到生命存在的悲剧感。与之相对应的是,计文君的许多婚恋小说都笼罩着悲情氛围,爱而不能得的忧伤,难以实现心灵契合的凄楚,对理想爱情的渴望和失望,两性情感纠葛中的挣扎和怨恨,等等。女性丰富而孤独的内心世界一直是计文君所关注的。

男婚女嫁,人之大伦,对于现代人来说,家庭的精神价值具有不可或缺的重要性,因而依然是人们追求成功和幸福的出发点和终点站,家庭生活依然是作家们叙事和想象的源泉。在计文君的小说中,女主人公对爱和家的渴望及追寻让人印象深刻,不过,小说结尾往往揭示出完美的婚姻生活如同空幻的镜花水月。比如,早期作品《烟城危澜》中的玉鹏与张子青的不伦情爱为世人所不齿,不满于做暗室的她最后只好离家出走。《飞在空中的红鲫鱼》讲述了男女之间的疏离和隔膜,小说中的"小三"苦苦等来的不是自己期待的浪漫爱情,失望而幽怨的她最终使男人离家出走、发疯。在《想给你的那座花园》中,聪颖能干的易红在商场上奋力打拼,却由于精神上的疲惫和孤独而自杀,红颜易逝的结局无声地诉说着她家庭生活的不幸。《你我》讲述了支瑾和周志伟之间貌合神离、各自偷情的夫妻关系。《七寸》讲述了宋小雅在长期的无爱婚姻中出轨怀孕生女,最后得知是中了丈夫的圈套,在丈夫出车祸身亡以及女儿丢失的情况下,她回到老屋喝药自杀。《男士止步》讲述了厌倦家庭生活的柳青转而在美容馆里感受到了来自同性的理解和疼爱,对丈夫的失望和隔膜解构了所谓的模范婚姻。计文君坚持描写婚恋中的女性和女性的婚恋,明显地表达了对当代社会中艰难而宿命地追求真爱和幸福的女性的体恤、悲悯和反思。理想的男性形象在计文君的作品中几乎是缺席的,他们远不能够与女主人公心心相印地生活在一

起。这批作品描写了女性在日常生活中苦涩的爱恋、涌动的欲望、无望的幸福，以及男女之间无味无趣的婚姻，充分表现出在一个伦理失衡、价值失序、家庭失和的时代中，仍然心存爱情理想与家庭皈依意识的女性，内心所不得不承受的孤独与失望、痛苦与无助、困惑与迷失。

在计文君描写女性婚恋的作品中，《天河》、《开片》、《剔红》具有非常重要的分量，标志着计文君小说风格的形成，以及作家对女性主体成长的思考所达到的深度。《天河》是计文君的成名作和代表作，小说以秋小兰竞争织女角色为主线，以秋小兰的情感生活为副线，描写了她在事业和爱情两个层面上的成长历程。计文君把含有伤痛与抚慰、自恋与自怜、懵懂与醒悟的女性成长图，编织得绵密而气韵灵动，温婉雅致的字里行间充溢着她对青年女性的爱怜和审视。姑妈去世之后，秋小兰由于唱破嗓子不得不退出织女角色竞争，转而开门收徒。不再受到姑妈的庇护，不再把自己想象成姑妈进行表演，不再生活在姑妈风华绝代却又凄楚无爱的影子中，秋小兰至此才找到自我，于是，青涩、羞怯、恐惧、忧虑等纷纷退去，她破茧成蝶，进入人生新境界。"天河"意象被作者赋予"隔绝"、"障碍"、"破碎"、"受苦"之意，也是秋小兰艰难的成长之路的象征。秋小兰与丈夫、萧舸、姑妈之间，现实生活与艺术世界之间，灵与肉之间，都存在着难以逾越的障碍，表明了个体在社会中所遭遇、承受的孤独感和无力感。秋小兰终于在获得了主体意识之后，达成了与自己以及这个世界的和解，达成了与织女角色的身份认同，从而迎来了精神上的成熟。作者对秋小兰这个审美化的人物形象是惺惺相惜而又冷静审视的。秋小兰在婚恋和事业上的坎坷，她的清雅、柔弱、美丽与哀愁，被作者描绘得细腻自然，宛若写实。计文君在秋小兰这个女性形象上表达了自己蕴藏已久的女性体验和才情，也对女性主体成长过程中的孤独和自闭寄予了无限同情和深切反思。

秋小兰在现实生活中化解身份焦虑，与她对织女命运的深切认同几乎是难分彼此的，这正是其成长的悖论。从学做秋依兰到自比织女，秋小兰所择取的精神归属与现代女性的主体意识之间都存在着不可忽视的距离，因而，我们很难说她是从悲剧走向了幸运。焉知秋小兰的织女认同不是另一种身份悲剧？一方面，舞台艺术与现实生活正因为距离而产生审美效应，如将自己与某种虚幻的文化身份执拗地融为一体，认同的悲剧就难以避免。这种情况可以在毕飞宇的《青衣》中的筱燕秋身上得到验证。筱燕秋声称"我就是嫦娥"，强大而突显的艺术身份认同让她难以协调好自己与现实生活的关系，丧失了在戏里戏外自由出入的能力和转换角色的从容。《天河》的结尾显示秋小兰并不甘为师传艺，她如何在艺术生活中化解自身与织女之间的身份暧昧性依然是个谜。另一方面，织女思凡的民间故事作为《天河》的"潜文本"，蕴藏着女性渴望和追求世俗家庭生活的象征性结构。秋小兰在自己的婚姻危机中转变了对性和爱的理解，渴望性爱合一成为她酒后出轨的精神动力。

姑妈秋依兰仰仗军婚来维持演艺生涯，时常遭受丈夫的打骂；秋小兰依靠婚姻来避免流离失所，不得不忍受丈夫带给自己的痛苦和屈辱。婚姻成了秋依兰和秋小兰共同的避难所，这几乎是女性难以摆脱的宿命。当无力掌握自己命运的时候，女性往往约定俗成地选择婚姻来寻求生存和发展。但婚姻这个城堡也许并不坚固，甚至是牢笼和坟墓，并不足以为女性提供温馨的庇护。因此，把婚姻当作女性寻求幸福的保障就值得怀疑和深思。

然而，如果失去家庭即婚姻的庇佑，女性的归宿和出路究竟在何处？这也许是计文君萦绕于心的问题，《开片》、《剔红》等小说中对此一再叙说，体现了作者对女性命运的体恤和反思。《开片》中的秦素梅离婚之后靠做家政养家糊口，她像所有担忧女儿幸福的母亲一样，盼望女儿殷彤的人生能有圆满的归宿，她认为年轻女子就像件瓷器，需要找个稳妥的地方。为了有个体面的家庭方便女儿出嫁，一贯单身的秦素梅决定与苏戈教授暂时结婚，并做他的保姆照顾他的饮食起居。然而，秦素梅并不知晓女儿已经是苏戈的情人。殷彤得知真相后被巨大的羞耻感笼罩，终于理解了母亲为安顿好女儿所承受的担忧、恐惧和牺牲，认识到了自己陷入尴尬痛苦的处境是由于贪婪和柔弱，也认识到通过婚姻来寻求幸福造成了一代代女人无法逃脱的破碎的命运。殷彤不再对风流自私的苏戈心存幸福的幻想，毅然把姥姥和母亲接回钧州老家团聚，拒绝以撕碎女性自己的方式来换取婚姻，从而守护了伦理和尊严，体现出现代知识女性内心的果敢和美丽的一面。值得注意的是，叙述者"我"从姥姥到母亲到自己破碎命运中，发现了中国女性悲剧的相似性和宿命性。计文君对现代女性的悲剧命运的反思，已经超越了个体层面而拓展到社会文化和历史层面，具有相当的思想深度。

让女主人公回到故乡钧州守持女性的尊严和美丽，这也是计文君在《剔红》中为遭遇婚姻不幸的女性所设计的自救之路。《剔红》以江天和秋染等人邀请林小娴去电视台当女性养生保健节目的主持人为主线，讲述了两个爱情故事：畅销书作家秋染与出版商江天的情爱纠葛，以及林小娴与罗鑫跨越漫长时空的悲欢离合。江天精明圆滑得如同张爱玲《倾城之恋》中的范柳原，罗鑫则是喜欢对妻子讲述艳遇的男人，他们二人的共同点是都对女色没有餍足。林小娴遭遇婚变之后回到老家钧州经营小药店为生，随遇而安、自尊自爱地过着单纯的日子，她的服饰、饮食、起居、待人接物及其对待自己和命运的姿态都别有风韵，俨如一个"当代资深美女版陶渊明"，显然是作者审美理想的化身。既然在他乡没有理想的男人可以相伴，那就回到故乡品味生命的庄严与自然之境。

二、生活在别处：对家园的回归和寻求

值得注意的是,故乡"钧州"成了我们理解小说及其作者的一个象征性符号。钧州这个虚构的文学版图,是作者"盛放自我经验的容器",也是计文君有感于"无立足之地的失乡已是命中注定"而为主人公、自己和时代构建的精神之乡,宣告着"这一写作者在人类漫长叙事谱系中选择的位置"①。简言之,钧州是主人公回归和寻求的家园,象征着计文君与动荡繁复的时代之间的一种距离感,是作者乡愁情结的寄寓之地。

在《开片》和《剔红》这两篇小说中,女主人公从渴望男女恩爱的小家到返乡、安顿在老家,她们的心灵在历经坎坷之后终于拥有了归宿感。其实,这条从渴求家庭到重返家乡而觅得精神家园的道路,恰恰蕴含了人们对"家"之意义的多重理解。家庭和家乡都依赖于亲人、住宅等具象而存在,而家园则是主体的身心栖居之地。随着西方存在主义哲学思想的传入,家园一词形而上的意味愈加浓烈,更加强调主体精神的皈依和寄托,象征着一种理想化的诗意之境。对故乡或家园的眷恋和寻求即是乡愁的重要表达方式,家园感在很大程度上可以说就是归宿感。"可以说,乡愁是一种退缩意识。但是乡愁中最核心的东西,被文化的意识压抑着的无意识,从本质上讲,还是一种追求。……是一种在追求失落中的追求。乡愁所意向的家,不是物质的家,也不是充满伦理温情的家,而是精神的家。是生命的意义,是人在文化中的意义,是陷入困境中的个人对归宿的询问。"②《开片》、《剔红》中的故乡虽然在世事变迁中已经物移人非,童年的记忆有温暖也有苦涩,但是故乡仍然葆有强大的心灵庇佑功能,成为婚恋失意的女性最后的落脚之地。

重回故乡不止是一种退缩和逃避,也是在寻求解救、得到自由和安宁。因而,故乡也就在某种程度上被作者诗化成了一个温馨港湾,流露出其怀旧和皈依之情。一方面,男性的自私或者背叛让女性丧失了存在的安全感,现代城市文化也让女性难以拥有家园感。另一方面,故乡的"物候诗学"以及质朴的生活方式也适宜为受过伤害、感到倦怠的女性提供身心疗救。颇具吊诡意味的是,"钧州"实为古地名,这种时空的腾挪和虚构彰显了计文君对逝去岁月的怀恋或者说是召唤。然而,现代人回到钧州就如同梦回唐朝,钧州是不可能实现和拥

---

① 计文君:《经验的容器》,《文艺报》2013 年 9 月 27 日。
② 张法:《中国文化与悲剧意识》,中国人民大学出版社,1989 年,第 58 页。

有的乌有之乡。计文君对于女性对悲剧命运的抗争是赞同的,但是,既然女性的归宿和出路在于"不如归去",还乡原来也是梦幻一场,那么,小说就不可避免地流露出深层的无奈和悲凉。

　　计文君长期关注女性的命运和归宿问题,既由于她天然的女性身份及自觉的女性主体意识,又根源于人的精神归宿是她所关注和思考的重点。因而,计文君的小说并未拘囿于对女性的体恤和反思,她也描写了乡村小人物和知识分子的"望乡"、"还乡"的生活以及后者的精神迷失和漂泊无依的状态。比如,《水流向下》中的改,在丧夫后住在城里的儿子家里,仍然怀念着老家的山河、庄稼和牲口;后来改去一个精神失常的教授家里做保姆,又多了一重对亲人的挂念。该小说缓缓地叙述了一个乡村妇女在离家之后对故乡的怀念、对亲人的思恋,不动声色地描绘出老人精神上的孤独和苦闷。疯癫的老教授虽然在家,却也是失去精神家园的漂泊者,他对改的依恋和需要,实际上是在她身上寻找到了一种熟识和亲近的童年记忆。改带领着教授一起抓蛐蛐、看河水,二人对故乡记忆的怀旧和寻找,诉说的正是其内心深处浓浓的孤独和乡愁。

　　在《窑变》中,计文君叙述了失业离婚的邵自清的"回乡——离乡"之路,知识分子还乡之后寻找不到童年记忆中的老家。如今的钧镇对于邵自清来说是一个陌生的不可理解的地方,人们变得野蛮、势利而庸俗,记忆中古雅的老屋因朽烂霉变而不宜居住。失意落魄的邵自清只能靠想象来构建属于他自己的钧镇,还乡如同一场自欺自慰的虚幻的白日梦,梦醒之后,他只能依靠钧瓷商人尴尬度日。《无家别》以杜甫的古诗为小说题记,讲述了知识分子在现实生活中的失败及其精神的漂泊。史彦博士从北京退回故乡在钧州学院教书谋生,却不得不面对父母离世、自己离婚的境遇,虽然在故乡能与老情人重温旧梦,但因为学生违纪一事,陷入了难以应对的荒唐的人际关系中,坐实了同事认为他具有人格缺陷的议论。失去颜面的史彦最后不得已离开钧州学院,无所适从的他发现故乡已经变成了"死寂的等待拆迁的村庄和荒芜的没有作物的田野",记忆中的树林和村庄都要被夷为平地,庇护了几代人的故乡行将彻底消失了。在唯实尚利的时代里,知识分子试图守持质朴本分的生活的希冀和努力最后以失败告终①,他的身心无处安放。家园何处?他往何处去?知识分子漂泊的灵魂渴望拥有归宿感,需要找到一个可以安身立命、救赎自己的精神家园。不然,知识分子就只能与《此岸芦苇》中的教授们一样,在名利、权力与女色之间辗转反侧,如同芦苇般枉自摇曳、空洞浅薄,寻找不到生命的意义和庄严。在这些小说中,计

---

① 吕东亮:《20世纪五六十年代革命知识分子的"夜"》,《信阳师范学院学报》(哲学社会科学版)2012年第2期。

文君所刻画的知识分子形象都是失去家园的漂泊者,不管他们在社会中失败还是成功,他们都是为文化传统、精神家园所抛弃的孤独者,在迅猛激变的时代潮流中丧失了自我认同与文化认同,陷入了深深的孤独和怅惘之中。

三、文化乡愁:富有古典韵味的小说文体

计文君的《天河》、《此岸芦苇》、《开片》、《剔红》等作品,点缀、化用着斑斓灵动的古典诗词和文化典故,犹如格非的《人面桃花》一样,充分汲取了中国古代文学的营养,其古典气韵让人印象深刻、击赏称道。雅致华美、细腻蕴藉的小说语言及其营造出的柔美婉约的意境,从故事的载体变成了审美对象,具有了文学本体论的意义。而当下文坛的小说语言大都往通俗甚至粗鄙的路上发展,穿插着社会流行的民谣、段子,以及粗俗或老套的性爱描写语言,与此相比,计文君的小说语言就显得有些贵族气,这是具有深厚文化素养的知识分子创造出来的一种精英文体。如学者所说:"总之,她善于借鉴、吸收与转化中国古典文学艺术传统资源,善于探索、实验与整合传统叙述经验,善于融古于今、以古喻今,善于以传统与现代的结合来表达现代人的复杂情思。"[1]这种富有古典韵味的小说文体不仅是一种风格特征,而且是计文君的情感倾向和文化姿态的流露,显示出其审美趣味明显地钟情于古典,而这正是"对精致文化传统的留恋",彰显了作者浓郁的文化乡愁。

文化乡愁是现代人对已经失去和正在失去的传统文化的怀旧和回归,它是具体而又抽象的,对语言文学、伦理习俗或器物技艺等的怀旧,表达的不仅是怀古思幽,它对已逝的时光和文化的怀念及怅惘,究其实质,还是对存在家园的神往和追寻。在20世纪初内忧外患的时局中,在西方强势文化的冲击和影响下,传统文化被认为是造成国力衰退、民族积弱的根源,于是,轰轰烈烈的新文化运动猛烈批判了传统文化连同其最精致的部分——古典文学。"文化大革命"时期,传统文化再遭浩劫,从而造成维系了中华民族两千余年的文化之根几近断裂,一代又一代的知识分子遭遇了民族文化的认同危机,丧失了可供安身立命的价值理念和精神家园。20世纪90年代以来,随着以城市化、工业化为表征的现代性的扩张,人们的生产和生活方式发生了巨大变化,应运而生的是社会成员的流动性、不确定感、漂泊感和孤独感的增强,这都使得人们日益怀念过去和故乡,渴望寻找到可以皈依的精神家园。计文君少年时代曾跟随父母在两地生

---

[1] 吴义勤:《器·剔红》,文化艺术出版社,2013年,第1页。

活求学,亲历了家人分离的孤独与痛苦。从这个向度来看,计文君对小说文体的选择并不只属于文学范畴,还具有社会文化属性。一方面,计文君在古典文学的阅读和浸润中体验到富有民族特色的精致、华美和诗意,文学作品历久弥新的艺术魅力让她感受到审美的诱惑与乐趣;另一方面,古典文学中存有太多关于爱情、女性、青春、乡愁的文化记忆,这成为敏感而聪颖的计文君观照自己、理解人生的参照物,从这里出发,让想象力自由驰骋,让心灵从乏味单调的日常生活中解脱出来、得到慰藉,回到美好而诗意的精神世界中。可以说,古典文学所具有的审美救赎功能,不仅丰富了计文君的生命体验,而且使她在精致的传统文化中寻找到了栖居心灵的精神家园。

弗雷德里克·詹姆逊曾说:"一个作家撤退到文体中从来不是'天真的':在这种审美姿态中,真实世界一方面被压抑了,另一方面也被揭示了。"①从计文君所偏爱的小说文体中,我们可以看到文学语言与真实人生的某种微妙关系,富有古典韵味的小说文体、怀旧的审美姿态是创作主体与她所处的现实,她在社会上的位置感、存在感及其相互关系的一种隐喻。也就是说,富有古典韵味的小说文体可视为对通俗的大众文化的抵制,是在现实世界中感到孤独、漂泊、不满的创作主体退守于精致的文化传统中以寻求庇护、力量和慰藉。对古典诗词的不断回顾和品味构成了一种感伤的怀旧氛围。美国学者戴维斯认为:"怀旧是我们用来不断地建构、维系和重建我们的认同的手段之一,或者说,是一种毫不费力即可获得的心理透镜。"②"对过去事情的怀恋总是以当下的恐惧、不满、焦虑或不安为背景出现的,即使这些东西并未在意识中突显出来;正是这些情感和认知状态带来了认同断裂的威胁(从存在的意义上讲,就是对'微不足道的感觉'的恐惧),而怀旧试图通过运筹我们在连续性上的心理资源,来消除或者至少转移这种威胁。"③社会及文化的大转型使知识分子根据传统而获得的安全感和家园感加速逝去,但它们仍然具有强大的诱惑力和感召力,以富有古典韵味的小说语言为症候的怀旧叙事,即是对已经逝去的那些美好事物所生发的追忆和怀念。在计文君的小说世界中,那些谙熟古典诗词的主人公与叙述者凭此获得了某种精神上的优越感与身份的连续性;与此同时,富有古典韵味的小说文体也让创造主体获得了明确的精英作家的身份认同,也排遣了那莫可名

---

① 〔英〕拉曼·塞尔登:《文学批评理论——从柏拉图到现在》,北京大学出版社,2000年,第258页。
② 〔美〕弗雷德·戴维斯:《怀旧和认同》,《文学与认同:跨学科的反思》,中华书局,2008年,第105页。
③ 〔美〕弗雷德·戴维斯:《怀旧和认同》,《文学与认同:跨学科的反思》,中华书局,2008年,第107~108页。

状、挥之不去的文化乡愁。

家园皈依意识贯穿于计文君的小说中,持久而诗意地书写现代人的乡愁正是计文君的文学世界的魅力和价值所在。中国社会文化正处于深刻的现代转型中,在不断丧失整体性、确定性、单纯性和本真性的现代性状况下,从贾平凹反复述说的乡村挽歌到张炜寻找家园的《你在高原》,再到格非缅怀、召唤乌托邦精神的"江南三部曲",等等,文学作品中乡愁话语或怀旧作为一种集体记忆的大量重现,揭示了当下时代的精神状况与社会现实产生了某种背离和抵牾,是现代性扩张的过程中文化冲突的一种反映。对于计文君而言,热爱传统文化、营造富有古典韵味的小说文体正是创作主体构建文化认同、救赎自己的方式。乡愁话语具有心理治疗的作用,"在一个不断变动的现代性状况下,乡愁常常作为一种独特的话语形态被制造出来,给予敏感的文人墨客以精神的慰藉。"[1]乡愁话语集中产生于社会文化大转型时期,是作家努力而艰难地适应现代性状况的表现,传达了作家对当下现实的否定倾向和批判姿态;同时使创作主体在寻找归宿和家园的过程中确认自己的位置与寻求的方向,对于作家建构自我认同具有重要作用。计文君长期诗意地书写现代人的乡愁,切中了依恋、寻觅精神家园这个文学母题,具有不可忽视的文化意义。

原载《信阳师范学院学报》(哲学社会科学版)2014 年第 3 期

---

[1] 周宪:《"合法化"论争与认同焦虑》,《文学与认同:跨学科的反思》,中华书局,2008 年,第 207 页。

计文君:"脱域"而去与回望内心

郭 艳

计文君的文字有着冷眼与热心之间的纠结,她的小说世界充斥着女性成长与世俗生存之间的张力,她的人物顾盼之际腾挪于乡土与都市之间。但文字偶或透出的《红楼梦》式对白以及张爱玲式的爱欲纠缠,恰恰是计文君长发飘飘之余露怯的成分,那种不经意中的模仿无法真正获得自己声音的某种暗示。当计文君找到自己重心的时候,这些露怯的成分才会渐渐退去,从而完成一个作家的真正成熟。

红楼与张氏影子里的现代女性

谈论计文君之前,有必要谈谈《红楼梦》与张爱玲。计文君的文字明明骨子里是现代知识女性眼中的人伦日常、中原女子心性中的人生百态,如何就局限在一红楼一张看之中?《红楼梦》的人物和文字无疑属于一个烂熟的文化,曹氏字里行间透露出的青春气质和凄美绚烂恰恰是与古旧传统异质的部分,由此才有曹氏红楼对于现当代的文学意义。张爱玲《传奇》的封面是一个现代人从栏杆外窥视,偷看在深宅大院里幽幽弄骨牌的晚清少妇。实际上张爱玲的一生就是这个画面的一个绝妙注解,与她旷世才情匹配的是一个天翻地覆的时代,时间与空间都是无从把握的荒凉与颓败。张爱玲登堂入室的结果是更长时间的幽居闺阁,无论是在世界的哪个角落,张氏最终选择了幽居独处,乃至最后逼仄到触目的张看。张爱玲是独异的,不仅因为才情,还因为家族时代赋予了她一种没落贵族华美与凄凉的底蕴,她的俗人俗事也就沾上了前朝旧影的古旧与华丽,即便是曹七巧这种顶俗气的市井妇人,那份侵入骨髓并与隐忍掺杂的残酷,也在大家族的金钱欲望争夺中显示出几分沉稳中的阴鸷之美。

古典与现代的经典之作无疑如细瓷器般发着属于它们那个时代幽深的光芒,或阔大辽远或温润晶莹或炫目刺心,让我们无言或者过多言说。其实计文君笔下的女子如果说和张氏与红楼有些联系,便是她笔下的女子有着一个旧家大院和某种大家闺秀的典雅气韵,生计的艰难和生存的痛苦消解在对于人性幽深处的探寻中。在计文君的世界里,不会再有张爱玲的白流苏和范柳原,同样也难觅大观园里群芳的影子,即便是有着几分似曾相识的心性、做派与心机,那也是中国女子几千年根深蒂固集体心理积淀的映射。一代有一代的文学,计文君的女性从传统中出走,她们的出走有别于历代闺阁女子从婚姻家庭的出走。这是一种没有归途亦没有结局的出走,无论是围城内外,现代性侵入的中国社会和世态人心不再安稳。

因为时代物质日渐丰裕,精神状态更加多元,尽管生存的逼压和历史情境的压抑依然存在,计文君一代女性中的一部分终于可以从社会生存逼压、政治历史情境压抑中渐次突围,她笔下的女性大多愿意且能够关注内心,长于对自我心智的审视与观察,且这种审视与观察带着现代性自身的内省和反思,由此红楼与张氏影子里伫立的是一个个回望内心精神状况的现代女性。

孱弱而顽强的女性心智成长

当下中国女性心智的现代成长尽管幼稚孱弱,然而无疑延续了现代文学女性形象系列。当下女性的人生注定不会如《流言》封面中的女子一般在厅堂之外徘徊,她们以现代女性的身份最为直接地进入各个层面的生存,脱去了没落贵族那点古雅、优裕、散漫与不通生机的糊涂,这里的女子是市井生活中的历练者,也是中国传统到现代转型中的亲历者。殷彤就是当下许多女孩子的翻版,地位卑下的母亲,都市求学的痛苦经历……这些都没有阻止她"健康成长",并在自己的青少年时代一直保持着亢奋的人生之战,因而也成功脱离了自己原有的阶层,在一个几乎和男性相当的智力层面生活着。但是伴随着成长的是精神性病症和痛苦。大观园中的女子和张爱玲笔下的众多女性,她们的命运无疑是被高门大院深锁的痛苦,众多女性无疑都是被启蒙的对象,她们的心智并未成长就夭折在古旧的家族中。我们在欣赏钗黛古典意蕴的同时,不要忘了冰雪聪明如钗黛者也依然是生存在前现代古旧的黑暗中。现代人所具有的秉性气质在某种程度上是古典时代的承继更是颠覆,无论何种面目,他们都具有现时代的精神气质。尽管当下进行时的写作与经典人物的距离是遥远的,但这不代表现代人物的品貌风度和学识见解就一定输于古代经典中的人物。除却被过分物欲化之外,当下中国女性已经更为执著于自己身心的内省与发现。

计文君笔下的众多女子都试图成长自己的心性,在日常生存的挣扎中时时不忘内省自己的心智。她们之中有的不乏古典余韵,有的在都市追逐欲望却茫然无措,有的深陷金钱与情感纠葛且时时与身边的男人们相互渔猎。由此,计文君笔下无论哪类女子,最重要的战争不在物质生存、历史时代与家族制度之间展开,她们无休止地和自己作战,而战场往往是——婚姻家庭,其所要争夺的不是物欲化的婚姻,而是铺排在婚姻内外的欲望与情感,在百转千回中成就自己平庸的现代人生。计文君的小说看上去貌似寻常故事,又时时出人意表,往往在不经意处见出匠心与深意。她笔下的女性之所以独特,在于日常世俗生存层面的叙事,却义无反顾地要表达女性与自身抗争的纠结。

《天河》中秋小兰在台上台下都不算是真正的角儿,却恰恰代表了一代从艺者茫然的心态和无法确证自我的尴尬。《天河》无疑让我们倾听了秋小兰被强势的社会历史文化所压抑的丝缕心经,其情可堪,其状可怜。秋依兰的强势尖利与破败不堪的婚姻在秋小兰的柔弱无能中被消解于无形。无论是世俗的名利还是内心幽深处的暗疾,在混沌状态的秋小兰这里都化成了模糊不清的意识和无法言说的情绪。秋小兰始终无法找到自我的状态正是现代人最经典的"我是谁"的提问。但是秋小兰的这种疑惑依然是不自觉和模糊的,因此就带有更多的不确定性,比如她的逃离、模仿、依赖又厌烦秋依兰和秋依兰所代表的价值观念和人生方式。在这个文本中,天河本身就是一个意蕴多向的隐喻,天河的两边孰优孰劣?单纯良善者无法勘透人世,阅历人情世情者的老练世故却又沾染了太多的烟火气。秋依兰有韩月辈承其衣钵,而秋小兰辈只能在无人的舞台上倾听自己心性成熟的成长之音。秋依兰们坚定且强悍的人生已经不再具有某种普适性,秋小兰们茫然的无措和软弱恰恰是这个时代最尖锐的声音。

天河时期,计文君笔下的秋小兰在自己狭窄的戏台上,扮着旦角,咿咿呀呀地唱着,人生之域局限在弹丸之地。到了《剔红》、《开片》,她笔下是一批从自己乡土和出生地"脱域"而去的女性。秋染和殷彤是典型的从乡镇奔赴城市的现代女性,其身世经历和才情都带着十足的现实感,中国现代化过程中,这种女性比比皆是,向着现代都市进发的过程中,脱离乡土就是生存的目标和人生的理想,路在脚下身体在路上而心却不知在何方。乡土的小镇作为故乡仅仅和有限的亲人和情感相联系。在计文君笔下,这类脱域的女性依然会在灯红酒绿的都市回味着旧家大院的古雅与清凉。于是另一类有着古典标准的女性自然就成了某种精神救赎的象征,小娴和殷彤母亲的温良恭俭与隐忍淡然就具有某种定海神针般的效力,成了医治都市病与精神亢奋症的良医。逃离乡土生存环境之后,依然需要传统文化精神来给现代精神病症清凉解毒,这无疑是计文君小说中非常突出的特质。她笔下不乏各类高智商的人精,例如苏戈、江天和崔琳之流,也不乏像余萍这样的庸俗脂粉,更有着秋染、殷彤这样锦心绣口的文艺女,但是无论怎样的算计和乖张做派,到了小娴和殷彤母亲这里都化成了一缕俗气的烟云,大家都去静观一个女人一饮一食的淡定自然,那份来自生活历练的从容与坚定，识得一箪食一瓢饮乐在其中的境界，才是红尘中的伟丈夫、俗世中的真君子。当然，这种回乡的精神救赎其有效性值得怀疑，这种隐士般的女性即便真的存在，也无法真正完成对于他者的精神救赎，毕竟现代性就是一个不断质疑自我的过程，在路上的孤独感和被异化感如影随形，回归传统价值的守望依然带着乌托邦的虚幻。由此，在《剔红》和《开片》中，回归与精神救赎之后的毅然直面生存是计文君的过人之处，在传统精神价值体系之外去看剔红与开片，又在现代性的病症中回首剔红与开片的深厚意蕴，由此，才有秋染与江天相互间的轻微和解，才有苏戈"只有梅花是故人"的惋惜，殷彤还能在喧嚣的北京城听见冬夜落雪折枝的声音。

自觉写作与叙事试验

计文君是个非常自觉的写作者，每一个小说文本都精心设计故事、结构、人物和意象，她更是在犄角旮旯里随处藏着自己的机心与才情。在我的阅读感受中，《白头吟》和《阳羡鹅笼》无疑可以互文，《白头吟》中依次出场的人物，就像从鹅笼中各个人物嘴中吐出，在一个个屏风后面上演着属于自己的人生悲喜剧。《白头吟》相对的是《长门怨》，有怨有吟，这篇小说中才情与心性在文字的包裹中依稀还见得到爱情两个字。然而当下在一片婚外情、小三登堂入室的世风之中，就连影视作品都打起了婚姻保卫战。而我们的很多小说文本却以审美价值的名义沉溺于欲望化表达，往往认为小说一旦涉及婚姻价值就容易落入道德评判，从而有悖文学性表达。计文君的《白头吟》做了很好的尝试。这个文本无疑是对于当下婚姻价值失范的某种考察，"怨"字意味深长，有爱情有期待才有失望之后的"怨"，这个文本既是女性视角，又不乏理性的智识判断。《白头吟》中谈芳的婚姻危机是暗线，谈芳尽管眼神幽怨，依然祈望婚姻的圆满，守望着最原初的"执子之手，与子偕老"的婚姻。这条暗线衬托着周家纷乱复杂的人际关系与混乱的情感状态，反而显示出谈芳夫妇对于婚姻家庭更为理性的认知和维护。《白头吟》无疑是作者精心设计的一个故事，"白头吟"是烂俗的婚外情的暗示，然而正是因为有着谈芳对于丈夫艳遇的隐忍，才得以见到人生更多的真相。从婚外情的意乱情迷到人情世故的变换，再到家庭亲情的冷漠怪诞，"白头吟"进而被赋予了多层的意指。

《阳羡鹅笼》是一篇有意进行叙事游戏的文本，这篇小说用"阳羡鹅笼"铺排起兴，展开的是人性在古今之际的变与未变，只是古代叙事中依然用"幻术"为题来表明小说乃虚构谐谑之作，而计文君的文字显然是现实摹写，各种人物都带着热乎乎的现实气息,直指当下生存情境。这个短篇是一种全知全能视点下的叙事实验,作者在实验文体的同时,也尝试用温和平静的语调叙述现代人彼此之间的欺骗、隔膜、伤害以及和爱欲相关的彼此偎依的一丝暖意。在计文君的这个文本中,第三人称的主人公大多在非我与自我本心之间徘徊,生活层面日常的琐碎的温暖与善意竟然成为烛照内心的一缕亮色,这对于西方现代主义来说是匪夷所思的,也颇具反讽意味。然而,这些却显示出中国人伦纲常强大的包容和化解能力。一切个人化的私密的乃至于情欲化的方式,最终都会消融于日常强大的事务性的惯性生存之中。中国人往往在丢失自我的状态中,达到某种所谓道德或者情感的安全、安稳乃至和谐的状态,这正是中国文化迥异于西方的所在。

  计文君的小说文本试验性很强,独具匠心也时时显出斧凿的痕迹。但是从她执著悍然的文学实验中,依然能够看到计文君对于超越自身写作的真诚尝试和努力。计文君前期小说中,女性视角观照下的人性更多阴冷抑郁的气质,小说在解构婚姻的同时,也往往刻意呈现出女性孤绝的精神境况,比如《七寸》中俗气孱弱且善良无辜的宋小雅,还有宋小雅市井悍妇般的母亲,从某种程度上,这些特质从一开篇就暗示了宋小雅一类人物不幸的婚姻结局,这些人物和故事影影绰绰能见到张氏的阴影在小脚与旗袍间徘徊。然而计文君的《天河》又是一种决然不同的格调气质,那种模糊不清的"我是谁"的呼喊,的确让人怦然心动。然而,《天河》却无法满足计文君对于当下女性葱郁心智的发现和思考,由此才会有着回眸传统剔红与开片的尝试。《剔红》和《开片》在意象选择和文化内蕴的设置方面有独到之处,体现出作者女性智性写作的倾向。《阳羡鹅笼》典型的互文性和对于古今人性的揣度都见出作者的见识与勇气。《白头吟》无疑寄托了计文君更为现实感的写作理念,从女性一己之怨痛中走出,反观芸芸众生相的欲念与情感,试图勾勒出当下婚姻家庭多层面多视点的真实状态。从《白头吟》开始,计文君找到了自己叙事的腔调,在很大程度上找到了属于自己内心的声音,从而完成了自身从红楼张氏影子中抽身而出的努力。当然,这个作品还不算浑然天成。但是在物质主义的当下,人们面对的是物欲汹汹的豪车美女,白头吟在当下是被嘲弄解构的对象,因而这篇小说中对于人性温厚处的触摸显得稀缺而珍贵。

  对于已经完成几次精神蜕变的计文君来说,世界很大,小说很大,自我很小,人性很宽厚。今后,更加期待她在小说之外看世界,在人性的宽厚中见真我。

原载《文艺报》2013 年 9 月 27 日

愿得一心人　白头不相离

何向阳

汉乐府民歌《白头吟》是一个女子写给自己心爱的人的,这个女子全部的不满与心事、悲戚与期望,在于她要以这首诗传达给她的爱人,一个人的爱应该有始有终、专一不弃。史传这首《白头吟》为卓文君所作,如此看,它的言说对象则是司马相如,但是,一首诗能够如此悠久地传至今日而不衰,必定有它超出一人一事的道理。

古有卓文君作诗,今有计文君同题入文,成就了一部 21 世纪的《白头吟》。这篇小说写女作家谈芳的生活,小说从她的写作生活入手,最终落脚于她个人的情感生活。简洁地说,小说可分为两大块:一是谈芳对周老先生一家及保姆韩秋月展开的采访与调查,这是她的职业生活;二是谈芳本人不期而遇的家庭情感问题,这是她的个人生活。小说有意识地将这两块结合起来,可谓腾挪有致。职业生活中的谈芳以一副冷静、客观、理性、分析的面目出现,时时用智性去对付她得到的谈话材料,以理性的头脑和感性的介入解开这个大家族的情感谜底,尽管纠缠于此,谈芳仍能出入自如,在剪不断理还乱的家庭生活中,发现了生活自身的情感逻辑。但在另一方面,妻子谈芳却不能做到如此理性,在处理她与丈夫的情感问题或曰婚姻危机上,我们看到了谈芳非职业的一面,这时的她,不再是一个擅长分析、提出问题、解决问题的作家,她所面对的不再是她文字的承载者、她故事的人物或是她能够侃侃而谈、行文如风的"他者",当一切都不再是别人的故事时,当一切都正向她的内心纷至沓来,而来的事物与人正是直指她个人的东西时,她所面对的家庭与情感问题就不再只停留于纸面,而有了血肉质感。

这是一个女人——职业中人、爱情中人——的两个侧面。计文君于小说中的写作雄心可见一斑。她试图跳出对一个知识女性传统书写的单面化倾向,从内部与外部两个方面,同时把握一位知识女性的整体生活。不像以往的女性书写,只将女性写成是情感的动物,在谈芳身上,不仅活着一个情感的女性,同时也活跃着一个理性的、思想的女性。但是这样写,于计文君而言确实也是一次冒险。计文君是一个擅长写女性情感的女作家,相对于社会生活这一层面,她的能力与阅历均不可能在短时间内把握精准。也就是说,外部世界对于她而言远不如内部世界那样具有吸引力,那么胶着、那么细腻。计文君更兴致于人类心理世界的幽微变化,并能在此变化中参透人类精神深层的奥妙与要义,例证是她的《天河》,尽管有毕飞宇的《青衣》在先,但写出人戏一体的精神层面,计文君仍是向前尽了自己的努力。还有她的《剔红》,其古典素养当然一部分来源于对《红楼梦》的研究,另一方面更来源于其与生俱来的对女性自身心性的感悟与体验。在这部小说中,她写韩秋月便得益于这种体验。韩秋月本是一个保姆,而且还有过外人眼里不甚光彩的经历,但计文君不写她的外在,而写她的心理,写她的心苦,写这个人给谈芳的心理震动,她说:"人总是为难着人,各有各的道理,可还是得彼此为难——他让你苦,你让他苦,没办法。"她说的不仅是自己的处境,更是谈芳遇到的自身的难解之题,当然也是我们人生中难免会遇到的一切问题。

小说大幅篇章在写他人,即周老先生一家的生活,给人印象最深的却是这位女作家自己的生活危机:结婚经年,两位知识人在一起,起初的新鲜已变得老旧。其中的男知识者受到了来自他的知识内部的女性的诱惑,这种诱惑几乎是时时发生的,但一个家庭的走向恰恰取决于男女双方诱惑的态度,小说称其为"白头吟事件"。最后当然一切平息,女主人如那千年岁月中的另一个女子,表明"愿得一心人,白头不相离",而男当事者也如李白诗中的感叹"宁同万死碎绮翼,不忍云间两分张"——两人和好如初,避免了"独坐长门愁日暮"的命运。

两个家庭,一个写子女与老人之间的情,一个写夫妻之间的情,于谈芳而言,前者是她的落笔之处,后者就是她的身心本体。较之前者而言,后者的落笔是那样的幽妙,无论是满天星斗还是海雨天风,无论是无助孤单还是缱绻缠绵,其形象在小说中都是那么得真实美好,这个已然走过岁月而不惧岁月的女子,在某种程度上让我们看到了历史上那个爱怨相缠的女子的身影。

身外与心内,这是计文君几年来一直关心的女性主题,岁月见长,她的笔触也日渐平和,阅读中,我渐渐接受着这种平和,如她在书中哀矜的微笑,正如面对这样一句诗一样的文字:"她们身侧,五月的繁花,正在挥霍一年中最为丰沛的朱颜碧色。"

我知道,一页翻过,作者已无"闻君有两意,故来相决绝"的烈性,而多了宽恕与仁慈。

原载《文艺报》2013 年 3 月 18 日

人生万事的"隔"与"渡"

——论计文君《天河》的主题隐喻义

樊会芹

当代文坛新秀计文君以敏锐的眼光洞察人生百态,以犀利的笔触叙写人生故事,表达作家悲悯苍生的情怀和对人生艰难的慨叹。身兼作家和红学研究者双重身份的计文君,其创作深受《红楼梦》的影响,她不仅以内视角的方法剖析人性,而且以隐喻的手法向外拓展作品的主题,《天河》、《开片》、《剔红》、《窑变》即是如此。从语言上讲,隐喻本质上是一种认知现象,"它是人类将其某一领域的经验用来说明或理解另一类领域经验的一种认知活动。"①而"文学作为一种语言艺术,它的整个思维运作过程都是隐喻的"②。《天河》在对秋小兰从艺经历的叙述中,即隐含了作者对人生万事深刻的体悟,并以"天河"为题暗示了人性与人生境界从此岸到彼岸的"隔膜"以及现实"超度"的艰难。

一、人生的焦虑与渴望

对现实人生隔膜状况的揭示是计文君创作的倾力之处。其小说《阳羡鹅笼》、《飞在空中的红鲫鱼》、《此岸芦苇》等,都写到了夫妻亲人之间的人心之"隔"。《天河》不仅细腻深刻地描写了人与人之间的隔膜,而且揭示了彼此突破障碍沟通交流的困难。

在作品中,秋小兰与姑妈之间、与丈夫之间、与窦河之间、与其他人之间,以及众人彼此之间都存在着意思的误解和意见的错位,如此的现状正是人与人之间隔膜普遍存在状态的展现。在这方面表现最为充分的应该是秋小兰和姑妈秋依兰的关系了。秋依兰一心想把秋小兰培养成秋派传人,秋小兰也秉承姑妈的意愿在学戏的路上不停努力,可是秋小兰始终得不到姑妈戏台上的神韵,姑妈也始终不了解内在的原因,恨铁不成钢的秋依兰对秋小兰的教育培养几乎变

---

① 束定芳:《论隐喻的本质及语义特征》,《外国语》1998年第6期。
② 王炳社:《文学隐喻概说》,《渭南师范学院学报》2010年第1期。

成了折磨。本为亲人,二人很亲但亲得有些谨慎,彼此眷恋又彼此害怕,厚厚的屏障矗立在两人心灵之间至死未能突破。让人揪心的还有秋小兰与丈夫、与暗恋的对象窦河的隔膜。秋小兰和丈夫之间名为夫妻其实形同陌路,彼此相安无事却没有感情、肉体上的融洽。如果不是一场意外(秋小兰意外地撞见丈夫和他的情人在一起),二人可能还会继续忍受煎熬。除此之外,秋小兰与扣动她心扉的窦河的关系更是令人唏嘘不已。打开了爱的闸门的秋小兰内心为之疯狂,可她和窦河始终像"天河"两边的牛郎、织女。秋小兰把爱的火苗扼杀在心里,独自承受单相思的紧张痛苦,窦河却无从知晓,甚至还为秋小兰的一些反常举动感到莫名其妙。这种隔膜令人心酸。不管爱与不爱,人与人却总是隔河相望,心灵不能交相融合。在单位里,同事之间又何尝不是如此?彼此之间没有人知心交底,即便有私下的闲言碎语,也不过是世俗的心理作怪。如此的生存状态,可以看到人与人之间生存的悖论:本应相互依存却始终孤独隔膜。计文君一如既往地关注着这个问题:物质的世界,世俗的人生,人与人之间犹如隔着一条条"天河",如何渡河,如何沟通和交流,正是计文君在小说中所暗示的对当下人生存状况的焦虑。小说中,她表达了对人的现实生存状况的慨叹:"天河在上,天河也在红尘。尘世上淌满了波涛滚滚的泪河。人哪,你是别人的天河,别人是你的天河,你是自己的天河,自己是你的天河!到处都是障碍,到处都是破碎,到处是受苦的人心,到处是隔绝圆满的欠缺,天河滚滚,泪浪滔滔,我们借着什么来渡河?"①天河尚有喜鹊搭桥,人与人之间却如何渡河?如果没有虔诚之心,也许这是一个无解的题。不过,计文君的作品时时流露出一些温暖和希望——秋小兰对真情的渴望,默默无私的情感付出,自我内心的挣扎,都可以说是计文君对人与人之"隔"状况的展示,对"渡"的追寻,对坦诚相待、真心相处的人际和谐关系的呼唤和期待。

二、心灵的落寞与挣扎

正如计文君所感叹的,人世间拥有太多的破碎、欠缺和遗憾,"天河"两边多的是受苦的人心。生存于世,却孤独于世,这一现象也许并非一个时代一个社会的问题。早在20世纪初,奥地利作家卡夫卡就曾以《变形记》表现了社会生活对人的异化和人心之苦。而《天河》中女主人公秋小兰内心的挣扎、成长也正是"人心之苦"的真切体现。作品中,秋小兰始终在不被人理解的眼光中生活,

---

① 计文君:《天河》,作家出版社,2009年,第72页。

在孤独的生活环境中她选择了以自我封闭的方式自我保护。"秋小兰就像被封闭在凝固熔岩里的罕见的古老昆虫,有血有肉全尾全须活在幽闭里,孤寂,却安全。她的时间早在凝固的那一刻起就不再前行,成为了一个原地滚动的圆壳。"①喧嚣的社会,封闭的人生,如此的选择注定会成为矛盾的一对。秋小兰在以封闭自我的方式隔绝于来自社会纷扰的同时,也束缚了她的个性,限制了她艺术才华的施展,因此在其"人生追求"与"艺术成功"之间,她迟迟地未能修成正果。就这一点也可以说,一个人在生命的进程中也会遇到成长的"天河"。小说所着力展示的,就是秋小兰在自我人生追求中,从"失去自我"到"实现自我"之间的"隔"与"渡",这一从此岸到彼岸的"渡河",是秋小兰在精神上脱胎换骨的艰难历程。

小说表现了秋小兰内心设置的重重枷锁,对家庭生活和情感生活的恐惧,这一恐惧来源于姑父不由分说向姑妈挥拐杖的情景和姑妈在卧室玉体横陈的冰冷景象,逐渐长大亭亭玉立的秋小兰拒绝自己的性别取向,拒绝穿裙子,把女性的浪漫情欲包裹起来,结果在她的生活中不仅婚姻是个空架子,而且她的戏也始终演不出姑妈的神韵。秋小兰虽然认真地按照别人的意愿生活着、追求着,但她却迷失了自我。种种的顾忌、害怕、恐惧,造成了秋小兰沉重的精神负担,她无法获得内心的自信和快乐,也不敢展示真正的自我。在乖顺的生活和理想的追求之间,横亘着秋小兰迷失自我的"天河"。后来,一连串的打击接踵而至:参选织女一角失败,与丈夫解除了无爱的婚姻,姑妈的离世,一连串的打击戳破了秋小兰一直以来苦心经营的人生假面目——婚姻和生活的平静。直到如今的她无处遁逃。在秋小兰放弃名利的追求,一无所有不用顾忌的时候,她也获得了精神的解放和心灵的释然,多年压抑的情感爆发在练功场上,"一个风华绝代弥散王者之香的秋小兰在这一刻破茧成蝶!"②秋小兰终于获得了自我的主体意识,找回了自我,在精神的成长中"渡"到了"天河"的彼岸。纵观计文君小说,在描写女性精神成长的方面具有独到之处,她"更兴致于人类心理世界的幽微变化,并能在此变化中参透人类精神深层的奥妙与要义"③。在《天河》中,计文君更是入木三分地表现了秋小兰精神成长的艰难历程,整个人物刻画呈现的是秋小兰心灵的向内搏杀,是她有意识无意识地要摆脱、突破自己精神上顾虑的心灵挣扎,是女性成长的一个艰难"渡河"的过程。

---

①计文君:《天河》,作家出版社,2009年,第13页。
②计文君:《天河》,作家出版社,2009年,第72页。
③何向阳:《愿得一心人 白头不相离——计文君短篇小说〈白头吟〉》,《文艺报》2013年3月
　18日。

三、现实与艺术之间的游移

2008年,计文君的《天河》荣获"茅台杯"人民文学奖,其主要原因就在于《天河》被公认为"精确从容地展现了一种戏剧人生"①,表现出令人赞叹的艺术能力。确实,小说在展现现实人生诸多问题时,以戏剧作为切入口,并将人生与戏剧的表现糅合到一起,展现了人生境界与艺术境界之间的"隔"与"渡"。俗话说:人生如戏,戏如人生。人生与戏剧的关系其实是虚实相依的问题。正如作品所说:"人跟戏的这点儿玄妙,唱戏人一代一代都在咂摸,先人悟出来的,掰着嘴一点一点说给后人,至于后人能领悟修行到什么地步,那要看各自的机缘造化了。"②

近些年来,毕飞宇的《青衣》和计文君的《天河》都以戏剧的内容演绎人生的故事,探讨戏与人生的问题。他们不仅塑造了戏人合一的人物形象——筱燕秋,而且塑造了一直徘徊在现实人生与戏剧境界之间的秋小兰。《天河》在对秋小兰艰辛学戏经历的叙述中,使人生与戏剧的辩证逻辑关系得到充分的展现。作为秋派传人又是秋依兰侄女的秋小兰,28年来从姑妈那里得到的指导、教育,不可谓不精到,但是人过三十,秋小兰的戏却还是难成气候,拼命地踢腿练功无助于她舞台梦想的实现。究其原因,秋小兰对人的情感、欲望的表现和追求有着深深的恐惧。一方面,在姑妈光环笼罩下,她的生活波澜不惊,再加上对情感之事她不敢过多涉及,始终过着一种无情无欲的生活,因此她欠缺舞台表现者所应具备的丰富情感;另一方面,舞台上的她不敢流露自己的情感,害怕招致如姑妈一样的羞辱和暴打,因此她必须把自己想象成姑妈,而不是自己在作眉弄眼,她才能把戏演下去。从人生到戏剧,是艺术表现的问题,缺乏真正情感投入的戏也不可能有其生命和灵魂。正是在20多年自我封闭的生活中,秋小兰缺乏刻骨铭心的情感体验,她体会不到织女内心哀怨悲绝、复杂纠结的情感,与戏还有些隔,所以就不能把剧中人丰富的情感表现出来,也难以获得从现实人生到舞台演出的成功。然而,就在重新排演《天河配》的过程中,秋小兰的情感无法遏制地被爱撞开了大门,对导演窦河产生了入骨入心的爱恋,开启了注定没有结果的情感之途。海选织女的波折,无法放弃的狂热爱恋,一厢情愿的单相思,与所爱之人的似远似近,期待、压抑、挣扎,33岁的秋小兰,初恋很幸福也很

---

① 胡军:《2008年度"茅台杯"人民文学奖揭晓》,《文艺报》2008年11月8日。
② 计文君:《天河》,作家出版社,2009年,第20页。

痛苦。近在眼前又远在天边的精神之恋使她真正地体会到了爱而不得无法厮守的情感伤痛,外表的克制、内心的执著,秋小兰纠结挣扎在感情的漩涡中,加之姑妈去世的痛楚、竞争失败的创伤,她深深地体会到了现实人生的五味杂陈。短短的时间秋小兰的心灵历经坎坷磨难,人生的创痛使她体会到更多的酸甜苦辣,当她来到一直追求实现梦想的练功场上,舞台下的秋小兰和舞台上的织女拥有了共同的情感体验,秋小兰和她所扮演的织女也拥有了内外一致的灵魂。戏里戏外,台上台下,正如姑妈秋依兰一样,秋小兰,一个肉体凡胎的女人在自己的坎坷辛酸中从红尘走到了天上,从人生的苦难走到了戏剧表现的成功,完成了艺术境界的跨越和提升,"渡"到了"天河"对岸,达到了戏剧与人生的统一。"舞台下的现实,舞台上的心灵,忽近忽远的织女,在秋小兰的身上合二为一,小说中的人物戏里的人生,好像都在那一瞬间落了地,找到了踏实的生存空间。"①

人生与戏剧,本就是生活与艺术的具体化,其中境界的转换及所蕴含的人生哲理至今也是一个难以把握的问题。所以,当毕飞宇的《青衣》以筱燕秋对戏剧的痴迷导致人戏不分、迷失自我而提出人生与艺术之"渡"的时候,计文君的《天河》也以秋小兰从艺艰难追求、化蛹成蝶的成功探讨艺术与现实中"渡"的问题。戏剧与人生的关系及其隐喻的人生哲理,一次又一次地在作家笔下被叩问、被追寻。

因此,作为计文君的成名作和代表作,《天河》无论是思想的挖掘还是艺术的表现较之其他作品更具超越性。它不仅以一种圆熟细腻、精密审慎的笔法细致入微地探究人物精神的成长,而且还以隐喻的手法扩展人物表现的生发点,表现主题意义的多重性,展现作者对人生万事更为广泛更为深刻的思考和感悟。作为小说的标题,"天河"的暗示意义指向一种距离,一种隔绝,一种从此岸到彼岸的"渡",从而把作品主题延伸到多重层面。

原载《信阳师范学院学报》(哲学社会科学版)2014年第3期

---

① 奚同发:《人生岂能如戏——读计文君小说〈天河〉》,《文艺报》2009年6月8日。

作品年表

计文君作品年表

1993 年
《站台票》,《词刊》1993 年第 6 期。

2001 年
《烟城危澜》,《莽原》2001 年第 3 期。

2003 年
《飞在空中的红鲫鱼》,《人民文学》2003 年第 4 期。

2005 年
《七寸》,《莽原》2005 年第 2 期。
《水流向下》,《人民文学》2005 年第 8 期。

2006 年
《阳羡鹅笼》,《莽原》2006 年第 2 期。
《鹿皮靴子》,《莽原》2006 年第 2 期。
《男士止步》,入选《华文 2005 年度最佳小说选·最佳网络小说》,王干主编,汕头大学出版社,北京燕山出版社,2006 年。

2007 年
《黛玉之"心证"——试论林黛玉形象的精神优美与精神病态》,《红楼梦学刊》2007 年第 6 期。

2008 年
《风月无边》,《星火·中短篇小说》2008 年第 1 期。
《想给你的那座花园》,《人民文学》2008 年第 2 期。
《天河》,《人民文学》2008 年第 8 期。

2009 年

《一树春风有两般:〈传奇〉与〈红楼梦〉继承关系再分析》,《红楼梦学刊》2009 年第 2 期。

《嫩黄瓜》,《星火》2009 年第 3 期。

《天河 中短篇小说集》,作家出版社,2009 年。

2010 年

《此岸芦苇》,《中国作家》2010 年第 6 期。

《张爱玲的"红楼家数":〈传奇〉与〈红楼梦〉人物塑造对比分析》,《红楼梦学刊》2010 年第 4 期。

《开片》,《十月》2010 年 6 期。

《你我》,《人民文学》2010 年第 8 期。

2011 年

《此曲只应天上有:青春版昆曲〈红楼梦〉观感》,《中国演员》2011 年第 2 期。

《剔红》,《人民文学》2011 年第 5 期。

《花儿》,《中国作家》2011 年第 11 期。

《帅旦》,《人民文学》2011 年第 9 期。

《"七〇后"的尴尬与可能》,《文艺报》2011 年 9 月 28 日。

2012 年

《〈红楼梦〉与中国现当代小说》,《文艺报》2012 年 1 月 18 日。

《葡萄酿酒五味子》,《晶报》2012 年 2 月 15 日。

《谁是"继承人":〈红楼梦〉小说艺术现当代继承问题分析》,《红楼梦学刊》2012 年第 2 期。

《窑变》,《清明》2012 年第 2 期。

《红豆新翻,肠断江南——谈〈江南逢李龟年〉》,《人民政协报》2012 年 3 月 19 日。

《美人香草托喻极深——谈〈闺意献张水部〉》,《人民政协报》2012 年 4 月 2 日。

《高华典丽,语浅情深——谈〈夜雨寄北〉》,《人民政协报》2012 年 4 月 16 日。

《借景立言,是耶非耶——谈张继〈枫桥夜泊〉》,《人民政协报》2012 年 5 月

14 日。

《白头吟》,《人民文学》2012 年第 7 期。

《千足虫之舞》,《文艺报》2012 年 8 月 10 日。

《失落的〈红楼梦〉互文艺术》,《红楼梦学刊》2012 年第 5 期。

《在海岛上》,《名作欣赏》(鉴赏版·上旬)2012 年第 10 期。

《浅析端木蕻良对曹雪芹形象的塑造》,《红楼梦学刊》2012 年第 6 期。

孙伟科、计文君:《沙汀,在其香居茶馆里》,《文艺报》2012 年 12 月 14 日。

2013 年

《鸽子》,《北京文学》2013 年第 1 期。

《题材意识与个人经验》,《文艺报》2013 年 1 月 4 日。

《红豆与相思》,《人民政协报》2013 年 1 月 14 日。

《中国故事的另一种讲述方式》,《文艺报》2013 年 2 月 1 日。

《别人的世界》,《人民政协报》2013 年 2 月 4 日。

《中国式别离》,《人民政协报》2013 年 2 月 25 日。

《伤春》,《人民政协报》2013 年 3 月 18 日。

《物候诗学》,《人民政协报》2013 年 4 月 1 日。

《新势力丛书 剔红》,上海文艺出版社,2013 年。(附后记《且留几分听琴读香的心性》)

《虚构的魅力,梦的力量》,《文艺报》2013 年 5 月 31 日。

《器·剔红》,文化艺术出版社,2013 年。

《读〈西厢〉——戏曲漫笔之一》,《人民政协报》2013 年 7 月 15 日。

《再读〈西厢〉——戏曲漫笔之二》,《人民政协报》2013 年 7 月 29 日。

《三读〈西厢〉——戏曲漫笔之三》,《人民政协报》2013 年 8 月 12 日。

《四读〈西厢〉——戏曲漫笔之四》,《人民政协报》2013 年 8 月 26 日。

《无家别》,《中国作家》2013 年第 15 期。

《卷珠帘》,《人民文学》2013 年第 9 期。

《论〈红楼梦〉的空间建构》,《红楼梦学刊》2013 年第 5 期。

《经验的容器》,《文艺报》2013 年 9 月 27 日。

《创作谈:无边无际的现实》,《北京文学》(中篇小说月报)2013 年第 10 期。(编者注:同期刊物转载《无家别》,此文为《无家别》创作谈。)

《谁是继承人——〈红楼梦小说艺术〉现当代继承问题研究》,文化艺术出版社,2013 年。

2014 年

《窑变》,太白文艺出版社,2013 年。(编者注:其中收入的《灵歌》、《芳邻》、《帛书》三篇之前未在杂志发表。)

计文君、张元珂:《面向内心的写作》,《创作与评论》2013 年第 10 期。

《想象中的城——城市文学的转向》,《当代作家评论》2013 年第 4 期。

研究资料索引

计文君研究资料索引

奚同发:《人生岂能如戏——读计文君小说〈天河〉》,《文艺报》2009 年 6 月 6 日。

乔亮、陈竟:《计文君:"一树春风分两边"》,《文学报》2009 年 7 月 9 日。

李敬泽:《〈天河〉序·计文君:也许和也许》,2009 年 11 月。

徐坤、汪政、刘忠:《"此岸"与"彼岸"之间的泅渡——〈此岸芦苇〉三人谈》,《小说选刊》2010 年第 7 期。

王良娟:《浅析计文君的〈飞在空中的红鲫鱼〉》,《文学教育》(中),2011 年第 7 期。

刘海燕:《河南青年女作家论》,《小说评论》2012 年第 2 期。

吴义勤:《〈白头吟〉:(计文君)对底层人群的悲悯与同情》,《羊城晚报》2013 年 1 月 13 日。

何向阳:《愿得一心人 白头不相离》,《文艺报》2013 年 3 月 18 日。

吴义勤:《〈器·剐红〉序》,2013 年 6 月。

刘涛:《"红"范儿作家计文君》,《文艺报》2013 年 5 月 31 日。

郭艳:《计文君:"脱域"而去与回望内心》,《文艺报》2013 年 9 月 27 日。

孙先科:《计文君论》,《中国现代文学研究丛刊》2013 年第 12 期。

张维阳、孟繁华:《冲突、选择与守成——计文君小说世界中的三重风景》,《南方文坛》2014 年第 1 期。

杜昆:《现代人乡愁的三重奏——论计文君的小说创作》,《信阳师范学院学报》(哲学社会科学版)2014 年第 3 期。

樊会芹:《人生万事的"隔"与"渡"——论计文君〈天河〉的主题隐喻义》,《信阳师范学院学报》(哲学社会科学版)2014 年第 3 期。

说明:

1. 创作年表和研究资料索引截止到 2014 年 7 月。

2. 内容相同或基本相同的作品,以及被多家报刊转载的作品,一般只对第一次发表信息予以记录。

3. 因能力所限,有部分作品无法查找到最初发表的信息,请各位方家指正。

编 后 记

　　大概是身为女性的缘故,对于女性作家的创作似乎有一种天然的亲近感,大学本科的毕业论文和硕士学位论文都是选择女作家作为研究对象(其实当时并没有意识到,过后才反应过来)。这话从一个专业人士的眼光来看,可能显得比较可笑和幼稚。但好在我并不以专业人士自居,暂且先这么幼稚着吧。

　　一年前,当文学院的领导牵头做这套"中原作家群研究资料丛刊"的时候,曾经开过几次会,讨论这次入选作家的名单。在同事们报出的一长串当代文坛颇有影响力的作家名单中,我所列出的三位女作家的名字似乎显得不那么为人熟知。面对仅有的一本女性作家的研究资料汇编,也是唯一的一本三人合集,我最大的不安是能否完成这个对我来说有点过载的任务?但箭在弦上,已经不容许我打退堂鼓了。

　　接受任务之后,首先是系统地通读作家的作品。由于个人的阅读兴趣,对她们的作品并非一无所知,但并没有全面、系统地通读过。也正是在这次通读中,我才庆幸自己做了这个选择,让我走进了一个多么丰富、精彩的文学世界。

　　邵丽的作品写了不少的官场故事,一说到官场,很容易让人想起"钩心斗角"、"争名夺利"这样的字眼,如李宝嘉的《官场现形记》,写尽了官员们的丑恶嘴脸。但是邵丽笔下的"官人"们却呈现出既为"官"也为"人"的特点来。这样说,并无意于把"官"与"人"对立起来,而是说邵丽笔下的"官"多了一份普通人的烦恼和无奈。正如何弘的那句评价——"因为理解,所以悲悯"。官员们,尤其是处于基层的官员,或许有着更多身不由己的苦衷和尴尬。邵丽的个人经历决定了她的视角不是单纯地从外审视或是居内辩驳,对官场的熟悉和深刻的体察,使得她的官场小说具有了一种引人深思的悲悯情怀。小说之外,邵丽还有不少的散文作品,尤其是在经历了一系列变故以后,面对家人的死亡、分离,孩子的成长,岁月的流逝,邵丽的文字更加的通透、平和,情到浓时情转淡,但这"淡"中却有了更为久远的味道,那些在散文中说给父亲、先生、女儿的话,才具有了更加动人的力量,是参透生活之后的大智慧。

　　乔叶是以散文创作走上文学道路的,但现在的她把更大的精力投注到了小说领域。现在回想起来，当年在《读者》、《青年文摘》、《辽宁青年》上读过不少她的散文作品，只是当时并没有想到十多年后，我会更加沉迷于她的小说世界。最初打动我的是那本《我是真的热爱你》（最初发表时名为《守口如瓶》），这也是她的第一部长篇小说。作品还延续着比较明显的散文式的表达，充满了书生气的理想主义，但那种对尊严、爱和生命的追求与眷恋给人留下了深刻的印象，单纯而尖锐。后来的《最慢的是活着》中则蕴含着岁月积淀出的宽容与接纳，情感深厚、绵长。再之后，《拆楼记》在平淡琐碎的叙述中写出了每个人真实的卑微与渺小，以及乡民们狡黠中的智慧，而其中走出乡村的"我"对故乡、亲人不能认同又难以置身事外的微妙心理让我们看到了一种新的"知识分子视角"。最近的一本《认罪书》是乔叶迄今为止创作的最为厚重的一部书，书中所传达的力量——反省的、审判的、直面的力量——都要超出于以往的创作。这力量让人肃然起敬。

与邵丽、乔叶相比，计文君是最早引起我关注的一位作家。2006年，我到河南大学攻读硕士学位，计文君是和我一个班的同学。老师和同学们都知道班里有个小有名气的作家，但她的性子似乎是不爱交际的，为方便写作，自己也是另找了住处，在同学们眼中，她是颇有些神秘的。对她的印象在看到她的文字时，慢慢地丰富起来。计文君的作品写了很多女性的故事，《天河》中的秋小兰，《开片》中的殷彤，《剔红》中的秋染与林小娴……细说起来，似乎多多少少都有点她那种清清淡淡的意思，吸引人的还有那典雅细腻、极具古典韵味的文笔，对世道人心精准、独到的解剖。文字的美在计文君的笔下徐徐展开，正如她在自己的小说集《剔红》的后记里说的那样：且留几分听琴读香的心性。在这个讲求效率的急躁时代，计文君文字的耐心别具魅力。我喜欢何向阳评计文君的《白头吟》时说的话："岁月见长，她的笔触也日渐平和……一页翻过，作者已无'闻君有两意，故来相决绝'的烈性，而多了宽恕与仁慈。"这变化里有着计文君对人心的"体恤"。

这一年多的资料整理过程，于我而言，是任务，更是一次精神上的享受和成长。无论是对作家作品的研读，还是对学界前辈、同仁研究成果的学习，都让人受益匪浅。惭愧的是，由于能力有限、资源有限，对评论文章的选择或许仍有遗珠之憾，对作家创作年表的整理更是有不少未能准确查证。但在一年多的工作中，我和同事们越发感慨于河南作家在当代文坛上的综合实力，也坚定了把这项工作坚持下去的信心。我整理的这一本目前看来还有很多不足，期待将来的某一天，能有人弥补今天我这项工作的缺失和遗憾。最后，要感谢文学院的领导和编写组的同事们，大家在这份工作中都投入了巨大的热情和精力，让我骄傲身处在这样一个集体；感谢吕东亮博士，为我提供乔叶的作品和研究资料；感谢现当代文学教研室我最亲密的战友们：王雨海教授、杜昆博士、方志红博士、樊会芹老师、徐洪军博士，和我分享对三位女作家作品的阅读感受。这一路，有你们同行，是我最大的幸事！

李 群

2014 年 12 月